JN410856

조선시대 제주와
제주문화

AKS 인문총서 36

조선시대 제주와 제주문화

김학수 · 이남옥 · 이창일 · 김소희 · 정치영
정은주 · 박용만 · 정수환 · 이욱 · 김호
강문종 · 이민주 · 한도현 지음

한국학중앙연구원출판부

책머리에

이 책은 제주와 제주문화의 보편성과 특수성에 대한 물음에서 출발한다. 제주 사람들은 15~19세기라는 시간 속에서 섬이라는 이색적 공간을 어떻게 경영했고, 그 과정 속에 날줄과 씨줄처럼 짜인 역사 그리고 문화적 이야깃거리는 무엇인가를 포착하는 데 초점을 두었다.

많은 사람은 제주문화를 중앙 정부 및 육지와의 길항 관계로 설명하고자 한다. 조선은 제주라는 반항적 공간을 행정적 다스림을 넘어 주자학적 문명권 속으로 흡수하려는 이념적 정복 행위를 줄기차게 전개했고, 제주 사람들은 자신들이 전습해 왔던 삶의 결과 문화적 지향을 고수하기 위해 안간힘을 썼다. 이런 작용과 반작용 그리고 길항의 중간자적 양태가 바로 습합이었고, 제주문화를 설명하는 키워드로서 손색이 없다.

문화적 중층과 다채성은 학제 간 연구의 필요성을 재촉했다. 이에 다양한 분야 연구자의 전문성과 시각에 기대어 공동 연구를 진행했고, 이 책은 그들의 땀으로 짜고 지적 기호(嗜好)로 수놓은 한 폭 남짓한 미완의 결과물이다. 제주가 이 책을 통해 한국문화사의 일반성으로부터 멀어졌는지의 여부는 독자들의 판단에 맡기기로 한다. 이 책을 위해 현로(賢勞)를 아끼지 않은 필자께 감사드리고, 책의 결을 살리고 규모가 드러나게끔 애써주신 한국학중앙연구원 출판부에도 고마움을 전한다.

2023년 12월

연구자를 대표하여 김 학 수

차례

제3부 경제활동과 보건환경

제주 토지 소유와 매매의 한 양상 | 정수환

국가의례와 제주 흑우 공급 | 이욱

제주 의료환경의 주변적 성격 | 김호

제4부 생활문화의 다채성

제1부
지식 문화와 인간

조선시대 제주학풍의 형성과 전개

김학수

I. 머리말

이 글은 조선시대 제주문화사를 유교 지식문화의 갈래와 학풍의 조성이라는 관점에서 분석하고 검토하는 데 주안점을 둔다. 제주는 조선 최남단에 위치한 군현으로 제주목, 정의현, 대정현 등 1목 2현으로 구성되어 있었다. 해도라는 지리적 특성은 유교 지식 문화의 보급과 확산이 지연되는 이유가 되었다. 여기에는 다른 지역에 비해 토착성이 훨씬 강고했던 사회·문화적 성향도 크게 작용했을 것이다.

조선은 주자학을 통치 이념으로 삼은 중앙집권적 양반관료제 국가였다. 중앙집권은 영토에 대한 이념·정치·행정적 통제를 넘어 사회·학술·문화적 균질화를 추구하는 속성을 지녔는데, 제주 또한 중앙 정부의 이러한 방침으로부터 예외일 수 없었다. 특히 후자는 문교(文敎)·예교(禮敎)로 일컫는 교화론(敎化論)의 틀에서 부단하게 추진되었는데, 그러한 정무 수행의 정점에 있었던 것은 중앙에서 파견한 관료였다. 이 점에서 조선의 지방관은 주자학이라는 국가 통치 이념의 보급자이자 행정적 통제·관리자이고 사회·경제적 보호자인 동시에 지식문화의 전파·육성자였다.

한편 제주는 왕래와 이탈이 어려운 절도(絕島)라는 특성으로 인해 유배지로 자주 활용되었다. 특히 정변에 연루된 중죄인의 유배가 매우 빈번했는데, 이들 유배인의 상당수는 가학(家學)을 이어받거나 사우관계를 통해 양질의 교육을 받아 출사한 뒤 중앙 정부에서 고관을 지낸 엘리트 유교 지식인들이었다. 즉 제주의 유교 지식문화는 지방관의 공무 수행과 유배 지식인의 사적 활동을 통해 보급·확산·정착되어 하나의 문화적 토양으로 정립되었다. 따라서 이 글은 제주 유교 지식문화의 보급과 확산을 주도하는 인적 매개로서 관료와 유배 지식인의 역할에 주목하고자 한다.

이 글의 또 다른 주안점은 지식문화의 계통과 갈래이다. 조선의 통치 이념은 주자학이다. 조선시대 주자학은 16세기 조광조(趙光祖)·김정(金淨)·김안국(金安國)·서경덕(徐敬德)·성운(成運)·조식(曺植)·이황(李滉)·이이(李珥)·성혼(成渾) 등의 학자들에 의해 이론적으로 심화되는 가운데, 특히 16세기 중반에 이르면 서경덕의 화담학파(花潭學派), 조식의 남명학파(南冥學派), 이황의 퇴계학파(退溪學派), 성혼의 우계학파(牛溪學派), 이이의 율곡학파(栗谷學派)의 5개 학파로 분화하게 된다. 제주의 유교 지식문화도 각 지방관과 유배 지식인의 학·정파와 밀접한 관련성을 지닐 수밖에 없었다.

유교 지식문화의 전파와 보급을 주도했던 지방관과 유배 지식인, 주자학적 지식문화의 갈래로서 기호학과 퇴계학이 이 글을 관통하는 키워드이다. 여기에 간과할 수 없는 또 다른 존재가 제주 현지의 유학자, 즉 주자학을 학습한 지식인들이다. 이들은 15세기 이래 관료에 대한 공적 협찬과 유배 지식인에 대한 사적 종유를 통해 상보성을 유지하며 제주 지역의 문명성을 고양시켜 왔다. 18세기 이후가 되면 제주에는 한 문파가 형성될 만큼 다수의 학자가 육성되어 지식 자급의 기반을 탄탄하게 다질 수 있었다. 이 글에서 관료와 유배 지식인의 활동을 다루면서 그들의 핵심 파트너 역할을 했던 현지 지식인의 존재와 역할에 주목하고자 하는 이유도 여기에 있다.

Ⅱ. 15~16세기 주자학적 지식문화의 갈래

조선시대 제주 유교 지식문화의 양성을 촉진한 양대 축은 중앙에서 파견한 관료와 유배 지식인이었다. 제주에 파견된 관료는 제주목사·정의현감·대정현감 등 3원(員)이었고 가장 큰 역할을 한 것은 제주목사였다. 선행 연구에 따르면, 15세기부터 19세기까지 제주목사를 지낸 인물은 279명이다.[1] 제주목사에는 당상관인 정3품 통정대부가 임명되었고, 문관과 무관이 각각 45%와 55%의 대등한 비중으로 임명되었다. 그중 유교, 특히 주자학의 정착과 확충에 영향을 미친 인물은 문신 출신의 제주목사였다. 그 정황이 구체적으로 포착된 것은 우문정치(右文政治)가 본격적으로 전개되는 성종 연간이었고, 1470년(성종 1)부터 1473년(성종 4)까지 약 3년간 목사로 재임했던 이약동(李約東)이 그 상징적인 인물이었다.

이약동은 김종직(金宗直)·조위(曺偉) 등과 교유가 깊었던 인물로, 정몽주(鄭夢周)에서 길재(吉再), 김숙자(金叔滋)로 이어지는 사림파 학통을 계승

---

1 김영란,「조선시대 濟州牧使 연구」, 한국학중앙연구원 한국학대학원 박사학위논문 1차 발표 요지(2019. 11. 07.).

한 학자이자 관료였다. 19세기 노론계 학자 홍직필(洪直弼)은 경상도 김산 소재 이약동 유허비(遺墟碑)에서 그의 학행을 이렇게 평가했다.

> 선생(이약동)은 강호선생(김숙자)을 스승으로 섬겨 김종직·조위와 도의와 덕업으로 교계를 맺고 포은(정몽주)과 야은(길재)의 유서(遺緖)를 연찬하였으며, 행의·치적·문장으로 유림의 영수가 되었다.[2]

한편 이약동이 제주목사로 부임할 때 강희맹(姜希孟)은 시를 지어 그의 선치에 대한 기대감을 내비쳤다.[3] 실제로 이약동은 아전들의 폐단을 엄단하고 공물의 수량을 줄이는 등 구폐를 개선하고 실정에 맞는 정치를 베풀었다. 말채찍조차도 도물(島物), 즉 섬의 물건이라는 이유에서 관루(官樓)에 걸어둔 것이라든지 수행원들이 몰래 실어둔 갑옷을 바다에 던진 일화는 공사를 엄격하게 구분하고 청렴을 통치자의 핵심 덕목으로 여겼던 사림파 관료의 자세를 압축적으로 보여준다.[4] 이러한 이약동의 임관 자세는 그 자체로 교화 행위로 각인되었고, 그의 목사 재임은 개인적 치적을 넘어 사림파 학풍이 제주에 유입되는 계기가 되었다. 당시 제주 사람들이 그의 교화를 기리기 위해 생사(生祠)를 건립한 것도 동일한 맥락에서 이해할 필요가 있다. 이 생사는 후일 이약동이 귤림서원(橘林書院) 별사(別祠)에 제

---

2 洪直弼,『梅山集』卷34,「金山老村李先生遺墟碑」, "先生服事金江湖先生 與金佔畢曺梅溪相契 以道義德業 鑽圃冶遺緒 行治文章 爲儒林領袖."

3 姜希孟,『私淑齋集』卷2,「送李節制之濟州 李卽平靖公約東也 此詩得於平靖子孫家 故附錄之」, "海上青山一髮紆 耽羅從古入輿圖 胸中最試元戎策 腰下仍懸太守符 職貢有包耽種橘 官場多馬審攻駒 送君自愧磨驢拙 京洛秋風酒一壺."

4 洪直弼,『梅山集』卷34,「金山老村李先生遺墟碑」, "先生早悟績學 博通經籍 立朝盡忠讜之言 匡濟之策 自耽羅歸 只持一鞭 旣而曰此亦島物 懸諸官樓 歲久鞭落 邑人畫其跡以寓慕 船行遇颶風幾危 搜幕賓潛賫一甲投海 波定利涉 州人名其所曰投甲淵 立生祠祀之."

향되는 단초가 되는데, 이에 대해서는 후술하기로 한다.

이약동이 제주목사로 부임하고 나서 약 50년이 지난 1520년(중종 15), 제주는 지역사회의 문풍 진작에 결정적인 영향을 미치는 또 한 사람의 지식인을 맞게 된다. 이른바 기묘명현(己卯名賢)으로 일컬어지는 김정(金淨)이다. 김정은 조광조와 정치적 행보를 함께하다가 1519년 기묘사화(己卯士禍)에 연루되어 금산으로 유배되었고, 1520년 진도를 거쳐 제주로 이배되고 이듬해 10월 사사되었다. 그가 제주에 머문 기간은 1년 2개월에 지나지 않았고 안치 죄인으로서 행동에도 상당한 제약이 따랐지만, 그는 짧은 기간 동안 주자학적 지식과 예법을 이식함으로써 제주의 유교 문화 확산에 기여했다. 『충암연보(冲庵年譜)』에는 그가 제주에 안치된 지 열흘쯤 지나 마을 노인과 연구(聯句)를 짓는 상황이 묘사되어 있는데,[5] 이는 김정이 제주와 정서적 간격을 좁혀가는 극적 장면으로 포착된다.

제주 풍토 개선에 대한 김정의 관심은 예교론으로 단초를 열었다.[6] 소격서(昭格署)의 혁파를 주장했던 기묘사림의 시각에서 볼 때, 제주 일원에 만연했던 음사(淫祀)는 척결의 대상일 수밖에 없었다. 이에 김정은 상장제의(喪葬祭儀)를 지어 제주 풍속을 근본적으로 개선하고자 했다.[7]

---

5 金淨, 『冲庵集』 卷5, 年譜, 「庚辰」(1520), "按濟州日記曰 先生到謫所十許日 似夢非夢 有白衣老人來致謗曰 與子相見久矣 不知文章之如何 願賞一篇 先生答以流落天涯 焉有一字隨來者 老人欲以韻試 先生不肯 老人曰可與聯句 卽呼首句以促之 先生不得已黽勉應之 至琴從膝上鳴 老人驚曰 詩格依舊 吟玩良久 因忽不見云 詩曰 積雨初晴後[老人] 新涼樹梢生[先生] 夜深幽戶靜[老人] 月近小窓明[先生] 詩自枕邊得[老人] 琴從膝上鳴[先生] 此間淸意味[老人] 難與俗人評[先生]."

6 김정의 예교론과 관련된 선행 연구로는 전지선, 「조선전기 沖庵 金淨의 제주사회 인식과 교화활동」, 제주대학교 석사학위논문(2013) 참조.

7 金淨, 『冲庵集』 卷5, 年譜, 「庚辰」(1520), "濟州之俗 尙淫祀而曚於禮 先生述喪葬祭儀以導之 民俗一變 島中文敎之興始此."

그가 주자학적 문교·예교의 관점에서 풍속의 변화를 모색했던 것은 척박했던 지식문화적 환경과도 관련이 깊었다. 김정은 「제주풍토록(濟州風土錄)」에 직접 경험한 제주 풍물을 기록하면서 바다 먼 곳 이방에 대한 첫 인상을 아래와 같이 표현했다.

> 토착인 가운데 생원 김양필(金良弼) 외에는 글을 아는 이가 거의 없고, 인심이 거칠어서 관료에서 미천한 자에 이르기까지 모두 조정의 세도가와 결탁하고 있었다.[8]

김정은 지식인의 부재와 권력에의 결탁을 문교와 예교의 결핍 현상으로 진단했고, 그 처방책으로 모색한 것이 전술한 상장제의의 보급이었다. 지식인의 부재는 지적 대화가 절실했던 김정에게 작지 않은 고충거리였고, 그나마 그는 지방관의 자제들을 통해 그 고충을 일시 해소할 수 있었다. 여러 문헌에 따르면, 김정이 직면했던 제주의 지식문화적 환경은 예상보다 훨씬 척박했던 듯하다.

> 나와 바다낚시를 함께 한 이는 이곳 백성이 아니면 방생(方生)이었다. 방생의 이름은 순익(舜翼)인데, 판관의 사위이다. 유학을 공부하였으며, 기묘년(1519)에 축출된 우리들[기묘사림] 일에 대해서도 아는 것이 매우 많았다. [⋯] 해도에서 이 사람을 만났으니 어찌 다행스럽지 않겠는가?[9]

---

8 金淨, 『冲庵集』 卷4, 「濟州風土錄」, "土人生員金良弼外 識文者絶少 人心鹵莽 自品官下至微者 皆交結朝貴."

9 金淨, 『冲庵集』 卷4, 「濟州風土錄」, "且所偕非土人卽方生 生名舜賢 判官之妻娚 學儒 於吾輩事 頗聞風 [⋯] 海外遇斯人 豈非幸甚歟."

한편 김정이 제주 풍토를 접하면서 가장 우려했던 것은 주자학적 수신(修身)과 교화론의 요체인 예의와 염치의 부재였다.

> 매일 고기잡이를 업으로 삼고, 사소하고 하찮은 것에도 뇌물이 오감에도 예의와 염치가 무엇인지 알지 못한다. 강으로 약을 제압하고, 사나움으로 유순함을 위협한다. 군왕의 명조차도 섬에 미치지 않은 탓에 관원의 탐학이 육한(陸閑)과 같아도 괴이하게 여기지 않는다. […] 만약 학문을 가르쳐 그 마음을 열지 못한다면 무수한 세월이 지나도 풍속이 좋게 바뀔 것이라 기약하기 어렵다.[10]

이처럼 그는 교화의 필요성을 절감했지만 1521년 사사됨으로써 그 뜻은 끝내 좌절되었다.[11]

한편 김정이 「제주풍토록」에서 제주 토착 지식인으로 인정했던 김양필은 어떤 사람인가? 1510년 생원시에 입격한 그는 문장에 능하고 글씨에도 뛰어났던 16세기 초중반 제주의 대표적 유학자였다.

> 문장에 능하고 글씨를 잘 썼으며, 생원시에도 입격했다. 명륜당에 그가 지은 시가 현액되어 있고, 주자의 백록동규(白鹿洞規)도 그가 쓴 것이

---

10 金淨, 『冲庵集』 卷4, 「濟州風土錄」, "日各以漁利爲事 毫縷細故 皆有贈賂 不知廉義爲何事 以強制弱 以暴劫仁 不下君示 以故官員貪如陸閑 不以爲怪 […] 若不敎以學文 以開其心 則永無移風之期."

11 김정은 의금부도사가 사사형(賜死刑)을 집행할 때 "내 평소 주량이 커서 짐주(鴆酒) 한 병으로는 내 목숨이 끊어지게 할 수 없을 것이니 소주를 많이 준비해 두고 기다리라." 하고는 음독한 상태에서 집에 보낼 편지와 절명사(絶命詞)를 쓰고 나서 소주를 마시고 죽음을 맞았다고 한다. 尹鑴, 『白湖全書』 卷33, 「辛巳孟冬書」.

다. 충암(김정)의 풍토록에도 김양필을 칭송하는 대목이 있다.[12]

김정의 『충암집(冲庵集)』에서는 두 사람이 사제관계를 맺은 사실을 확인할 수 없지만, 김정이 제주에 머물렀던 1년 2개월 동안 김정과 김양필은 사제에 준하는 관계를 맺었던 것으로 짐작된다. 김양필이 제주향교 명륜당에 시액(詩額)을 쓰고[13] 주자학적 교육 지침인 백록동규를 직접 쓸 수 있었던 것은 김정과의 학연을 통해 강화된 학자적 위신과 관련이 있다. 이러한 학자적 자질로 인해 그는 1534년 제주목사로 부임하여 문교를 크게 진작시키는 심연원(沈連源)의 핵심 조력자로 부상하게 된다.

김양필 못지않게 김정이 주목했던 인물은 문세걸(文世傑)이었다. 그는 34세로 단명해 활발히 활동하지는 못했지만 김정은 애도시에서 그를 "탐라의 준걸[耽羅之傑]"로 평가했다.[14] 무엇보다 김정이 그를 "기이한 사람[異物]"으로 말한 것으로 보아 탁월한 자질의 소유자였음이 분명하다.[15]

이약동과 김정이 기반을 다진 주자학적 예교 풍토는 1534년(중종 29) 송인수(宋麟壽)와 심연원의 목사 부임을 통해 다시 한 번 확충의 기회를 맞았다. 송인수는 중중 대 유숭조(柳崇祖)와 함께 윤탁(尹倬)의 문인이었다.[16] 윤탁은 김종직의 문인 이심원(李深源)의 제자였으므로 송인수는 김종직에서 이심원, 윤탁으로 이어지는 사림파 학통의 계승자였다. 송인수는 1534년 3월 제주목사로 부임했는데, 권신 김안로(金安老)를 탄핵한 것에 따른 좌

---

12 李元鎭, 『耽羅志』, 人物, 「金良弼」.

13 李元鎭, 『耽羅志』, 學校, 「明倫堂」, '金良弼詩.'

14 金淨, 『冲庵集』 卷3, 「悼文士豪 士豪名世傑 耽羅之傑也 年三十四沒 吾之寄哀 情見乎詩」.

15 金淨, 『冲庵集』 卷3, 「悼文士豪」, "君今爲異物 何地開心曲 耽羅有斯人 嗚呼云不淑."

16 17세기 기호학파의 종사 송시열은 송인수의 종증손이고, 성혼의 사위이자 문인으로 우계학통의 계승자로 인식된 윤황(尹煌)은 윤탁의 현손이다. 17세기 중후반 우계학통의 계승자로 부상하는 윤증(尹拯)은 윤황의 손자이다.

천이었다. 이후 그는 풍토병을 앓는 등 건강상의 이유로 부임한 지 석 달만에 목사직에서 물러났고, 그해 7월 이를 빌미로 김안로 일파의 공격을 받아 사천에 유배되었다. 이처럼 그가 제주에 미친 영향이 매우 미미했음에도 5현(五賢)의 한 사람으로 칭송될 수 있었던 것은 관료적 청망과 학자적 위상 때문이었다.[17]

송인수가 제주에 자취만 남겼던 반면, 후임 목사로 부임한 심연원은 1534년(중종 29) 9월부터 1537년(중종 32) 6월까지 약 3년간 재임하며 많은 치적을 남겼다. 서울 문벌가의 자제였던 심연원은 생원시에 장원 급제했고, 1522년 문과를 거쳐 1526년에는 문과 중시에도 합격한 엘리트 문신으로 후일 영의정까지 올랐다. 명종비 인순왕후(仁順王后)가 그의 손녀라는 점에서 점차 훈척적(勳戚的) 성향을 지니게 되는 것 또한 사실이지만, 본래 그는 김안국의 문하에서 사림파 학풍을 수용한 인물이다.

> 성장해서는 모재 김공(김안국)에게 학업을 질의하며 의리의 강명(講明)에 더욱 힘을 쏟았다. 이때 모재가 배도(陪都)에서 적전(籍田)을 양정(量定)하고 있었는데, 공은 선생을 종유하는 즐거움에 빠져 한 해가 다 가도록 돌아가지 않고 공부에 열중하여 재식이 크게 진보하여 성문(聲問)이 자자해졌다.[18]

17 송인수의 기질·학덕·행의는 그의 제자였던 이정이 지은「규암송선생찬」에 자세하게 서술되어 있다. 李楨,『龜巖集』卷1,「圭庵宋先生贊」, "先生 氣質淸明 德器淳粹 學問思辨 篤以行之 庶幾於義精仁熟之地矣 在中廟朝 見忤於奸臣金安老 遷謫于泗川縣 僑寓一吏舍 四年不出門外 及安老之誅 羽儀朝著 未及大施之初 爲李芑等所陷 竟遭慘禍 痛哉痛哉 稟質和粹 精金美玉 襟度脫灑 氷壺秋月 篤志力學 窮理居敬 不倚不變 順受其正."

18 鄭士龍,『湖陰集』卷7,「世子師靑川府院君贈謚忠惠沈公神道碑銘」, "及長 質業於慕齋金公 益加講明 時慕齋量定籍田于陪都 公樂於從師 竟歲不返 才識大進 聲問藹鬱."

김굉필의 문인인 김안국은 경세(經世) 중에서도 특히 교육론에 탁월한 역량을 보인 학자이자 관료였다.[19] 아래의 인용문은 박세채(朴世采)의 『남계집(南溪集)』에 수록된 기사로, 김안국의 학자·관료적 역할과 위상에 대해 많은 것을 시사한다.

> 모재(김안국)는 기묘사화 이후 여주로 물러가 학도를 가르치며 주자학을 흥기시키는 것을 자신의 임무로 삼아 사림의 신망을 크게 얻었다. 정유년(1537)에 김안로가 패망한 뒤에 비로소 조정으로 돌아와 조광조 등 제현의 억울함을 신원하자 사류들이 크게 의지하게 되었다. 얼마 지나지 않아 병으로 사망하자 조야 모두에서 경앙한 나머지 문묘 종사의 논의가 있게 되었다. 그러나 이황이 이언적을 추존하여 김굉필·정여창(鄭汝昌)·조광조 등과 함께 '4현(四賢)'으로 삼게 됨으로써 김안국이 굴욕을 당하게 되었다. 이에 지금 선비들 가운데 김안국이 어떤 사람인지를 아는 이가 별로 없게 되었으니 개탄스러울 따름이다.[20]

김안국은 이황의 이른바 도통정비론(道統整備論)에 따라 문묘에 종사되지는 못했지만, 학문의 현실적 적용을 모색했던 16세기 초중반을 대표하는 사림계 학자였다. 그리고 그의 뜻을 가장 착실하게 계승한 문인이 바로 심연원이다. 따라서 심연원의 제주목사 부임은 김안국의 학풍이 제주로 확산되고 적용되는 과정을 보여준다.

---

19 李秉烋, 『朝鮮前期 畿湖士林派 研究』(一潮閣, 1984).

20 朴世采, 『南溪集』 卷57, 「記少時所聞」, "慕齋己卯禍後 退居呂州 教授學徒 以興起斯文爲己任 士望甚重 丁酉安老敗後 始得還朝 伸雪靜庵諸賢之冤 大爲善類所依歸 未幾病卒 朝野景仰 凜凜有從祀文廟之議 及退溪推尊晦齋 與寒暄一蠹靜庵諸賢爲四賢 然後慕齋始屈 今則士子幾不知慕齋爲何人 可歎也已."

한편 심연원은 제주목사로 있는 동안 정사의 근본을 교화에 두고 여러 정책을 펼쳤다. 그는 배궐례(拜闕禮), 석채례(釋菜禮) 등 예법을 시행하고 교육환경을 개선하는 데 힘썼다.[21] 사서(四書)·『고문진보(古文眞寶)』 등 주자학의 핵심 서적을 간행하고 명륜당, 향교 등 교육기관을 중수한 것이 후자의 대표적인 예다. 문교와 예교를 정립하고 교육의 실질화를 도모했던 심연원의 정책은 궁극적으로 향학열의 고조와 예학의 점진적 확산으로 이어지며 성공을 거두었다.[22] 이때 그의 문교·예교 진흥론에 공감하며 적극적으로 힘을 보탠 인물이 바로 김정의 문인이자 당시 제주 교수로 있던 김양필이었다.[23]

한편 심연원은 교수 이의영(李義英)의 협조를 받아 향교의 부설 교육기관으로 향학당을 새롭게 건립했다.[24] 향교 생도들과 아동들의 학습처인 향학당은 이전에는 독립적인 공간을 확보하지 못하고 주사(州舍)나 군아(郡衙)에 부속되어 있었는데, 이때에 와서 전용 공간을 확보하게 된 것이다. 이로써 제주는 향교와 향학당의 이원적 교육 체계를 갖추게 되었다. 전자가 국가 공교육 시스템의 제도적 운영처였다면 후자는 제주목 '자율형' 교육 인프라로 평가할 수 있다.

심연원은 1536년 가을 명륜당의 중수를 완료할 즈음 그 전말을 기술할

21 鄭士龍,『湖陰集』卷7,「世子師靑川府院君贈謚忠惠沈公神道碑銘」, "又能不鄙遠俗 躬率以禮 朔望拜闕之儀 春秋釋菜之奠 未嘗告替."; 洪暹,『忍齋集』卷3,「沈公墓誌銘」, "以謂海表遐氓 不諳尊君事上之禮 觀瞻足以感化 有敎可使無類 朔望 必就闕牌而朝."

22 洪暹,『忍齋集』卷3,「沈公墓誌銘」, "修鄕校 釋奠必親 鋟梓四書及古文眞寶等書 訓誨學子 爲治未幾 禮俗大興 頗有文翁化蜀之遺風焉."; 鄭士龍,『湖陰集』卷7,「世子師靑川府院君贈謚忠惠沈公神道碑銘」, "大修黌舍 梓刊四書古文眞寶等書 課習蒙士 民多嚮學 至有請入國學者."

23 李元鎭,『耽羅志』, 學校,「明倫堂重修序」(沈連源).

24 李元鎭,『耽羅志』, 學校,「明倫堂重修序」(沈連源).

표1 | 윤구 일가의 학통

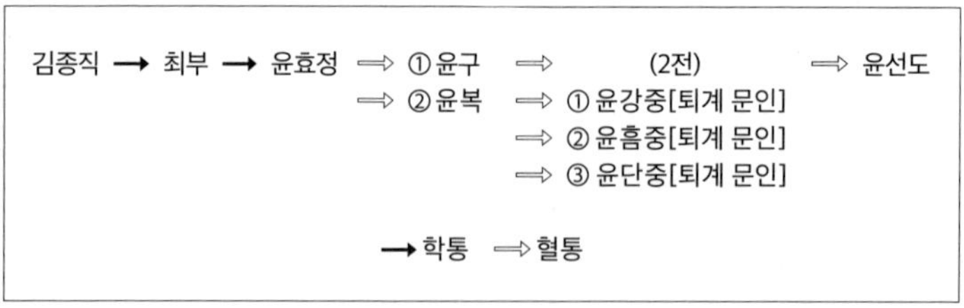

김종직 → 최부 → 윤효정	⇒	①윤구	⇒	(2전)	⇒	윤선도
	⇒	②윤복	⇒	①윤강중[퇴계 문인]		
			⇒	②윤흠중[퇴계 문인]		
			⇒	③윤단중[퇴계 문인]		

→ 학통 ⇒ 혈통

기문의 찬술자로 윤구(尹衢)를 염두에 두었다.[25] 심연원의 주변에는 박상(朴祥)·김인후(金麟厚)·송순(宋純) 등 학술·문장·경륜을 두루 갖춘 명사들이 많았음에도 윤구에게 기문을 청했던 것은 그가 지니고 있었던 학통상의 위치와 무관치 않다. 해남 출신의 윤구는 최부(崔溥)에게서 연원하는 금남학통(錦南學統)의 계승자였다. 김종직의 문인이었던 최부는 해남과 나주를 거점으로 다수의 후학을 양성하며 호남 유학의 토대를 다졌는데, 윤구의 부친 윤효정(尹孝貞)도 금남문인의 한 사람이었다.[26] 특히 윤효정은 최부의 손아래 동서로, 따라서 윤구에게 최부는 이모부가 되었다. 척연과 학연의 중첩으로 윤효정 가문은 금남학통의 연원 의식을 강고하게 유지했다.[27]

---

25 李元鎭, 『耽羅志』, 學校, 「明倫堂重修記」(尹衢).

26 박세채는 『동유사우록(東儒師友錄)』에 최부의 문인으로 윤효정, 임우춘(林遇春), 박은(朴誾), 권우란(權遇蘭)을 기재하고 있다. 금남학통은 16세기 후반에 접어들면서 동인과 서인으로 양분되는 경향이 있었는데, 전자를 대표하는 것이 윤효정과 그의 손녀사위 이중호(李仲虎)이고, 후자를 대표하는 것이 최부의 외손자 유희춘(柳希春)이다.

27 최부는 딸만 셋을 두었는데, 장녀서 유성춘(柳成春)의 아들이 16세기 호남학계의 거두 유희춘이다. 최부와의 관계에 기준할 때, 윤효정과 유희춘은 5촌의 척분이 있었고, 유희춘은 윤구의 조카 윤관중(尹寬中)을 사위로 맞아 척연을 이어갔다. 윤관중은 백진남(白振南)을 사위로 맞았는데, 백진남은 박순(朴淳)과 노수신(盧守愼)의 문인 백광훈(白光勳)의 아들이다. 윤구의 사위는 이중호인데, 그 아들 이발(李潑)과 이길(李洁)은 최영경(崔永慶)·김우옹(金宇顒)의 문하를 출입하며 남명학통을 계승했고, 윤구의 아우 윤복(尹復)의 세 아들은 이황의 문하에서 수학하여 퇴계학파로까지 학통적 외연을 확장했다.

특히 가문의 학통 연원으로 존중했던 최부가 제주와 연관 깊었던 점도 유념할 대목이다. 최부는 1487년(성종 19) 추쇄경차관(推刷敬差官)으로 제주에 파견된 바 있다. 잘 알려져 있듯 최부는 이듬해 부친상으로 인해 고향 나주로 돌아가던 중 풍랑을 만나 표류했고, 이후 명나라를 거쳐 귀환한 뒤 성종의 명에 따라 표류 전말을 기록한 것이 15세기 기행문학의 대표작으로 꼽히는 『표해록(漂海錄)』이다.[28] 이 점을 고려한다면, 윤구의 「명륜당중수기(明倫堂重修記)」는 금남학풍이 간접적으로나마 제주로 유입된 사례로 볼 수 있다.

III. 17세기 주자학풍의 강화

1. 충암묘의 건립

제주 지역의 주자학적 문풍 형성에서 주목할 대상은 충암묘(冲庵廟)이다. 3간 규모의 충암묘는 1578년(선조 11) 제향 공간인 묘우(廟宇)만 갖춘 형태로 건립되었다. 따라서 제향과 강학 공간을 모두 구비했던 서원에는 그 격식이 미치지는 못했지만 16세기 중후반에 사묘(祠廟)가 세워진 사실만으로도 주자학의 확산 속도와 관련해 시사하는 바가 크다. 퇴계학파의 본산 도산서원(陶山書院)의 건립 연도가 1576년임을 고려할 때, 제주 지역 원우 문화는 그 기원에 있어 경기 및 3남지역과 시기적 격차가 발생하지

28 「錦南先生墓碑文」(拓本 外後孫 羅斗冬撰), "嘗以敬差官往耽羅 奔父喪 漂泊東甌 達于京 至蒙皇帝賜賚異數 及還成廟 獎以華國賜衣 褒之 [⋯] 漂海錄卽承命撰進者."

않는다.

충암묘는 판관 조인후(趙仁後)의 주도와 목사 임진(林晉)의 협조 속에 출현했다. 건묘의 명분은 김정이 인의를 실천하고 도를 실천해 공과 덕을 아우른 학자의 전형으로서 제주의 문풍 진작에도 크게 이바지한 인물이라는 데 있었다.[29] 충암묘는 제주에서 최초로 구현된 주자학적 존현사업이었고, 이로써 김정은 조선시대 제주에서 최초로 공적 기림을 받는 유학자의 위치를 선점하게 된다.

사실 조인후의 충암묘 건립은 선조 즉위 이후 탄력적으로 추진된 사림파의 존현사업과 맥락을 같이한다. 선조의 즉위는 사림 정권의 수립으로 이어졌고, 그들에 의해 전개된 존현사업은 기묘사림의 복관과 현양사업에 초점이 맞추어졌다. 이러한 흐름 속에서 조광조는 1568년 영의정에 추증되고 그로부터 2년 후 문정(文正)의 시호를 받았고, 제향처로 능주 죽수서원과 양주 도봉서원(道峯書院)이 차례로 건립되었다. 그리고 1585년에는 묘전에 신도비가 건립되었다.[30]

김정은 1545년에 복관되고 1568년에 문정(文貞)의 시호가 내려졌다. 1555년 보은 상현서원(象賢書院)을 기점으로 1570년에는 청주 유정서원[有定書院: 신항서원(莘巷書院)의 전신]에 그의 위패가 봉안되었고, 마침내 1578년 적거지인 제주에 충암묘가 건립된 것이다.

조인후의 학통은 분명하지 않다. 다만 그의 외숙 김귀영(金貴榮)이 조광조의 문인 윤관(尹寬)의 사위이고 신흠(申欽)의 아우 신감(申鑑)을 사위로

---

29 林悌, 『林白湖集』 卷4, 「濟州金冲庵祠宇新修文」, "古之祠者有二焉 功可以受報則祠 德可以警世則祠 […] 況先生居仁由義 德之至矣 立懦廉貪 功亦大矣 功也德也 此可祠乎."

30 정암신도비(靜庵神道碑)의 건립은 사림 차원의 대대적인 존현사업으로 기획·추진되었는데, 신도비명의 찬자는 노수신, 본문 글씨는 이산해(李山海), 두전(頭篆)은 김응남(金應南)이 썼다.

맞은 점은 유념할 만하다.[31] 즉 조인후는 조광조의 학통을 이어받았고, 그 자손들은 기호학파 중에서도 특히 우계학파의 일원으로 활동했다.

충암묘의 건립 취지는 임제(林悌)의 「제주김충암사우신수문(濟州金冲庵祠宇新修文)」에 잘 드러나 있다. 이 글에서 임제는 아버지 임진(林晉)을 문안하기 위해 제주에 왔다가 봉안례(奉安禮)에 참관했고, 이 과정에서 조인후의 부탁을 받아 기문을 찬술한 것으로 말하고 있다.[32] 그러나 임제의 제주 방문은 그의 학통으로 보아 충암묘의 기문을 찬술하기 위한 것으로 추정된다.

임제는 성운(成運)의 문인이었다. 성운은 조식과 함께 16세기 처사형 학자의 전형적 인물로[33] 조광조의 문인이었던 성수침(成守琛)과는 재종 간이었다. 성운은 형 성우(成遇)가 사화에 희생되자 처가가 있는 보은으로 내려가 종곡(북실)에 은거하며 학문과 후진 양성에 매진했는데, 임제가 바로 그 대표적 문인이었다.[34]

성운의 처가 경주김씨는 김정과 일족이라는 점에서 김정과 성운 사이에는 척연과 학연이 형성되어 있었고,[35] 그 맥락에서 성운은 상현서원(象

---

31 신감은 송기수(宋麒壽)의 외손자였는데, 송기수는 전술한 제주목사 송인수의 종제이다. 또한 그는 김장생(金長生)·김상헌 등과 교유가 깊었고, 특히 김장생과는 4촌의 척분이 있었지만 자손들은 우계학통을 계승하며 소론계로 활동했다. 宋時烈, 『宋子大全』 卷165, 「刑曹參判申公神道碑銘」; 이는 형 신흠의 자손들이 소론을 표방한 것과 맥락을 같이하는 것으로 숙종조 소론의 영수 박세채는 신흠의 외손자이다.

32 林悌, 『林白湖集』 卷4, 「濟州金冲庵祠宇新修文」, "錦城林悌寧親于節制營 獲覩盛事 美侯之志 而且有侯命 故旣爲記."

33 신병주, 『南冥學派와 花潭學派 연구』(일지사, 2000).

34 林悌, 『林白湖集』, 「林白湖集跋」(林㥠撰), "白湖早歲有志于學 負笈從師 尋大谷成先生于鍾山之下受中庸 仍入俗離山 探究義理 累經寒暑 深得先生旨趣 而先生亦不待之以外."

35 성운은 김벽(金碧)의 사위인데, 김정과 김벽은 사촌 간이다. 김정은 기묘사화 당시 도피했던 김식(金湜)에게 인편을 띄워 정당한 처신을 촉구한 바 있는데, 그 인편이 김벽의 아들이자 성운의 처남 김천부(金天富)였다. 尹鑴, 『白湖全書』 卷33, 「辛巳孟冬書」.

賢書院)을 봉심하고 치제한 글에서 김정에 대한 강렬한 계승의식을 천명한 바 있었다.[36] 즉 조인후가 임제에게 충암묘의 기문을 부탁한 것은 김정에서 성운, 임제로 이어지는 학통을 고려한 조처였다. 이 점에서 충암묘는 조광조에게서 연원하는 대곡학통(大谷學統)의 기획과 조율 속에 출현한 사우로 해석할 수 있다.

2. 충암묘의 이건과 귤림서원으로의 승격

창건 이후 충암묘는 보은의 상현서원, 청주의 신항서원과 함께 김정의 대표적 제향처로 기능했다 그러던 중 1667년(현종 8) 충암묘는 일련의 중대한 변화를 맞이하게 된다. 바로 '귤림(橘林)' 명호 개정, 서원 승격, 원임 구성, 원적(院籍) 비치 등으로 이를 주도한 인물은 판관 최진남(崔鎭南)이었다.

최진남이 판관에 임명되어 제주에 도착한 것은 1665년(현종 6) 5월이었다. 부임 직후 그가 가장 먼저 찾았던 충암묘는 창건 이후 약 90년의 세월이 지나고 관리가 소홀해지면서 건물이 크게 퇴락해 있었다. 최진남은 충암묘의 터가 협소해 학업을 잇고 인격을 수양하기에는 적합하지 않다고 판단했다. 따라서 그는 이건을 계획했지만 한동안 적지를 확보하지 못했다. 그러던 중 최진남은 유생들의 성적을 채점하기 위해 장수당(藏修堂)에 방문하게 된다. 그는 그 일대가 충암묘를 이건하기에 적합하다고 판단하고 1667년 3월 공사를 시작해 약 한 달 만에 완공을 보게 된다. 이 과정에

36 成運, 『大谷集』 卷下, 「三山書院祭沖庵文」, "希聖師賢 學如不及 造詣精深 升堂入室 吐辭成文 迢配典謨 宗祀百世 繼在後儒."

서 목사 홍우량(洪宇亮)의 적극적인 지원이 있었다.

원우를 이건한 최진남은 제상·향탁 등 제기를 정비하고 원호를 '귤림'으로 개정했다. 충암묘에서 귤림서원(橘林書院)으로의 변화는 명칭 개정을 넘어 사우(祠宇)에서 서원(書院)으로의 승격을 의미하는 획기적인 조처였다. 원우의 일신을 위한 최진남의 노력은 여기서 그치지 않았다. 그는 수호를 위해 묘직 14명을 배정하고, 원장과 유사직(有司職)을 신설하여 원임 체계를 갖추었다. 그리고 원적을 통해 유생을 관리함으로써 교육 공간으로서의 운영 방침을 완비했다.[37] 즉, 최진남은 새로운 공간을 확보하고 건물을 조성할 뿐 아니라 운영 시스템을 정비해 교육 환경을 완비함으로써 제주의 서원 문화 정착에 기여한 것이다.

그렇다면 최진남은 어떤 인물이기에 이러한 교육 문화 사업에 대한 열정과 안목을 지니고 있었던 것일까? 최진남은 문신 관료이기 전에 퇴계학을 계승한 영남의 사족이었다. 아버지 최동립(崔東岦)은 조식과 이황의 가르침을 받은 정구(鄭逑)의 문인이었고, 김성일(金誠一)·류성룡(柳成龍)·구봉령(具鳳齡) 등 이황의 문인들과 깊이 교류했던 외조 이광준(李光俊)은 경상도 의성 빙계서원(氷溪書院) 중창의 주역이었다. 이처럼 그의 가학은 영남학, 특히 퇴계학에서 연원했는데, 판관 부임 직후 충암묘부터 봉심한 것도 존현 예법을 중시했던 학자 가풍과 무관치 않아 보인다.

앞서 귤림서원 이건의 지원자로 홍우량(洪宇亮)을 언급한 바 있다. 홍우량은 비록 무과 출신이었지만 조부 홍가신(洪可臣)이 이황과 서경덕의 문인이고, 부친 홍영(洪榮) 역시 서경덕의 학통을 이은 허성(許筬)의 사위라는 점에서 퇴계·화담학풍의 영향을 크게 받은 인물이었다. 그의 가계는

---

37 李源祚, 『耽羅誌草本』 卷1, 學校, 「橘林書院」, '崔鎭南記.'

정치적으로는 동인을 거쳐 남인을 표방해[38] 학파와 정파 모두 최진남과 동일한 계열에 속했다. 최진남이 퇴계학을 계승한 영남남인이었다면 홍우량은 퇴계·화담학통을 계승한 근기남인이었고, 이런 동질성이 귤림서원 이건 과정에서 굳건한 공조 형태로 표출된 것이다. 전술한 충암묘의 건립이 대곡학통의 주관하에 이루어졌다면 묘우의 이건과 귤림서원으로의 승격은 퇴계·화담학통의 공조였다.

3. 존현의식의 강화와 원향 인물의 확대

1668년(현종 7) 귤림서원은 서원으로서 체격을 갖춘 직후 이약동의 추배가 이루어지게 된다. 추배를 주도한 인물은 1667년(현종 8) 홍우량의 후임으로 온 이인(李寅)이었다. 이인은 1470년부터 1473년까지 제주목사로 재임하며 유교문화 발양의 기반을 닦은 이약동의 6세손이었다. 이약동의 치적에 비추어 볼 때, 귤림서원 추배는 상당한 명분이 있었다. 다만 원향론은 사림의 공론이 필수 요건이었음에도 이인은 공론의 충분한 수렴보다는 자신이 보유하고 있었던 관권을 바탕으로 이약동을 추배했다. 이로써 귤림서원의 제향 구조는 김정·이약동 양위 체제를 갖추게 되지만 공론 수렴의 불충분성은 문제의 소지를 남기게 된다. 이러한 우려는 이선(李選)의 출향 조처에 의해 현실화되었다.

1675년(숙종 1) 순무사로 파견된 이선은 이약동의 추배를 사적인 이해

38 홍우량의 백형 홍우정(洪宇定)은 병자호란 이후 태백산에 은거한 태백오현(太白五賢)의 한 사람이고, 중형 홍우원(洪宇遠)은 조경(趙絅)·허목(許穆)·윤선도(尹善道)와 함께 남인4선생(南人4先生)으로 인식되는 등 이 가문은 17세기 남인 사회에서 정치·학문적으로 높은 위상을 점하고 있었다.

관계에 따른 행위로 규정하고 이약동의 출향을 공식화한 다음 별사(別祀)할 것을 지시했다. 귤림서원에서의 출향은 김정에 비견되는 유현(儒賢)으로서 이약동의 위상을 부정한 것이고, 대안으로서 별사를 고려한 것은 치도 확립에 기여한 목민관으로서 그의 역할을 존중한 조처였다. 추배를 주도한 이인과 철향을 지시한 이선 모두 기호학파에 속한 인물이라는 점에서 이선의 조처는 정치적 이해관계와는 무관한, 원향론에 대한 인식 차이의 결과로 해석할 수 있다. 그리고 이때 조처된 이약동의 출향과 별사는 후일 별사(別祠)인 향현사[鄕賢祠: 1841년 상현사(象賢祠)로 개칭] 건립의 명분이 되었다.

이 가운데 귤림서원은 1678년(숙종 4) 송인수·김상헌·정온을 추배함으로써 4현체제를 갖추게 된다. 송인수와 김상헌은 각각 제주목사와 안무어사 자격으로 제주에 머물렀고,[39] 정온은 1614년부터 1623년까지 대정현에서 유배 생활을 했다. 추배 당시의 제주목사는 노론의 최관(崔寬)이었다.[40] 이약동은 출향시키고 송인수·김상헌·정온의 추배를 수용한 것은 귤림서원의 제향 기준이 도학·절의 등 주자학적 가치에 있음을 천명함을 보여준다.

---

39 김상헌은 1601년 안무어사 파견 시 충암묘를 찾았는데, 이때 그는 제문에서 김정을 도학의 종사이자 사림의 원기로 표현하며 강렬한 경모의식을 피력한 바 있다. 金尙憲, 『淸陰集』 卷15, 「祭耽羅沖菴祠宇文」, "嗚呼 先生之泰兮 吾道其昌 先生之否兮 士林其殃 一斥不復 千里歸藏 豈惟識者 行路皆傷 天日重輝 覆盆生光 九原未昧 五服再章 邈此海國 春山草香 流風起慕 祀享有堂 眇余後生 夙飮遺芳 公餘祗謁 瞻溯彷徨 聊薦菲誠 橘綠柑黃 嗚呼百世兮 終不可忘."

40 전주최씨 출신의 최관은 후일 참찬에 오를 만큼 현달했다. 인조의 국구 한원부원군(漢原府院君) 조창원(趙昌遠)이 증조 최철견(崔鐵堅)의 사위였고, 종제 최식(崔寔)은 효종 부마 해창위(海昌尉) 오태주(吳泰周)의 아들인 대제학 오원(吳瑗)을 사위로 맞았다. 오원의 아들은 아버지를 이어 대제학을 지낸 오재순(吳載純)이다. 나아가 종조 최구(崔衢) 계통에서는 이조판서 남유용(南有容)·영의정 남공철(南公轍) 등의 외파가 배출되는 등 최관 일가는 노론의 핵심부에 위치하고 있었다.

3현의 추배는 귤림서원 위상의 현저한 신장으로 이어졌고, 그러한 분위기 속에서 1682년(숙종 8)에는 청액운동이 전개되기에 이른다. 그러나 제주 유생들의 낙관적 기대와는 달리, 청액은 조정의 분위기로 인해 일시적으로 난관에 봉착했다. 제주 유생 양응도(梁應渡) 등의 청액소를 접수한 조정에서 첩설(疊設)을 우려하여 사액에 대해 미온적인 입장을 보였기 때문이었다.

"바다 건너 문명이 밝지 못한 고을에서 또한 공경하고 흠모하는 마음이 일어나 이미 사우를 건립하고 이처럼 편액을 청하니, 그들의 청원에 특별히 부응하여 먼 변방 지역을 권장하고 여러 사람의 뜻을 이끌어주는 것이 마땅할 듯합니다. 하지만 네 신하의 서원이 각각 다른 지역에도 있어 첩설의 혐의가 따르게 되니, 상소의 사연을 그대로 두시는 것이 어떠하겠습니까?"라고 하였다.[41]

김정·송인수·김상헌·정온은 실제로 여러 서원에서 제향되고 있었기 때문에[42] 조정의 우려는 합리적 판단이었다. 이러한 상황에서 해결책을 제시한 것은 숙종이었다. 숙종은 조신들의 만류에도 불구하고 사액을 전격 결정한 다음, 예관 안건지(安健之)를 파견하여 '귤림남궁(橘林南宮)'이라는 액과 함께 선액(宣額) 제문을 내렸다. 제주 최초의 사액서원은 이러한 과정을 통해 출현했다.

숙종은 선액 제문에서 4현의 학문과 행의를 크게 칭송하는 가운데, 성명(性命)을 담보하고 바름을 지킨 절조를 특서함으로써 귤림서원의 격을

41 『書院謄錄』, 肅宗 8年 6月 21日.

42 김정은 보은 상현서원, 송인수는 청주 신항서원, 김상헌은 양주 석실서원, 정온은 함양 남계서원에 주향 또는 배향되었는데, 모두 1682년 이전에 사액을 받은 서원이었다.

높였다.

4현은 정성을 바쳐 목숨을 걸고 선도(善道)를 지켰으며, 저마다 그 바름을 얻어 많은 선비들의 지향이 되고 한 고을의 관감(觀感)이 되었으니, 저 변방의 해도라고 해서 이들을 향한 깊은 경모의 마음이 없겠는가.[43]

여기서 한 가지 주목할 것은 당시 제주목사 신경윤(愼景尹)의 성향이다. 신경윤은 1681년 12월부터 1684년 4월까지 2년 4개월 동안 제주목사로 재임하는 동안 운주당(運籌堂)을 중건하는 등 치적이 많았다.[44] 최익현(崔益鉉)은 목사로서 그의 공을 이렇게 평가했다.

통정대부로 승차되어 김해부사로 재직하다 제주목사가 되었다. 제주는 문교의 영향이 적어 황루(荒陋)함이 나라 안에서 가장 심하여 상례·장례·자녀들의 혼사조차도 오랑캐의 풍속과 크게 다르지 않았다. 공은 부임하자마자 예법에 따라 인도하는 가운데 학교를 중수하고 과시(課試)를 밝히고 세금 부과를 엄정하게 하자 민속이 그 방침에 따라 크게 변하였다.[45]

신경윤의 귤림서원 3현 추배는 사림을 이었던 가학 전통과 밀접한 관

43 李益泰,『知瀛錄』,「宣額賜祭文」.

44 李益泰,『知瀛錄』,「運籌堂重創記」.

45 崔益鉉,『勉菴集』卷35,「戶曹參判明谷愼公墓誌銘幷序」, "其陞通政 在金海時而爲濟州也 島中不沾文教 荒陋最甚 至於喪葬嫁娶 若夷俗然 公始至 依禮法導論之 修學校 明課試 覈科賦 民俗賴以丕變."

련이 있었다. 고조 신희복(愼希復)은 조광조의 문인이었고, 증조 신유(申有)는 조광조의 문인 조욱(趙昱)의 문하에서 수학했으므로[46] 그는 전형적인 사림파 가문의 자제였다. 여기에 송시열·송준길(宋浚吉)·윤문거(尹文擧)·박세채 등 기호학파 석학들과의 긴밀한 교유관계가[47] 더해지면서 사림에서의 위상도 매우 높아졌다. 특히 친교가 매우 깊었던 송시열이 김상헌의 문하를 출입했고, 존주론(尊周論)의 관점에서 김상헌을 극도로 추양했던 사실은 그가 특히 김상헌의 추배에 특별한 관심을 쏟는 이유가 되었다. 이 점에서 3현 추배는 정암학파의 확장과 청음학파의 추양이라는 두 가지 목적과 취지가 접목된 의절로 해석할 수 있다.

4. 귤림서원 송시열 추배와 기호학파의 주도권 강화

귤림4현은 학통과 정파가 각기 조금씩 달랐다. 그러나 그들은 학문·행의·절의로는 사림 모두의 존경을 받은 명사들이었다. 예컨대, 김상헌과 정온은 각기 서인과 남인으로 당파가 달랐지만 '대의의 창명'이라는 관점에서 함께 제향될 수 있었다. 즉 4현까지만 해도 귤림서원 원향에 정치적 색채가 개입될 여지는 적었다.

그러나 숙종조 환국 정치의 구도 속에서 서인과 남인 간의 당쟁이 더욱 치열한 양상으로 전개되면서 정치적 보복도 더욱 노골화되었다. 특히 이 과정에서 중앙정치의 지방화가 확산됨으로써 원우 또한 그런 환경으로부

46 崔益鉉,『勉菴集』卷35,「戶曹參判明谷愼公墓誌銘幷序」, "高祖諱希復 遊靜菴趙文正先生門 號梅川 禮曹判書 兩館大提學 謚文莊 曾祖諱有 受業趙龍門昱."

47 崔益鉉,『勉菴集』卷35,「戶曹參判明谷愼公墓誌銘幷序」, "公少負重望 所與講道 皆一時名賢 如尤菴同春兩先生及尹石湖朴玄石諸公 皆推重奬拔 以爲公輔器."

터 자유로울 수 없었다. 제향의 정치성이 표면화되는 것도 이때부터였다. 이 점에서는 귤림서원도 예외일 수 없었는데, 그 중심에 노론의 영수 송시열이 위치하고 있었다.

송시열과 제주와의 연고는 1689년(숙종 15) 기사환국(己巳換局) 때 시작되었다. 원자 정호를 계기로 발생한 기사환국은 남인 정권의 수립을 가져왔고,[48] 정호에 반대했던 송시열은 제주 유배형에 처해졌다. 명이 내려진 것은 1689년 2월 4일이고, 그는 3월 4일 제주에 도착하여 6일부터 위리안치되었다. 그러나 그는 5월 17일에 육지로 송환되어 6월 3일 정읍에서 사사되었다. 따라서 송시열이 제주에 머문 것은 약 2개월에 지나지 않았지만 이 짧은 기간에도 그는 '문자행위(文字行爲)'를 통해 제주에 자신의 정치·학문적 자취를 선명하게 남겼다.[49]

3월 15일에 이루어진 귤림4현에 대한 치제도 그 가운데 하나였다. 송시열은 위리안치로 인해 직접 제사를 지내지는 못하고 아우 송시걸(宋時杰)과 손자 송주석(宋疇錫)을 대신 보냈는데,[50] 손수 찬술한 제문에는 4현에 대한 경모의식과 종사에 충정을 다했음에도 죄인으로 전락한 비분이 혼재되어 있었다.[51] 송시열이 4현과 자신을 동일시하고 있었다는 해석이

---

48 이희환, 「肅宗과 己巳換局」, 『全北史學』 8(1984).

49 제주로 유배 오는 도중에는 김장생의 묘소에 문인을 보내 치제했고, 제주에 적거하는 약 2개월 동안에는 『문의통고(問義通考)』를 편찬하고, 「임경업전(林慶業傳)」을 찬술했다. 「임경업전」에는 쇠세(衰世)에 대한 비감이 넘쳤다고 하는데, 이는 자신이 처한 현실에 대한 항변으로 해석된다. 宋時烈, 『宋子大全』 附錄 卷151, 「告沙溪先生墓文」, "維崇禎六十二年己巳二月十一日己酉 門人宋時烈得罪于朝廷 遠謫耽羅 戛過高井文元公沙溪金先生之墓 而竊嘗受教以爲朱子不滿于伊川請見叔母之事 故不敢登拜 使松江後孫鄭洊操文以告曰."; 宋時烈, 『宋子大全』 附錄 卷13, 「墓表」(權尙夏撰), "若朱子大全箚疑二程書分類 長鬐時所述也 語類小分 巨濟時所編也 問義通考 濟州時所成也."; 宋時烈, 『宋子大全』 附錄 卷19, 「記述雜錄」(權尙夏撰), "先生濟州時 特爲林將軍慶業作傳 表奬備至 蓋出於衰世之感也."

50 宋時烈, 『宋子大全』, 年譜, 「己巳」(1689), "遣二弟及孫疇錫 操文告于橘林書院."

51 宋時烈, 『宋子大全』 卷151, 「濟州橘林書院告四先生文 己巳三月十五日」.

가능한 대목이다. 이 치제는 제주 유림들에게 강렬한 인상으로 남아 후일 그의 추배에 주된 명분으로 작용하게 된다.

송시열의 귤림서원 추배가 이루어진 것은 그의 사후 6년째 되던 1695년(숙종 21)이었다. 1694년 7월 이익태(李益泰)의 목사 부임이 그 직접적인 계기가 되었다. 전주 출신으로 송시열과 송준길의 문하를 출입했던 이익태는 정치적으로는 서인, 학문적으로는 기호학파를 표방했다.[52] 그는 남인이 축출된 경신환국(庚申換局) 직후인 1681년(숙종 7)에는 남인 오시수(吳始壽)의 사사를 주도하는[53] 등 서인 중에서도 준론에 속했고, 1678년 호남 유생 유보(柳普) 등이 올린 「김장생문묘종사요청소」의 원본을 찬술했을 만큼 기호학파에서 큰 비중을 점하고 있었다.[54] 무엇보다 그는 1689년 6월 3일 송시열이 정읍에서 사사되자 초상에 정성을 쏟으며 제자의 도리

---

52 이익태는 아우 이후태(李后泰)와 함께 송시열과 송준길의 문하를 출입했는데, 송환기(宋煥箕)가 찬술한 이후태의 묘갈명을 통해 송시열·송준길과의 학문적 상관성을 파악할 수 있다. 宋煥箕,『性潭集』卷20,「游溪李公墓碣銘幷序」, "時同春宋先生以祭酒訓誨諸生 而見公肄業之精 大加歎賞曰 我居師席 不能與諸生恒處 子其相與講劘以勉勵焉 [···] 一自就拜尤翁以來 意切於源源講質 而每以篤老侍下 不得遠遊 深致恨嘆 當尤翁耽羅之行 迎候於壺山 乃質以疑禮 尤翁曰李上舍亦有禮疑乎 蓋其平日以知禮見稱於世也 [···] 嗟公篤學 薰炙尤春之門."; 한편 이익태는 제주목사에 재임하던 1695년 제주에서 김제민(金齊閔)의 문집『오봉집(鰲峯集)』을 간행했는데, 이항(李恒)의 문인인 김제민은 그의 외고조였다. 이를 통해 이익태의 가학적 연원을 가늠해 볼 수 있다(尹拯,『明齋遺稿』卷32,「鰲峯集序」, "公諱齊閔 乃李一齋之門人也 登第 官至於寺正 吾仲父童土府君 實銘其墓."; 金齊閔,『鰲峯集』,「鰲峯集跋」(李益泰撰), "往歲壬戌 余之知公山也 戚丈金道器氏 袖鰲峯文集 來眎余曰 此迺吾曾祖遺稿 於君 亦外高祖也 任此刊行 非君其誰 余拜受而卒業曰 謹承教矣 未幾棄官 及宰瑞寧 旋卽解歸 厥後以家禍奔避 無意於人世事矣 去秋來守是邦 思副宿願 遂謀剞劂氏 拮据財力 始役於今春 未終月而功告訖 噫 經營累載 竟成於今 其有待而然歟 玆豈非幸也 乙亥三月日 通政大夫 行濟州牧使李益泰 謹跋于橘林堂.").

53 吳始壽,『水村集』, 附錄 卷3,「行狀」(李瑞雨撰), "辛酉六月十一日 大司憲洪萬容 掌令崔翼商李益泰 持平金鎭龜尹德駿 正言李彦綱金萬埰 校理吳道一 修撰李塾請對入侍 極言公不可赦 上允之 翌日 下旨賜死."

54 朴光一,『遜齋集』卷9,「興農洞語錄丁卯」, "先生曰今番湖南老先生從祀疏草 出於誰手 而主意何居 對曰完山李掌令益泰之所撰 而以禮學爲主矣."

를 다했다.

6월 9일. 충주의 정온(鄭溫), 고창현감 신계징(申啓澄), 덕산현감 송삼석(宋三錫) 형제, 감역 김창석(金昌錫) 형제, 첨정 김만증(金萬增), 삭녕군수 이동형(李東亨), 참봉 곽시징(郭始徵), 전주의 서산군수 이익태, 황간의 박회장(朴晦章), 공주의 민진강(閔鎭綱)·이사안(李師顔)·소한규(蘇漢圭), 옥천·영동·청주·연산·회덕 등지 및 도내의 선비들이 계속해 와서 모인 사람이 수천 명이었다.[55]

6월 13일 맑음. 날이 채 밝기 전에 초상을 치르고 발인하였다. 상여꾼은 금구(김제)의 선비들 중에서 징발하였는데, 수십 리를 가서 전주의 경계에 이르니 전 군수 이익태, 전 현감 유덕옥(柳德玉) 등이 곳곳에 상여꾼을 대기시켜 놓고 있었다. 잠시 휴식을 취하고 상여꾼을 교체한 다음 출발하였다. 정오가 되기 전에 삼례에 도착하여 아침상을 올렸다.[56]

이러한 흐름 속에서 이익태는 제주목사에 부임한 뒤에는 송시열의 귤림서원 추배를 추진한 것이다. 귤림서원은 사액서원이기 때문에 추배를 위해서는 조정의 승인이 필요했다. 이에 그는 1695년 6월 경내 유생들에게 「추배요청소」를 올리게 해 숙종의 재가를 얻고자 했다.

송시열과 같은 도학과 명절(名節)로도 마침내 견책을 받아 네 신하가 일찍이 거쳐 갔던 지역에서 귀양살이를 하였으니, 이는 결코 우연이 아

55 宋時烈, 『宋子大全』 附錄 卷19, 「宋書續拾遺」; 宋時烈, 『宋子大全』 附錄 卷2, 「楚山日記」(第3).

56 宋時烈, 『宋子大全』 附錄 卷19, 「宋書續拾遺」; 宋時烈, 『宋子大全』 附錄 卷2, 「楚山日記[門人閔鎭綱]」.

넙니다. 그러므로 지금 네 신하의 사우에 합향하는 것은 의리가 정당하여 다시 논의할 것이 없습니다. 더구나 원교[제주] 한 구역은 성상의 교화에서 멀리 떨어져 있지만, 덕을 높이고 의를 앙모하는 것은 한결같이 천성에서 나오는 것입니다. 이와 같이 상소하여 호소하는 것은 그들의 정성이 보존되어 있음을 의미하는 것으로 가상히 여길 만한 일입니다.[57]

이 상소는 제주 유생 김성우(金聖雨)의 이름으로 개진되었지만 실제로는 김춘택(金春澤)이 찬술했고,[58] 이를 숙종에게 보고한 승지는 김진귀(金鎭龜)였다. 김진귀는 김장생의 현손이고, 김춘택은 김진귀의 아들이었다. 즉 송시열의 추배는 사계·우암학통의 치밀한 기획과 조율 속에 추진되었고, 현지에서 사론을 조율하며 행정적 실무를 총괄했던 것이 제주목사 이익태였던 것이다.

이러한 과정을 거쳐 1695년 8월 28일 마침내 송시열의 귤림서원 배향례(配享禮)가 거행되었다. 아래의 기사는 이익태가 예식을 주관한 과정을 보여준다.

제주목사 이익태가 장계에 올리기를 "이번 8월 28일 계정(季丁)으로 택일하여 세 고을의 많은 선비들이 모였는데, 신과 판관 노삼석(盧三錫) 및 교수 정희량(鄭希良)이 많은 선비들을 이끌고서 치재(致齋)하고 기일에 앞서 고유한 후에 선정신(先正臣) 송시열의 위판을 예법에 따라 귤림

57 『書院謄錄』,「肅宗 21年 6月 19日」.

58 金春澤,『北軒居士集』卷10,「濟州儒生請橘林書院並享文正公宋時烈疏」.

표2 | 귤림서원 연혁

구분	내용
창건	1578년 충암묘 건립과 김정 제향: 대곡학통의 주관
이건 및 승원	1677년 귤림서원으로 승격: 퇴계·화담학통의 주도
1차 추배	1678년 송인수·김상헌·정온 추향: 기호학통의 주도
사액	1683년 귤림남궁으로 사액: 우암학통의 기획
2차 추배	1695년 송시열 추향: 기호학통의 주도권 강화

서원에 봉안하고 제사를 행하였습니다."라고 하였다.[59]

이익태는 4현에게 올리는 글에서는 송시열의 학문과 충의를 특서하고, 조광조와 송인수가 화를 입은 기묘사화와 을사사화에 기사환국을 동일시하며 송시열을 추배하는 사유를 피력했다.[60] 그리고 봉안문에서는 이이에서 김장생, 송시열로 이어지는 도통과 북벌론에서 드러난 존주대의(尊周大義)의 기상을 피력하는 가운데, 학문·도덕·의의 실천에서 4현과의 관계를 강조하며 추배의 정당성을 역설했다.[61] 이로써 귤림서원은 5현의 제향처로 그 모습을 일신하며 위상을 강화하게 된다. 특히 송시열의 추배는 기호학파와의 유대를 강화하는 확고한 계기로 작용하면서 18세기 이후 제주 지역 학풍의 형성에도 큰 영향을 미치게 된다.

귤림서원에 미친 기호학파의 영향은 1772년(영조 48)에 이루어진 중수에서도 분명하게 드러난다. 당시 중건을 주도한 인물은 권진응

59 『書院謄錄』, 肅宗 21年 10月 6日.

60 李益泰, 『知瀛錄』, 「先告事由文」, "其學問之淵源 有自來矣 忠義之正大 在人耳目而已 己巳之禍 無異於己卯乙巳之慘 士林之慟念 愈往而愈深."

61 李益泰, 『知瀛錄』, 「尤齋先生奉安祭文」.

(權震應)이었다. 송시열의 정통 계승자 권상하(權尙夏)의 증손인 그는 1년 전 올린 「권상하를 변호하는 상소[權尙夏辯護疏]」가 탕평의 정신을 훼손했다는 죄목으로 제주 대정현에 위리안치되었다.[62] 이 상소에서 그는 송시열을 자신의 부조(父祖)에 비유할 만큼 기호학파 계승의식이 강했다.[63] 권진응이 위리안치된 곳은 안덕면 창천리 강씨의 집이었으며, 여기서 그는 약 10개월 동안 주자와 송시열의 문집을 체독하며 학문에 열중하다가 1772년 풀려났다.[64]

제주 적거는 권진응 개인에게는 분명 수난사에 해당했다. 하지만 이 과정에서 그는 연원의 자취를 찾는 기회를 갖게 되는데, 송시열과 김정의 유배지를 방문한 것이다. 특히 송시열의 유배지에는 우옹적려비(尤翁謫廬碑)를 건립하여 계승 의식을 표출했는데, 이는 기호학파의 지역적 확산으로 해석할 수 있는 획기적 조처였다. 무엇보다 이 비가 제주 3읍 유생들의 적극적인 협조를 바탕으로 건립된 점에서 당시 제주 지역에 확산되어 있었던 기호학파의 영향력을 실감하게 된다.[65]

또한 그는 1772년 유배에서 풀려난 뒤 귤림서원을 방문하고 5현을 기자에 비견되는 제주의 인문적 토대를 다진 인물로 칭송했다. 그리고 이듬해까지 귤림서원의 중수를 주관함으로써 추후 제주에 기호학풍이 확상되는 기반을 마련했다.[66]

---

62 『英祖實錄』, 47年 3月 14日.

63 『英祖實錄』, 47年 3月 12日, "諮議權震應上疏 略曰 臣曾祖臣尙夏 服事先正臣宋時烈 自幼視先正如父祖."

64 宋煥箕, 『性潭集』 卷23, 「山水軒權先生墓誌銘幷序」, "及入大靜 乃住滄川里 靜討一室 取朱子書尤菴集 端坐潛玩 晏然如在家時焉."

65 宋煥箕, 『性潭集』 卷23, 「山水軒權先生墓誌銘幷序」, "到配之初 卽問尤翁所嘗居停 則未有知者 公博訪之 始得其遺墟 亟謀于三邑章甫 鳩財竪碑而識之 島俗蚩蚩 素蔑文敎 而孝義節烈 多出於輿儓之賤 亦皆泯沒無稱 公因故老言 爲作傳記以表章之."

66 李源祚, 『耽羅誌草本』, 學校, 「橘林書院」, '權震應記'.

Ⅳ. 17세기 이후 기호·영남학풍의 이원적 수용과 전개

1. 서인 기호학파

1) 이익의 유배와 기호학풍의 진작

17세기 제주의 서인학풍 확산과 관련하여 주목할 인물은 이익(李瀷)이다. 그는 1618년(광해군 10) 폐비론에 반대하다가 제주로 유배되었고,[67] 1623년(인조 1) 인조반정으로 복관되기까지 약 5년간 머물면서 제주에 다수의 문인을 배출하게 된다. 이익은 이괄(李适)의 난을 진압하는 데 공을 세운 숙부 이수일(李守一)의 보호 아래 성장했다.[68] 학통 관계가 분명하게 드러난 것은 없지만 송시열과 함께 효종 대 북벌론의 문무 양축을 이루었던 이완(李浣)이 그의 종제라는 점, 또 다른 종제인 이정(李淀)이 김장생의 아들 김반(金槃)의 사위라는 점은 기호학파와의 친연성을 짐작하게 한다.[69] 그는 서인에 속했지만 남인인 조직(趙溭)·정온과도 교유하는 등 정파에 크게 얽매이지 않았고, 특히 서인의 영수 김장생과 남인의 영수 정경세의 문하를 모두 출입했던 상주 출신의 학자 신석번(申碩蕃)과도 친교가 깊

---

67 『光海君日記』, 10年 11月 16日. 최석정(崔錫鼎)이 지은 묘갈명에 따르면, 이익은 극형을 당할 위기에 처했으나 기자헌(奇自獻)의 변호로 형신을 면하고 유배형에 그쳤다. 崔錫鼎, 『明谷集』 卷23, 「司憲府掌令贈弘文館典翰李公墓碣銘」, "主益怒 命三省推鞫 禍將不測 相臣奇自獻再箚救解 稱疾不赴鞫 以故得免刑訊."

68 崔錫鼎, 『明谷集』 卷23, 「司憲府掌令贈弘文館典翰李公墓碣銘」, "公以萬曆己卯降 少失怙恃 季父鷄林公守一宰南土 兄弟往從 厲志篤學."

69 이익의 손자 이병(李炳)·이정(李炡)이 윤선거의 문하에서 수학했고, 특히 이병은 1689년 성혼·이이의 문묘 출향 반대소를 올렸다가 원방에 정배되었는데, 이는 이 가계가 기호학파 중에서도 우계학통을 표방했음을 의미한다. 崔錫鼎, 『明谷集』 卷23, 「司憲府掌令贈弘文館典翰李公墓碣銘」, "炳炡游魯西尹公門."; 『肅宗實錄』, 15年 3月 30日.

었다.

신석번은 17세기 중반 영남 지역 노론의 핵심 인물로 정치·사상적 영향력이 컸다.[70] 신석번의 문집 『백원집(百源集)』에는 이익에게 보낸 네 편의 시가 실려 있는데, 대부분 유배 중인 이익을 위로하고 그리워하는 내용이다. 이 시들이 그려내는 이익에 대한 신석번의 기억은 연군지정과 우국지정을 바탕으로 직도와 충신의 자세를 잃지 않았던 학자·관료의 모습이다.[71]

> 공은 겨우 처형을 면하고 제주에 안치되어서는 오로지 성리학 공부에 몰두했고, 항상 주경을 요체로 삼았다. 날마다 『서명(西銘)』과 『경재잠(敬齋箴)』을 암송하였으며, 『주자서절요(朱子書節要)』를 백 번 이상 읽어 스스로 경계하고 성찰하는 바가 컸다. 유배 말미에는 거문고를 배워 때때로 서너 곡조를 연주하였고, 매일 아침 의관을 정제하고 뜰 아래에서 북쪽을 향해 두 번 절하고 밤늦게까지 단정하게 앉아 책을 읽음에 조금도 나태한 기색이 없었다.[72]

위의 인용문은 이익의 제주 생활을 기록한 최석정(崔錫鼎)의 묘갈명이다. 이에 따르면 이익은 제주에 유배되어 있는 동안에도 성리학자로서 수

---

70 김학수, 『17세기 嶺南學派 연구』, 한국학중앙연구원 한국학대학원 박사학위논문(2008).

71 申碩蕃, 『百源集』 卷1, 「送李泂如翼謫濟州」, "流落還相見 懸燈話五更 聲名推直道 忠信仗平生 萬里滄波闊 孤槎性命輕 天高杳北斗 何處望西京 夙誦田生語 今憑鄒子歸 寧爲五日死 已許百年期 道直元無妄 天高必聽卑 從來隨所遇 一理信如斯."; 申碩蕃, 『百源集』 卷1, 「寄李泂如」, "離絃誰復聽 苦奏不成音 北望堯天遠 南遷禹穴深 向來憂國淚 今日戀君心 牛斗猶橫紫 空悲古釰沈."; 申碩蕃, 『百源集』 卷1, 「李泂如書到」; 申碩蕃, 『百源集』 卷1, 「憶李泂如」.

72 崔錫鼎, 『明谷集』 卷23, 「司憲府掌令贈弘文館典翰李公墓碣銘」, "公則減死 濟州安置 專攻性理書 常以主敬爲要 日誦西銘敬齋箴 讀過朱書節要百餘遍 深有警省 晩學琴 時彈數弄 每朝正衣冠下庭 北向再拜 終夕危坐觀書 未見有惰容."

양을 하루도 게을리하지 않았다. 이러한 이익의 학자적 자세는 제주 유생들의 향학 의지를 자극했고, 특히 이익보다 먼저 유배 온 정온·송상인(宋象仁)과의 교유는 제주 유림들의 학문적 분위기를 고취하는 데 영향을 미친 듯하다.[73] 그 결과 이익은 제주에서 많은 문인을 배출할 수 있었다.

〈이익의 문인〉

- 김진용(金晉鏞, 1605~1663): 생원/참봉
- 고홍진(高弘進, 1602~1682): 문과/전적
- 김계창(金繼昌, 1637~1699): 문과/전적/김진용의 여섯째 아들
- 김계륭(金繼隆, 1632~1690): 진사/문과/정랑/귤림서원 원장/김진용의 넷째 아들
- 김계흥(金繼興, 1647~1701): 문과/감찰/김진용의 조카
- 고기종(高起宗, 1632~미상): 문과/정자/김진용의 생질
- 이수근(李壽根, 1710~미상): 문과/직강/이익의 현손

위에서 보듯 같이 이익 학맥의 중심을 이룬 인물은 김진용(金晉鏞)이다. 제주 지역 '간옹고제(艮翁高弟)'로 규정할 수 있는 그는 1635년 진사시에 입격했지만 신분은 향리였다. 하지만 그는 향리였음에도 간옹 문하에서 수학하여 사마시에 입격했을 정도로 학식과 문장이 뛰어났다. 이러한 정황은 1649년 그가 홍화각(弘化閣)의 중수기를 지은 것에서도 확인할 수 있다.[74]

---

73 崔錫鼎,『明谷集』卷23,「司憲府掌令贈弘文館典翰李公墓碣銘」, "時宋象仁鄭蘊同栫棘 倡酬往復以自遣."

74 李益泰,『知瀛錄』,「弘化閣重修記」(鄕吏金晉鏞撰).

지식인으로의 성장은 김진용이 지역사회의 학문 환경에 대한 책무감을 갖는 계기가 되었다. 1660년(현종 1) 장수당의 건립은 그런 의지의 구체적 표현이었다. 장수당의 건립은 김진용과 당시 제주목사였던 이괴(李襘)의 합심으로 가능했다. 이괴는 김진용의 학문적 자질과 출처를 높이 평가하여 좌수로 삼아 측근에서 보좌하게 했다.[75] 이러한 맥락에서 김진용 또한 이괴를 선치수령으로 호평하면서 상호 신뢰가 구축되었는데, 이때 학문 장려에 힘쓰던 이괴에게 김진용이 학업 공간으로 장수당 건립을 권하자 그가 수락했다. 즉 장수당의 건립은 이괴의 흥학 의지에 편승하여 지역의 교육 환경을 확충하고자 했던 김진용의 이해가 접목되어 나타난 결과였다.

김진용은 이익의 문인으로 기호학파를 계승했다. 하지만 그는 퇴계학 계통의 남인 이괴의 재임기에 지식인으로서 현실에 참여했다. 이러한 점에서 김진용은 기호학과 퇴계학의 효율적 융합을 추구했던 인물로 파악할 수 있다. 이후 김진용은 제주 유림 사회에서 상당한 영향력을 지니게 되었고, 그 자질(子姪)들 또한 과거를 통해 관료로 진출하는 경향이 높아졌다. 특히 넷째 아들 김계륭은 귤림서원 원장을 지내며 17세기 중후반 제주 유림의 구심점으로 역할할 정도였다.

2) 김정희·최익현의 유배와 재지 지식인층의 저변 확대

위정척사파의 거두로 활동한 최익현(崔益鉉)은 1873년(고종 10)부터 3년간 제주에 적거하면서 기호학풍을 확산시켰다. 그는 이단상(李端相)–김창흡(金昌翕)–김신겸(金信謙)–김원행(金元行)–이우신(李友信)–이항로(李恒老)

75 李益泰,『知瀛錄』,「藏修堂記」(李襘撰).

로 이어지는 학통을 계승했으므로 기호학통 중에서도 낙론에 속했다.[76]

1874년 3월, 최익현은 자신의 학통 연원을 찾고자 제주 곳곳을 탐방하기 시작했다. 그 여정의 시작은 1772년 권진응이 송시열의 적거지에 건립한 우옹적려비였다. 우옹적려비를 가장 먼저 찾은 것은 송시열에 대한 계승 의식과 관계가 깊다. 『주자서(朱子書)』를 외고 『우암집(尤菴集)』을 정독했다는 『면암연보(勉菴年譜)』의 기사는 그 사실을 분명하게 드러낸다.[77]

학통의 연원을 찾아나선 제주 탐방의 종착점은 귤림서원이었다. 그곳에서 그는 제주 유교 지식문화의 정착과 확산에 기여한 5현의 공로를 아래와 같이 기렸다.

> 이 작은 제주는 오랫동안 개명치 못해 잡스러운 말을 쓰고 가죽 옷을 입는 등 풍속이 비루하였습니다. 아, 우리 5현이 귀양살이로 혹은 관직으로 이곳에 와서 백성들이 훙기되고 감격하여 지금까지 공경하니, 그 연유를 따져 보면 사실은 하늘의 뜻입니다.[78]

한편 개인적으로는 학통을 천명하는 계기가 되었던 최익현의 제주 적거는 육지의 유림과 제주 유림 간의 교유를 촉진하는 결과를 가져왔다.[79] 『면암집』의 기록에 따르면 제주 출신으로는 안달삼(安達三)·김희정(金羲正)·강기석(姜基碩)·김용징(金龍徵)·김훈(金壎)·김치용(金致瑢)·김양수(金養洙) 등이 왕래했고, 육지에서는 맹문호(孟文浩)·최영환(崔榮煥)·최승현(崔

76 조성산, 『조선후기 洛論系 學風의 형성과 전개』(지식산업사, 2007).

77 崔益鉉, 『勉菴集』 續集 卷3, 附錄 年譜, 「癸酉」(1873).

78 崔益鉉, 『勉菴集』 卷24, 「橘林書院遺址祭五先生文」.

79 최익현의 교육 활동에 대해서는 김인기, 「조선후기 면암 최익현이 제주교육에 끼친 영향에 관한 연구」, 제주대학교 석사학위논문(2011).

勝鉉)·박해량(朴海量)·김효환(金孝煥)·김형배(金衡培)·안진환(安璡煥)·이필세(李弼世)가 바다를 건너와 교유했다.[80]

여기서는 최익현의 문하에 있던 제주 유생 중 김용징과 김희정에 대해 살펴보기로 한다. 납읍(納邑) 출신의 김용징은 조선 후기 제주에서는 상당한 사회·경제적 기반을 확보하고 있었다. 그의 5대조 김이강(金利剛)은 1696년 납속으로 통정대부가 되고, 고조 김예보(金禮寶)는 1697년 영직(影職)으로 예빈시 봉사가 되었다.[81] 1833년 무렵 김용징은 육지에 나와 학업을 이어나가는 제주 유생들의 관습에 따라 전라도 부안에 거주하며 학업에 종사했다. 이때 그는 전라도관찰사에게 청원해 부안에서 과거에 응시했고,[82] 1843년 진사시에 입격한 뒤 6년간 성균관에서 유학하기도 했다. 이후 그는 제주로 돌아와 향교 교수를 역임하는 등 학문 활동과 후학 양성에 힘쓰며 19세기 중후반 제주 유림의 구심점으로 역할하게 된다.

이 가운데 그는 유배 온 김정희(金正喜)·최익현과 사우 관계를 맺으며 학문 및 사회적 기반을 확대하게 된다. 김정희의 제주 유배 기간은 1840년(헌종 6)부터 1848년(헌종 14)까지 약 9년이다. 이 시기는 김용징이 진사시 입격 이후 제주와 서울을 왕래하며 학문에 전념하고 있을 때였다. 연령과 사회적 위치를 고려할 때, 김용징은 김정희와 사제 관계를 맺었을 것이다. 그 인연으로 김정희는 추후 김용징의 부친 김봉철(金鳳喆)의 묘표에 글

80 崔益鉉,『勉菴集』續集 卷3, 附錄 年譜,「癸酉」(1873).

81 〈金利剛告身〉,〈金禮寶告身〉. 韓國學中央硏究院,『고문서집성 114-제주 晉州姜氏·谷山康氏·金海金氏·慶州金氏·濟州高氏·東萊鄭氏 고문서』(한국학중앙연구원 출판부, 2015), 818쪽에 수록.

82 〈議送〉(1833). 韓國學中央硏究院(2015), 위의 책, 826쪽에 수록. 이 의송(議送)에는 채형봉(蔡亨鳳)을 비롯하여 김용징·김광최(金光最)·변용보(邊用堡)·김광수(金光秀)·김광서(金光瑞)·김수형(李壽亨) 등 총 8명의 유생이 연명했는데, 당시 제주 유생들의 학업 방식을 이해하는 데 참고가 된다.

씨를 써주었다.[83]

또한 앞서 서술했듯 김용징은 1873년 제주에 유배 온 최익현을 종유하며 학문적 교유의 폭을 크게 확장하고 지역 사회에서 학자적 위상을 더욱 강화할 수 있었다. 그의 이러한 학문적 활동은 후손들에게도 영향을 미쳐 3대가 훈장직을 승계했다.

김용징이 양성한 문인의 규모가 어느 정도인지는 파악하기 어렵다. 다만 그의 문인 김명악(金命岳)이 1854년 제주 별시에서 장원으로 합격한 사실에서[84] 그 문하의 지적 수준을 가늠할 수 있다. 그 결과 김용징은 제주 유림들 사이에서 상당한 존경을 받았다. 1935년 그의 묘비 건립과 관련한 문인들의 인식이 바로 그 예다. 김용징의 묘비 건립을 위해 그 자손들은 문인들에게 협력을 촉구했던 듯하다. 그러자 문인들은 김용징의 학자적 자세와 지역사회 지식문화 보급에 이바지한 공을 강조하며 적극적인 협조 의사를 드러냈다.[85] 이에 따르면, 김용징은 청통(淸通)한 자질과 해박한 식견에 문장력까지 겸비한 학자였다. 주목할 대목은 그가 학파에 치우치지 않는 포용성을 지니고 있었다는 점이다. 그는 "항상 퇴계의 학(學)과 율곡의 이(理)를 거론하며 후학들에게 설강하였다"고 한다.[86] 물론 그는 『주자대전』과 『우암집』을 문인 교육의 핵심 서책으로 삼으며 기호학통으로서의 자기 정체성을 강고하게 유지했다. 그렇다고 해도 이황과 이이를 병거(竝擧)한 것은 19세기 제주 내 기호학풍과 퇴계학풍의 융합 수용 양상과 관련하여 시사하는 바가 매우 크다.

---

83 〈碑文〉. 韓國學中央研究院(2015), 앞의 책, 882쪽에 수록.

84 〈紅牌〉(3). 韓國學中央研究院(2015), 앞의 책, 817쪽에 수록. 김명악의 홍패가 스승인 김용징의 후손가에 소장된 경위는 미상이다.

85 〈回章〉. 韓國學中央研究院(2015), 앞의 책, 857쪽에 수록.

86 〈回章〉, "每擧退學栗理以說與來學." 韓國學中央研究院(2015), 앞의 책, 857쪽에 수록.

한편 김희정은 최익현에게 직접 사사받으면서 그와 더 깊은 관계를 맺었다. 김희정은 19세기 중엽 제주의 대표 학자였던 이한진(李漢震)의 문하에서 수학하다가 1873년 최익현의 적거를 계기로 그 문하에 입문했다.[87] 그는 최익현의 문하에 있으면서 기우만(奇宇萬)·김평묵(金平默) 등까지 인적 관계를 확대했는데, 그 실상은 왕래 과정을 기록한 『도해록(蹈海錄)』에서 확인할 수 있다. 김희정은 다수의 문인을 배출했고,[88] 그 자손들은 항일운동에 참여하여 배움을 몸소 실천했다.

2. 남인 퇴계학파

1) 제주목사 이괴와 근기남인 학풍 확충

근기남인 학풍의 제주 유입과 관련하여 주목할 인물은 1658년 4월부터 1660년 5월까지 제주목사로 재임했던 이괴이다. 연안이씨 출신의 이괴는 전형적인 근기남인 가문의 자제였다. 조부 이주(李澍)는 1565년(명종 20) 성균관 유생들이 보우(普雨)의 죄를 청하는 상소를 올릴 때 소본을 쓰고,[89]

---

87 김희정에 대해서는 김일우, 「조선후기 이후 제주 김희정 가계의 정치·사회적 위상과 그 변화」, 『한국인물사연구』 17(2012) 참조.

88 1891년 김희정의 집에 강도사건이 발생했을 때 문인들이 나서서 범인의 엄단을 촉구한 바 있었다. 1891년 김정송(金丁松) 등이 올린 소지에는 총 50명이 연명했는데, 이들은 '오등지사(吾等之師)'라 하여 김희정을 '師'로 칭하고 있다. 이 문서에 따르면 김희정은 최소 50명의 문도를 규합했음을 알 수 있는데(韓國學中央研究院, 『고문서집성 110-제주 於島 晉州姜氏·朝天 金海金氏·舊佐 東萊鄭氏 고문서』(한국학중앙연구원 출판부, 2014), 801쪽, 〈所志〉(9), 802쪽, 〈所志〉(10), 806쪽, 〈稟目〉). 이는 19세기 제주 유림의 학문적 집단화와 관련하여 주목할 만한 현상이다.

89 鄭經世, 『愚伏集』 卷17, 「贈議政府領議政李公神道碑銘幷序」, "乙丑 文定大妃信妖僧普雨言設無遮會于檜巖寺 經月乃罷 未幾而文定上昇 中外哄然 皆以爲病由齊素 欲磔普雨肉 於是太學生上章討罪 是時太學生名能文者甚衆 而首用公疏 聲聞益彰徹 一時名人皆慕與之交."

1576년에는 문과 중시에도 합격한 명사로 자손 교육에서 특히 소학을 강조했다고 한다. 또한 그는 정곤수(鄭崑壽), 이증(李增), 신점(申點), 유희림(柳希霖), 유영경(柳永慶), 송응개(宋應漑), 송응형(宋應泂), 박순(朴淳), 윤두수(尹斗壽), 윤근수(尹根壽), 심희수(沈喜壽), 이지남(李至男) 등 당파와 학파를 초월해 교유했는데,[90] 인조반정의 원훈 이귀(李貴)는 그가 직접 키운 인물이었다.[91] 또한 아버지 이창정(李昌庭)은 사마시와 문과를 거쳐 함경도관찰사를 지낸 엘리트 관료였다.

가문의 전통을 이어 관료의 길을 걸은 이괴는 정치적으로는 근기남인을 표방했고, 학문적으로는 퇴계학파에 속했다.[92] 그는 남인4선생으로 일컫는 조경(趙絅)·허목·윤선도(尹善道)를 비롯하여 정두경(鄭斗卿) 등과 친교가 깊었는데,[93] 허목은 이황과 조식의 문인인 정구(鄭逑)의 수문(首門)이었고, 윤선도와 정두경은 제주목사 부임을 격려했던 절친한 벗들이었다.[94]

이괴가 목사로 재임했던 2년 1개월 동안 가장 역점을 둔 것은 민생의 개선과 교육 기반의 확충이었다. 이괴가 부임하고 제주에는 연이어 흉년이 발생했다. 그러자 그는 목(牧) 차원의 자구책을 모색하고 조정의 원조

90 『尊敬錄』,「延安李氏家言」,〈李澍〉.

91 『尊敬錄』,「延安李氏家言」,〈李澍〉, "延平府院君默齋李貴 余吾李氏同出延安 而於公爲姨從妹子也 生二歲而孤賓 且失學無依 公哀憐之 率來養于家 教之以書 遂得成立."

92 연안이씨 이창정 가문은 영천이씨 이민환(李民寏) 가문(退溪學統), 전주이씨 이수광(李睟光) 가문, 해남윤씨 윤선도 가문(錦南·退溪學統), 한산이씨 이산해 가문(花潭·退溪學統), 풍산류씨 류성룡 가문(退溪學統) 등 남인 퇴계학파 계통의 가문들과 혼맥으로도 연결되어 있었다.

93 李沃,『博川集』卷8,「從祖父通政大夫守廣州府尹公墓碣銘」, "如沈公大孚·趙公絅·眉叟許公 皆忘年定交 亦可觀公所與也."

94 尹善道,『孤山遺稿』卷1,「送李濟州」; 尹善道,『孤山遺稿』卷5,「送李濟州送李濟州序禬(丁酉)」; 鄭斗卿,『東溟集』卷7,「送李濟州禬」.

까지 확보했다.[95] 민생 안정을 위한 그의 노력은 1659년 소행정(素行亭)의 건립으로 이어졌다.

한편 교육 기반을 확충하려는 포부는 '학교는 왕정의 근본'이라는 기치 하에 장수당을 통해 실현되었다. 향교 옆에 6간의 초가로 출범한 장수당은 제주의 대표적인 초학 전문교육시설이었다. 이괴는 경서에 밝은 사람을 훈장으로 삼아 평소의 훈육을 위임하고, 초하루와 보름에는 특별히 직접 수업을 하며 학업을 이끌었다. 그가 구상했던 교육은 효율적으로 운영되어 일부 준수한 유생은 사서삼경 전체를 암송할 정도였다.[96] 또한 전술한 것처럼 김진용의 건의로 성의 남쪽에 위치한 고득종(高得宗)의 옛터에 장수당을 11칸 규모의 학사로 건립했다. 이로써 장수당은 35명의 학도가 지낼 수 있는 대형 교육시설로 거듭나며 제주 지역 학문의 거점으로 기능하게 된다.[97]

교육 기반 확충을 위한 이괴의 노력은 학사 건축에 그치지 않았다. 그는 교육의 항구성을 위해서는 운영 자산이 충분히 마련되어야 한다고 생각했다. 따라서 그는 제주목 재원으로는 300곡을 조성하고 조정으로부터는 콩 150곡, 전미 50곡, 보리 50곡, 목면 2동을 확보해 지속적인 운영기반을 조성했다.[98]

장수당을 낙성하고 직접 기문을 찬술하여 그 경위를 밝힌 이괴는 조경

---

95 李益泰,『知瀛錄』,「素行亭記」(李襘撰), "불행하게도 해마다 큰 흉년을 만나게 되자 조정에 계를 올렸더니 […] 육지의 조 2,000곡(斛)과 쌀 200곡, 소금 300곡과 본주에 팔아주는 곡식 1,000곡을 이급(移給)하라고 명하였다. 나 또한 수천 곡(斛)의 곡식을 마련하여 3읍의 기민을 진휼했다."

96 李益泰,『知瀛錄』,「藏修堂記」(李襘撰).

97 李益泰,『知瀛錄』,「藏修堂記」(李襘撰).

98 李益泰,『知瀛錄』,「藏修堂記」(李襘撰).

에게 또 한 편의 기문을 부탁했다.[99] 조경에게 기문을 청한 것은 명사의 글을 통해 장수당의 건립 취지를 제고하려는 의도에 더하여 조경이 허목과 함께 17세기 중반 근기남인의 영수라는 점 때문이었다. 즉 이괴는 장수당에 이황에게서 발원하는 퇴계학풍을 주입하고자 했고, 그 상징적인 인물로 이황-정구-문위(文緯)로 이어지는 학통을 계승한 조경에게 주목했던 것이다.[100]

2) 김정·이원조의 제주목사 재임과 영남학풍의 외연 확장

1694년(숙종 20) 갑술환국(甲戌換局)으로 조정에서 실권한 남인은 1728년(영조 4)의 무신란(戊申亂)을 거치면서 중앙 권력과의 괴리가 더욱 현격해졌다. 이 현상은 영남남인에게서 더욱 두드러졌고, 그 추이를 반영하듯 18세기 이후 제주목사를 지낸 영남남인은 매우 제한적이다. 여기서는 영조 대와 헌종 대에 남인 퇴계학파 목사 김정(金政)과 이원조(李源祚)를 통한 영남학풍의 유입 양상을 살펴보기로 한다.

김정이 제주목사에 부임한 것은 1735년(영조 11) 4월이었다. 전해에 제주는 흉년이 들어 기민이 발생한 데다가 목사 정도원(鄭道源)이 사망하면서 위기를 겪었다. 게다가 신임 목사에 임명된 김중희(金重熙)가 부임을 거부하다가 유배되면서 상황은 더욱 악화되었다.[101] 그러자 조정에서는 김정을 목사로 발탁했는데, 함경도사, 옥천군수, 강릉부사, 원주목사, 강계부사 등 여러 지역에서 치적을 쌓았던 김정의 관료적 역량을 높이 평가한 결과였다.

---

99 李益泰, 『知瀛錄』, 「藏修堂記」(趙絅撰).

100 조경은 거창의 학자 문위(文緯)에게 사사했고, 문위는 정구의 문인이었다. 정구는 이황과 조식을 아울러 사사했으나 문위-조경 계통은 정구를 이황의 문인으로 인식했다.

101 金政, 『蘆峯集』 卷4, 附錄, 「家狀」(玄孫 宗烋撰).

영주 출신의 김정은 증조 김응조(金應祖)가 류성룡과 장현광(張顯光)의 문인이었고, 외가는 이황의 문인 금난수(琴蘭秀) 가문이었으므로 전형적인 퇴계학파였다. 특히 김응조는 장현광의 고제집단인 '여문십현(旅門十賢)'의 한 사람이란 점에서[102] 그는 가학을 통해 여헌학(旅軒學)의 실용적 측면을 충실히 계승하고 있었다. 이러한 배경에서 김정은 도산서원을 출입하며 학문과 교유의 폭을 확장했고, 스무 살의 나이에 이미 영남학파의 영수 이현일(李玄逸)이 조정에 천거했을 정도로 학행이 뛰어났다. 아울러 숙종 대 근기남인의 석학이었던 정시한(丁時翰)과도 사제관계를 맺으면서[103] 영남학과 기호학을 넘나드는 학문적 경향을 갖게 되었다.

김정은 부임 이후 목민들에게 『경민편(警民編)』을 보급하여 치화(治化)의 본령을 환기하는 한편,[104] 교육 공간을 확충해 문교를 진흥하고자 했다. 그 일환에서 모색된 것이 삼천서당(三泉書堂)의 건립이었다. 김정은 쌀 50석, 목면 2동을 들여 총 22칸 규모에 20명의 유생이 지낼 수 있는 삼천서당을 지었다.[105] 서당에는 강장(講長)이 거처하는 존현당(尊賢堂)을 별도로 마련하여 스승의 위상을 바로잡고자 했고, 학령(學令)을 만들어 교육과정의 엄정성을 기했다.[106]

삼천서당의 건립과 운영은 충암묘와 장수당 이후 제주 최대의 교육사업으로 획기적인 사건이었다. 김정의 말을 빌리자면, 삼천서당은 문(文-文詞)에 치중했던 관학의 비효율성을 극복하고, 기성 유생들의 교육에 중

102 김학수(2008), 앞의 논문.

103 金政, 『蘆峯集』 卷4, 附錄, 「墓誌銘」(權載大撰).

104 金政, 『蘆峯集』 卷2, 「敎諭一島民人文」, 「重爲告諭文」.

105 金政, 『蘆峯集』 卷4, 附錄, 「家狀」(玄孫 金宗烋撰).

106 金政, 『蘆峯集』 卷4, 附錄, 「墓誌銘」(權載大撰).

점을 두었던 서원 교육의 사각지대를 보완하는 데 주안점이 있었다.[107] 즉, 김정은 기존 유생들의 교육 못지않게 후속 세대인 동몽교육에도 각별한 관심을 보였던 것이다. 이 점에서 삼천서당은 교육의 대중화라는 유학 본연의 교육관의 구체적 실현으로 해석할 수 있다. 홍학론에 바탕한 김정의 선정은 제주 목민들에게 깊이 각인되었고, 1819년에는 그는 이형상(李衡祥)과 함께 상현사(象賢祠)에 제향되었다.[108]

김정에 의해 기틀을 다진 영남의 퇴계학풍은 1841년(헌종 7) 제주목사로 부임한 이원조에 의해 더욱 확산된다. 성주 출신의 이원조는 7대조 이정현(李廷賢)이 정구의 문하를 출입하여 퇴계-한강학통을 이었고,[109] 자신은 22세 되던 1813년 유성룡의 정통 후계자 정경세의 6세손 정종로(鄭宗魯) 문하에서 수학했다. 이런 측면에서 볼 때 퇴계학파 중에서도 한강·우복문파와의 관계가 두드러진다. 1821년 정종로의 증작(贈爵)을 청하고,[110] 1824년 정구의 문묘 종사를 청한 것도 이 때문이었다. 그럼에도 학문적 다양성을 중시했던 그는 병산서원·도산서원·호계서원 등 영남 선학들의 유적을 적극적으로 찾았고, 1820년에는 이황의 10세손 이휘령(李彙寧)과 서울에서 『퇴계집(退溪集)』을 강독하는 등 퇴계학에 대한 계승의식 또한 매

---

107 金政, 『蘆峯集』 卷3, 「寒泉書堂上樑文」.

108 상현사의 본명은 향현사였다. 1668년 목사 이인이 그의 조상으로 제주목사를 지낸 바 있는 이약동을 귤림서원에 추배했으나 1675년 순무사 이선에 의해 출향됨으로써 이약동·이괴를 위한 별사 형태로 운영된 것이 향현사였다. 임시 건물로 유지되던 향현사가 격식에 맞게 건립된 것은 이익태가 목사로 재임하던 1695년이었고, 1702~1703년 목사였던 이형상이 상현사로 개칭했다. 이후 1819년에 이형상과 김정이 추배되고, 1831년에는 본 고을 출신으로 문명이 높고 이괴와 협모하여 장수당을 건립한 김진용을 추배함으로써 5인의 제향처로 굳어졌다. 제향 인물과 그 후손들의 성격을 고려할 때, 상현사는 남인계 사우로 규정할 수 있다.

109 李源祚, 『凝窩集』 卷20, 「先考通訓大夫行司憲府掌令農棲府君行狀」, "歷四代至諱廷賢承文院正字號月峯 早遊寒岡鄭先生門 以高弟稱 不幸業未究 纔釋褐而坳."

110 李源祚, 『凝窩集』 卷5, 「引年告退 兼請大山立齋兩先生贈爵疏(辛酉)」.

우 높았다.

목민관으로서 이원조의 역할은 선행 연구를 통해 자세하게 규명되었으므로,[111] 여기서는 문풍 진작을 위한 노력에 초점을 맞추기로 한다. 이와 관련하여 가장 먼저 언급할 것은 삼천서당의 중수이다. 1841년 제주목사로 부임한 이원조는 노후화된 삼천서당을 중수할 것을 명했다. 그에게 삼천서당은 교육 사각지대에 놓인 이들을 위한 공간이었다. 그는 서원이나 향교에 입적할 수 없는 이들에게 배움의 기회를 제공해 인재들이 취약한 조건에도 굴복하지 않고 학업을 이어가게 독려했다.[112] 또한 삼천서당은 김정에 대한 계승의식의 표명이기도 했다. 이원조는「삼천서당중수기(三泉書堂重修記)」에서 김정이 "우리 영남의 선진"이라고 하면서 창건 당시의 사적을 적어 그에 대한 존중을 드러냈다.[113]

삼천서당 중수에 이어 이원조가 주목했던 것은 존현사업이었다. '존현(尊賢)'은 유교 교육의 한 형태였고, 그 대상으로 설정된 인물은 1614년부터 1623년까지 대정현에서 적거했던 정온이었다. 정온은 조식의 문인이었던 정인홍과 정구의 제자였으므로 한강학맥이라는 측면에서 이원조와 학문적 연원이 같았다. 정온을 대상으로 하는 존현사업은 적거지에 유허비를 세우는 것을 시작으로 주향처로서의 송죽서원(松竹書院)을 건립하는 것으로 마무리되었다. 이원조는 부임 직후 귤림서원에 정온의 위패를 봉심한 바 있다. 여기에 더하여 그는 대정현감 부종인(夫宗仁)이 정온의 유배

111 경북대학교 퇴계연구소,『응와 이원조의 삶과 학문』(역락, 2006); 손기범,「제주를 바라보는 19세기 유학자의 관점-이한우, 김정희, 이원조를 중심으로」,『영주어문』17(2009).

112 李源祚,『凝窩集』卷14,「三泉書堂重修記」, "盖島俗荒陋 儒學貿貿 靑衿分案之後 校院生各有依歸之所 而外此則靡所接托 雖有向學之心 蔑蔑乎勸督興起之實 此書堂之所以設也 其後通經能文之士 與校院不相軒輊 而占解額登上庠者 逘逘多出於其中 此古者大小學之遺意 而其效之不可誣如此."

113 李源祚,『凝窩集』卷14,「三泉書堂重修記」.

지에 서재를 건립하며 교육공간으로 활용하고 있는 것을 보고 정온의 유허비를 세워 그의 덕의와 절개를 함께 현창하게 된다.[114]

그런데 공교롭게도 이원조는 정온의 외손 계열이었다. 따라서 그가 주관했던 입비 사업은 사사로운 정의 표현으로 폄하될 소지가 있었다. 그가 비문의 말미에서 유허비 건립은 공적 존모의 표명일 뿐 사사로운 정을 드러낸 것이 아니라고 애써 강조한[115] 이유도 여기에 있다.

유허비 건립은 원향론을 점화하는 예비 절차일 수도 있다. 그는 입비와 동시에 서원 건립에 착수했는데, 교육과 제향 기능을 겸하고 있던, 부종인이 건립한 서재를 서원으로 확장하고자 했다. 원우 건립은 그의 부임 이듬해인 1842년에 완료되었으며, 상량문, 기문, 봉안문 등 주요 예식을 위한 글도 그가 직접 찬술했다.[116]

'송죽서원'이라는 원호는 정온의 시에서 취한 것인데, 이원조는 「송죽서원기」와 「송죽서원봉안문」에서 서원을 세우고 신주를 모시는 취지를 아래와 같이 서술하고 있다.

> 내가 직접 '송죽서원(松竹書院)' 네 글자를 크게 써서 걸었으니, 선생이 부쳐 보내 준 시어에서 취한 것이다. 아, 선생의 절의는 온 세상이 만세토록 보존해야 할 가치인 바, 제주라는 한 섬이 사사로이 할 수 있는 것

---

114 李源祚, 『凝窩集』 卷18, 「桐溪鄭先生謫廬遺墟碑」, "知縣夫侯宗仁 因其址闢書齋 俾居儒士夫本土人 爲政而知所先後 可嘉也已 […] 嗚呼 先生德義名節 與天地幷立 遺躅所在 人皆敬慕." 정온의 『동계연보(桐溪年譜)』 〈신미(辛未)〉(1691)에 따르면, 1691년 봄 제주 유생들이 서울로 정온의 손자 정기윤(鄭岐胤)을 찾아와 귤림서원 보관용으로 『동계집(桐溪集)』을 요청했을 만큼 정온에 대한 존경의 마음이 깊었다. 부종인이 적거지에 서재를 건립한 것도 이런 정서의 표현이었다.

115 李源祚, 『凝窩集』 卷18, 「桐溪鄭先生謫廬遺墟碑」, "余於先生爲外裔 慕先生 公耳 何敢私."

116 李源祚, 『凝窩集』 卷4, 「桐溪祠上樑文」; 李源祚, 『凝窩集』 卷14, 「松竹書院記 壬寅在耽羅時」; 鄭蘊, 『桐溪集』 續集 卷3, 「松竹書院奉安文(李源祚撰)」.

이 아니다. 이에 지금 한 조각의 돌과 몇 칸의 집으로써 선생의 유허를 표시하고, 또 구구한 송죽으로써 서원의 이름을 삼아 선생의 미덕을 드러내는 것은 너무 부족하지 않겠는가.[117]

사람과 짐승, 화이를 변별하고
하늘의 이치와 사물의 법칙을 밝혔으니
참으로 선생이 아니었더라면
이 땅은 어떤 지경에 빠졌을까
송죽을 노래한 시는
귀양살이 하던 자취를 생각하신 것임에
수령이 이곳에다 비석을 세우니
마음 속에 더욱 격앙되네
제주를 거친 곳이라고 말하지 마라
당초에는 귤림서원에 위패를 봉안했고
이제는 옛터에다 사당을 세우고
서재를 승격하여 서원으로 삼았네
장수와 제향은
양사와 존현의 살가운 조합일지니[118]

이처럼 이원조는 절의론적 관점에서 정온을 추양하기 위해 송죽서원을 건립했고, 그 절의는 제주가 사유할 수 없는 광대한 공공적 가치임을

117 李源祚, 『凝窩集』 卷14, 「松竹書院記 壬寅在耽羅時」.

118 鄭蘊, 『桐溪集』 續集 卷3, 「松竹書院奉安文(李源祚撰)」, “人獸華夷 天彝物則 苟微先生 奈何東國 松竹之詩 遺躅是諗 牧守竪碑 尤激于心 莫曰荒貿 先享橘林 因墟立廟 陞齋爲院 藏修揭虔 意義兩襯.”

강조하고 있다. 또한 그는 정온 현양이 사사로운 관계에서 비롯된 것이 아니라고 피력하고 있지만, 행간에 흐르는 정서가 주자학적 절의의 표창에 더하여 영남학풍의 외연 확장에 초점이 맞추어져 있음은 부인할 수 없다.[119]

V. 맺음말

조선시대 제주 유교 지식문화의 보급과 정착을 견인한 존재는 제주에 파견된 관료들과 정치적 사건에 연루되어 유배를 온 지식인들이었다. 이러한 흐름은 15세기 이후 사림의 성장과 더불어 본격화되었는데, 1470년부터 1473년까지 목사로 재임하며 주자학적 치도 기반을 조성했던 이약동의 역할은 유교문화 확산의 단초를 열었다는 점에서 중요한 의미가 있었다.

1519년의 기묘사화는 사림의 시련인 동시에 새로운 도약의 계기를 마련하는 역사적 사건이었다. 기묘사화의 영향은 제주에까지 미쳤는데, 1520년 김정의 제주 유배가 그것이었다. 정통 사림파 학자이자 관료였던 김정은 1년 2개월이라는 짧은 기간 동안 제주의 문교와 예교 진작에 크게 기여했고, 그가 육성했던 문인들은 제주 문풍의 저변 확대에 기여하게 된다. 김정이 이른바 제주5현의 으뜸으로 일컬어지는 이유도 여기에

119 이와 관련하여 이원조는 교생들의 교육지침으로 '삭강절목(朔講節目)'을 제정하여 운영했는데, 이는 정구가 회연초당에서 문인들을 교육하기 위해 마련한 「송독회의(通讀會儀)」와 「강법(講法)」의 응용이었다(鄭逑, 『寒岡集』 續集 卷4, 〈通讀會儀〉, 〈講法〉). 이를 통해서도 제주유림 교육에 영남학풍을 적용하고자 했던 이원조의 의도를 감지할 수 있다.

있었다.

이약동과 김정을 통해 기반을 다진 제주의 유교적 교화론은 송인수와 심연원을 통해 더욱 진전을 보게 된다. 이들은 사림의 정통 계승자였으며, 특히 김안국의 문인이었던 심연원은 김안국은 물론 최부의 금남학풍까지 이식해 제주의 학문 풍토를 더욱 풍부하게 했다.

1578년 김정의 사우로 건립된 충암묘는 제주문화의 주자학적 기치이자 향후 제주학풍의 구심점을 이루게 되는데, 이러한 흐름을 주도한 것은 성운의 문인인 대곡학통이었다. 충암묘는 17세기 중반 퇴계학통과 화담학통의 공조 속에 귤림서원으로 승격되어 그 위상을 신장하고 송인수·김상헌·정온·송시열의 추배를 통해 제주5현의 제향처로 자리매김하면서 상당한 무게감을 확보하게 된다. 제주5현이 조선유학사에서 점했던 위치를 고려할 때, 귤림서원은 육지의 어느 서원에도 뒤지지 않는 제주 유학의 중심으로 자리하게 된 것이다. 1695년 제주목사 이익태의 주도로 송시열이 귤림서원에 추배되면서 제주의 유교문화는 기호학파로 경향이 기울어졌고, 이러한 흐름은 19세기 후반까지 큰 변화 없이 유지되었다.

제주의 주자학적 학풍 형성에 영향은 미친 것은 비단 5현만이 아니었다. 제주와 서인 기호학파 및 남인 영남학파와의 학문적 유대는 17세기 이후 더욱 활성화되었고, 이 과정에서 다양한 인물을 통해 학풍이 유입되었다. 1618년 폐비론에 반대하다 유배된 기호학파 계통의 이익은 김진용·고홍진·김계창 등 다수의 문인을 육성하여 제주 유학의 저변을 확대했고, 19세기 중후반의 유배 지식인이었던 김정희와 최익현 또한 문도 교육을 통해 기호학풍을 끊임없이 유입시켰다.

이런 경향은 남인 퇴계학파 계열에서도 나타났다. 1658년부터 1660년까지 목사로 재임했던 이괴는 장수당을 건립하여 교육 기반을 확충하는 한편 '문자행위'를 통해 퇴계학풍의 확대에 주력했다. 이러한 흐름은 영조 연간의 김정, 헌종 연간의 이원조 등 남인 관료를 통해 계승·발전되었다. 전형적인 퇴계학파였던 김정은 삼천서당을 건립하여 교육의 실질성을 제고했고, 이원조는 삼천서당의 중수와 송죽서원의 건립을 통해 김정의 교육사업을 확대·강화했다. 특히 송죽서원의 건립은 교육사업에 더하여 정온 추양사업의 일환에서 추진된 것인데, 제주를 대상으로 하는 영남학의 확산 과정이기도 했다.

원우에 기준으로 5현을 제향한 귤림서원이 서인 기호학파의 주도성이 강한 공간이었다면, 정온의 주향처인 송죽서원과 이약동·이괴·이형상·김정·김진용의 제향처인 상현사는 남인 퇴계학파의 영향이 큰 공간으로 해석할 수 있다. 이러한 구조에서 볼 때, 향후 제주 지역의 학풍은 크게 귤림학풍과 송죽·상현학풍으로 대별하여 파악할 수 있다.

제주목사 이형상의 풍속 교화와 폐정 개혁

이남옥

I. 머리말

조선시대 제주목사는 세금 징수, 소송 처리, 군마 관리, 왜구 방비 등 제주 지역의 행정을 담당하는 정3품의 외관직 관리로, 제주목뿐만 아니라 대정현과 정의현을 통합하여 관리하는 제주 지역의 실질적 관리자였다.[1] 제주목사는 나주목사·광주목사·능주목사 등과 함께 전라도관찰사의 아래에 있었지만, 실제 운용이나 권한 행사에 있어 그들과는 다른 대우를 받았다. 제주목사는 부임하고 환임할 때 왕을 알현하여 보고했고, 방어사나 절제사를 겸해 병마의 행사권을 동시에 부여받았다. 또한 역모·민란 등 긴급한 상황이 발생했을 때 먼저 조치하고 후에 보고할 수 있었다. 이뿐만 아니라 전라감영을 거치지 않고 바로 조정에 장계를 올릴 수 있었

※ 이 글은 이남옥, 「제주 목사 이형상의 풍속 교화와 폐정 개혁 정책」, 『국학연구』 47(2022)을 수정·보완한 것이다.

1 『太宗實錄』, 16年 5月 6日; 『大典會通』 卷1, 「吏典 外官職 全羅道」.

고, 제주목·대정현·정의현의 공납이나 호구에 대한 보고 또한 전라도와 구분하여 취급했다.[2] 즉 제주는 중앙에서 전라도를 경유해 간접 관리했던 것이 아니라 조정에서 직접 관리했던 것이다.

이 같은 조선 조정의 직접 관리는 제주의 지리적·역사적 특수성 때문이다. 12세기 초 탐라국이 고려의 군현으로 편입된 이후로 제주에서는 여러 차례 민란이 일어나고, 삼별초의 난과 원의 직접 지배를 겪으면서 민심이 동요했다. 이러한 경향은 조선시대에 들어와서도 계속되었다. 조선 조정에서는 제주가 언어·풍속 등 육지와는 다른 이질적 문화 요소를 지니고 있었기 때문에 강력한 동화정책을 펼칠 수밖에 없었다.[3] 그 결과, 제주목사는 행정과 국방 외에도 민심을 살피고 백성을 교화하는 정책을 펼쳐 조선의 일반적인 읍치로 동화시켜 나가야 했다.

그동안 조선시대 제주목사에 대한 선행 연구는 대체로 제주목사의 통치체제와 관련된 내용이 주를 이루었다. 제주목사의 임용·임기·활동·치적 등에 대한 연구를 통해 제도사적 접근이 이루어졌고,[4] 제주목사가 발급하거나 수취한 임명·상달·명령·청원 문서를 분석하여 제주목사의 문서 행정이 육지와 다름없이 시행되었음이 밝혀졌다.[5] 강력한 통치력을 바탕으로 뚜렷한 족적을 남긴 여러 제주목사 가운데 이형상(李衡祥)은 부임 후 풍속 교화 정책을 실시하고 조정에 폐정 개혁안을 제출하여 제주 백성

2 洪淳晩, 「濟州牧使에 관한 序說」, 『濟州島史硏究』 창간호(1991), 42-43쪽.

3 洪淳晩(1991), 위의 논문, 36-37쪽.

4 洪淳晩(1991), 앞의 논문; 오수정, 「조선 초기 제주 통치 체제 고찰」, 『濟州島史硏究』 50(2018).

5 노인환, 「조선시대 濟州牧使의 문서 행정 연구」, 『藏書閣』 34(2015); 윤병태, 『朝鮮後期의 活字와 冊』(범우사, 1991); 南權熙, 「조선시대 금속활자 주조와 조판에 관한 연구」, 『甲寅字와 한글 活字』(청주고인쇄박물관, 2008).

들의 삶에 큰 영향을 미쳤다.[6] 비록 음사(淫祀) 혁파가 제주 설화 속에서 부정적으로 묘사되기도 하지만, 풍속 교화 정책은 목민관이자 유학자인 이형상의 정체성을 분명하게 보여주는 것이다.

제주 지역은 목사의 재량권이 큰 만큼 이들의 인식과 통치 행위가 제주 백성들에게 끼치는 영향은 막대했다. 그러므로 제주목사에 대한 연구를 통해 조선시대 제주에 대한 외부의 시선과 영향에 대해 검토할 수 있을 것이다.[7] 이 글에서는 기존 연구를 바탕으로 특히 조선 후기 제주에 대한 제주목사의 인식과 이에 따른 정책을 살펴보고, 이 정책이 가져온 결과를 논의해 보고자 한다. 이를 위해 18세기에 제주목사로 부임한 이형상의 사례를 중심으로 글을 전개하도록 하겠다.

---

6 제주목사 이형상에 대해서는 신당 철폐·음사 혁파 정책과 관련된 연구가 주를 이룬다. 먼저 설화를 통해 이형상의 신당 철폐에 대한 제주 지역 내 부정적 인식을 분석한 연구가 진행되었다. 玄吉彦,「역사적 사실과 문학적 인식 -李衡祥 목사의 神堂 철폐에 대한 설화적 인식」,『탐라문화』2(1983); 음사 철폐 정책을 풍속 교화의 차원으로 분석한 연구도 있었다. 마치다 다카시,『〈민속〉과 〈폐습〉 사이-제주도의 폐습론에 대한 통시적 접근』, 한국학중앙연구원 한국학대학원 박사학위논문(2017).

7 그동안 조선시대 제주에 온 외지인의 인식과 영향에 대한 선행 연구는 대체로 김정(金淨)·정온(鄭蘊)·송시열(宋時烈)·김정희(金正喜)·최익현(崔益鉉) 등 유배인들을 중심으로 진행되었는데, 제주 지역 누습과 폐습을 교화하고 비교적 낙후된 제주 지역의 학문과 사상을 진보시켰다는 내용이다. 그러나 중앙 정계에서 처벌받고 온 유배인보다는 제주 지역의 행정과 군사를 담당하기 위해 파견된 제주목사의 통치 행위가 제주민에 갖는 영향력이 더 크다. 그러므로 조선시대 제주목사의 제주 인식과 그 영향에 주목할 필요가 있다.

II. 이형상의 누습 인식과 풍속 교화

이형상은 1701년(숙종 27) 11월 11일에 제주목사에 제수되어 이듬해 3월 7일에 사은숙배하고 3월 25일에 제주에 도착했다.[8] 그는 제주가 "구역이 절로 구별되고 풍토가 아주 달라 유속(流俗)을 숭상한다."[9]라고 하며 육지와는 문화적으로 다르다고 인지했다.

> 우선 가장 두드러지는 것으로 말하면 다음과 같다. 사람들 대부분이 오래 산다. 여자는 많고 남자는 적다. 어리석고 검소하나 예양(禮讓)이 있다. 혼례 때 문 앞에서 절한다. 사투리는 알아듣기 어렵다. 토질은 척박하고 백성들은 가난하다. 밭을 밟고 바량[八陽]을 한다.[10] 여성의 역이 매우 무겁다. 그물을 쓰지 않는다. 경관직을 귀하게 여기지 않는다. 돌을 모아 담을 쌓는다. 집에 부뚜막이 없다. 다듬잇돌만 있고 방망이는 없다. 시장에서 사고팔지 않는다. 조리희(照里戱)를 한다.[11] 밭머리에 묘를 만든다. 절도 없고, 중도 없고, 비구니도 없다. 음사를 숭상한다. 마

---

8 『承政院日記』, 肅宗 27年 11月 11日.

9 李衡祥, 『南宦博物』, 「誌俗」, "區域自別, 風土頓殊, 尙流俗." 이 글의 『남환박물』 번역은 이형상 저, 이상규·오창명 역주, 『남환박물』(푸른역사, 2009)을 참고했다.

10 바량[八陽]은 담을 쌓은 밭 안에 소나 말을 가두어 밤낮으로 똥오줌을 싸게 하는 것이다. 제주의 토질이 척박하여 밭을 밟아 주지 않으면 씨를 뿌리지 못하고, 거름을 하지 않으면 이삭이 나오지 않으므로 소나 말을 몰고 나와 밭을 밟게 하고 밭에 가두어 거름을 주었다. 李衡祥, 『南宦博物』, 「誌俗」, 〈踏田八陽〉, "余觀田品, 果爲淺植, 不踏則不播, 不糞 則不秀. 故駈出牛馬, 終日蹂躪, 謂之踏田. 囚其牛馬於築場之內, 晝夜糞田, 謂之八陽."

11 조리희는 일종의 줄다리기를 말한다. 매년 8월 15일에 남자와 여자가 모여 노래를 부르고 춤을 춘 다음 왼편과 오른편으로 나뉘어 큰 새끼줄 양끝을 끌어당겨 승부를 결정했다. 李衡祥, 『南宦博物』, 「誌俗」, 〈照里戱〉, "每歲八月十五日, 男女共聚歌舞, 分作左右隊, 曳大索兩端, 以決勝負, 爲之照里戱."

을에 도적이 없다.[12]

이 가운데 "혼례 때 문 앞에서 절한다", "사투리는 알아듣기 어렵다", "음사를 숭상한다" 등은 풍속과 관계된 것이다. 그는 부임하자마자 가장 먼저 제주의 누속을 개혁해야겠다고 생각했고, 바로 풍속 교화 정책을 실시했다.

이형상은 먼저 제주 3읍의 성묘(聖廟)를 수리하고, 이름난 유학자를 훈장으로 선발하여 학문을 가르치게 했다. 그리고 고(高)·부(夫)·양(良) 삼성사(三姓祠)를 건립했다. 또한 같은 성씨나 성은 다르지만 가까운 친척 간의 혼인을 금했으며, 혼례 때 서로 절을 하지 않거나 처가 있는데 다시 처를 취하는 것을 금했다. 그리고 남녀가 함께 목욕하거나 여자가 나체로 있는 것을 금했다.[13] 이뿐만 아니라 그는 백성들의 어려움을 야기하는 제주 고유의 폐습에는 공권력을 투입해 단호하게 조치하며 고쳐나갔다. 그는 1702년에는 신당 129개와 사찰 5개를 철폐하고 무격(巫覡) 285명을 귀농시켰다.[14]

---

12 李衡祥, 『南宦博物』, 「誌俗」, "姑以最著者言之, 人多壽考, 女多男少, 癡儉有禮讓, 婚禮拜門, 俚語艱澁, 土瘠民貧, 踏田八陽, 女役甚重, 不用網罟, 不貴京職, 聚石築垣, 家無竈堗, 有砧無杵, 市無買賣, 照里戲, 田頭起墳, 無寺無僧無尼, 尙淫祀. 村無盜賊者, 可尙可駭."

13 蔡濟恭, 『樊巖集』 卷40, 「嘉善大夫慶州府尹甁窩李公行狀」, "辛巳冬, 除濟州牧使. 至則思有以革耽羅陋俗, 修三邑聖廟, 選有儒名者, 定訓長課學, 建高·夫·良三姓祠. 條禁同姓之婚·異姓切親之婚者, 婚禮時不交拜者, 有妻取妻者, 男女同浴·女子裸體者. 其餘非可以自專者, 並馳啓以稟. 其目十四, 上皆允之."; 李衡祥, 『耽羅狀啓抄』, 「巡歷後啓聞」, "島俗貿貿, 不霑聖化. 同姓及近族之相婚, 婚姻時交拜之不行, 男婚之送饌, 女體之不掩, 及有妻而娶妻, 有夫而改夫者, 最爲法禮之可羞, 自今爲始, 互相禁止. 若其淫祀, 各各毁撤." 이 글의 『탐라장계초』 원문과 번역은 이형상 저, 김익수 역주, 『탐라장계초』(제주특별자치도민속자연사박물관, 2021)를 참고했다.

14 李衡祥, 『耽羅巡歷圖』, 「巾浦拜恩」, "壬午十二月二十日. 鄕品文武幷三百餘人, 燒火神堂一百二十九處, 破毁寺刹五處. 巫覡歸農二百八十五名."

제주는 무격들이 혹세무민하는 경우가 많았다. 집집마다 신위(神位)를 모시고 사당을 설치했으며, 남격(男覡)과 여무(女巫)가 백성들을 속여 부려먹었다. 또 무뢰배들이 서로 '당한(堂漢)'이라 일컬으면서 계를 조직하여 백성들을 수탈했는데, 그 수가 천 명을 넘을 정도의 큰 조직이었다. 처음에는 귀신의 재앙이라 하여 사람들을 두렵게 만들고 그 뒤에 면포나 비단 등을 내놓도록 했는데, 내놓지 않으면 당한을 귀신의 차사라 일컬으며 사람들을 결박하고 약탈하게 했다. 논과 밭 또한 '위전(位田)'이나 '사시(捨施: 시주)'라고 하며 약탈해갔다.[15] 또한 음사와 무격의 위세가 관의 명령을 능가할 정도였는데, 특히 항해를 위한 바람을 기다릴 때는 진상하는 배도 반드시 신당에 가서 하직 인사를 할 정도였다.[16]

이형상이 음사를 혁파하고 무격을 귀농시킨 이유는 이러한 폐단 때문이었다. 이형상의 적극적인 조치가 취해지자 곧이어 제주 백성들은 자발적으로 무격을 타파하기 시작했다. 이들은 옷, 나무뿌리, 불상 등 무격이 신을 모시며 사용하던 물건 모두를 없애버렸다.[17]

한편 무당을 대신해 조정에 의원을 파견해 달라는 요청도 있었다. "음사는 이미 혁파되었으니 의약에 힘쓰지 않을 수 없습니다. 제주의 심약(審

15 李衡祥, 『耽羅狀啓抄』, 「巡歷後啓聞」, "巫覡輩惑誣之習, 自是天下萬古所共有之痼弊, 言之無益爲白乎矣. 至於本島, 尤有所別. 旣無上下名分, 又無義理所識. 故家家設位, 處處立祠, 崇奉之習, 比內服百倍, 彼所謂男覡女巫, 揚揚氣, 使無賴之輩, 稱以堂漢, 互相結契, 其數過千. 或討食於閭閻, 或屠牛於神堂. 村民之留置綿布及紬緞者, 初以鬼祟怵之, 若不出給, 則稱以神差, 發送堂漢, 結縛掠奪, 甚至於奪其牛馬, 而其數近百, 又至於奪其田畓, 各自分食, 或稱位田, 或稱捨施, 田連阡佰, 堂積珠貝."

16 李衡祥, 『耽羅狀啓抄』, 「巡歷後啓聞」, "凡於行船之時, 只知有神祟, 不知有官令. 進上船待風之際, 亦必下直於神堂. 似此風習, 極涉怪駭."

17 李衡祥, 『耽羅狀啓抄』, 「巡歷後啓聞」, "所奪民田文券, 盡爲來納爲白去乙, 臣初甚怪之說辭詰問, 則果是實情也. 君民分義, 固當如是是如, 曉諭以送爲白有如乎果, 於翌日, 各自燒火. 三邑所在神堂一百二十九處及私家禱神之物, 路傍叢林之處巫覡輩神衣神鐵, 幷以一併灰燼, 甚至於堀木根毁佛像, 今無一物留在是如, 三邑守令連續牒報爲白乎旀."

藥)은 늘 약 이름도 모르는 사람으로 구차하게 충원하고 임명하여 파견하니, 원컨대 이런 뜻을 조정에 아뢰어 의술을 아는 자를 계속 임명하여 파견하면 민심이 굳을 수 있고, 적폐를 없앨 수 있습니다."라고 했다. 의원을 대행했던 무당을 대신해 의술을 아는 심약이 파견된다면 민심이 굳건해지고 적폐가 사라질 것이라는 주장이다.[18]

이후 제주에서 음사는 혁파되고 무격은 농민이 되었으며, 그로 인한 폐단도 사라졌다. 이형상은 "불태우고 훼철한 지 한 달이 넘는데 이익만 있고 해는 없으니, 일찍이 전에 속은 것이 극히 분한 일이었다며 남녀노소가 모두 북을 치고 춤을 추며 무격 보기를 원수로 여기고 더불어 섞이는 것을 부끄러워하였습니다."라고 하며 자신의 조치가 성공적이었다고 적었다.[19]

Ⅲ. 이형상의 폐정 인식과 개혁 정책

이형상은 앞서 살펴본 풍속 교화 정책 이외에도 백성들의 피폐한 삶을 실질적으로 개선할 수 있도록 폐정 개혁안을 조정에 제출하고 시행했다. 그는 "백성들이 가난하고 부역이 무거워 생계가 아득히 머니 부모를 팔고 아내와 자식까지 파는 풍습이 옛날부터 습속이 되었다."[20] 라는 말을 듣고

---

18 李衡祥, 『耽羅狀啓抄』, 「巡歷後啓聞」, "父老中稍有知識者, 連續來告曰: '淫祀旣已革罷, 醫藥不可不勉. 而本島審藥, 每以不知藥名者, 苟充差遣. 願以此意啓達於朝廷, 稍知醫理者連續差送, 則民心可固, 積弊可除是如.' 逐日來訴爲白臥乎所."

19 李衡祥, 『耽羅狀啓抄』, 「巡歷後啓聞」, "燒毁逾月, 有益無害, 曾前見欺, 極是憤事是如, 男女老少擧皆鼓舞, 仇視巫覡, 羞與爲伍."

20 李衡祥, 『南宦博物』, 「誌俗」, 〈市無買賣〉, "民貧役重, 生計茫然, 賣父母鬻妻子之習, 自古

장계를 올려 제주 지역 폐습을 고치고자 했다. 제주 지역에 이러한 반인륜적 폐습이 존재하게 된 것은 목역(牧役)과 포역(鮑役)을 비롯한 과도한 부역이 큰 원인이었다.

이형상의 부임 당시, 제주 3읍의 가호(家戶)는 9,552호, 인구는 43,515명, 밭은 3,640결, 64목장 내에 국가 소유의 말이 9,372필, 소가 703두, 과수원 41개 내에 감나무가 229그루, 귤나무가 2,978그루, 유자나무가 3,778그루, 치자나무가 326그루였다.[21] 이형상은 제주가 "경기에 비교하면 중읍(中邑)을 면치 못하는데 진상하는 공물은 통영에 비하면 백배나 된다."라고 하며 제주의 척박한 상황에 비해 과도한 공물을 매우 심각하게 인식했다. 제주에서 1년 동안 진상하는 공물은 말 400~500필, 전복 9,000여 첩, 오징어 700여 첩, 산과(酸果) 38,500여 개, 말안장 40~50부, 사슴가죽 50~60령, 노루가죽 50령, 사슴 혀 50~60개, 사슴꼬리 50~60개, 사슴포 200여 조, 각종 약재 470여 근 등이 있었다.[22]

成俗."

21 李衡祥, 『甁窩集』 卷14, 「耽羅巡歷圖序」, "到營按簿而點之, 三邑人民, 九千五百五十二戶, 男女四萬三千五百十五口, 田三千六百四十結, 六十四場內, 國馬九千三百七十二匹, 國牛七百三頭, 四十二果園內, 柑二百二十九株, 橘二千九百七十八株, 柚三千七百七十八株, 梔三百二十六株."

22 李衡祥, 『耽羅狀啓抄』, 「濟州民瘼狀」, "田結陳起, 幷不滿於三千二百, 戶口, 三邑幷堇至於九千一百爲白有臥乎所. 比之畿甸, 不免爲中邑是白去乙, 上納元數, 視統營不啻百倍, 以畿邑至殘之力, 當統營百倍之役, 則民生困瘁, 不言可想. 若以物種言之, 則一年內貢馬四五百匹, 各鰒九千餘貼, 烏賊魚七百餘貼, 酸果三萬八千五百餘箇, 馬鞍四五十部, 鹿皮五六十令, 獐皮五十令, 鹿舌五六十箇, 鹿尾五六十箇, 鹿脯二百餘條, 各種藥材四百七十餘斤, 馬衣諸緣六百八十餘部, 其他蒿古·榧子·白蠟·山柚子·二年木·弓帒·筒箇·螺鈿·鮑甲·驄結只·涼臺帽子, 及梳省·衫帳, 小小雜物, 皆係貢獻." 이 글에서는 『병와집(甁窩集)』 권17에 수록된 「제주민막장(濟州民瘼狀)」과 원문 교감을 실시했으며, 초고 상태의 내용을 확인하기 위해 『탐라장계초』의 내용을 이 글의 대본으로 삼았다. 이 글의 「제주민막장」 번역은 제주특별자치도민속자연사박물관 역사자료총서5 『탐라장계초』와 함께 鄭太鉉·車柱環·柳正東 譯, 『國譯 甁窩集(III)』(韓國精神文化硏究院, 1990)을 참고했음을 밝힌다.

제주 백성들은 역의 부담도 매우 컸다. 구체적으로는 영(營)의 본관(本官), 구진보(九鎭堡)의 모든 이바지와 63목장, 41과수원, 63봉대, 속오 3,700여 명, 아병(牙兵) 990여 명, 목자 1,200여 명, 과수원지기 880여 명, 선격(船格) 300여 명, 봉군(烽軍) 490여 명, 차비군(差備軍) 100여 명, 성정군(城丁軍) 2,800여 명, 수솔군(隨率軍) 480여 명, 유직군(留直軍) 500여 명, 기치군(旗幟軍) 200여 명 도합 11,600여 명, 지장(紙匠)·기보병·관리·진무(鎭撫)·취수(吹手)·나장·군뢰(軍牢)·관노·백공의 역이 부과되었다. 즉 한 사람이 10여 개의 역을 부담해야 했고, 남녀가 모두 신공을 바쳐야 했다.[23] 제주 백성들은 척박한 토질에 물고기나 소금 외에 다른 소득이 없는 상황에서 수많은 역까지 져야 했던 것이다. 제주에 부임한 이형상은 이러한 참혹한 현실을 외면하지 않고 1702년 6월 25일에 장계를 올려 조정에 폐정을 개혁하는 은전을 베풀어 줄 것을 요청했다.

제주 지역의 부역 가운데 목역은 다른 지역에 비해 특히 가혹했다. 다른 지역의 목장은 모두 위전이 있고 번(番)도 세우지 않았다. 그리고 봄과 가을에 말을 점고한 뒤에 사고가 나거나 잃어버린 말을 모두 헤아려 여러 호보(戶保)들에게 균등하게 나누어 정해 주었다. 따라서 목자들에게 매년 거두어들이는 것이 많아야 무명 몇 필에 지나지 않았고, 적으면 쌀 몇 말뿐이었다. 그마저도 전답에서 수확하는 것이 많아 여유가 있었다. 그러므로 다른 지역 목자들의 생활은 보장될 수 있었다.[24]

---

23 李衡祥, 『耽羅狀啓抄』, 「濟州民瘼狀」, "營本官·九鎭堡, 凡百支供, 與六十三牧場, 四十一果園, 六十三烽臺, 束伍三千七百餘名, 牙兵九百九十餘名, 牧子一千二百餘名, 果園直八百八十餘名, 船格三百餘名, 烽軍四百九十餘名, 差備軍一百餘名, 城丁軍二千八百餘名, 隨率軍四百八十餘名, 留直軍五百餘名, 旗幟軍二百餘名, 都合一萬一千六百餘名. 及紙匠·騎步兵·官吏·鎭撫·吹手·羅將·軍牢·官奴·百工之役, 皆自此中責出, 一人常兼十役, 男女各有身貢."

24 李衡祥, 『耽羅狀啓抄』, 「濟州民瘼狀」, "八道牧場, 多少不等爲白良置, 皆有位田, 且不立番.

그러나 제주 지역의 상황은 달랐다. 말 7,600여 마리와 소 620여 마리가 목장 63곳에 흩어져 있었고, 목자 1,200명은 모두 공천(公賤)으로 궐(闕)한 것에 따라 정원을 보충했다. 제주 목자들은 위전이 없어 매우 가난했고, 사시사철 번을 나누어 지키며 가혹한 처분을 견뎌야 했다.[25] 이뿐만 아니라 제주 지역에서 목자 한 사람에게 1년에 징수하는 것은 말 10여 마리에 이르기도 했다. 이는 다른 지역 목장에는 없는 역이었다.

그러므로 제주에서는 이미 매우 가난한 백성이 변통하여 마련해 낼 수 없기 때문에 부모를 팔고 아내와 자식도 팔았다. 이마저도 없으면 자신을 팔기에 이르렀다. 제주3읍에서 이형상에게 올린 보고에 따르면, 부모를 판 사람이 5명, 아내와 자식을 판 사람이 8명, 자신을 팔아 머슴살이하는 사람이 19명, 동생을 판 사람이 26명으로 모두 합쳐서 58명이나 되었다.[26]

이형상은 이러한 조사 결과를 비변사에 올리면서, "관에서 은혜를 베풀어 구제하고 조정에서 덕의를 보여주어야 한다."라고 했다.[27] 또한 이를 위해 상평창으로 하여금 이곳의 모곡(耗穀)을 참작하여 내려주어 속환(贖還)의 밑천으로 삼도록 해달라고 했다. 목역 때문에 부모·처자·형제를 파는 행위는 반인륜적 폐습이므로 엄격하게 금지하고 근본적인 해결책을

春秋點馬之後, 通計故失之數, 許多戶保, 惠伊分定爲白乎等以, 牧子之每年所徵, 多不過木疋, 少或至米斗, 而田畓所穫, 綽有餘裕. 故其生可保, 其價易辦."

25 李衡祥, 『耽羅狀啓抄』, 「濟州民瘼狀」, "本島則不然. 七千六百餘馬, 六百二十餘牛, 散處於六十三場之內, 牧子一千二百名, 皆以公賤, 隨闕充定. 旣無位田, 且甚貧殘, 毋論四時, 分番守直."

26 衡祥, 『耽羅狀啓抄』, 「濟州民瘼狀」, "一人之一年所徵, 或至十餘匹是白乎所, 此是他道牧場所無之役. 而赤立之民, 無以辦出, 終至於賣父母·鬻妻子·雇當身·賣同生之境. 世安有如此風俗乎? 無妻子則賣父母, 無同生則雇當身. 前賣未贖, 後馬又徵. [⋯] 分付三邑, 使之抄報, 則賣父母五名, 鬻妻子八名, 雇當身十九名, 賣同生二十六名, 都合爲五十八名是白乎所. 以堂堂禮義之邦, 民俗至此, 豈非萬萬可羞者乎?"

27 李衡祥, 『耽羅狀啓抄』, 「濟州民瘼狀」, "年限價本, 幷以成冊上送于備邊司爲白去乎, 旣已現發, 則所當自官優恤, 以示朝家德意是白乎矣."

마련해야 했다.[28]

제주에서는 전부터 목역으로 인한 폐단을 줄이기 위해 호역을 감해주고 징발되어 나가는 인력을 줄여주는 방법, 목자의 정원을 늘리는 방법 등 다양한 논의가 진행되었다. 그러나 역은 많고 백성은 적어서 근본적인 해결이 어려웠다.[29] 또한 진상하는 말은 늘 순색의 준마여야 해서 그 수를 채우기 어려웠는데, 그러자 기존에 3~4명의 수신(守臣)과 어사가 말을 점검하는 것으로 대책을 삼은 바 있다. 그러나 이형상은 이 대책은 근본적인 해결책이 되지 않는다고 생각했다.[30] 동색(同色)을 추구하지 않아야만 가능한 일인데 천구로장(天廏路仗)과 같은 어승마(御乘馬)는 그 품질을 유지해야 하기 때문이다.

이형상은 목장을 합치고 징마는 반으로 줄이되 준마를 생산해야 한다고 생각했다. 동색의 준마를 징구하지 않는다면 목역을 지는 개인은 편하지만, 좋은 품질의 말을 생산해야 하는 공적 목표에는 불리하므로 품질은

---

28 李衡祥, 『耽羅狀啓抄』, 「濟州民瘼狀」, "特令常平廳, 以本州會付耗穀, 參酌上下, 以爲贖還之地, 何如爲白乎旀. 此旣天下萬古所無之俗也, 不可不嚴立科條, 扶植倫紀是白乎矣. 不厚其生, 徒禁其賣, 則正所謂欲其入而閉其戶也. 救弊之策, 實爲難處, 槩以便於私, 則不便於公, 利於人, 則不利於馬."

29 李衡祥, 『耽羅狀啓抄』, 「濟州民瘼狀」, "救此之策, 前後議者言之多矣. 減其戶役, 以緩徵出之力, 則牧子之喁望者然也. 而官政仁苛, 以時不同, 文具變通, 亦非經遠之圖也. 彈丸一島, 有衙門焉, 有官員焉, 柴炭穀草, 公私酬應, 非此輩則無閑民矣. 其勢不得不責之於民, 旣不能減, 則必轉之窮困, 無可料生矣. 加定牧子, 以廣其額者, 亦一見也. 而役多民少, 無一餘丁, 此際加定, 有同龜背刮毛."

30 李衡祥, 『耽羅狀啓抄』, 「濟州民瘼狀」, "每當封進駿足, 新反純色, 亦無以充數. 今年甚於去年, 來日難於今日, 此是生弊之源也. 不蕃而至於日縮, 瘦瘠而未産良種者, 皆由於此, 勢何以不窮, 窮何以不變乎? [⋯] 最是合場之議, 三四守臣及御史點馬, 皆以此爲善策. 往復至於七八, 覆啓亦欲聽許, 可謂夙講, 而此亦有利害焉. 分東西而二之, 使馬自行自止, 則滋息駿逸, 必至之勢也. 此則果利於馬政, 而啓聞中主意及牧子之樂從者, 專在於不徵同色, 如山屯之爲, 而臣意則有所不然. [⋯] 天廏路仗, 專靠此島, 則民怨雖重, 亦不可顧也. 徐待秋巡, 審察形勢, 後或合或否, 當有所啓, 而同色責立之法, 不可緩也."

유지하되 징마를 반으로 감한 것이다. 또한 이와 더불어 조정에 골육의 매매를 금하는 금령을 세워달라고 했다.[31] 숙종은 이러한 이형상의 장계를 윤허했고, 그 결과 이미 판 것은 속환하고 골육을 매매하는 것에 대한 금령이 세워졌다.[32]

한편, 수역(水役)만 있는 다른 도의 어촌과는 달리 제주는 수역과 더불어 다른 역을 겸했다. 남편은 포작(鮑作)에서 선원을 겸하며 힘든 일을 하고 부인은 해녀로 일하면서 진상할 미역과 전복을 마련해야 했는데, 1년 동안 남편이 포작으로 바치는 값이 적어도 20필, 부인이 해녀 생활을 통해 바치는 값이 7~8필이었다. 즉 한 집안에서 부부가 바치는 것이 30여 필에 달했다. 이처럼 제주 어민의 고역은 목자의 10배나 되어 그들은 죽기를 무릅쓰고 도망가려고 했다.[33]

중년 이상 포작의 숫자는 보통 많게는 300여 명까지 이르렀다. 따라서 감옥에 갇히거나 매를 맞는 등 부득이한 사유로 결원이 생기더라도 부역의 총량을 책임질 수 있었다. 그런데 이형상이 부임한 시점에는 이들 포작이 88명뿐인 데다가 상중이거나 잡다한 탈이 생겨 실제로 일할 수 있는 숫자는 이보다 더 적었다. 그런데도 추복 3,900여 첩, 조복 260여 첩, 인복 1,100여 첩, 회전복 3,860여 첩, 도합 9,100여 첩, 오징어 860여 첩, 분곽

---

31 李衡祥,『耽羅狀啓抄』,「濟州民瘼狀」, "策又無良, 則就其中, 略加變通, 合其場而蓄其畜, 仍其法而徵其死, 以防偸竊之奸, 觀其前頭利害, 徐議更變, 亦未爲晩爲白乎於. [⋯] 今若役其民而合場, 徵同色而無變, 則是增其役而失其利也. 臣之爲此說, 正如雪上加霜, 卽今民謗, 已不勝其譁然. 而國事若誤, 則咎怨何論? 前日廟議欲許其不徵同色, 則此所謂便於私而不便於公, 利於人而不利於馬. 臣未知其必可矣. 少依黑牛之例, 減半徵出, 則法不屈而民或支矣, 又立禁令, 使不得買賣骨肉, 則未知何如?"

32 李衡祥,『南宦博物』,「誌俗」,〈市貿買賣〉, "上允之. 贖還其已賣者, 又立禁條."

33 李衡祥,『耽羅狀啓抄』,「濟州民瘼狀」, "夫以鮑作, 兼行船格等, 許多苦役, 妻以潛女, 備納一年內進上藿鰒, 其爲苦役, 十倍於牧子. 槩以一年通計, 則鮑作所納之價, 不下二十疋, 潛女所納, 亦至七八疋是白乎所, 一家內夫婦所納, 幾至三十餘疋, 則浦民之抵死謀避, 勢所固然."

(粉藿)·조곽(早藿)·곽이(藿耳) 등의 일이 모두 이들에게 부여되었다. 영의 본관과 장사(將士)의 지공(支供), 공사(公私)의 수용(需用)은 이 숫자에서 제외되었으므로 총량으로 따지면 이 부분이 더 추가되어야 했다. 따라서 1년에 약 80명이 바쳐야 하는 것이 10,000여 첩에 이르렀다.[34]

이형상은 제주 지역 회록(會錄)의 상평청(常平廳)이 소모하는 전미를 300석으로 특별히 한정하고, 제주 3읍에서 바치는 추복·인복·조복·오징어는 값을 주고 사들이며 회전복·분곽·조곽·곽이만을 나누어 정해 올리게 해야만 이들이 버틸 수 있을 것이라 생각했다. 다만 이는 전례에 따라 관에서 사용한 것은 금지할 수 없기 때문에 국곡(國穀)에서 구하기를 청했다.[35]

제주 지역의 운영 예산으로는 앞서 언급한 폐정 개혁 정책을 실행하기 어려웠다. 제주 지역의 전결은 3,000결에 이르지만 부세 규례는 다른 지역과는 크게 달랐기 때문이다. 1년에 바치는 수가 매우 적었고 인구 역시 극히 적었다. 1년 동안 관청의 수입을 가지고 말한다면 전세(田稅)·대동(大同)·둔조(屯租)가 400여 석 미만이었을 정도였다. 다른 지역에서 시행되는 노비의 신공 역시 관용으로 쓸 수 없으며, 사창에 회록되어 공용으로 지불되는 액수는 많을 경우 200여 석까지 되었다. 이는 판관이 관장하

34 李衡祥, 『耽羅狀啓抄』, 「濟州民瘼狀」, "中年以上鮑作元數, 多至三百餘名, 或囚或杖, 猶可責應. 今則只是八十八名, 而在喪雜頃, 又在於此中, 其所實役, 尤極零星是白去乙. 搥鰒三千九百餘貼, 條鰒二百六十餘貼, 引鰒一千一百餘貼, 灰全鰒三千八百六十餘貼, 都合九千一百餘貼, 烏賊魚八百六十餘貼, 及粉藿·早藿·藿耳等役, 皆自八十名責出. [⋯] 營本官將士支供及公私酬應, 又在於此數之外, [⋯] 以此推之, 則八十名一年所納, 幾至萬有餘貼."

35 李衡祥, 『耽羅狀啓抄』, 「濟州民瘼狀」, "若不別樣變通, 此類之得支數年, 其亦難矣. [⋯] 本島會錄常平廳耗田米三百石, 特爲劃給, 則三邑所納搥鰒·引鰒·條鰒·烏賊魚, 是乃給價貿納, 灰全鰒·粉藿·早藿·藿耳叱分, 分定捧上, 以示朝家軫恤之意, 則或可支吾矣. 此非循例應下之物, 而不能禁止於官用, 乃反請得於國穀. 臣雖愚昧, 寧不惶愧, 而勢有所不能, 力有所不及, 則千思萬慮, 只有此一條路耳. 令廟堂, 拔例稟處, 何如?"

는 것이며, 이형상이 목사로 재임할 당시 대정현과 정의현에도 비축된 것이 많지 않아 영의 본관과 장사의 지공, 각 항의 제향을 이어갈 수 없을 정도였다. 따라서 이에 대한 변통이 시급했다.[36] 그 결과 이형상은 조정에 모곡에 대한 변통을 요청했다.[37]

그러나 이러한 요청에도 불구하고 조정에서는 상평청의 각 곡물의 원수(元數)를 나누지 말라고 했다. 그런데 이 곡물을 모두 창고에 두게 되면 호조의 원회(元會)와 순영(巡營)의 별회(別會)가 합산되어 곡물은 많고 백성은 적어 조적(糶糴)이 어렵게 된다. 게다가 제주는 안개가 많아 곡식이 썩기 쉽기 때문에 3년만 지나면 모두 버리게 된다.[38] 습기로 인한 자연 감소분에 대한 해결 방식이 자주 바뀌면서도 또 다른 문제를 야기했다.

1686년(숙종 12)에 옮긴 곡물의 모곡을 회록에 합산하고 1688년(숙종 14)에 비변사에 보고했는데, 비변사에서는 원회에서 제모(除耗: 환곡을 받을 때 이자를 감하거나 없애주는 것)하라고 했다. 그런데 이에 대한 결정을 번복하여 모곡을 회록에 다시 합산하라고 했다.[39] 비변사는 모곡을 회록에 합산하

---

36 李衡祥, 『耽羅狀啓抄』, 「濟州民瘼狀」, "官有支堪之勢, 然後民無被侵之端是白去乙, 本島田結, 雖至三千, 賦稅規例, 與陸地大異. 一年所捧, 其數甚少, 人口大同, 亦極零星. 若以一年內官廳所入言之, 則田稅·大同·屯租, 不滿於四百餘石叱分不喩, 陸居奴婢身貢乙沙, 亦不能官用, 會錄於司倉是白去乙, 公用應下之數, 多至二百餘石. 此皆判官所掌也. 兩縣官儲, 尤不成樣爲白乎矣, 營本官將士, 支供及各項祭享, 無以繼用. 每每論報, 願得啓聞變通. 臣營所用, 雖甚苟簡, 何敢干冒? 而此則係是三邑公用也, 不得不冒昧陳稟爲白去乎."

37 각 고을 창고에 저장한 양곡을 봄에 백성들에게 대여했다가 추수 후에 거두어들이는데, 모곡은 이때 손실을 보충하기 위해 10%를 덧붙여 받는 곡식을 말한다. 사창은 본래 백성들을 구제하기 위한 기구였으나 모곡에 농간을 부려 백성들에게 피해를 입히게 되었다. 이 부분에 대한 관의 적절한 개입은 백성들의 삶을 지탱할 수 있게 했다.(『한국고전용어사전』 '모곡'조 참조.)

38 李衡祥, 『耽羅狀啓抄』, 「濟州民瘼狀」, "常平, '各穀元數不敷'爲白乎乃. 若皆留庫, 則戶曹元會, 與巡營別會幷計, 穀多民小, 糶糴實難爲白乎旀, 地霧長鎖, 腐朽最易. 若過三年, 擧皆無用. 名雖國穀, 已非可惜是白在如中."

39 李衡祥, 『耽羅狀啓抄』, 「濟州民瘼狀」, "丙寅年, 移轉穀物, 幷耗會錄, 戊辰年, 論報備局, 則

거나 원회에서 일체를 제외하기도 하는 등 다른 방법으로 해결하고자 했던 것이다.

그런데 장부에 기재된 곡물이 비록 20,000여 석이라고는 하지만 1694년(숙종 20) 이후로 아직 거두지 못한 수량을 제외하면 창고에 있는 것은 6,000여 석도 되지 않았다. 그리고 각종 노잣돈과 각공(各工)의 요미(料米) 및 일반 수용이 극히 번다하여 사목별로 응당 지불해야 할 액수를 종합하면 감해진 것이 550여 석이었다. 지금 비록 제모하더라도 사목별로 응당 지불할 것을 제외하고는 남은 것이 많지 않으며, 명목상 제모하더라도 실제로 남은 곡식이 많지 않았다. 게다가 조적할 것도 다소 있기 때문에 문제가 되었다.[40]

이에 따라 이형상은 1688년에 비변사에서 처음 허락한 대로 제모하고 회감(會減: 주고받을 것을 셈하는데 많은 수에서 적은 수를 덜어내고 셈하는 것)하여 줄 것을 요청했다. 이렇게 된다면 추복·인복·조복·오징어를 쌀 300석으로 치르고 사목별로 응당 지불해야 하는 것도 모두 그 수에 따라 지급할 수 있다고 보았다. 그리고 그 외에 나머지는 제주 3읍으로 옮겨 각자 사용하도록 한다면 백성들이 힘들어 한 포역과 얼마 없는 관용의 폐단이 모두 해소될 것이라고 했다.[41]

그런데 이미 다른 도의 각 관청에서는 상평청의 곡물이 으레 제모되고

元會一體, 許令除耗爲白有如可. 近年以來, 又令幷耗會錄. 殆同於刻印銷印是白沙餘良."

40 李衡祥,『耽羅狀啓抄』,「濟州民瘼狀」, "元來各穀, 雖曰二萬餘石是如爲白良置, 甲戌以後未捧, 計除, 則卽今留庫, 未滿於六千石是白遣. 各樣路費·各工料米及几百需用, 極其浩煩, 事目應下之數, 成冊會減者, 五百五十餘石也. 今雖除耗, 應下之外, 所餘無多. 名雖除耗, 實無餘穀, 而糶糴所捧, 亦有多少."

41 李衡祥,『耽羅狀啓抄』,「濟州民瘼狀」, "一依戊辰所許, 除耗會減, 則上項所陳搥引鰒·條鰒·烏賊魚價米三百石, 及事目應下, 幷以依數上下後, 其外所餘, 移下三邑, 使各取用, 則難處之鮑役, 至殘之官用, 可謂兩便."

있었다. 그러므로 제주 지역에 비로소 제모가 허락된다 하더라도 이는 다른 지역과 비교해 볼 때 이미 불공평하다고 볼 수 있다. 따라서 이형상은 이에 대해 묘당으로 하여금 품의하여 처결해 줄 것을 요청한 것이다.[42]

이외에도 이형상은 제주의 지역적 특성을 고려해 다양한 정책을 펼쳤다.

> 이번에 순력할 때 세 읍의 수많은 백성들이 무리를 지어 곳곳에서 송축했던 것은 이번 비변사의 회계 중에 변통해 준 혜택이 아닌 것이 없습니다. 지난달 20일에 향소의 유생과 무사, 각 면의 면임(面任), 각 마을의 이임(里任)들이 깨끗한 곳에 서로 모여 임금 계신 북쪽을 향해 사배(四拜)를 했습니다. 그 뒤에 800여 명이 와서 신에게 말하기를, "지금 이와 같은 나라의 은혜는 전에는 있지 않았던 것입니다. 동색을 반만 징수하니 목자들이 보전될 수 있고, 추복 값을 지급하니 포구 백성들이 보전될 수 있고, 모곡을 관수로 지급하니 민력이 견딜 수 있고, 퇴역(退役)한 배를 획급(劃給)하여 주니 민역이 줄어들고, 오래 근무한 사람을 조용(調用)하니 벼슬길이 통하게 되고, 계후(繼後)한 자를 장부에 등록하여 주니 끊어진 제사를 이어갈 수 있습니다. 무릇 이 여섯 가지 혜택은 이미 지극하여 뼈에 새겼습니다. 그리고 팔아넘긴 부모와 처자를 속환하고 또 금제(禁制)를 세웠으니 이제부터 섬 사람들은 부모와 자식이 있게 되었습니다. 성상의 은덕이 하늘과 같아 보답할 수 없어서 배향하여 성은에 배례하고 단지 저희들의 심정을 말씀드릴 뿐입니다."라고 하였습니다.[43]

---

42 李衡祥, 『耽羅狀啓抄』, 「濟州民瘼狀」, "一擧而救此兩弊者, 不亦幸甚矣乎? 他道各官, 則常平穀物, 例爲除耗爲白去乙, 本州耳亦始許終錄, 亦似不均. 令廟堂特爲稟處, 何如?"

43 李衡祥, 『耽羅狀啓抄』, 「巡歷後啓聞」, "今巡歷之時, 三邑人民十百爲群, 處處頌祝者, 無非

이처럼 이형상은 퇴역한 배를 획급하여 줄 것, 오래 근무한 경우 조용하여 줄 것, 계후를 제주목사가 허락할 수 있도록 할 것 등 제주의 지역적 문화적 특성을 고려한 정책을 펴기 위해 조정에 장계를 올려 허락을 받았다.[44]

Ⅳ. 맺음말

이형상은 1701년 11월 11일에 제주목사에 제수되어 이듬해 3월 7일에 사은숙배하고 3월 25일에 제주에 도착했다. 당시 제주에는 동성·근친 간의 혼인이 성행하고, 혼례 때 서로 절하지 않거나 처가 있는데 다시 처를 취했으며 남녀가 함께 목욕하고 여자가 나체로 있기도 했다. 이형상은 이를 누속으로 규정하고 금했다. 또한 그는 각종 폐해를 일으키는 신당 129곳과 사찰 5곳을 훼철하고 무격 285명을 귀농시켰다. 제주 지역은 바다로 둘러싸인 지역적 특성 때문에 재앙을 막기 위한 음사가 이루어졌는데, 무당과 그 무리들이 백성들을 속여 부려먹거나 수탈하자 음사를 혁파하고 무당을 귀농시켰던 것이다.

한편, 이형상은 제주 풍속이 육지와 다른 것은 근본적으로 토질이 척박

今番備局回啓中變通之惠澤也. 前月二十日, 鄕所儒生·武士及各面面任各里里任等, 相會於淨處潔地, 北向四拜, 後八百餘人來言於臣曰: '今此國恩, 古所未有. 同色徵半則牧子可保, 搥鰒給價則浦民可保, 耗穀給官則民力可寬, 退船劃給則民役可除, 久勤調用則仕路可通, 繼後給案則絶祀可續. 凡此六惠, 已極銘骨是白去等况旀, 贖還賣鬻, 且立禁制, 自此島民, 可有父子. 聖德如天, 無可酬報, 北向拜恩, 只伸下情而已.'"

44 이 내용은『탐라장계초』의「제주민막장」·「제주청계후급안장(濟州請繼後給案狀)」·「제주군문장교전출특허일과비변사복계(濟州軍門將校轉出特許一窠備邊司覆啓)」등에 수록되어 있다.

해서 백성들이 가난할 뿐만 아니라 이 지역의 부역이 매우 무겁기 때문이라고 인식했다. 당시 제주는 목역과 포역 등 부역이 다른 지역에 비해 과중하게 부과되었다. 이를 해결하기 위해 이형상은 비변사에 장계를 올려 제주 지역의 실상을 보고하는 한편, 폐정 개혁안을 건의하여 숙종의 허락을 얻어냈다.

이처럼 이형상의 정책은 백성의 삶에 실질적으로 도움을 주었기 때문에 호응을 얻을 수 있었다. 이형상은 1702년 10월 29일에 순력을 떠나 11월 14일에 관영으로 돌아왔는데, 이때 제주목·정의현·대정현의 백성들이 무리지어 곳곳에서 송축했다. 이는 비변사의 회계(回啓) 중에 백성들에게 변통해 준 혜택이 있었기 때문이다.

또한 이형상의 노력으로 동색 말을 반만 징수하고 추복 값을 지급하게 되었다. 그리고 모곡을 관수로 지급하고 퇴역한 배를 획급하여 주며, 오래 근무한 사람을 조용하고 계후한 자를 장부에 등록할 수 있게 되었다. 이상의 여섯 가지는 제주에서 시급히 해결해야 할 폐정이었다. 이형상의 노력으로 제주 지역 폐정에 대한 개혁 정책이 시행되자 제주민들은 이러한 개혁 정책을 수립한 제주목사 이형상과 그 개혁 정책을 허락한 숙종에 배례함으로써 감사함을 표시했다.[45]

이형상의 폐정 개혁 정책이 즉각적인 효과를 이끌어내고 백성들의 호응이 컸던 반면, 풍속 교화 정책은 수백 년간 이어져 온 유속이었기 때문에 반발이 있었다. 결국 그가 부임 1년여 만인 1703년 6월에 체직되면서

---

45 《탐라순력도(耽羅巡歷圖)》의 〈건포배은(巾浦拜恩)〉에서 배례하는 모습을 살펴볼 수 있다. 《탐라순력도》의 〈건포배은〉은 세 부분으로 구성되어 있는데, 사건이 일어난 시간 순서에 따라 상단부터 배치되어 있다. 상단에는 불타고 있는 신당이 배치되어 있고, 중앙에는 제주목 관아 안에서 이형상에게 배례하는 모습이 담겨 있다. 하단에는 건포[健入浦, 巾浦]에서 임금이 계신 북쪽을 향해 배례하는 모습이 배치되어 있다. 마치다 다카시(2017), 앞의 논문, 60-62쪽.

일부 정책은 회귀하고 말았다. 후임 제주목사가 부임한 바로 다음 날에 신사(神祀)가 크게 행해졌으며 무당들을 통해 신당이 만들어졌다.[46] 또한 제주목사가 사사로이 제사지내서는 안 된다고 혁파했던 풍운뇌우단(風雲雷雨壇)이 1719년(숙종 45)에 다시 세워지기도 했다.[47] 이형상이 다소 짧은 기간 재임하면서 기존의 누습이 회귀하게 된 것이다. 이 때문에 이형상의 풍속 교화와 개혁 정책이 제주에 안착되었다고 할 수는 없지만, 재임 기간 동안 시급히 해결해야 할 폐습과 폐정을 개혁하고자 한 그의 노력은 기억해야 할 것이다.

---

46 李衡祥,『南宦博物』,「誌俗」,〈尙淫祀〉, "今聞, 後至者到境翌日, 大行神祀, 又令巫輩, 速作神堂."

47 『肅宗實錄』, 45年 11月 4日.

제주 도학자 변경붕의 철학사상

이창일

I. 머리말

이 글은 영조 연간에서 순조 연간까지 살았던 제주 출신의 유학자 변경붕(邊景鵬)의 철학사상을 살펴본다.[1] 변경붕은 과거를 통해 관료의 길을 걸으면서[2] 주자성리학을 지속적으로 탐구한 도학자의 삶을 살았다. 이는 최근 한글로 번역되어 출간된『통정대부 사헌부 장령 변경붕 문집(通政大夫

1 변경붕의 생졸년은 정확히 알려져 있지 않다. 그의 문집에는 졸년이 미상으로 표기되어 있다. 변경붕 저, 허남춘·김병국·김새미오 역,『通政大夫 司憲府 掌令 邊景鵬 文集』(제주대학교 탐라문화연구소, 2010); 그러나 연구자들은 졸년을 1824년으로 적고 있다. 김새미오,「일재 변경붕 문집에 나타난 18~19세기의 제주사회 성격에 관한 일고-유교사회로의 변화 양상을 중심으로」,『영주어문』20(2010), 93쪽; 김치완,「제주의 조선유학자 변경붕의 이중문화정체성」,『문화와 융합』39-3(2017), 4쪽; 한국학중앙연구원의「한국역대인물 종합정보」에는 1823년으로 표기되어 있다.「한국역대인물 종합정보」(people.aks.ac.kr) 변경붕 항목 참고.

2 1795년(정조 19) 식년시 병과로 급제한 후 사헌부 장령을 지냈고, 1811~13년까지 제주도 대정현감을 지냈다.「한국역대인물 종합정보」참고.

司憲府 掌令 邊景鵬 文集)』(이하『변경붕 문집』)을 통해 확인할 수 있다.[3]『변경붕 문집』은 그의 철학사상을 알 수 있는 유일한 자료다. 그러나『변경붕 문집』은 체계적인 형식을 갖추고 있지 않을 뿐만 아니라, 철학사상에 대한 그의 독립적인 저술이 실려 있지 않아 변경붕의 철학사상을 살펴보는 데 적지 않은 어려움을 야기한다. 이러한 고충은 기존 연구에서 일찍부터 지적된 것이다.[4] 따라서 이 글은 변경붕의 철학사상을 연구하기 위한 방법론을 구성하는 데 각별한 주의를 기울이고자 한다. 연구방법론에 대한 구상이 없다면,『변경붕 문집』에 실린 글이 대부분 타인에 의해 작성되었으므로 변경붕 고유의 철학사상을 이해할 수 있는 근거를 찾을 수 없기 때문이다.

『변경붕 문집』에 실린 철학사상에 관련된 글은 크게 세 가지 분야로 구분될 수 있다. 첫 번째는 주자학 분야이고, 두 번째는 유서(類書) 성격의 기사(記事)를 채록한 분야이며, 세 번째는 실존적 삶에 대한 성찰적 기록들이다. 첫 번째 주자학 분야는 변경붕이 일생동안 추구한 학문의 공식적이고 본질적인 부분, 즉 과거를 통해 출사할 수 있는 원천이 되었던 학문의 내용들이다. 여기에는 이기심성론 등 주자학의 핵심을 구성하는 형이상학과 수양론을 중심으로 한 실천적 내용들이 속한다. 그런데 이 분야에는 주로 기호학파의 철학적 입장이 담겨 있으며, 그에 따라 변경붕 철학사상의 첫 번째 특징으로 꼽을 수 있는 율곡학에 대한 지대한 관심을 확인할 수 있다. 즉 변경붕은 이이(李珥)를 통해 주자학을 이해한 기호학파의 충실한 계승자라고 할 수 있다. 두 번째는 유서 성격의 기사들을 채록한 분야로, 유학자의 교양을 확충하기 위한 경학 지식과 세계와 사물에 대한

3 변경붕 저, 김새미오·허남춘·김병국 역(2010), 앞의 책.

4 김새미오(2010), 앞의 논문, 103쪽; 김치완(2017), 앞의 논문, 15쪽.

박물학적 관심의 소산에 따른 다양한 지식이 남겨져 있다. 세 번째는 개인의 실존적 체험에 대한 성찰이 담긴 기록들이다. 앞으로 이 글에서는 이 세 분야의 기록들이 독립된 철학 저술이 발견되지 않는 한 변경붕의 철학사상을 살펴볼 수 있는 유일한 자료라고 간주하고자 한다. 자료의 제한으로 인해 변경붕의 철학사상을 살펴볼 수 있는 직접적인 방법이 없기 때문에 그의 독자성이 담긴 글 가운데 철학사상을 살필 수 있는 단서를 찾으려는 것이다.

이런 이유로 이 글의 제목이 '도학자' 변경붕이 아니라 '제주 도학자' 변경붕으로 정해진 것이라고 할 수 있다. 말하자면, 변경붕은 제주 땅에서 태어나 제주문화 속에서 살면서 체험한 일상적 삶의 기록들을 남기고 있을 뿐 아니라, 이른바 초자연적이고 합리적이지 않은 삶의 사건들에 대한 단순한 서술을 넘어서 이들을 주자학적 합리주의, 즉 도학적 관점으로 해석하고 있다. 그러므로 이러한 서술 속에는 주자학의 언어와 논리로 쓰인 변경붕의 독자적인 철학사상이 드러나 있을 것으로 추정된다. 여기에서 변경붕 철학사상의 두 번째 특징을 발견할 수 있다. 이 특징은 제주라는 실존적 환경 속에서 발생한 변경붕의 진솔한 삶과 개인적 관심이 주자학적으로 해석되면서, 제주 도학자로서의 정체성이 형성될 수 있도록 만든 것이기 때문에 '제주 도학자' 변경붕을 탐구할 수 있게 해 줄 것으로 생각된다.

이와 같은 연구방법론을 통해서 이 글에서는 변경붕 철학사상의 두 가지 특징을 구체적으로 살펴볼 것이다. 이를 위해 먼저 변경붕이 채록한 이이의 글들을 통해 기호학파의 표준 입장을 다룬다. 변경붕은 귀신론(鬼神論)과 명론(命論)이라는 두 주제를 설정하여 자신의 실존적 문제를 주자학적으로 성찰하는데, 이어서 이 글에서는 박물학적 채록에 투영되어 있는 변경붕의 지적 관심을 살펴보려 한다.

Ⅱ. 기호학파의 표준 입장

1. 이기론의 특징과 의미

조선에서 주자학은 두 개의 주요학파가 성립되면서 전개되었다. 두 분파는 주자학의 원두(源頭)에 해당하는 이기심성론에 대해 상이한 해석을 내놓으며 만들어졌다. 이황(李滉)의 주자학 해석은 영남학파를 형성했고, 이어 이이는 이황의 철학을 비판적으로 접근하면서 기호학파를 형성했다. 『변경붕 문집』에는 이이를 포함한 기호학파의 거장들에 대한 기사가 대부분을 차지하고 있으며, 특히 이이에 대해서는 각별한 존숭의 태도가 담겨 있다. 비록 후인들의 기록을 정리한 것이지만, 이를 통해 변경붕의 철학적 입장을 충분히 추측할 수 있다.

> [이이 선생이] 스승에 말미암지 않고 도체(道體)에 묵계한 것은 주렴계(周濂溪)와 같고, 한번 변하여 도에 이르러 깊이 생각하고 실제 실천한 것은 장횡거(張橫渠)와 같고, 발명이 극치에 이르러 통투하고 쇄락한 것은 정명도(程明道)와 같고, 박문약례(博文約禮)를 제도하여 모아서 크게 이룬 것은 회옹부자[주자]와 같다.[5]

5 변경붕 저, 김새미오·허남춘·김병국 역(2010), 앞의 책, 123쪽. 이 인용문은 송시열이 지은 「자운서원묘정비(紫雲書院廟庭碑)」다(『栗谷先生全書』 卷37, 附錄5); 『변경붕 문집』은 이외에도 송익필(宋翼弼)의 제문(『栗谷先生全書』 卷37, 附錄5, 「祭文」), 신응구(申應榘)·김창협(金昌協)·성혼·이항복(李恒福)·박지화(朴枝華)·안방준(安邦俊) 등의 기록들(『栗谷先生全書』 卷38, 附錄6, 「諸家著述雜錄」)을 싣고 있다.

도통론(道統論)에 입각하여 보자면, 이 기록은 주자학의 정통 계보를 이이를 중심으로 천명한 것이다. 이는 이이가 주자학의 정당한 계승자라는 기호학파의 공식 입장에서 비롯되며, 변경붕도 이에 대해 적극적으로 인정하고 있다는 증거라고 할 수 있다. 이러한 측면에서 기호학파의 정체성을 잘 보여주는 성혼(成渾)에게 주는 이이의 서신 일부가 『변경붕 문집』에 실려 있다는 것은 의미심장하다.

조선 유학사의 흐름 속에서 성혼에게 준 이이의 서신은 이른바 이이와 성혼의 철학 논쟁으로 알려져 있으며, 그 목표와 구조는 이황과 기대승(奇大升)의 사칠논쟁(四七論爭)과 유사하다. 두 논쟁에서 공통의 목표란 주자학의 정론을 제시하는 것이고, 이기론과 심성론이 긴밀하게 연관된 사칠논쟁과 인심도심설(人心道心說)로부터 시작하여 수양론과 학문론 전체를 순차적으로 다룬다는 것에서 둘 간의 구조적 유사성을 찾아볼 수 있다.[6] 비록 변경붕이 이이와 성혼의 철학 논쟁에 대해 적극적인 입장을 제시한 글은 찾을 수 없지만, 그 철학 논쟁에 대한 관심은 이이의 견해를 이견 없이 따른다고 볼 수 있을 것이다.

그러므로 변경붕의 철학적 입장은 이이의 입장을 계승한다는 것을 추론할 수 있다. 다만 서신 전체가 아닌 일부에 대한 채록을 대상으로 하므로 채록된 내용의 제한 속에서 설명하는 한계가 있다. 변경붕이 성혼에게 답한 이이의 서신들을 채록한 내용을 구체적으로 살펴보면, 순서대로 다음과 같은 주제로 간추릴 수 있을 것이다.

---

6 전호근, 『16세기 조선성리학의 특성에 관한 연구』, 성균관대학교 박사학위논문(1996), 108쪽 참고.

① 인심도심과 사단칠정

② 이기지묘(理氣之妙)

③ 이통기국(理通氣局)

④ 기발리승(氣發理乘)

①은 인심과 도심, 사단과 칠정 사이의 개념적 차이에 대한 것이다. 인심과 도심은 모두 심(心)의 두 가지 근본적 양상을 나타낸 것이며, 사단과 칠정은 정(情)을 두 가지로 구별한 것이다. 이어서 ②, ③, ④는 이기론에 대한 이이의 해석으로, 이기론의 주제별 분류라고 할 수 있다. 효율적인 논의를 위해 먼저 이기론(②~④)를 다루고, 이어서 인심도심과 사단칠정 간의 범주적 차이에 대해서 살펴보기로 한다.

이이의 이기론 해석은 이기지묘에 입각해 수립된 이통기국론과 기발이승일도설(氣發理乘一途說: 이하 기발일도설)로 정리할 수 있다. 주자학에서 이기론은 천지간에 존재하는 유무형의 모든 것의 기원과 존재 양상을 설명하는 논리다. 주자학은 모든 존재를 이와 기의 만남으로 설명하며, 이는 자연학뿐 아니라 인간학의 영역에도 동일하게 적용된다. 이기론은 자연학과 인간학, 사실과 가치를 통합하고 있는 형이상학적 체계이지만, 이해를 돕기 위해 구분해서 살펴볼 필요가 있다.

자연학의 측면에서 기는 물질과 에너지를 가리키는 질료인 반면, 이는 기를 조직하는 원리에 해당한다. 또한 인간학의 영역에서 기는 사적 욕구와 욕망의 진원지로 악한 가치이고, 이는 지극히 순선한 가치다. 따라서 둘은 자연학이나 인간학적 측면 모두에서 서로 다른 존재론적 지위를 가지고 있다. 즉 이와 기는 서로 섞이지 않는다(不相雜). 그러나 모든 유무형의 사물과 사건 및 인간의 행위는 이와 기의 결합으로 존재하기 때문에, 이와 기는 애초에 서로 분리될 수 없다(不相離). 이와 기의 결합과 분리라는 이러한 역설적인 관계는 '하나지만 둘이고, 둘이지만 하나(一耳二, 二而一)'라는 말로 정리되며, 평면적인 논리로는 포착할 수 없는 이 관계를 이이는 이기지묘로 규정한다.[7]

> 이가 아니면 기가 근거할 데가 없고 기가 아니면 이가 의지할 데가 없습니다. 이와 기는 이미 두 물건이 아니요, 또 한 물건도 아닙니다. 한 물건이 아니기 때문에 '하나지만 둘인 것이요, 두 물건이 아니기 때문에 둘이지만 하나인 것'입니다. 한 물건이 아니라는 것은 무슨 뜻입니까. 이와 기가 비록 서로 떠나지 못한다 하더라도 묘합(妙合)한 가운데 이는 따로 이고 기는 따로 기여서 서로 뒤섞이지 않으므로 한 물건이 아니라고 한 것입니다.[8]

이기지묘에 대한 논리는 이이의 독창적인 이론으로 평가받는 이통기국론과 기발(氣發)만을 인정하고 이발(理發)을 인정하지 않는, 이른바 기발일도설로 이어진다. 이이는 이와 기의 존재론적 차이를 무위와 유위, 형이상의 무형과 형이하의 유형 등으로 설명하면서 이통기국론과 기발일도설을 정립한 것이다.

> 무형과 무위이면서 유형과 유위의 주재가 되는 것은 이고, 유형과 유위이면서 무형과 무위를 구체적으로 실현하는 재료가 되는 것은 기입니다. 이는 무형이고 기는 유형이므로 이는 통하고 기는 국한되는 것(理

---

7 이와 기의 관계를 묘(妙)로 규정한 것은 이이의 독창적 이해 방식이다. 전호근(1996), 앞의 논문, 126쪽.

8 변경붕 저, 김새미오·허남춘·김병국 역(2010), 앞의 책, 「10. 율곡집(栗谷集)」, 83-84쪽 [『栗谷先生全書』 卷10, 「答成浩源」(1)].

通氣局)이며, 이는 무위고 기는 유위므로 기가 발하면 이가 타는 것(氣發理乘)입니다. […] 이가 통한다는 것은 무슨 뜻입니까? 이는 […] 기를 타고 유행하여 천태만상으로 고르지 않으나 그 본연의 묘리는 없는 데가 없습니다. […] 기가 국한된다는 것은 무슨 뜻입니까? 기는 […] 오르고 내리며 날아올라서 조금도 쉬지 않으므로 천태만상으로 고르지 아니하여 만 가지 변화가 생기는 것입니다. […] 이것은 이가 만물 가운데에 그 본연의 묘리가 어디에나 그대로 있는 것과는 같지 않습니다.[9]

인간을 포함한 모든 사물은 서로 다른 형태를 가지고 존재한다. 이기론의 관점에서 이러한 다양성은 기의 '오르고 내리며 날아올라서 조금도 쉬지 않는' 변화에 따른 것이다. 모든 사물은 하늘의 뜻에 따라 이가 부여되어 생겨난 것이지만(天命之謂性), 기에 국한되면서 각각의 본성으로 구현되게 된다. 이를 '기의 변화가 발현하고 이가 여기에 탄 것'이라고 말할 수 있다. 그러나 각 사물의 본성은 기의 차이에 따른 개성이기도 하지만, 실제로는 본연의 묘리는 공통적인 것이다. 이 지점에서 이기론은 자연학적 측면이 아닌 인간학적인 측면으로 이해되어야 그 의미를 파악할 수 있다. 이와 기는 선과 악의 가치의 대립으로 이해되고 있기 때문이다.

기는 사적 욕구와 욕망의 진원지로서 순선한 이의 발현을 방해한다. 따라서 기가 가볍고 맑으면(輕淸) 본연의 묘리를 잘 드러낼 것이며, 기가 무겁고 탁하면(重濁) 잘 드러내지 못할 것이다. 기의 경청과 중탁은 기의 조직이 정련된 정도를 가리키는 말이지만, 인간의 심신이 이를 국한시키는 정도를 가리키는 말이기도 하다. 본연의 묘리는 유가 사상의 궁극인 인

---

9 변경봉 저, 김새미오·허남춘·김병국 역(2010), 앞의 책, 「10. 율곡집(栗谷集)」, 86쪽[『栗谷先生全書』 卷10, 「答成浩源」(4)].

(仁) 혹은 사덕(四德: 인의예지)이기 때문에 기의 경청과 중탁에 따라 사덕을 구현하는 수준이 달라지며, 그 결과 심신의 차등과 위계질서가 존재하게 된다. 인간에 부여된 본연의 묘리는 '본연의 성'이라 부르고, 본연의 묘리를 기국에 따라 구현한 것을 '유행의 이' 혹은 '기질의 성'이라 한다.

> 본연의 이는 참으로 순선하나 기를 타고 유행하기 때문에 그 나누어짐이 만 갈래로 다르며, 기가 부여되면서 선과 악이 있기 때문에 이 역시 선과 악이 있습니다. 이의 본연은 순선할 뿐이나 기를 타는 즈음에는 고르지 못하고 가지런하지 않습니다. [...] 본연이란 이가 하나인 것을 말하며 유행이란 나뉨이 다른 것을 말합니다.[10]

이러한 논리는 이기론의 자연학적 측면보다는 인간학에 중점을 둔 것이다. 이기론을 인간학적 측면에 본격적으로 적용하면, 인심과 도심, 사단과 칠정 등 심성론적 개념이 등장한다. 이 개념들은 인간의 구체적 실존을 이해하고 순선한 이를 다시 회복하기 위한 수양론에 연결되어 있다. 변경붕이 채록한 내용은 이들 개념 간의 위상을 정립하는 것에 주안을 두고 있다.

2. 심성론의 구조와 수양론

> 심(心)은 하나인데 도심이라고도 하고 인심이라고도 하는 것은 성명

---

10 변경붕 저, 김새미오·허남춘·김병국 역(2010), 앞의 책, 「10. 율곡집(栗谷集)」, 82-83쪽 [『栗谷先生全書』 卷9, 「答成浩源」(8)].

> (性命)과 형기(形氣)의 구별이요, 정(情)은 하나인데 사단이라고도 하고 칠정이라고도 하는 것은 오로지 이만을 말한 것과 기를 겸하여 말한 것이 같지 않아서입니다. 이 때문에 인심과 도심은 서로 겸하지 못하고 서로 처음과 끝이 되며, 사단은 칠정을 겸할 수 없으나 칠정은 사단을 겸합니다.[11]

심과 인심은 주자학에서 그 철학적 의미가 부각되어 심학(心學)의 주요한 주제가 되었다. 심 또한 이와 기의 결합이다. 그런데 인간의 마음에 부여된 이는 만물의 어떤 존재보다 기국에서 더 자유롭기 때문에 이의 본연을 실현할 수 있다. 즉 순선을 구현할 수 있는 존재라는 가능성을 가진 유일한 존재이다. 그러나 마음은 기의 악한 측면도 가지고 있기 때문에 악의 가능성을 무시할 수 없다. 이의 본연이 담긴 마음을 도심이라 하고, 기의 악한 측면이 담긴 마음을 인심이라고 한다. 심학의 언어로 하자면, '성명과 형기의 구별'에 입각한 것이 도심과 인심이다.

이에 비해 사단과 칠정은 감정, 즉 정을 파악하는 두 가지 방법에서 연유한 명명이다. 사단과 칠정도 인심과 도심처럼 마음과 관련되어 있다. 마음의 상태는 크게 미발(未發)과 이발(已發)로 구분된다.

> 대저 미발 상태는 성이고 이발 상태는 정입니다. […] 칠정은 사람 마음의 움직임이 이 일곱 가지가 있음을 통틀어 말한 것이요, 사단은 칠정 가운데에서 선한 한 방향만을 가려 말한 것입니다.[12]

---

11 변경붕 저, 김새미오·허남춘·김병국 역(2010), 앞의 책, 「10. 율곡집」, 81쪽[『栗谷先生全書』 卷9, 「答成浩源」(7)].

12 변경붕 저, 김새미오·허남춘·김병국 역(2010), 앞의 책, 「10. 율곡집」, 81쪽[『栗谷先生全書』 卷9, 「答成浩源」(7)].

이와 기의 유행이 모두 이연(已然)일 뿐입니다. 어찌 미연(未然)의 때가 있겠습니까. 그러므로 천지의 조화와 우리 마음의 발함이 모두 '기가 발하면 이가 타지' 않는 것이 없습니다.[13]

미발과 이발은 성과 정으로 나누어지며, 사단이나 칠정은 모두 이발의 정에서 논의된다. 미발이란 마음의 작용이 생겨나기 이전이며, 이발이란 마음의 작용이 생겨난 이후이기 때문에 감정이란 모두 이발에서 일어나는 것이다. 그것이 사(四)나 칠(七)로 구분되는 것은 선의 유무에 따른 것이다.

칠정은 인간의 감정 전체를 통론한 것이며, 사단이란 칠정 가운데서 선한 감정만을 선별해낸 것이다. 이는 기발이승을 전제로 하는 이이의 해석적 관점으로 이후 율곡학파의 정론이 된다. 기발일도설의 관점이 심성론에도 투철하게 적용되고 있는 것이다. 변경붕은 이이의 서신에서 논의되고 있는 것처럼 이발을 인정하는 퇴계학파의 이기호발설(理氣互發說)에 대한 비판은 채록하지 않고 있다. 그런데 이것은 기호학파의 철학적 입장을 분명하게 이해하는 방식으로는 효과적이지 않다. 애초 이이의 서신이란 성혼이 견지하고 있던 퇴계학파의 이해 방식을 비판하고 교정하는 주제를 담고 있었다. 논리가 날카롭게 상충하고 있는 지점에 대한 이해는 율곡학에 대한 이해를 선명하게 만들 수 있는 방법이지만, 이에 대한 채록 내용이 없는 것은 인식의 부족 때문인지 학파적 영향 때문인지 알기 어렵다.

인심과 도심의 구별은 상호대립적인 개념에 입각하지만, 사단과 칠정

---

13 변경붕 저, 김새미오·허남춘·김병국 역(2010), 앞의 책, 「10. 율곡집」, 87쪽[『栗谷先生全書』 卷10, 「答成浩源」(4)].

은 상호대립보다는 칠정이 사단을 포괄하면서 대립되는 개념이라는 차이가 있다. 이러한 차이에도 불구하고 도심과 인심, 사단과 칠정은 서로 교환되어 논의될 수 있는 개념이다.

> 발현하여 헤아리고 생각하는 상태는 의(意)이니, 심은 성과 정과 의의 주재가 됩니다. 그러므로 미발·이발 상태와 헤아리는 상태를 모두 심이라고 이를 수 있습니다. […] 발하는 것이 곧바로 정리(正理)에서 나오고 기가 제멋대로 개입하지 않았다면 이는 도심이니 칠정 가운데 선한 쪽으로의 한 방향이고, 발할 즈음에 기가 이미 제멋대로 개입하였다면 인심이니 선과 악이 합해진 칠정입니다.[14]

도심과 인심, 사단과 칠정이 모두 이발의 영역에서 논의될 수 있는 마음의 상태다. 이발하고 선하다면 사단이고 이것은 순선한 정리를 담은 마음의 작용이기 때문에 도심이다. 반면 이발하고 생겨난 감정 전체는 칠정이고 인심이다. 이처럼 마음의 구조를 파악한 뒤에는 마음을 순선으로 회복하는 수양론의 실천이 필요하다. 이것을 인심과 도심의 측면과 사단과 칠정의 측면에서 살펴보자. 그런데 사단과 칠정의 논의는 이이에게는 정밀하게 갖추어져 있는데, 변경붕의 채록에는 그 대강만이 전해지고 있다. 변경붕의 철학을 추측하려는 목적에 따라서 채록의 한계를 넘지 않는 범위에서 논의해야 할 것이다.

마음은 미발과 이발뿐 아니라 의를 주재한다. 의는 '헤아리고 생각하는' 마음으로서, 이발에 속하는 마음의 사유 기능이다.

---

14 변경붕 저, 김새미오·허남춘·김병국 역(2010), 앞의 책, 「10. 율곡집」, 82쪽[『栗谷先生全書』 卷9, 「答成浩源」(7)].

기가 제멋대로 개입하는 것을 알고 정밀하게 살펴서 정리를 따른다면 인심이 도심에게 명령을 들을 것이요, 정밀하게 살피지 못하고 오직 마음이 향하는 대로 놓아둔다면 정이 이기고 사욕과 물욕이 불길처럼 타올라서 인심은 더욱 위태로워지고 도심은 더욱 미미해질 것입니다.[15]

도심의 명령을 듣고자 하는 마음의 올바른 기능은 기의 개입에 따른 상황을 올바로 살피고 헤아려서 정리의 기준을 따르는 것이다. 이를 도심의 명령이라고 했다. 마음속에 담긴 이의 본연이 내리는 명령이란 구체적으로 성인이 이미 이루어 놓은 법칙을 따르는 것에 있다. 이 법칙은 경전에 있으며, 특히 예(禮)로 정립되어 있는 것을 미루어 알 수 있다.

오직 인간은 바르고 통한 기를 받았으며 […] 그 마음이 허령(虛靈)하고 통철(洞徹)하여 온갖 이치가 구비되어 있으므로, 탁한 것을 맑은 것으로 변하게 할 수 있고 잡박한 것을 순수한 것으로 변하게 할 수 있습니다. 그러므로 닦고 수행하는 공부는 홀로 인간에게만 있으며, 그 닦고 수행하는 공부의 극치는 천지를 제자리 잡도록 하고 만물을 잘 자라게 만드는 것이니, 그렇게 한 뒤에야 우리 인간의 할 일을 다 하게 되는 것입니다. […] 이른바 닦고 수행하는 방법이란 다만 성인이 이미 이루어 놓은 법칙을 따르는 데에 지나지 않습니다.[16]

---

15 변경붕 저, 김새미오·허남춘·김병국 역(2010), 앞의 책, 「10. 율곡집」, 82쪽[『栗谷先生全書』 權9, 「答成浩源」(7)].

16 변경붕 저, 김새미오·허남춘·김병국 역(2010), 앞의 책, 「10. 율곡집」, 85쪽[『栗谷先生全書』 卷10, 「答成浩源」(1)].

율곡학에서 마음은 미발보다는 이발의 정에 집중되어 있다. 그래서 순선한 마음보다는 기의 개입에 따른 선과 악의 혼재로 격전하고 있는 마음이 실제적으로 더 부각되어 있다. 도심은 은미하고 인심은 위태롭다. 세계 전체가 이미 유행하고 있기 때문에, 천지의 조화는 물론이고 우리 마음의 발함이 모두 '기가 발하면 이가 타지' 않는 것이 없기 때문이다. 이와 같은 철학적 입장에서 '닦고 수행하는 방법'은 성인을 배우는 것이다.

변경붕은 성인을 배우는 길에는 세 가지가 있다는 이이의 견해를 충실하게 따르고 있다.

> 학문의 방법은 성인의 가르침 속에 들어 있는데, 그 요체는 세 가지로서 곧 궁리(窮理)와 거경(居敬)과 역행(力行)일 뿐입니다. 궁리는 […] 반드시 책을 읽어서 밝히고 옛일을 상고하여 증명하여야 합니다. 거경은 움직일 때나 조용히 있을 때나 […] 몸가짐은 반드시 정제하고 엄숙해야 하며, 마음가짐은 반드시 신중하고 두려워하여야만 합니다. 역행이란 자신을 극복하여 기질의 병폐를 다스리는 데에 있습니다. […] 쉬지 않고 스스로 힘써 아침저녁으로 게을리하지 않아야 합니다.[17]

이발의 세계에서 도심의 명령을 따르는 수양의 요체는 정리를 기준으로 삼아야 하기 때문에 독서를 통한 궁리가 중요하다. 기가 개입하는 것을 잘 살피기 위해서는 거경의 엄숙하고 신중한 태도가 필요하다. 이러한 일이 일회적이지 않고 타의에 의하지 않으며 자각에 따라 중단 없이 진행되어야 하므로 역행해야 한다. 이이의 「만언봉사」에서 채록한 변경붕의 뜻

---

17 변경붕 저, 김새미오·허남춘·김병국 역(2010), 앞의 책, 「11. 성학집요(聖學輯要)에서 적는다」, 126쪽[『栗谷先生全書』 卷5, 「萬言封事」].

은 마음을 갈고 닦는 심학의 길, 마음의 표준을 확립한 성인을 따르는 성학(聖學)의 길에 있다는 것을 보여주고 있다.

변경붕이 이이의 글에서 채록한 부분들을 살펴보면, 주자학의 정통적인 원론에 입각해서 이이가 독창적으로 사유한 내용들이라는 것을 알 수 있다. 이를 통해서 율곡학의 핵심 내용을 변경붕이 자신의 공식적인 철학적 입장으로 삼고 있다는 것을 추측할 수 있다. 그가 이 내용에 대해서 단지 지식의 습득만을 의도했는지, 독자적인 체득의 내용이 있는지는 자료의 제한 때문에 확인하기 어렵다. 다만 그의 철학사상이 지향하는 내용이 어떤 것인지는 분명하게 이해할 수 있다.

Ⅲ. 실존적 문제의 성리학적 해석

1. 귀신론

『변경붕 문집』 전반부에는 자신의 삶에 대한 실존적 기록들이 자세히 적혀 있다. 이 기록들은 한 인물의 개인사이면서 역사적 사건들에 대한 성찰적인 사색을 담은 글이기 때문에 그의 철학사상을 볼 수 있는 단서가 된다. 철학사상을 독자적으로 표현하고 있지는 않지만, 이러한 성찰적 사색에는 그가 일상적 관심을 통해서 세계를 해석하는 일정한 견해가 담겨 있고 그 속에서 지속적으로 유지되는 관념을 발견할 수 있다. 이 관념은 대체적으로 '귀신(鬼神)'과 '명(命)'으로 개념화할 수 있을 것이다.

기호학파의 주자학자로서 그는 주자의 어록을 담은 『주자어류(朱子語類)』에서 단일 주제로 가장 많은 분량이 담긴 귀신에 대한 글을 채록하고

있다.[18]

> 정자가 말한다. 귀신은 천지의 공용이고 조화의 자취이다. 정자가 말한다. 이기(二氣)의 양능(良能)이다. 주자가 말한다. 두 기의 측면에서 말하면, 귀(鬼)는 음(陰)의 영(靈)이고 신(神)은 양(陽)의 영(靈)이다. 일기의 측면에서 말하면, 이르러 펴지는 것은 신이고, 돌이켜 돌아가는 것은 귀다. 실상은 하나의 사물일 뿐이다. 음과 양이 합하면 백(魄)과 혼(魂)이 응결하여 태어남이 있다. 음과 양이 나뉘면 혼은 올라가 신이 되고 백은 내려가 귀가 된다. [⋯] 제사를 지냄에 있어서 정성과 공경으로써 자신의 정신을 모으면 저쪽의 정신도 또한 모인다.[19]

주자학에서 말하는 귀신은 이기의 양능으로서 음양을 나타낸다. 이는 세속에서 말해 왔던 귀신에 대한 합리적 이해 방식이라고 할 수 있다. 여기서 '합리적'이라는 의미는 어법 그대로 '이치에 합당하다'는 뜻이고 '사물의 현상에는 그에 합당한 이치가 있다'는 의미다. 구체적으로 말하면 이기론에 따른 이해 방식을 가리킨다.

이기론에 의하면 모든 존재는 이와 기가 만나서 생겨나고 귀신은 귀기와 신기로 이루어진 기다. 또한 귀는 음에, 신은 양에 속한다. 음양이 둘이면서 하나로 결합해 있듯이 귀신 또한 귀와 신이 결합해서 하나의 사물을 이룬다. 귀신의 관점으로 보면 인간은 귀신지회(鬼神之會)이며, 귀신은 이

---

18 『주자어류』에서 권1·2가 이기론이고 권3 전체가 귀신이다. 귀신의 주제는 이기·성리 주제를 능가하고 있으며, 격물 주제보다도 적지 않다. 박성규, 『주자철학에서의 귀신론』, 서울대학교 박사학위논문(2004), 25쪽 참고.

19 변경붕 저, 김새미오·허남춘·김병국 역(2010), 앞의 책, 「14. 주자어류(朱子語類)」, 176-177쪽.

기의 양능이기 때문에 모든 존재는 귀신의 회합으로 생겨난다. 혼백도 귀신의 관점에서 보면, 혼은 신이고 백은 귀다. 그러므로 혼백도 음양으로 설명할 수 있다.

세속에서 말하는 귀신은 주로 죽은 이의 영혼을 가리킨다. 사람이 죽으면 귀신이 된다고 보기 때문이다. 그러나 주자학의 합리주의에 따르면 사람이 죽을 때 신에 속하는 혼은 하늘로 오르고 귀에 속하는 백은 땅으로 스며들면서 서서히 사라져 간다. 특히 살아 있을 때의 지각은 귀신 혼백이 분리되면서 온전히 유지될 수 없기 때문에 죽은 이의 지각은 없거나 불충분하다. 이 때문에 산 사람과 귀신은 소통할 수가 없거나 매우 어렵다. 더욱이 귀신의 기는 흩어지다가 결국에는 완전히 사라지게 된다.

그런데 변경붕이 옮겨 놓은 마지막 구절의 제사에 대한 글은 위의 귀신론과 다른 뜻을 함의하고 있다. 짧은 이 구절에서는 제사를 흠향하는 조상의 정신, 곧 귀신이 완전히 소멸하지 않고 다시 모인다고 말하고 있다. 귀신이 다시 모일 수 있는 이유는 자손의 정성과 공경에 의한 것이다. 이는 자손의 기와 귀신의 기가 감응해서 생겨난 것이며, 그 관건은 정성과 공경에 있다는 뜻이다. 정성과 공경의 주체는 자손의 마음이다. 따라서 제사는 마음과 깊은 관련을 맺게 된다. 이상이 주자학의 귀신론과 제사론에 대한 대강의 설명이다.[20] 비록 『변경붕 문집』에는 대개 북송의 제현들과 주자의 글이 채록되어 있지만, 주자학을 배운 도학자라면 이러한 내용은 숙지해야 하는 상식에 속하기 때문에 이를 채록한 것이다.

변경붕은 삶과 죽음의 문제에 대해서 관심이 많았다. 그의 문집은 죽다가 살아난 여러 번의 기이한 경험을 전하고 있다.[21] 이 가운데 천연두에 걸

---

20 주자학의 귀신론과 제사론에 관한 상세한 내용은 다음을 참고. 이창일, 「귀신론과 제사론의 자연주의적 해석」, 『정신문화연구』 29-4(2006).

21 변경붕 저, 김새미오·허남춘·김병국 역(2010), 앞의 책, 「02. 어렸을 적 세 가지 기이한 일

렸다가 생사의 고비를 넘기고 살아남은 기록이 있다. 그는 1774년에 제주도에서 과거를 보다가 자신의 시험지를 베껴 쓰는 친구를 보고 울분을 이기지 못한 채 시험장을 박차고 나오는데, 추후 뜻밖에 천연두에 걸려 거의 죽을 지경에 이르는 변고를 당했다. 이때 민간의 구급방으로 월경한 피를 마시고 기력을 차리게 된다. 변경붕은 자신이 병에서 회복한 과정을 다음과 같은 논리로 해석한다. 첫 번째는 아버지의 정성이다.

> 내가 천연두에 걸리고서 아버지가 자식을 아끼는 마음으로 […] 새벽에 목욕하고 깨끗한 그릇에 물을 받아 신위를 마련하여 앞에 올리셨다. […] 상 앞에 엄숙히 앉았으니, 천연두의 신이 따뜻하게 경건한 정성을 받아들였을 것이다.[22]

도학자가 천연두의 신을 인정하는지는 불문하고라도, 이러한 해석이 반드시 도학자의 관점이라고 볼 수는 없을 것이다. 다만 정성을 다한 아버지의 마음에 신이 감응했다는 것을 확신한 것이다. 그리고 "부모는 오직 자식이 병들까 근심한다."[23]는 구절에서 효심을 엿볼 수 있다.

두 번째는 귀신에 대한 성인의 말씀을 증험한 것이다. 일전에 마을의 한 집에서 천연두에 걸린 딸이 있었는데, 딸이 잘못되자 집안에서 천연두의 신을 모욕하고 애써 마련한 신위를 짓밟았다. 그러자 그 딸의 어머니도 과거에 걸렸던 천연두가 갑자기 재발하여 죽고, 뒤이어 손아래 다른 딸도

을 기록하다」, 30-32쪽; 「03. 어렸을 적 사적(史蹟)을 기록하다」, 36쪽; 「06. 기해(己亥)년 바다를 건넜을 때의 기록」, 50-51쪽 .

22 변경붕 저, 김새미오·허남춘·김병국 역(2010), 앞의 책, 「06. 기해년 바다를 건넜을 때의 기록」, 51쪽.

23 『論語』, 「爲政」 6章, "孟武伯問孝. 子曰. 父母, 唯其疾之憂."

따라 죽었다.

이것으로 보건대 사람들의 말은 속일 수가 없다. 성인이 말하길, "귀신을 공경하되 멀리하며 또 충만하여 위에 있는 듯하다."라고 하셨다. 진실로 신은 모독할 수 없으며 또한 모멸할 수도 없다.[24]

"귀신을 공경하되 멀리하라"는 공자의 말씀은 도학자들이 사태를 판단할 때 따르는 지표이자 귀감이다.[25] 새로운 유학을 표방한 주자학도 이를 받아들이며, 특히 『중용(中庸)』의 「귀신장(鬼神章)」에서는 신의 존재가 허구가 아닌 분명한 사실임을 중요하게 천명하고 있다.[26] 물론 이들 경전에서 말하는 신이 천연두의 신까지 포함하는지 확신할 수는 없다. 다만 천신·지신·산천의 신들에 제사를 지내는 것이 유학의 기본적인 태도라고 한다면, 천연두의 신은 인귀(人鬼)가 아닌 자연신으로서 제사의 대상일 것이다.[27]

이웃집 여인이 범한 신에 대한 모독은 그 자체로도 불경하지만, 더욱 불경한 것은 정성과 공경으로 마음을 다스리는 수양의 일을 돌보지 않은 것이다. 수양은 인간이라면 반드시 해야 하는 일이고, 오직 수양을 통해서만 참된 마음을 회복할 수 있기 때문이다. 신의 감응은 마음을 통해 기

---

24 변경붕 저, 김새미오·허남춘·김병국 역(2010), 앞의 책, 「06. 기해년 바다를 건넜을 때의 기록」, 51쪽.

25 『論語』, 「雍也」 20章, "務民之義, 敬鬼神而遠之, 可謂智矣."

26 『中庸』 16章, "鬼神之爲德, 其盛矣乎. 視之而弗見, 聽之而弗聞, 體物而不可遺. 使天下之人, 齊明盛服, 以承祭祀, 洋洋乎如在其上, 如在其左右. 詩曰, 神之格思, 不可度思, 矧可射思. 夫微之顯, 誠之不可揜, 如此夫."

27 조상을 비롯하여 여러 천지신명께 제사를 드리는 이유는 모두 보본반시(報本反始)의 의미다. 박성규(2004), 앞의 논문, 2쪽.

원하고 효험이 내리는 것인데, 그 마음이 정성과 공경을 다하지 않았기 때문에 벌을 받은 것이다. 이른바 신벌에 대한 변경붕의 관점이 드러난 대목이다.

아래의 인용문은 변경붕의 도학자다운 태도를 더욱 선명하게 보여준다.

> 하늘이 계절에 따라 병을 유행하게 하는 것은 그 기운이 고르지 못해서 그렇다. 기운이 굽히고 펴지며 왕래함에 답답하여 흩어지지 않으면 맺혀서 형상이 되고 때로 나타나거나 없어지니 이치가 혹 그러하다.[28]

주자학에서 말하는 기운의 굴신과 왕래가 곧 귀신이다. 인간학적 측면보다는 자연학적 측면에서 귀신을 이해한 것이다. 세속인들이 귀신의 소행이라고 하는 것은 인격을 띤 초자연적인 존재에 의해 일어나는 사건이지만, 귀신의 실상이란 자연적인 존재의 활동에 따른 필연적인 결과라는 해석이다. 자연적인 존재의 활동이 또한 귀신의 소행이라는 것이 역설적이다. 그러나 오직 도학자들만이 이러한 설명을 이해할 수 있으며, 변경붕은 이기론과 귀신론에 대해 이미 깊이 이해하고 있었기 때문에 이러한 인식을 공유할 수 있었다.

실존적 문제에 대한 변경붕의 주자학적 해석은 아래에서 정점에 이른다.

28 변경붕 저, 김새미오·허남춘·김병국 역(2010), 앞의 책, 「06. 기해년 바다를 건넜을 때의 기록」, 52쪽.

> 푸닥거리할 때에 꼭 하는 말이 있으니, "내 마음을 바로 할 뿐이다"이다. 마음을 바로 하는 방법은 공경과 정성뿐이다. 공경과 정성은 신이 있어도 감동시킬 수 있고, 신이 없어도 어울릴 수 있다. 병이 있고 없고를 떠나 공경과 정성은 조금이라도 마음에서 떠나보내서는 안 될 것이다.[29]

변경붕이 푸닥거리를 대하는 태도는 보통의 유학자들이 음사로 취급하거나 이단과 사설(邪說)로 배척하는 것과 차이가 있다. 그는 푸닥거리를 용인하지는 않지만, 푸닥거리가 효험을 가질 수 있는 전제 조건을 도학자의 인식으로 해석하여 이해하고 있다. 이것은 자신의 실존적 문화를 포용하는 태도라고 볼 수 있다. 푸닥거리에서 신과의 소통은 감응에 기반을 두고 있으며, 이는 제사에서 조상의 정신을 이르게 할 때 자손들이 일심으로 정성과 공경에 전념하여 감응하는 것과 상응한다. 그것은 대체적인 관점으로 보면 마음을 바르게 하는 것이며, 이를 좀 더 합리적이고 정합적인 주자학의 논리로 해석한다.

푸닥거리가 유독 그 기저에 깊게 자리하고 있는 제주문화는 유학자들에게는 교화의 대상이 되지만,[30] 그러한 문화를 버리지 않고 음미하려는 태도에서 제주 도학자 변경붕의 철학적 특징을 알 수 있다. 그의 문집에

---

29 변경붕 저, 김새미오·허남춘·김병국 역(2010), 앞의 책, 「06. 기해년 바다를 건넜을 때의 기록」, 51쪽.

30 숙종 대 제주목사로 부임한 이형상(李衡祥)은 음사와 불당 130여 개를 헐고 무당 400여 명을 농사짓게 조치하는 교화 정책을 과감하게 시행했다. 이후 이형상은 그 공적을 높이 산 제주 유생들의 진정에 따라 영혜사(永惠祠)에 배향되었다. 그러나 이러한 강제적 교화는 제주의 고유한 문화를 파괴하는 것으로 인식되기도 했다. 그 결과 제주 설화에는 이형상이 제주의 고유한 문화를 상징하는 구렁이의 저주를 받아 몰락하는 이야기가 여럿 형성되었다. 玄吉彦, 「역사적 사실과 문학적 인식-李衡祥 목사의 神堂 철폐에 대한 설화적 인식」, 『탐라문화』 2(1983) 참고.

서 매우 기이한 경험으로 기록되고 있는, 무격 일령(一靈)의 일화가 그 대표적인 예다.[31]

변경붕은 천연두에 걸리기 4년 전 어린 시절의 경험을 성찰했다. 1770년 3월에 그는 특별히 아픈 곳을 알지 못하지만 몸이 지치고 어지러워 음식을 먹지 못하고 불면의 밤을 지새웠다. 이때에도 그는 민간의 구급방을 쓰고 굿을 지속한 듯하지만 효험을 보지 못했다. 이윽고 일령이라는 무격이 등장해 동전점을 치고 나서 아래와 같이 말했다.

> "서울에서부터 잡귀가 따라왔다가 돌아갈 생각을 하지 않고, […] 마침 도령님이 몸이 건강하지 않을 때 사지에서 장부에 깊이 들어와 음식을 전폐하였으니 […] 제가 굿하여 쫓아내도록 하겠습니다". […] 일령이 손으로 총령을 흔들고 입으로 지장보살을 초청하고 […] 명도로 사지를 어지럽게 찌르며 […] 콩으로 세차게 내리치니 소리가 벼락같았다.[32]

굿을 한 뒤에 변경붕은 사라졌던 식욕이 돌아오고 정신이 맑아졌다. 그러나 변경붕은 이 사건에 대해서 굿의 효험으로 무조건 바라보기보다는 합리적인 입장을 견지한다. 먼저 변경붕은 무격의 영험함이라는 관점에서 가능한 조건들을 검토했다.

> 무당이 신령하지 않는다고 하는데도 일령만이 홀로 신령했던 것은 어째서인가? 무격 중에서도 신령스럽고 신령스럽지 않은 것이 있어

---

31 변경붕 저, 김새미오·허남춘·김병국 역(2010), 앞의 책, 「06. 기해년 바다를 건넜을 때의 기록」, 50–55쪽.

32 변경붕 저, 김새미오·허남춘·김병국 역(2010), 앞의 책, 「06. 기해년 바다를 건넜을 때의 기록」, 53쪽.

서 그런 것인가? […] 과연 귀신의 곡소리를 내쫓고 효험을 얻은 것일까? 몸소 겪었지만 진실을 얻지는 못했다.[33]

병을 낫기 위해 여러 굿을 했지만 효험을 본 것은 일령의 굿뿐이었다. 굿이 치병의 방법이 된다면, 일령이 병의 원인으로 지목한 귀신의 소행도 존재하는 것이다. 그러나 귀신의 소행이란 잡귀의 소행이기 때문에 주자학의 합리주의로 인정할 수 없다. 앞선 천연두의 신 일화에서처럼 일령의 정성이 병을 낫게 했다고는 할 수 있지만, 병의 원인이 되는 귀신의 소행까지는 인정하기 어려운 것이다. 변경붕의 의혹은 그러한 사태에 대해 마땅한 이치를 얻지 못한 데서 연유한다. 그의 의혹은 무격을 인정하지 않으려는 고집 센 도학자의 태도라기보다는 현상의 배후에 놓인 합리적 이해를 구하려는 도학자의 본질적인 모습이었다. 현전하는 사건을 두고 합당한 이해를 구하려는 태도야말로 치병의 방법으로 무격의 신령함을 인습적으로 생각하는 것보다 더 성숙한 인식이다.

세상에서 귀신은 바른 사람을 취하지 않는다고 했다. […] 귀신이 사람을 죽일 수 없고, 무당은 사람을 살릴 수 없기 때문이니 이치가 그런 것이다.[34]

변경붕은 일령의 영험함이라는 논리보다는 도학자의 합리적 신념에 판단을 두었다. 귀신은 사람을 죽일 수 없다. 사람의 생사는 하늘의 명령

---

33 변경붕 저, 김새미오·허남춘·김병국 역(2010), 앞의 책, 「06. 기해년 바다를 건넜을 때의 기록」, 54쪽.

34 변경붕 저, 김새미오·허남춘·김병국 역(2010), 앞의 책, 「06. 기해년 바다를 건넜을 때의 기록」, 54쪽.

에 있기 때문이다. 그러므로 귀신을 섬기는 무당은 사람을 죽일 수도, 살릴 수도 없다. 변경붕은 이것을 현상의 근저에 놓인 이치로 간주했다. 이 이치는 "삶과 죽음은 명에 달려 있고, 부귀는 하늘에 있다."[35]는 경전 속 성현의 가르침에서 찾을 수 있다.

경전에 대한 존숭은 주자학자를 포함한 유가의 일반적인 신념 체계다. 변경붕은 자신의 병이 나은 이유를 이러한 신념을 토대로 이해하려고 했다. 먼저 그는 어린 나이에 자신의 혈기가 완전하지 않아서 귀수(鬼祟: 귀신에게 홀려 생긴 병)가 틈을 탄 것이라 보았다.[36] 이 같은 설명은 무속적인 것이 아니라 넓은 의미에서 보자면 일종의 신경증으로 이해하는, 생리학적이고 의학적인 인식에 기반을 둔 설명이다.

감응론도 설명 원리가 된다. "큰 질병이 들어오고 요망스러운 돼지가 들에서 운다."는 말로 대표되는 감응론은 '미래에 닥칠 사건이란 먼저 조짐부터 고지한다'는 시간의 선후에서 일어나는 감응의 논리를 적용하는 것이다.[37] 이어서 무격들이 지탄을 받은 역사적 사례를 살피고, 그들의 음행(淫行)으로 인한 폐해에 대해 유선(劉禪)과 서문표(西門豹)의 고사를 들어 예증한다.[38]

---

35 『論語』, 「顏淵」 5章, "子夏曰. 商, 聞之矣, 死生有命, 富貴在天. 君子, 敬而無失, 與人恭而有禮, 四海之內, 皆兄弟也, 君子, 何患乎無兄弟也."

36 변경붕 저, 김새미오·허남춘·김병국 역(2010), 앞의 책, 「06. 기해년 바다를 건넜을 때의 기록」, 54쪽.

37 도학자에게 감응의 논리는 경전에서 찾을 수 있는 신념 체계다. 『中庸』 24章, "至誠之道, 可以前知."

38 변경붕 저, 김새미오·허남춘·김병국 역(2010), 앞의 책, 「06. 기해년 바다를 건넜을 때의 기록」, 54쪽; 유선은 유비의 적장자로 촉한의 2대 황제였지만, 위나라 군대가 쳐들어왔을 때 막을 필요가 없다는 무당의 말을 따르다가 나라를 망하게 했다. 『三國志』 卷28, 魏書, 「鄧艾傳」 참고; 서문표는 전국시대 위나라 사람이다. 당시 업현(鄴縣)의 무당들은 하백에게 아내를 바친다고 하면서 처녀를 황하에 수장했는데, 고을의 삼로(三老)와 아전들은 그 비용을 마련하기 위해 백성들에게 세금을 부과했다. 업현의 현령으로 부임한 서문표는 이 악습

변경붕은 귀신의 소행을 부정하고, 치병의 원인을 일령의 영험함이 아니라 '우연'이라고 결론 지었다. 이러한 생각은 현상의 명백한 인과 관계를 부정하고 도학자의 입장을 고수하는 합리화로 여겨질 소지가 충분하다. 변경붕의 추론 과정과 예증의 사례는 도학자들의 신념에서 연역된 것이기 때문이다. 그러나 이러한 논법은 귀신의 존재를 부정하지 않으면서 그것을 합리적으로 이해하는 전형적인 주자학적 방식이다. 그가 말한 '우연'은 주자학의 논리에 따르면 정리(正理)가 아니라 변리(變理)로 이해할 수 있기 때문이다.

> 비, 바람, 이슬, 천둥, 해, 달, 낮, 밤 등이 귀신의 자취이니, 이는 명백히 공평하고 정직한 귀신이다. […] 그런데 이른바 바르지 않고 사악하며 어두운 것으로, 있다 없다 갔다 왔다 모였다 흩어졌다 하는 것들이다. 또 '기도하면 응하고 빌면 얻는다'라고 한 경우 역시 귀신이라는 것인데, 이 모두는 똑같은 이치다. 세상만사가 모두 이런 이치이나 다만 정조나 대소의 차이만 있을 뿐이다.[39]

주자학에서 귀신은 공평하고 정직한 것이 있고, 바르지 않고 사악하며 어두운 것도 있다. 전자가 정리라면 후자는 변리다.[40] 하지만 정리나 변리도 모두 이치[理]이기 때문에 합리적이라고 할 수 있다. 정리와 변리는 각

으로 인해 백성들이 고통스러워하며 고을을 떠나는 것을 알고는 무당, 제자, 삼로를 하수에 던져서 그 폐단을 그치게 했다. 司馬遷, 『史記』 卷126, 「滑稽列傳」, 「褚先生續」 참고.

39 朱熹·黎靖德, 『朱子語類』 卷3, 「鬼神」 第11條目, "雨風露雷, 日月晝夜, 此鬼神之跡也, 此是白日公平正直之鬼神. […] 所謂不正邪暗, 或有或無, 或去或來, 或聚或散者. 又有所謂禱之而應, 祈之而獲, 此亦所謂鬼神, 同一理也. 世間萬事皆此理, 但精粗小大之不同爾."

40 朱熹, 『朱子大全』 卷46, 「答黃商伯」, "學者, 當於正理上立得見識, 然後理之變者, 可次第而通. 若將理之變者, 先人於心, 立爲定見, 則正理終不能曉矣."

각 정상적인 현상과 비정상적인 현상에는 모두 일정한 이치가 있다는 것을 전제한다. 이것은 마치 생리와 병리가 모두 신체의 현상을 설명하는 동일한 논리의 양면이라는 것에 비유할 수 있다.

변경붕이 말한 우연이란 일령의 영험함을 부정하거나 설명할 수 없는 현상을 단지 알 수 없는 것이라고 회피하는 논리가 아니다. 변경붕은 그것이 비록 기이하지만 궁극적으로 이치로 설명할 수 있다고 보았다. 그 이치는 생사는 하늘에 있고 귀신에 있지 않다는 것이다. 귀신의 소행이 아니라, 단번에 알 수는 없지만 어떤 변리에 의해서 이루어지는 일이며, 지금의 안목으로는 우연으로 인식되는 것이라 이해한 것이다. 그리고 변경붕은 도학자답게 무격이 저지른 음사의 폐해를 지적하고, 이를 자손에게 주는 경계로 삼는다는 의도로 글을 지은 것이라며 결론을 맺었다.

2. 명론

변경붕은 삶과 죽음의 문제에 관심이 많아 종교적인 성향을 지닌 듯한 인상을 준다. 『변경붕 문집』에는 요절을 접한 심경과 이에 대한 철학적 관심을 담은 글들이 실려 있다. 이러한 삶과 죽음의 문제를 사색할 때 등장하는 것이 명(命)이다. 명은 유교에서 친숙한 개념이다. 수명(壽命)이나 명맥(命脈)에서는 생명을 뜻하고, 운명(運命)이나 정명(定命)에서는 하늘이 정한 분수에 따르는 숙명(宿命)의 의미가 있다. 공자나 맹자는 물론이고 동아시아의 제자백가들은 모두 명에 대해 일정한 인식을 가지고 있었다.[41]

---

41 이택용, 『중국 선진시대의 명론 연구』, 성균관대학교 박사학위논문(2012), II장의 "명론의

변경붕이 삶을 회고한 기록에서 명은 주로 생사의 문제와 미래사에 관련되어 등장한다. 삶과 죽음의 문제에 대해서 변경붕의 부친은 명을 다루는 명리학에 상당한 조예가 있었던 것으로 보인다. 기록에 따르면, 그는 자신이 죽을 날짜를 미리 아는 비범한 인물이었다. 1782년은 변경붕에게는 부모가 모두 세상을 떠난 매우 불운한 해였다. 3월에 모친이 먼저 세상을 떠났고, 부친은 12월에 자손과 친척들이 모인 자리에서 아래와 같이 말했다.

> (나는 이달) 14일에 죽을 것이고, […] 다음 해 3월 21일 인시(寅時)를 기다려 하관하면 좋을 것이다.[42]

변경붕이 그 이유를 물으니 다음과 같이 말한다.

> 내가 태어난 해가 신축년(辛丑年)이고, 날은 정미일(丁未日)인데, 이날은 간지가 상극이 될 때이니, 반드시 명이 다할 때이다.[43]

실제로 변경붕의 부친은 그달 14일 축시(丑時)에 세상을 떠났다. 명리학의 논리에 따르면, 변경붕의 부친은 연지(年支)의 축토(丑土)와 일지(日支)의 미토(未土)가 상충하는 명인데, 이는 변화가 많고 고생스러운 삶을 암시한다. 이러한 암시가 14일 축시의 기운에 감응하여 명을 다한 것이다.

등장 및 학문적 담론화" 참고.

42 변경붕 저, 김새미오·허남춘·김병국 역(2010), 앞의 책, 「04. 보고 들은 것에 대한 기록들」, 42쪽.

43 변경붕 저, 김새미오·허남춘·김병국 역(2010), 앞의 책, 「04. 보고 들은 것에 대한 기록들」, 42쪽.

이미 자신의 임종을 아는 경지라면 명리학에 상당히 능통했다고 할 수 있다. 변경붕은 부친에게서 명리학적 지식을 이어받았던 것으로 보인다.

변경붕이 문집 첫머리에서 명리학의 언어를 빌어 자신의 일생을 예지한 것은 그가 인간의 운명을 추단하는 학문에 공감하고 있었고 이에 대한 지식을 갖추고 있었음을 짐작하게 한다. 그는 자신의 태몽에 등장한 동물의 물상(物象)과 명리를 연관 짓고 있다.

> 작은 돼지가 남쪽에서 오는데, 털이 매우 고왔고 모습이 사랑스러웠는데, 갑자기 품으로 달려들었다. […] 이때부터 산기가 있어 나를 낳았으니, 병자년(丙子年) 경자월(庚子月) 정해일(丁亥日) 정미시(丁未時)였다. 그 꿈의 계시로 내 운명을 육십갑자로 논하여 "병자는 햇살이 무덤을 비추는 것이고, 정해는 작은 돼지가 품으로 들어온 것이다. 이 아이를 얻었으니, 후에 반드시 현달할 것이라."라고 하였다.[44]

명리학의 관점에서 변경붕이 하늘로부터 타고난 명의 주체는 태어난 날의 간지인 정해다. 정해는 간지의 상징에 따라 정화(丁火)의 붉은 색과 해수(亥水)의 돼지 상징이 합쳐져 붉은 돼지가 되며, 방위로 보면 정화는 남쪽이므로 남쪽의 돼지가 된다. 아이의 미래가 현달하다는 것은 명리의 총평으로 볼 수 있지만, 태몽과 일간이 부합된 것에서 현달을 판단한 것으로 보인다. 이처럼 부친으로부터 물려받은 명리학적 지식은 변경붕의 일생을 지배하는 관념이 되었다. 그런데 이때의 명은 운명이나 숙명의 의미를 띤 것이다. 삶과 죽음의 문제는 물론이고, 과거 급제와 같은 입신양

---

44 변경붕 저, 김새미오·허남춘·김병국 역(2010), 앞의 책, 「01. 천제연(天帝淵) 동쪽에 집터를 정할 때의 꿈을 기록하다」, 29쪽.

명의 문제에서도 명의 관념은 지속된다. 이는 주로 미래의 예지와 관련되어 있었기 때문이다.

명을 추측하는 명리학과 꿈의 조짐은 연결되기 쉽다. 둘은 모두 미래를 파악하는 예지의 수단이기 때문이다. 변경붕은 꿈의 조짐이 현실에 실현되거나 그렇지 않은 사례들을 여럿 기록했다. 예컨대, 이웃의 꿈에서 변경붕이 머리를 산발하고 삼베를 끌며 울부짖었다고 한다. 이웃은 이를 급제의 꿈이라 해몽했으나, 변경붕은 부모의 안위를 나타내는 불길한 징조로 생각했다.

그러나 실제로는 부모가 돌아가시고 낙방하게 되었으니, 이 경우는 꿈이 영험하지 않았던 경우다. 어떤 노비는 붉은 종이를 껴안고 명륜당에 단정히 서서 북쪽을 향해 4번 절하는 꿈을 꾸고, 또 다른 노비는 변경붕을 가마에 태우고 북쪽으로 가는 꿈을 꾸었다. 한 이웃은 변경붕이 머리에 선화를 올리고 비단옷을 입은 꿈을 꾸고, 다른 이들은 귤을 따는 꿈, 누대에 오르는 꿈, 관복을 입은 꿈, 용꿈 등을 꾸었다고 전했다. 모두 급제를 암시하는 듯한 꿈이다. 하지만 정작 변경붕은 이러한 꿈의 조짐을 하나도 경험하지 못했고, 이러한 조짐에 대해서 심상치 않다는 것만을 느끼고 있었다.[45]

변경붕은 꿈의 조짐뿐 아니라 사물의 특이한 조짐도 경험했다. 시험장에 갈 때 까투리 한 마리가 눈 위에 독특한 무늬를 만들고, 까마귀 무리가 그 주위를 돌며 떠나지 않았다. 이에 변경붕은 "새들이 먼저 조짐을 알려주는 것"이라 생각하며 급제의 징조라고 여겼다. 마지막으로 시험장 근처의 묵었던 주막 주인도 대문 양쪽 사립문에 용과 호랑이가 쌍으로 웅크린

---

45 변경붕 저, 김새미오·허남춘·김병국 역(2010), 앞의 책, 「08. 과거 급제할 때의 꿈을 기록하다」, 61쪽.

꿈을 꾸었다. 실제로 주인의 조카와 변경붕이 높은 점수로 과거에 합격했다.[46]

물론 이러한 경험은 누구나 할 수 있는 보편적 경험일 것이다. 그런데 변경붕은 이러한 예지 경험에 대해 도학자로서의 인식을 보여주었다.

> 대개 사람의 길흉화복은 하늘이 정한 것이 아님이 없다. 신이 먼저 알려주지만, 오직 사람만이 형태가 지워지기 전에 알지 못하여 혹 이미 정해진 후에 늦게 깨닫는다. 일어나려는 상서로움과 망하려는 요망한 징조가 어찌 분명히 드러나지 않는가? 이는 매우 분명한 이치가 아닌가? 저 꿈속에 몽매하여 분명하지 않은 일과 미미하고 아는 것이 없는 금수와 같은 것은 내 일신의 길흉화복에 먼저 징험을 보여주고 합치하지 않은 적이 없었다.[47]

또한 변경붕은『중용』의 아래와 같은 구절을 통해서 현실의 경험을 해석하고자 했다.

> 지성의 도는 일이 닥쳐오기 전에 미리 알 수 있으니, 국가가 장차 일어나려면 반드시 상서로운 조짐이 있으며, 국가가 장차 망하려면 반드시 요사스러운 일이 있어 시초점과 거북점에 나타나고 사체에 동한다. 그리하여 화와 복이 장차 이름에 좋을 것을 반드시 먼저 알며, 좋지 못

46 변경붕 저, 김새미오·허남춘·김병국 역(2010), 앞의 책,「08. 과거 급제할 때의 꿈을 기록하다」, 62쪽.

47 변경붕 저, 김새미오·허남춘·김병국 역(2010), 앞의 책,「08. 과거 급제할 때의 꿈을 기록하다」, 63쪽.

할 것을 반드시 먼저 안다. 그러므로 지성은 신과 같은 것이다.[48]

변경붕의 경험은 『중용』의 감응 관념에 따라 길흉화복의 주관자는 하늘이지만 이 하늘은 지성지도(至誠之道)라는 철학에 입각해서 파악되고 있다. 지성지도는 천도이며 귀신이다. 그러므로 여기서 말하는 하늘은 민간신앙에서 말하는 신이나 푸닥거리의 신과 같은 인격적 존재라기보다는 비인격적인 이치를 가리킨다. 하늘의 조짐은 복서에 드러나고 인간의 이성이 이것을 해석하여 예지하는 것이다. 이처럼 예지가 가능한 것은 하늘과 인간이 이치를 통해서 하나로 이어져 있기 때문이다. 즉 하늘은 밝은 이치의 다른 표현이며, 인간은 이러한 밝은 이치를 부여받았기 때문에 하늘의 밝은 이치를 파악할 수 있다. 변경붕은 꿈의 조짐이 맞지 않은 이유를 사색하면서 이러한 생각을 다시 드러낸다.

빈다한 꿈이 신실로 나타나지 않고 일장춘몽이 영험하지 않은 것은 무엇 때문인가? 무릇 마음이란 생각하는 기능을 관장한다. 사사롭고 망령스런 생각이 천만 가지 단서가 되면 마음의 병이 되고, 병으로 허령한 본체를 잃어버린다. […] 만약 꿈을 꾸지 않는 사람이 꿈을 꾸면 진실이 되지만, 안정된 연후에야 생각할 수 있을 것이다. 인위가 없는 사람이 꿈을 꾸면 실제가 되지만, 공정하고 밝은 다음에야 능통할 수 있다.[49]

---

48 『中庸』 24章, "至誠之道, 可以前知, 國家將興, 必有禎祥, 國家將亡, 必有妖孽, 見乎蓍龜, 動乎四體. 禍福將至, 善必先知之, 不善必先知之. 故至誠如神."

49 변경붕 저, 김새미오·허남춘·김병국 역(2010), 앞의 책, 「08. 과거 급제할 때의 꿈을 기록하다」, 63쪽.

꿈의 예지는 영험하지만, 그 영험함은 인간의 마음에 근거를 두고 있다는 의미에서 도학자의 합리적인 해석이 돋보인다. 변경붕의 성찰은 마음의 망령으로 인해 허령한 본체, 곧 생각하는 힘을 상실하는 데 있으며, 인위적인 사려나 사적인 욕망에 마음이 이끌리게 되면 꿈의 예지는 영험을 상실한다는 데 이르고 있다. 주자학에서는 수양의 행위는 각성 상태는 물론 꿈에서도 마음을 보존하는 것으로 철두철미하게 확장되어 있으며, 꿈이라는 정신의 지각 작용을 귀신으로 설명하면서 꿈조차 마음의 수양으로 귀결시킨다.

> 주자께서 말씀하셨다. "혼과 백이 교섭하여 잠을 이루니, 마음이 이 사이에 있으면 지나간 옛것들에 의존해서 생각할 수 있기 때문에 꿈을 만들어 내는 것이다. 만약 정신이 안정되면 잠자며 꿈을 꾸어도 엎어지는 데 이르지 않는다."[50]

꿈의 조짐은 미래의 과거 급제와 관련이 있었다. 변경붕은 이러한 경험을 두고 철학적인 성찰을 내놓았다. 그는 갑인년 과거에서 처음에는 낙방했지만 임금이 그 결과를 뒤엎고 다시 합격시킨 일을 두고, "하늘이 내린 것이지 사람의 힘으로 할 수 있는 것은 아니었다."고 회고했다.[51] 이러한 표현은 행운을 얻었을 때 쓰는 일반적인 말이라고 할 수 있지만, 평소 운명에 대해 확고한 생각을 가진 그에게는 남다른 의미였을 것이다.

아래는 변경붕이 운명에 대해 철학적 질문을 던지고 그 의미를 성찰한

---

50 『心經附註』, 「牛山之木章」, "朱子曰, 魂與魄交而成寐, 心在其間, 依舊能思慮, 所以做出夢. 若心神安定, 夢寐亦不至顚倒."

51 변경붕 저, 김새미오·허남춘·김병국 역(2010), 앞의 책, 「16. 갑인(甲寅)년 과거를 실시했을 때의 이야기」, 195쪽.

대목이다.

아마도 조화옹이 어둡고 어두운 곳에 있어 사람들이 태어나기에 앞서 명을 정해놓고[定命] 일에 따라 운수(運數)를 정한 것인가? 어리석으면서도 부귀한 삶을 살고 현명하지만 가난하고 천하게 하는 것은 사광(師曠)의 총명함으로도 미리 들을 수 없고, 밝은 이루(離婁)도 먼저 볼 수 없다. 기약하지 않아도 그렇게 되고 알지 못하는 사이에 그렇게 되니, 사람들이 끼어들 수 없고 사물을 피할 수 없다. 하지만 부귀와 더해진 은택이 우리 삶을 두텁게 하고 빈천과 걱정이 당신을 옥처럼 만들어 줄 것이라는 것은 진실로 가슴속에 담아두어야 할 지극한 말씀이다.[52]

사람이 요절을 피하고 장수하며, 빈천을 피하고 과거 급제와 같은 귀한 자리와 풍요로운 재물을 얻는 것은 오직 조화옹만이 하는 것이며, 인간은 누구도 조화옹이 정해 놓은 과정을 알 수 없다. 조화옹으로 의인화된 명이란 이미 수(數)처럼 그 행로가 정해진 것과 같아서, "기약하지 않아도 그렇게 되고, 알지 못하는 사이에 그렇게 되는 것"이다. 이러한 표현은 간절한 마음으로 믿고 따르면서 '가슴 속에 담아두고' 충심을 다해 잊지 않아야 하는 도학자들의 오래된 신념이다.[53] 명이란 인위적인 것이 아니며 자연적인 것이라서 결국 하늘의 소관이라는 가르침이다.

52 변경붕 저, 김새미오·허남춘·김병국 역(2010), 앞의 책, 「16. 갑인년 과거를 실시했을 때의 이야기」, 195-196쪽, "其必造化翁在于冥冥之中, 先乎人物而定命, 隨其事爲而行數, 雖愚而富貴, 雖賢而貧賤, 師曠之聽, 不得預聞, 離婁之明, 不得先見, 不期然而然, 莫知爲而爲, 人不得間焉, 物不得逃焉. 然則富貴補澤厚吾生, 貧賤憂戚玉女成者, 誠拳拳服膺之至言也."

53 『中庸』 8章, "回之爲人也, 擇乎中庸, 得一善, 則拳拳服膺, 而弗失之矣."

하지 않아도 절로 되는 것이 하늘이요, 부르지 않아도 절로 이르는 것이 명이다.[54]

명은 인간의 힘으로 어쩔 수 없는 것이지만, 그렇다고 해서 인간이 수동적으로 머무르는 것이 아니라 그것을 알아서 지명(知命)하여 삶의 사명(使命)으로 여겨서 순종하는 것이 인간의 바른 도리라는 것이 변경붕의 생각이다. 그는 자신의 성찰을 주자학의 근간이 되는 장재(張載)의 「서명(西銘)」 마지막 구절로 천명한다.

부귀와 복택은 장차 나의 삶을 넉넉하게 해주는 것이고, 빈천과 근심걱정은 옥을 다듬듯이 나를 완성시켜 줄 것이네. 살아서 나는 하늘을 따르고 섬기리니, 죽어서 나는 평안하리라.[55]

변경붕은 명은 따르지 않을 수 없으며, 그것이 부귀와 복택이 되면 여유로운 삶이 되고, 그렇지 않고 빈천과 근심이 될지라도 자신의 성장으로 이어진다는 것을 확신했다. 이것은 명을 수동적인 운명으로 이해하는 것을 넘어서 하늘이 부여한 것을 죽을 때까지 따르고 섬기는 것이 인간의 길이라는 사명으로 명을 이해한 것이며, 전형적인 도학자의 인식이다. 운명에서 천명으로 명에 대한 철학적 인식이 심화된 것이다. 이러한 이해는 신이 부여한 명을 따르거나 신을 움직여서 운명을 바꾸려는 의지의 행위가 아니라, 하늘이 부여한 사명으로서의 명을 순종하는 것을 통해서 자신을 완성시키는 것이다. 군자가 되려는 도학자가 "명을 모른다면 군자가

54 『孟子』, 「萬章上」 6章, "莫之爲而爲者, 天也, 莫之致而至者, 命也."

55 張載, 『張子全書』 卷1, 「西銘」, "富貴福澤, 將厚吾之生也, 貧賤憂戚, 庸玉女於成也. 存吾順事, 沒吾寧也."

될 수가 없기" 때문이다.[56]

Ⅳ. 미완의 유서와 박물학적 관심

변경붕이 채록한 기록들은 다수가 유서의 범주로 이해된다. 유서란 다양한 서적으로부터 기사를 모아 주제별로 편집한 것으로, 서적 전체를 읽지 않고도 지식을 축적하고 교양을 쌓을 수 있는 개론서 역할을 하거나, 읽고 쓸 때 가져다 쓸 수 있는 작시·작문 용례의 길잡이가 되는 것을 말한다.[57] 유서는 어휘, 인물과 일화, 박물학, 경학과 성리학, 역사, 변증을 겸한 기사 등으로 분류할 수 있는데, 변경붕의 경우는 철학사상과 관련해서 주자학, 기호학파의 주자학 해석, 유가 경전 등을 대상으로 삼고 있고 제자백가서가 채록되어 있다. 다만 문장의 출전이 나타나지 않고 채록의 유형이나 주제가 일정하지 않다. 더구나 자신의 의견을 덧붙인 주석이나 기록을 비판적으로 접근한 변증은 없다. 그렇지만 경학과 제자백가서의 특정한 지식을 정리하여 채록한 것은 유서의 성격을 가지고 있다고 볼 수 있다. 다만 그것들이 강목으로 분류되어서 정리되지 않았을 뿐이다. 여기서는 그가 유서를 염두하고 채록한 것인지는 알 수 없지만, '미완의 유서'와 같은 성격을 보이는 그 채록들의 특징을 살펴보고자 한다.

경학과 제자백가서를 대상으로 한 미완의 유서에는 ① 주자학과 경학, ② 제자백가서의 크게 두 가지 분야가 채록되어 있다. ① 주자학과 경학

56 『論語』, 「堯曰」 3章, "不知命, 無以爲君子也."

57 유서의 특징에 대해서는 심경호, 「한국 類書의 종류와 발달」, 『民族文化硏究』 47(2007) 참조.

에는 주자와 기호학파의 저술이 채록되어 있다. 주자의 저술 가운데서 본체론(이기심성론, 귀신론), 지식론(격물치지), 수양론의 중요 개념들을 채록하고 있으며,[58] 역법과 천지론, 인간과 사물의 본성을 논한 인물지성(人物之性) 등에서 중요 개념들을 선별하고 있다. 간혹 특이하게 정도전(鄭道傳)의 『불씨잡변(佛氏雜辨)』에서 마음에 관해 논의한 내용도 섞여 들어가 있는데, 그 양은 적다.

변경붕이 채록한 기호학파 저술 중에서 가장 큰 비중을 차지하는 것은 이이의 글이다.[59] 『율곡집(栗谷集)』(『율곡선생전서』)에서는 이기심성론에 집중해 채록했다. 『성학집요』에서는 전체 분량을 대상으로 채록했는데, 그 가운데 「수기(修己)」의 분량이 가장 많다. 이기심성론 이외에도 이이의 잡저(「절서책(節序策)」, 「수요책(壽夭策)」, 「동호문답(東湖問答)」, 「해주향약(海州鄕約)」)를 발췌하고, 부록(「제문」, 「자운서원묘정비」, 「제가기술잡록」, 「연보」, 「소차(疏箚)」)에서도 다양한 내용을 채록했다.

기호학파 송시열(宋時烈)의 저술도 포함되어 있다. 『송자대전』 중에서는 주로 상소문이 채록되어 있다. 『농암집(農巖集)』 중에서는 김창협(金昌協)이 외삼촌 나양좌(羅良佐)에게 쓴 편지를 채록했는데, 송시열과의 불화에 대한 견해를 밝히기를 바라는 내용이다. 이것은 회니시비(懷尼是非: 윤증과 송시열의 불화로 서인이 노론과 소론으로 분파되는 계기가 된 사건)에 관한 김창협의 견해를 볼 수 있는 자료지만, 『농암집』에서는 빠져 있는 편지라는 것이 흥미롭다.[60]

---

58 『변경붕 문집』, 「09. 주자의 격물치지변」, 「14. 주자어류(朱子語類)」, 「25. 회암집(晦庵集)」, 「27. 주자의 서책」, 「28. 대학혹문(大學或問)의 중요한 의의를 뽑아내다」.

59 『변경붕 문집』, 「10. 율곡집」, 「11. 성학집요에서 적는다」, 「22. 『농암집』, 『송자대전(宋子大全)』」, 「26. 송자대전」, 「29. 율곡의 글」.

60 변경붕 저, 김새미오·허남춘·김병국 역(2010), 앞의 책, 「변경붕의 문집 구성」, 24쪽 참고.

경학 분야는『예기(禮記)』의 여러 편(「악기(樂記)」,「월령(月令)」이 주를 이룸)에서 채록했는데 전체적으로 분량은 적다. 또한『주례(周禮)』의「하관(夏官)」과「직방씨(職方氏)」도 있지만, 역시 분량은 적다. 직방씨는 천하의 지도와 사방의 직공을 관장한 주대의 관직이다.

② 제자백가서 중에는『회남자(淮南子)』와『법언(法言)』이 채록되어 있다. 특히『회남자』의 전체를 채록한 것이 특징이다.『회남자』는 자연 질서를 정초하고 인간사를 경영하기 위한 책으로 보통 잡가(雜家)로 분류된다.『회남자』를 편찬한 유안(劉安)은 한나라가 영원하기를 바라면서 천하 경영의 원칙과 그에 관한 지식을 망라했다. 1~8편에서는 자연 이치와 인간 삶의 근본 원리가 되는 도(道)의 방면을 주로 설명하고, 9~21편에서는 인간 사회를 경영하는 데 필요한 구체적인 방법론으로서 사(事)의 측면을 주로 말하고 있다.[61] 변경붕의 박물학적 관심이 잘 드러난 분야다.

양웅(揚雄)의『법언』은 적은 분량이 채록되어 있다. 역사적으로『법언』에 대해서는 포폄(褒貶)이 있었다. 그중 사인들이 양웅의 글을 좇는 이유에 대해서는 사마광(司馬光)의 설명이 적실할 듯하다.

양자(양웅)가 가장 늦게 태어나 두 분[맹자와 순자]을 보았고, 성인[공자]에게 절충하여 마음을 가라앉히고서 도의 극치를 찾아 백발에 이른 뒤에 책을 저술하였다. 그러므로 터득한 것이 많으니, 후세에 글을 쓴 자 중에 이보다 더한 자가 없다. 비록 작은 하자가 없지는 않지만 몰두하여 연구한 것이 가장 깊다.[62]

---

61 이석명,「회남자 연구의 사상사적인 의미」,『泰東古典研究』19(2003), 6-7쪽.

62 揚雄,『揚子法言』,「司馬溫公註揚子序」, "揚子之生最後, 監於二子而折衷於聖人, 潛心以求道之極致, 至于白首然後著書, 故其所得爲多, 後之立言者莫能加也. 雖未能無小疵, 然其所潛最深矣."

반면 『법언』을 저평가하는 이유는 김창협의 논평에서 두드러지게 드러난다.

> 내가 양웅이 지은 『법언』을 읽어 보니, 이 글은 대체로 요순과 공맹을 거론하기를 좋아하여 도를 밝히려는 것처럼 보였다. 그러나 이상하게도 그 글은 매우 난삽하여 이해하기가 어려워서 성인의 말과 달랐다 [⋯] 양웅은 스스로 성인의 도에 가탁하면서도 그 글은 표절과 모방으로 난삽해 도리어 제자백가의 글보다 못하니, 이는 도를 터득하지 못하고 문장 기법에 마음을 쓴 정도가 심했기 때문이다. 이 어찌 경계하지 않을 수 있겠는가.[63]

유서는 도를 얻는 것뿐 아니라 문장을 습득하는 데도 요긴한 도움이 되었을 것이다. 변경붕이 『법언』을 채록한 것도 문장력을 배우거나 전범을 삼는 데 도움이 되기 위한 실용적인 목적에서 이루어졌을 것이다.

이상 변경붕이 채록한 글들은 유서의 성격을 갖추고 있으나 미완에 그쳤다. 이는 앞서 철학사상에서도 보았듯이 성서(成書) 이전의 상황을 답습한 것이다.

---

63 金昌協, 『農巖集』 卷25, 「雜著」, 「讀法言」, "及余讀揚雄所爲法言, 其書類喜稱堯舜孔孟, 似欲以明道者. 而竊怪其文頗艱深詰曲, 與聖人言異. [⋯] 雄自附託聖人之道, 而其文剽擬局澁, 反出諸子下, 以其無得於道而有意於文, 甚也. 是豈不可戒也哉."

V. 맺음말

변경붕이 자신의 철학사상을 본격적으로 저술한 것은 현재 발견되지 않는다. 따라서 그의 철학사상을 살핀다는 것은 문헌의 제한으로 어려운 일이다. 그러나 그가 채록한 글은 이이를 중심으로 한 기호학파의 주자학 이해를 보여준다. 비록 자신의 글도 아니고 채록에 대해서 자신의 견해를 밝힌 것도 없지만, 채록 그 자체가 특정한 인식과 의도에 의해서 선택된 것이다. 따라서 이는 동의와 수용을 거친 변경붕의 공식적인 철학사상으로 볼 수 있다. 이러한 연구방법론에 따라서 그의 채록에는 대략 세 개의 구성이 포착된다.

첫 번째는 율곡학의 핵심적인 내용에 대한 채록이다. 변경붕이 채록한 내용은 이이의 독창성이 잘 드러난 이통기국론, 기발일도설, 인심도심론, 사단칠정론이었다. 이러한 채록을 통해서 변경붕은 율곡학을 습득하고 연구한 것으로 보이며, 따라서 그를 기호학파의 계승자로 볼 수 있다. 그러나 이 채록들이 모종의 저술을 집필하기 위해 진행한 것이었는지는 알기 어렵다.

두 번째는 제주에서 이루어진 실존적 체험을 성찰하고 사색한 내용이다. 율곡학에 대한 것이 공식적이고 외면적인 철학이라면, 이는 개인적인 내면의 철학이다. 그는 실존적인 문제 가운데 삶과 죽음의 의미를 추구했으며, 종교적 의례의 영험이나 꿈의 예지와 같은 사안에 대해서도 깊게 성찰했다. 이러한 내면적 사색을 살피기 위해 필자는 귀신론과 명론이라는 주제를 설정했다.

귀신론은 인간 실존의 큰 문제인 삶과 죽음, 영혼 등을 주자학의 이기론으로 해석한 담론 체계다. 주자학에서 귀신은 음양의 양능으로 해석되어 이기론의 합리주의에 포섭되었다. 귀신론에 따르면, 세속에서 말하는 귀신 현상은 자연의 정상적인 과정이거나 아직 합리적으로 포착되지 않은 비정상적인 과정으로 이해되며, 궁극적으로는 모두 이치를 가진 것으로 귀결된다.

변경붕은 이해할 수 없는 초자연적인 현상을 이러한 합리적인 질서로 이해하려는 노력을 보여주었다. 이 글에서는 바로 이러한 노력이 도학자로서 그의 정체성을 보여주는 것이라 평가했다. 그는 이 과정에서 다른 사대부들과는 달리 제주문화를 폄하하거나 교화 대상으로 삼는 타자의 인식을 보여준 적이 없었다. 꿈의 조짐이나 무격의 의례에서 발생하는 신이한 현상들도 모두 하늘의 조화로 생각해서 순순히 따르는 순종의 태도를 보여주었다. 이러한 그의 순종적 태도는 명을 맹목적으로 좇는 숙명론적 체념이 아니라, 하늘이 부여하는 부귀와 빈천이 모두 자신을 성장시키는 기회라고 인식하고 수용하는 적극적 입명(立命) 행위라고 할 수 있다. 어린 시절부터 가풍을 통해 알았던 운명 관념이 학문을 통해서 더 큰 인식으로 변화해 간 것이다.

세 번째는 박물학적 관심에서 채록한 내용이다. 주로 경전이 포함되었고, 특히 『회남자』에 많은 분량을 할애한 것에서 인간뿐 아니라 하늘과 땅의 삼재를 통관하려는 포부를 볼 수 있다. 이는 세계 전체에 학구적 관심을 보여주는 기호학파의 주기론(主氣論)적 경향에서 연유한 것일 수도 있다. 다만 이는 구시대의 지식이며 새로운 시대의 학문은 찾아볼 수 없었다.

변경붕은 과거를 통해서 출사를 한 도학자이지, 오직 학문으로 산림에 머문 인물은 아니다. 그는 율곡학의 핵심을 선별할 줄 알았고 주자학의 너른 분야를 섭렵하고 있었다. 채록이 곧 인식의 향상은 아니지만, 적어도 그것은 학문의 가장 기본적인 행위이며 학문에 더 진전할 수 있는 굳건한 토대를 만드는 활동이다.

변경붕의 글에서 철학사상에 대한 부분을 살피면, 잘 구비된 요리 재료나 건축 자재라는 비유가 자연스럽게 떠오른다. 아직 본격적인 요리와 건축은 시작되지 않았다. 그는 자신의 실존적 상황을 주자학적으로 체인된 이해방식으로 해석했는데, 이는 당시 제주 토속 문화에 대한 사색을 통해서 합리적인 자각을 해나가는 도학자의 한 전범을 보여주는 듯하다.

단지 출사만이 아니라 자신이 속한 세계를 해석하기 위해 주자학을 공부하는 것은 위기지학(爲己之學)의 자세를 보여준다. 위기지학을 실천하는 도학자에게 자득의 글이나 경전을 보익(補益)하는 글이 없다고 비판하는 것은 지나친 요구일 수 있다. 그는 어려서 생사의 고비를 여러 번 넘었으나 끝내 살아남아 도학자의 삶을 살았다. 삶이란 "기약하지 않아도 그렇게 되고, 알지 못하는 사이에 그렇게 되는 것"이라는 그의 태도로 보면, 요리와 건축은 이미 제법 완성된 것일지도 모르겠다. 경전에 실린 성인의 글에 뭘 더할 것이 있었겠는가? 주자학을 체인한 것이 그의 삶이었으니, 변경붕은 제주의 도학자이다.

제주 인쇄문화의 전개와 가치

김소희

I. 머리말

조선시대 제주도에서 발행했던 서적은 관에서 주도하여 이루어진 인쇄물이 주종을 이룬다. 간행은 제주도가 전라도의 행정 체계에 속했기 때문에 전라도 내 다른 지역과 마찬가지로 전라도관찰사의 지시를 받거나 상부에 보고하는 방식으로 이루어졌다. 그러나 절해고도라는 제주도의 지리적인 요건으로 인해 중앙에서 전라도관찰사를 경유하지 않고 제주목사에게 직접 명을 내려 간행하기도 했다. 또한 제주목사나 제주판관이 전라도관찰사에게 별도로 보고하지 않고 자체적으로 서적을 간행한 경우도 볼 수 있다. 이처럼 제주 지역의 간행 체계는 다른 지역의 그것과 유사하면서도 지리적 특징에서 기인하는 특수성도 가지고 있다.

제주 지역의 인쇄·출판 연구는 2001년 남권희의 17세기 제주목 책판 연구를 필두로 이후 윤봉택이 제주 지역 출판문화를 종합적으로 고찰했다. 2018년에는 김우리가 새로운 문헌자료를 추가함으로써 당초 99종의 책판과 11종의 현전본으로 알려진 현황에 대해 93종의 책판과 23종의 현전본이 남아 있음을 밝혀냈다.[1] 이들 연구는 제주 지역 인쇄·출판 여건, 책판의 간행 및 현전 여부 등을 제시함으로써 제주 지역의 인쇄문화와 지식문화 수준을 가늠할 수 있게 했다.

한 지역의 서적 간행 현황을 직접적으로 보여주는 책판 목록으로는 『고사촬요(攷事撮要)』를 비롯하여 『누판고(鏤板考)』, 『각도책판목록(各道冊板目錄)』, 『삼남책판목록(三南冊板目錄)』, 『영호열읍소재책판목록(嶺湖列邑所在冊板目錄)』, 『완영책판목록(完營冊板目錄)』, 『완영객사책판목록(完營客舍冊板目錄)』, 『고책판유처고(古冊板有處攷)』, 『제도책판록(諸道冊版錄)』, 『책판록(冊版錄)』, 『책판치부책(冊板置簿冊)』 등이 활용되고 있다. 이 중 제주 지역의 책판 상황이 담긴 책은 『고사촬요』, 『누판고』, 『고책판유처고』 3종에 불과하다. 그러나 제주 지역은 이들 책판 목록 이외에도 1653년과 연도 미상의 『탐라지(耽羅志)』 2본, 『탐라지초본(耽羅誌草本)』, 『증보탐라지(增補耽羅志)』, 『제주읍지(濟州邑誌)』, 『제주도제주대정정의읍지(濟州島濟州大靜旌義邑誌)』, 『남사일록(南槎日錄)』, 『지영록(知瀛錄)』 등 각종 지리지·읍지·기행문을 통해 상세한 책판 현황이 전해지고 있다. 실록과 상기한 문헌 사료를 토대로 그동안 이루어진 연구에 따르면 제주도에는 100여 종에 가까운 서적 개판 활동이 있었으며, 이는 곧 인쇄 공간을 비롯하여 인적·물적·기술적

1 남권희, 「濟州道 刊行의 書籍과 記錄類」, 『고인쇄문화』 8(2001); 윤봉택·노기춘, 「濟州牧에서 開刊된 17세기 책판 연구」, 『서지학연구』 34(2006); 윤봉택, 「제주지방의 조선시대 출판문화에 관한 연구」, 전남대학교 석사학위논문(2007); 김우리, 「제주지방의 조선시대 출판문화에 관한 연구」, 제주대학교 석사학위논문(2018); 김우리, 「조선후기 제주지역 서적간행의 실태」, 『지방사와 지방문화』 23-1(2020), 157-190쪽; 이외에도 개별 자료를 중심으로 한 판본학적 연구성과도 주목할 수 있다. 관련 논문은 윤봉택, 「13세기 濟州妙蓮社板 『金光明經文句』의 事實照明」, 『탐라문화』 29(2006), 193-230쪽; 박철상, 「조선 최고의 병서 제주도판 황석공소서의 출현과 의미」, 『문헌과 해석』 45(2008), 265-274쪽; 김민현, 「1411년 제주도 간본 『논어(論語)』의 서지학적 연구」, 『한국학』 42(2019), 33-53쪽이다.

자원 등 인쇄 여건이 조성되어 있었음을 말해준다. 이 글은 기존의 연구 성과를 토대로[2] 조선시대 제주에서 간행된 서적 현황을 재정리하는 한편, 조선 후기 제주 지역 인쇄문화의 보편성과 특수성을 확인하고자 한다.

Ⅱ. 조선 전기 제주 간행물의 특징

1296년(충렬왕 22), 현재의 대각사로 추정되고 있는 묘련사(妙蓮社)에서 폭포사(瀑布寺)의 주지였던 안립(安立)의 주도하에 『금광명경문구(金光明經文句)』라는 불교 서적이 간행되었다. 이 책은 현재까지 알려진 가장 오래된 제주도 간행물이지만, 현전 여부는 확인되지 않고 있다. 『금광명경』은 신라와 고려에서 존숭되었던 호국경전의 하나로서, 『법화경』, 『인왕경』과 함께 호국삼부경이라고 불렸다. 따라서 『금광명경문구』는 묘련사의 종풍(宗風)과 제주인의 신앙을 짐작할 수 있는 자료이자, 제주의 출판문화와 지식문화 수준을 엿볼 수 있는 자료다.[3]

조선시대에 들어와 제주도는 100여 종에 가까운 서적을 간행했다. 하지만 그 사이 몇 차례의 대화재로 인하여 책판과 서적이 소실되는 수난을 겪었다. 임진왜란 이전 각 지역의 책판 목록 현황을 기재한 『고사촬요』(1585)는 제주판으로 『동국사략(東國史略)』과 『완화유수(浣花流水)』 2종만을 기록하고 있다.

『동국사략』은 단군조선부터 삼국시대에 이르는 우리나라 고대사를 강

2 특히 김우리(2018), 위의 논문을 참고하여 작성했다.

3 윤봉택(2007), 앞의 논문, 28쪽.

목법에 따라 서술한 편년체 사서로, 1403년에 권근(權近), 하륜(河崙), 이첨(李詹) 등이 편수했다. 『고사촬요』 등 각종 책판 목록을 살펴보면, 제주 지역에서만 유일하게 이 책의 책판이 소장된 것으로 나타난다. 현전본을 살펴보면 조선 전기에는 금속활자본인 갑인자, 갑진자 및 목판본(갑진자번각)이 있고, 조선 후기에는 금속활자본인 운각인서체철활자, 정리자, 신연활자본 등이 남아 있다. 조선시대 전반에 걸쳐 다양한 판본으로 여러 차례 간행될 정도로 수요가 높았던 서적임을 짐작할 수 있다. 이상의 여러 판본 가운데 목판본(갑진자번각)이 바로 『고사촬요』의 제주에서만 나타나던 책판으로 인출했을 가능성이 있다.

『완화유수』는 간행 시기와 내용은 확인하기 어렵지만 법첩의 유행에 따른 서예 교본으로 추정된다. 이 책은 1585년 이전에 간행한 책판이 제주 이외에도 평안도 평안, 경상도 대구와 영천에 소장되어 있었으며, 조선 후기에도 함경도 감영에서 판각되었다.

현전하지 않고 책판 목록에도 남아 있지 않지만 실록을 통해 1439년(세종 21)에 제주도에서 『검시장식(檢屍狀式)』을 간행한 사실을 확인할 수 있다. 이외에도 1405년(태종 5)의 『황석공소서(黃石公素書)』, 1411년(태종 11)의 『논어(論語)』, 1418년(태종 18)에 계미자본을 번각한 『예기천견록(禮記淺見錄)』, 1555년(명종 10)의 『목민심감(牧民心鑑)』, 1572년의 『석천시집(石川詩集)』, 1574년의 『적벽부(赤壁賦)』도 제주목에서 간행되어 지금까지 전해진다.

16세기 이전 제주도 간본의 성격과 특징은 다음과 같다. 『황석공소서』는 1405년 11월에 제주목사 이원항(李原恒)과 제주판관 한이(韓彛) 등이 간행한 책으로, 현전하는 가장 이른 제주도 간본이자 국내 최고(最古)의 병서(兵書)로 알려져 있다. 이 책은 황석공(黃石公)이 한나라의 개국공신인 장량(張良)에게 전수했다는 병서로, 후대의 위작이라는 견해가 있으나 무

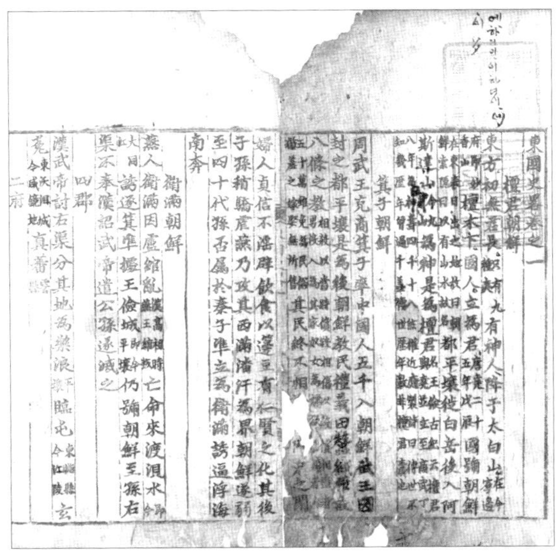
東國史略卷之一
檀君朝鮮
東方初無君長 有神人降于太白山
檀木下 國人立爲君 國號朝鮮
都平壤 後徙白岳 後入阿
斯達山爲神 是爲檀君
箕子朝鮮
周武王克商 箕子率中國人五千入朝鮮
封之 都平壤 是爲後朝鮮 敎民禮義田蠶織作
八條之敎
其民終不相
婦人貞信不淫辟 飮食以籩豆 有仁賢之化 其後
子孫稍驕虐 燕乃攻其西鄙潘汗爲界 朝鮮遂弱
至四十代孫否 屬於秦 子準立 爲衛滿誘逼 浮海
南奔
衛滿朝鮮
燕人衛滿因盧綰亂 亡命來渡浿水
誘逐箕準 據王儉城 仍號朝鮮 至孫右
渠 不奉漢詔 武帝遣公孫遂 滅之
四郡
漢武帝討右渠 分其地爲樂浪 臨屯 玄
菟 眞番
二府

그림1 | 갑진자 번각 『동국사략』, 국립중앙도서관 소장(한貴古朝50-142)

경칠서(武經七書)에 포함되어 국내에서 여러 차례 간행되었을 만큼 병서류로 매우 중시된 텍스트다.[4]

『논어』는 1411년 제주도안무사 김정준(金廷儁)이 도민들을 교화하기 위해 간행하여 향학에 반포한 책으로, 제주도의 유력 토성이었던 고씨, 양씨, 부씨, 문씨가 참여하고 각승 16인, 교정 3인, 감독관 1인 등 20인이 동원되어 간행되었다. 이 책은 제주도에서 가장 이른 시기에 간행된 유교 서적이자 여말선초 『사서집석(四書輯釋)』의 수용과 유통을 보여준다는 점에서 역사적 가치가 크다.[5]

『예기천견록』은 1406년 권근이 스승 이색(李穡)의 유지를 받들어 편찬

4 제주판 『황석공소서』에 대한 자세한 내용은 박철상(2008), 앞의 논문, 265-274쪽 참조.

5 김민현(2019), 앞의 논문, 48-49쪽.

표1 | 16세기 이전 제주 간행 서적

	간행물	간행연도	출처	현전 여부
1	황석공소서	1405	-	○
2	논어	1411	-	○
3	예기천견록	1418	-	○
4	검시장식	1439	조선왕조실록	미상
5	대혜보각선사서	1531	-	○
6	목민심감	1555	-	○
7	석천시집	1572	-	○
8	적벽부	1574	탐라지	○
9	완화유수	1585년 이전	고사촬요	미상
10	동국사략	~1585	고사촬요	갑진자 번각본(?)

한『예기』주석서로, 뒤섞여 있던 여러 예제들을 주제별로 묶어 정리하고 내용을 요약한 후 자신의 견해를 덧붙여 완성했다. 완성 직후 금속활자인 계미자로 인행되었고, 이를 저본으로 1418년에 제주도에서 목판본으로 번각했다. 제주도판은 한국 출판문화사에 있어서 태종 대 주조된 계미자 번각본의 모습을 보여주고 숙종 대 최석정(崔錫鼎)이『예기유편(禮記類編)』을 펴내는 데에 큰 영향을 주었으며, 조선 초 성리학의 구체적인 행위규범을 마련하여 17세기 예학의 전성기를 여는 데 중요한 구실을 한 책이다.[6] 제주도판『예기천견록』은 조선시대에 총 두 차례 간행되는데, 첫 번째는 1418년에 권도(權蹈)가 부친 권근이 직접 교정한 수교본을 가지고 와서 제주판관 하담(河澹)에게 간행을 요청하자, 제주안무사 이간(李暕)이 번각했다. 두 번째는 1705년(숙종 31)에 제주목사 송정규(宋庭奎)가 제주판

6 남권희(2001), 앞의 논문, 221-222쪽.

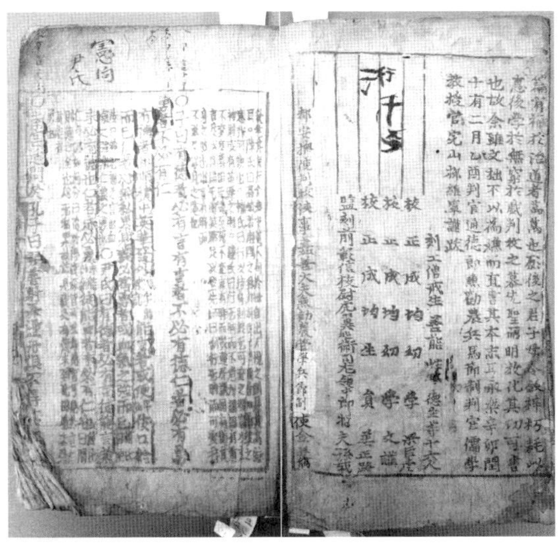

그림2 | 1411년 제주판 『논어』

이 소실되자 향교에 남아 있던 초간본과 별본을 토대로 보충·정정하여 중간한 것이다.

조선 전기에는 각도의 관찰사가 제멋대로 서적을 간행하거나 다른 지역에 있는 서적을 또 다시 간행함으로써 재력을 낭비하는 일이 없도록 책판 현황을 기록하는 서책치부의 법을 정했다.[7] 따라서 각도의 관찰사를 비롯하여 수령들은 어떤 서적을, 어디에서, 얼마나 간행해야 할지 지역별 인쇄 수준·여건·수요를 두루 고려하지 않을 수 없었을 것이다. 이러한 현상을 반영하듯이 『고사촬요』를 통해 소읍(小邑)의 간행 상황을 보면, 분량이 적은 단권본(單卷本), 주석을 생략한 백문본(白文本), 내용을 줄여놓은 절략본(節略本), 요점만을 뽑아놓은 초략본(抄略本), 판각 분량이 적은 서첩류(書帖類)를 위주로 간행되는 모습을 발견할 수 있다.

---

7 『世宗實錄』, 14年 8月 3日.

예학서가 27종으로 가장 많이 간행되었고, 『중용』과 『대학』이 각각 19종과 17종으로 그 다음으로 많이 간행되었다. 이어서 서와 시가 각 10종, 『논어』·『맹자』·『주역』이 각 9종으로 비등한 간행 수치를 보인다. 예학서는 총 27종에 달하는데, 그중 전라도가 11종, 경상도가 12종으로 타도에 비해 압도적으로 많이 간행되었다. 『중용』 역시 경상도와 전라도에서 많이 간행되었고, 황해도에서도 『논어』·『맹자』·『주역』· 예학서에 비해 많이 간행되었다. 『중용』은 사서 중 가장 많이 간행되었을 뿐만 아니라 유일하게 팔도 전역에서 간행이 이루어졌다. 특기할 점은 경상도는 대문본이나 초략본 형태의 책으로 영천(榮川)에서 간행된 『시대문(時大門)』과 『서대문(書大門)』만 기재되어 있지만, 전라도는 대문본 4종, 초략본 2종, 총 6종이 간행되었다는 점이다.

예학서의 종류에서도 두 지역이 차이를 보였다. 전라도는 권근의 『예기천견록』이 2회나 간행되었던 반면, 경상도는 『예기천견록』이 아닌 원대 이렴(李廉)이 집석한 『춘추회통(春秋回通)』, 명대 호밀(胡謐)이 편집한 『용학지남(庸學指南)』, 이황(李滉)의 『계몽전의(啓蒙傳疑)』, 이언적(李彦迪)의 『구경연의(九經衍義)』·『봉선잡의(奉先雜儀)』 등 다양한 종류의 심화된 예학서가 간행되었다. 동일한 주제라고 하더라도 분량이 많은 서적은 전주, 금산 등 출판이 왕성하게 전개되었던 지역이 주도했으며, 대문본이나 초집본과 같은 서적은 태인, 고부, 정읍과 같은 소읍에서 주로 간행했다. 그럼에도 26권 11책에 달하는 『예기천견록』이 제주도에서 간행되었다는 것은 당시 제주 지역의 인쇄문화가 높은 수준에 도달했음을 시사한다.

『황석공소서』, 『논어』, 『예기천견록』이 간행된 이후, 1434년(세종 16)에 제주목 관아에 대화재가 일어나 건물과 문적이 소실되었다. 그 결과 1653년에 편찬된 『탐라지』의 책판조에는 『황석공소서』, 『논어』, 『예기천견록』이 확인되지 않고 있다. 또한 1705년 중간본 『예기천견록』의 발문에도 상기한 책판들이 모두 소실되었다고 적혀 있다.

15세기 초 『논어』, 『예기천견록』 등 경서와 예서의 간행은 교육시설 건립, 국가의 도서 보급 정책 등 조선 초 성리학적 이데올로기의 확산과 유학 진흥을 위한 노력의 일환으로 볼 수 있다. 예컨대 1420년(세종 2) 11월 15일에 제주 경재소(京在所)에서 대정현과 정의현에 처음으로 향교를 두었는데, 두 고을의 생도가 각기 50여 명이 되니 고을 사람 중에 경서에 밝고 행실을 잘 닦은 자를 선발하여 교도(敎導)하게 해달라고 상언이 있었다.[8] 한편 조정에서는 1435년(세종 17) 『대학』·『중용』·『논어』·『맹자』·『시경』·『서경』·『예기』·『역경』·『춘추』·『성리대전』 각 2질과 『소학』 10질을 제주의 향교에 내렸다. 당시 제주의 향교에 이 같은 서적을 반사한 이유는 앞서 언급했듯 바로 1년 전에 제주목 관아의 대화재로 인해 교육용 서적이 상당량 불타 없어졌고, 이에 유학 진흥을 위해 성리서 보급이 절실해졌기 때문이다.

유교 국가를 표방한 조선왕조는 유교를 바탕으로 하는 사회체제를 정비해 나가는 한편, 체제를 지지하는데 필요한 교화 정책도 펴나갔다. 교화 정책 가운데 가장 근본적인 방법은 지방민을 교육하고 교화할 학교를 설립하는 것이었다. 그 결과 1127년(고려 인종 5)에 등장한 향교가 조선시대에 전국적으로 확대되었으며 성종 대에는 모든 군현에 설치되었다. 그런데 제주도에는 그중에서도 비교적 이른 시기인 1392년(태조 1)에 제주향교가 세워졌다. 향교 설립과 함께 1394년(태조 3)부터 교수관(敎授官)을 두고 10세 이상의 토관 자제들을 교육해 국시에 나가게 했는데, 이러한 조선 초의 제주도에 대한 정책과 관련해서 제주도는 교화가 가장 시급한 지역으로 인식한 중앙의 입장이 개진되었다. 정의현과 대정현은 1416년(태

---

8 『世宗實錄』, 2年 11月 15日.

종 16)에 분치된 후 향교가 설치되었으며 이로써 제주도에는 3개의 향교가 설립되었다.[9]

또한 1534년(중종 29)에는 향학당(鄕學堂), 1545년(인종 1)에는 김녕정사(金寧精舍)와 월계정사(月溪精舍)가 설립되었다. 뒤이어 1578년(선조 11)에는 김정(金淨)을 추모하기 위해 귤림서원(橘林書院)이, 1736년(영조 12)에는 삼천서당(三泉書堂)이 차례로 설립되는 등 지방 자제를 위한 교육이 체계적으로 이루어지게 되었다. 이와 함께 자제들의 교육을 위해 필요한 교재가 제주목에서 자체적으로 판각하여 인출하고 책판고에 보관한 것으로 보고 있다.[10]

1439년(세종 21)경에 간행한 『검시장식(檢屍狀式)』은 죽은 사람을 검안하는 방법을 기재한 서책으로, 1439년 9월에 한성부에서 간행하고 이를 각 도의 관찰사와 제주안무사에게 모인(摹印)하게 하여 도내에 반포했다. 이 책은 전라도관찰사를 경유하지 않고 직접 제주목사에게 명을 내려 간행하게 했다.[11] 이외에도 제주목에서는 전라도관찰사에게 별도로 보고하지 않고 제주목사나 제주판관의 주도하에 자체적으로 서적을 간행한 사례가 있는데, 1411년(태종 11)에 간행된 『논어』에 "都按撫使 判牧使事 嘉善大夫 兼勸農管學 兵節制使 金廷儁, 監刻 前彭信校尉 虎翼巡衛司 尤領中郎將 夫孫式" 등이, 『목민심감』의 경우 "嘉善大夫 行濟州牧使 兼兵馬水軍節制使 金秀文, 奉直郎 濟州牧判官 節制都尉 兼監牧 李善源" 등이, 『석천시집』의 경우 "通政大夫 行濟州牧使 兼兵馬水軍節制使 蘇潝, 中訓大夫 行濟州牧判官 濟州鎭管兵馬節制都尉 兼監牧 李舊" 등이 적힌

---

9 양진건, 「세종조 도서보급 정책이 제주교육에 미친 영향」, 『교육사상연구』 16(2005), 52쪽.

10 윤봉택(2007), 앞의 논문, 13쪽.

11 『世宗實錄』, 21年 2月 6日.

간행 기록을 통해 확인할 수 있다.

1531년(중종 26)에는 송나라 승려 대혜종고(大慧宗杲)가 지인들과 주고받은 편지를 모아 엮은 『대혜보각선사서(大慧普覺禪師書)』를 간행한 것으로 추정된다. 제주 간행의 간기가 남아 있는 판본은 없지만, 1568년(선조 1)에 전라도 장흥 천관사(天冠寺)에서 간행한 판본에 제주 출신의 고근손(高根孫)의 지어(識語)가 남아 있다. 지어에는 "가정 10년(1531) 신묘 봄에 한 도인이 요청하며 말하기를, '대혜설문이 비록 구본이 있기는 하지만 글자가 가늘기 때문에 노덕(노스님)이 눈앞에 대고 보려고 해도 자세하지 않고, 획이 중간(크기)이면 보인다.'고 하여 제주 상장에게 쓰노라."[12] 라고 되어 있다. 이를 통해 당시 유통되던 구본 『대혜보각선사서』가 글자가 작아 가독성이 떨어지자 중간 크기로 확대하기 위해 고근손이 제주 상장에게 편지를 보낸 사실을 알 수 있다.[13] 물론 제주판 『대혜보각선사서』가 간행된 사실이 명기되어 있지는 않다. 다만 제주 상장에게 판각할 글자의 크기에 대한 조언이 있었다는 점과 지어의 작성 시기가 천관사에서 책판을 간행한 시기보다 약 30년이 앞선다는 점들을 고려해 볼 때, 당시 제주에서 판각이 이루어진 듯하다. 실물 자료는 없지만, 고근손의 지어가 남겨진 제주판의 조선 유통과 제주 지역 불서 간행을 주목해 볼 수 있다.

1555년(명종 10)에는 제주목사 김수문(金秀文)이 명나라의 주봉길(朱逢吉)이 지은 수령의 지침서인 『목민심감』을 새로 간행했다. 『목민심감』은 1404년(영락 2)에 중국에서 간행한 명판본을 저본으로 1412년에 경기도관찰사 권완(權緩)과 경력 김명리(金明理)가 경기도에서 초간했는데, 이러한

---

12 『大慧普覺禪師書』, 識語, "嘉靖十年辛卯之春, 有一道人, 請求曰大慧說文雖有舊本, 字細故, 老德對目前, 欲觀其而未詳哉. […] 書于濟州上將在家居士高根孫."

13 고근손은 1519년(중종 14)에 제주도에 유배 온 김정에게 수정사(水靜寺) 중수권문 작성을 요청한 불자로 추정된다.

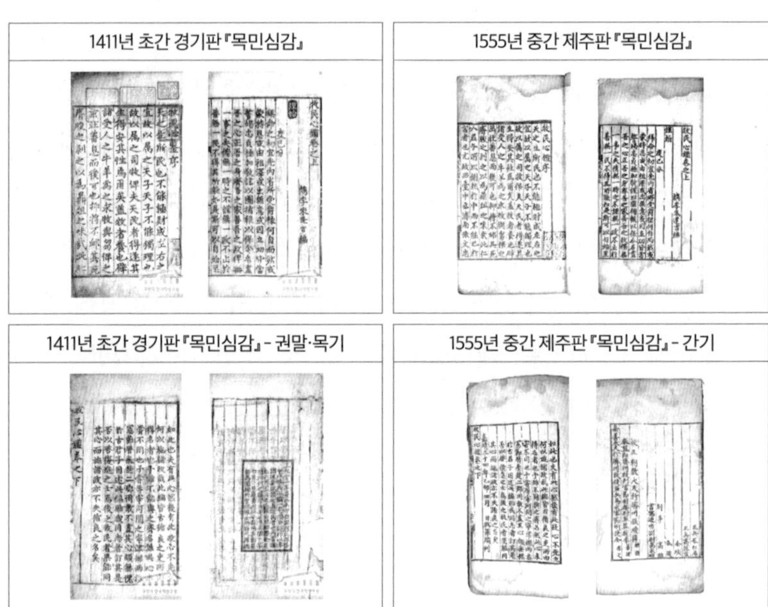

그림3 | 『목민심감』의 경기판과 제주판 비교

상황은 1411년에 쓴 김희회(金熙晦)의 지어를 통해 알 수 있다. 경기판과 제주판은 판각 형태에서 다소 차이를 보인다.

1572년(선조 5) 12월에는 제주목 관아에서 임억령(林億齡)의 문집『석천시집』을 간행했는데, 당시 제주목사 겸 병마수군절제사였던 소흡(蘇潝), 제주목판관이자 제주진관병마절제도위 겸 감목 이구(李舊), 제주훈도 정언식(鄭彥湜)의 주도하에 사자(寫字)와 각자(刻字)에 교생, 두목, 별장, 갑사, 정병 등 16인이 동원되어 간행되었다.『미암일기(眉巖日記)』에 따르면, 1573년 7월 11일에 평안도 병사 소흡이 유희춘에게『석천시집』3책을 보내왔다. 그러자 그는 자신이 살고 있는 고을에 문장이 번갈아 나니 윤구의 문장, 백부 유성춘의 부(賦)와 함께 임억령의 시가 세상에 울림을 준 글로서 다른 고을에서 매우 보기 드문 일이라고 칭찬했다. 소흡은 같은 해 10

월 23일에는 이 책을 박승임(朴承任)에게 보내주었다.

지금까지 살펴본 것처럼 조선 전기 제주도에서는 후학 교육, 지방민 교화, 지역 통치 기반 조성을 위하여 예학서, 법률서, 목민서 등이 간행되었다. 아울러 제주도의 지리적 중요성에 따라 병서가 이른 시기부터 간행되고 있었다.

Ⅲ. 조선 후기 제주 간행물의 특징

조선 후기 제주도의 책판 현황을 알려주는 사료로는 1653년(효종 4) 이원진(李元鎭)이 편찬한 『탐라지』를 들 수 있다. 『탐라지』 「창고(倉庫)」 조 〈책판고〉에는 '(책판고가) 향교에 있다'라는 세주(細註)에 이어서 책판과 서판으로 구분하여 해당되는 책판명을 나열했다. 수록된 목판은 책판 34종, 서판 7종, 총 41종으로 다음과 같다.

- 책판(34종): 서전대문, 시전대문, 논어, 맹자, 중용, 대학, 소학, 효경, 중용언해, 대학언해(1608년), 소학언해, 십구사략, 당시절구, 삼운통고, 장감박의, 옥호빙, 목민심감, 병학지남, 전등신화, 천자, 포은집, 충암집, 동명집속, 청구풍아초, 가례, 동자습, 동몽선습, 유합, 정속, 격몽요결, 구급방, 경험방, 마우방,[14] 탐라지(1653년)
- 서판(7종): 춘종, 적벽부, 등왕각서, 완화유수, 초천자, 퇴계서, 청선서

14 『마우방』은 현전하는 『신편집성마의방』을 말하는 것으로 보인다.

그림4 | 『탐라지』「창고」 <책판고>에 실린 제주 책판의 현황(왼쪽)과 상세 부분(오른쪽)

이 중 앞서 살펴보았던 『논어』, 『목민심감』, 『완화유수』를 제외한 38종이 『탐라지』에 처음 수록되었다. 즉 17세기 이전에 간행한 서적을 주제별로 살펴보면, 유교서, 자서(字書), 역사서, 지리서, 병서, 의서, 문집, 소설, 법첩(法帖) 등 전 분야에 걸쳐 이루어졌다. 이 중 현전본으로는 1608년에 이씨 성의 제주판관이 간행한 『중용언해(中庸諺解)』, 1633년의 『신편집성마의방(新編集成馬醫方)』, 1625~1653년 사이에 간행한 『역대장감박의(歷代將鑑博議)』 3종이 확인된다. 『마우방』, 즉 『신편집성마의방-신편우의방』은 1633년(인조 11)에 제주를 비롯해 전주와 의주에서 중간되었고, 1634년에는 훈련도감에서도 목활자로 인출되었다.

이외에 책판 목록에는 없으나 1640년의 『오자직해(吳子直解)』와 1644년의『성리대전서(性理大全書)』가 현전한다.『오자직해』는 칠서직해의 하나로, 제주목사 겸 병마수군절제사수방어사 심연(沈演), 제주목판관제주진병마절제도위 겸 감목관 김름(金凜), 감목관행제주심약 한충민(韓忠敏), 감교관군관전사과 심흡(沈潝)·유창일(柳昌一), 감각진무(監刻鎭撫) 김상길(金尙吉) 등에 의해 간행되었다.[15] 같은 해 심연은『삼략직해(三略直解)』도 간행했는데,[16] 이 책판은 18세기 후반에서야『제주읍지』등에 기록되었다.『성리대전서』는 1644년(인조 22)에 제주목사 원숙(元翻), 제주목판관 변급(邊岌), 감교관 강정원(姜廷元) 등이 간행한 책으로, 그 양이 70권 35책에 달한다는 사실을 통해 제주 지역 인쇄·출판의 역량과 수준을 가늠할 수 있다.

이로부터 25년 후인 1677년(숙종 3)에 제주목 관아에서 두 번째 대화재가 일어나 책판고에 소장되어 있던 대부분의 책판이 모두 소실되었다.[17] 화재 이후의 책판 현황을 알 수 있는 문헌 자료는『지영록』(1696),『증보탐라지』(1765~1766),『제주읍지』(1780~1789),『제주대정정의읍지』(1793년 추정),『누판고』(1796),『고책판유처고』(1778~1800년대),『탐라지초본』(1841)으로,[18] 17세기 후반 이후 제주도 간행 서적을 유추할 수 있다. 이 중『탐라지』(1653)에 중복되지 않는 서적은 다음과 같이 책판 25종, 서판 8종으로 총 33종이다.

· 책판(25종): 상례비요(1695), 의례문해, 의례문해속해, 경민편, 혼례

15 남권희(2001), 앞의 논문, 232쪽.

16 남권희,「『三略』의 刊行과 版本 硏究」,『한국도서관·정보학회지』33(2002), 359-392쪽.

17 李增,『南槎日錄』, "城中公廨 […] 冊板庫"의 세주로 "丁巳失火諸冊板盡燒云."이라고 적혀 있다.

18 김우리(2018), 앞의 논문, 15쪽 참조. 다만『고책판유처고』의 경우에는 필자가 조사한 결과에 의거하여 편찬 시기를 수정했다.

홀기, 논어언해, 맹자언해, 옥당리정자의운율해편심경(1718), 증보삼운통고, 소학규범, 소학서도, 예기천견록(1705), 탐라지도, 탐라지, 소미가숙점교부음통감절요, 삼략직해(1640), 자초신방,[19] 삼국지전통속연의, 첩해신어, 경재잠서, 소학집설, 초암집, 밀산세고, 영해창수록(1702), 근재선생집

· 서판(8종): 선묘어필대자초서, 석봉서, 설봉서, 안진경서, 전자판, 초서대자중자, 출사표, 태공사필

이 중『삼략직해』는 1640년의 책판이므로, 1677년 이후에 간행한 책판은 24종이며 서판 8종을 합하여 32종의 서책판이 간행되었다고 할 수 있다. 그런데 32종이라는 수량은 김우리가 밝혔던 45종과는 상당한 차이를 보인다.『신증유합』,『천자판』,『천자문』,『사략』,『십구사략통고』,『통감절요』,『삼국지』,『삼략』,『전천자문』,『주자필경재잠』등은 유사한 서명으로 여러 차례 출판되지만 실제로는 같은 책판을 의미하는데, 기존 연구에서는 이를 고려하지 못한 것이다. 예를 들어『삼략』과『삼략직해』는 판심제는 '삼략'이고 권수제는 '삼략직해'다. 따라서 이 책은 '庚辰元月上幹 濟州開刊'의 간기가 있는 심연(沈演) 주도의『삼략직해』라고 보는 것이 타당하다. 상기한 서책 이외에도『지영록』에는『언해의례문해』와『언해상례비요』가 기재되어 있다. 그런데 이들 책은 실제 간행된 적이 없기 때문에 다른 목록들에 언급된『상례비요』와『의례문해』를 오기한 것으로 보인다. '삼경사서대전'은 여러 책판을 포괄하여 지칭하는 말이지 하나의 책판으로 보는 것이 타당하지 않으므로 이 역시 수량에 포함하지 않았다.

---

19 『고책판유처고』에 따르면 '염초신방(焰焇新方)'이라고 기재되어 있으나, 염초를 굽는 법을 기재한『자초신방(煮硝新方)』을 오기한 것으로 추정된다. 따라서 이 글에서는 기존에 제주판으로 이야기된『염초신방』을『자초신방』으로 수정했다.

상기한 33종의 특징을 간략히 살펴보면, 먼저『상례비요』,『의례문해』,『의례문해속』,『예기천견록』,『혼례홀기』등 17세기 이후 예학서의 편찬과 간행이 활발하게 이루어졌던 시대적 상황을 반영한다. 특히『의례문해』와『상례비요』의 간행은 17세기 후반에 제주목사로 부임한 이익태(李益泰)의 정치적인 성향과 직접적으로 연결된다. 이익태는 예학에 주안점을 두고 김장생(金長生)을 문묘에 종사하자는 소장을 지을 정도로 기호학파의 주요 인물이었고, 제주목사로 부임한 뒤에는 송시열(宋時烈)을 귤림서원에 추배하는 데 결정적 역할을 했다. 이후 기호학파와 학문적 유대를 강화하면서 18세기 이후 제주 지역 학풍의 형성에 큰 영향을 미쳤다.[20]

또한 1653년 이전의『소학』과『소학언해』이 간행되고,『소학규범』(1845),『소학서도』,『소학집설』을 비롯하여 목록에는 확인되지 않지만 1685년에 제주향교에서 간행한『소학언해』가 현전한다. 소학 관련 책판이 꾸준히 소장되고 다종의 서적이 간행된 점에서 성리학의 기초 교재이지 필독시로서『소학』이 중시되었음을 알 수 있다.[21]

목록에는 확인되지 않지만, 제주판 서적 중에는『상원제어(象院題語)』도 현전하고 있다. 그러나 이 책에는 제주와 관련된 간기가 남아 있지 않아 제주판임을 확언할 수는 없다. 다만『통문관지(通文館志)』권8의 집물(什物) 조항에 "강희 경술년에 주자로 인행하였고, 기묘년에는 제주 역학 오진창이 판목을 새겨서 바쳤다. ○이상의 판재는 대청 아방 위 장서루에 보관했다[康熙庚戌以鑄字印行, 己卯濟州譯學吳震昌刊板輸納 ○以上板材藏于大廳兒房上藏書樓]."라고 적힌 점으로 보아 1699년(숙종 25)에 제주 역학 오진창이 간행하여 바친 것을 알 수 있다.『상원제어』가 간행된 해 1월에는 제주 역학 박세

20 김학수,「제주지역 유교 지식(知識)·문화(文化)의 수용 양상과 '제주학풍(濟州學風)'」,『한국학』43(2020), 31-38쪽 참조.

21 김우리(2018), 앞의 논문, 40-42쪽 참조.

영(朴世英)이 감동하여 개간한 일본어 학습서『첩해신어(捷解新語)』도 판각되었다.[22]

이외에 병서로『자초신방』도 특징적이다. 1698년(숙종 24)에 남구만(南九萬)이 역관(譯官) 김지남(金指南)이 북경을 왕래할 때에 입수한『자초신방』을 군기시(軍器寺)에 간행하여 반포하게 했는데, 이 책은 염초 굽는 방법에 관한 것으로, 공급량 증대와 품질 향상에서 효과를 거두었던 책이다. 후에도 금석과 같은 성헌으로서 중시되어 1796년(정조 20) 5월에 군기시에 인쇄를 명했는데, 이때는『신전자초방(新傳煮硝方)』이라는 서명으로 널리 반포되었다. 비록 제주판은 확인되지 않지만 서적의 유입과 보급의 측면에서 볼 때 제주판은 18세기 이후에 간행되었을 것으로 보인다.

Ⅳ. 제주 인쇄문화의 보편성과 특수성

지금까지 살펴본 간행물을 통해 제주 인쇄문화의 보편성은 다음과 같이 설명할 수 있다. 첫째, 제주도 관판 출판은 다른 지역의 관판 출판과 마찬가지로 유교 서적의 간행이 주가 되었다. 다만 다른 지역에서는 관을 비롯해서 서원, 사찰, 서점이 주요 간행 공간으로서 지역 사회의 정보와 문화를 보급하는 데 중요한 역할을 했던 반면에, 제주도는 주로 제주목의 주도하에 공적인 간행이 이루어졌고, 향교가 일부 출판 업무를 보조했던 것으로 보인다. 사서오경을 중심으로 한 경서류,『성리대전서』, 소학 관련 서적의 간행이 그 예다. 이러한 유학 관련 책판은 15~17세기에 비해

22 이선희,「『捷解新語』原刊本 5種의 先後關係」,『규장각』42(2013), 43-96쪽.

18~19세기에 종수가 늘어났는데, 이는 중앙 정부의 유교 보급 정책과 당시 제주의 유배인들에 의해 18~19세기 제주에 성리학 질서가 고착화되었기 때문이다.[23]

둘째, 목 단위의 지방행정조직에서 흔히 볼 수 있듯이 제주목에서도 향교 교생들의 요구에 부응하여 지역 인재 양성과 지방민의 교화를 목적으로 『격몽요결』·『동몽선습』·『소학』과 같은 동몽서 겸 유가서, 『통감』·『사략』 등 역사서가 간행되었다.

셋째, 전국적으로 볼 때 17세기 후반부터 18세기까지 지방관이 공적인 지위를 배경으로 사적인 간행물을 활발하게 제작했는데, 제주도에서도 인적 관계를 매개로 한 관판본 문집이 간행되었다. 제주목은 다른 지역에 비해서 간행량이 많지는 않지만, 『석천선생시집』, 『초암집』, 『영해창수록』, 『근재선생집』 등이 제주목사의 인적 관계망을 토대로 간행되었다.

넷째, 17세기 이후 예학의 발전에 따라 예학서의 편찬과 출판이 폭발적으로 증가하는데, 제주도에서도 김장생의 『상례비요』와 『의례문해』가 간행되었다. 제주도판 『상례비요』는 특히 기호학맥을 잇는 예학 사상의 전파를 보여주는 사례다.

다섯째, 다양한 법첩류가 간행되었다. 제주도는 16세기 이전에 『적벽부』와 『완화유수』의 서판만이 확인되었으나, 17~18세기에 이르러 『춘종』, 『등왕각서』, 『초천자』, 『퇴계서』, 『청선서』, 『석봉서』, 『선묘어필초서』, 『설봉서』, 『안진경서』, 『전자판』, 『출사표』, 『태공사필』 등 다양한 법첩이 간행되었다. 조선 전기에 전라도에서 유행한 서법서는 원대 조맹부(趙孟頫)의 『난정기(蘭亭記)』와 『완화유수』, 원대 이부광(李溥光)의 『설암서(雪庵書)』, 금대(金代) 장여필(張汝弼)의 『장여필법첩병풍서(張汝弼法帖屛風書)』,

23 김우리(2018), 앞의 논문, 40-42쪽.

『악비서(岳飛書)』, 『마애비(磨崖碑)』가 있다. 조선 후기에는 『수암친필(遂菴親筆)』, 『대동서법(大東書法)』, 『김구서(金球書)』, 『등왕각』, 『출사표』, 『석봉서』, 『해동명적』, 황기로(黃耆老)의 『황고산서(黃孤山書)』, 이언적의 『회재잠병풍서(晦齋箴屛風書)』 등이 간행되었다. 특히 『귀거래서』와 『적벽부』는 조선 전·후기를 통틀어 꾸준히 애호되었던 서첩이었다. 조선 전기는 중국인의 법첩이 유행했던 반면에, 조선 후기로 접어들면 김구(金絿), 양사언(楊士彦), 한호(韓濩), 황기로(黃耆老), 이언적 등 조선인 서화의 간행이 증가하고, 18세기에 이르러서는 국내 서예가를 총망라한 『대동서법』이 간행되기도 했다.[24] 제주도에서 『대동서법』과 같은 법첩이 간행되었는지는 확인되지 않지만, 전라도 지역 전반에서 나타나고 있는 법첩 판각의 흐름과 유사하게 전개되고 있음을 알 수 있다.

한편 제주 지역의 지정학적인 상황을 반영하여 병서, 역학서, 수의학서가 간행되었다는 점에서 제주 인쇄문화의 특수성을 찾을 수 있다. 첫째, 병서로는 1406년에 간행된 『황석공소서』의 전통을 이어 17세기에 『역대장감박의』, 『오자직해』, 『삼략직해』 등의 병법서가 집중적으로 간행·배포되었다. 이외에도 시기는 알 수 없지만 17세기 말 중국에서 도입한 『자초신방』이 숙종 연간에 초간되고 효용성과 권위를 인정받아 정조 연간에 다시금 군기시에서 간행되었다. 이를 종합해 볼 때 17세기 말을 전후하여 제주도에서도 화약 제조와 관련된 이 책을 간행·보급함으로써 국방에 기여하고자 했다.

조선시대 병서류는 전기에 비해 후기에 더욱 활발히 진행되었다. 예컨대 전라도에서는 조선 전기에는 『진도(陣圖)』(전주, 광주, 순천)와 『화포책(火

24 김소희, 「조선전기 전라도의 출판문화연구 - 지방관서의 간행양상을 중심으로」, 『서지학연구』 62(2015), 386-387쪽.

砲冊)』(광주)을 간행한 사례 밖에 확인할 수 없지만, 임진왜란·병자호란 등 외란을 겪으며 국방 수비에 대한 중요성이 대두되자 무경칠서, 칠서직해(七書直解), 『삼략(三略)』, 『역대장감박의』, 『재조번방(再造藩邦)』, 『병학지남』, 『속병장도(續兵將圖)』 등 다양한 병서가 폭발적으로 간행되었다. 이들 서적의 간행은 주로 전라감영이 주도했고, 이외에도 제주를 비롯하여 군사적 요충지였던 좌영 소재지 운봉, 우수영 소재지 해남, 금성산성의 담양, 좌수영 소재지 순천 등이 주축이 되었다.[25]

둘째, 외국어 학습서인 역학서가 간행되었다. 예컨대 사역원에서 중국어 학습을 위해 편찬한 일본어 학습 교재인 『상원제어』와 사역원 역관 강우성(康遇聖)이 1676년에 편찬한 일본어 학습 교재인 『첩해신어』가 제주도에서 1699년에 동시 간행되었다. 이들 서적은 제주도의 지정학적 요인에 의해 중국·일본과의 외교 문제를 비롯하여 통역자 양성 시스템을 구축하기 위한 목적에서 간행되었던 것으로 보인다.

셋째, 『신편집성마의방-신편우의방』과 같은 수의학 서적 간행이 되었다. 이 책은 1399년에 권중화(權仲和), 한상경(韓尙敬), 조준(趙浚), 김사형(金士衡), 방사량(房士良) 등이 편찬한 수의학서로, 송·원대의 우마의방(牛馬醫方)을 토대로 고려시대의 경험방(經驗方)을 접목하여 만든 말과 소 치료의 전문 의학서다. 조선 전기에 말은 대내적으로 역마(驛馬)와 전마(戰馬), 대외적으로는 명나라와의 외교 문제를 해결하는 중요한 수단으로 사용되었기에 수요가 많았으며,[26] 그 과정에서 이들 서적은 민간에서 쉽게 활용할 수 있는 실용적인 목적에 충실한 서적이었다.[27] 우마의 군사적인 중요

25 김소희(2015), 앞의 논문, 389쪽.

26 송성대·강만익, 「조선시대 제주도 관영목장의 범위와 경관」, 『문화역사지리』 13-2(2001), 145쪽.

27 김우리(2018), 앞의 논문, 51쪽.

성을 비롯해서 고려부터 이 지역에 내려온 목장 관리를 위한 필수적인 책이었다.[28]

제주목은 1435년과 1677년에 대화재를 겪으며 관아가 불타고 이때 책판고에 소장되어 있던 목판까지도 소실되는 수난을 겪었다. 아울러 근대화 과정에서 관리 소홀로 인하여 책판이 망가지거나 폐기되는 상황에 이르렀다. "당시 판재들을 관리했던 관원들이 제주목 책판고에 보존되어 있던 책판들을 처분했고, 시민들은 이 자재를 구입하여 마루판이나 건축 자재로 사용했다. 현재 도내에 유통되고 있는 대부분의 판본은 집을 철거하는 과정에서 채집된 판각들로 마루판으로 사용했던 흔적이 있다."라는 증언이 이러한 상황을 잘 보여준다. 그 결과 현전하는 책판은 제주대학교박물관과 제주교육박물관에 소장되어 있는 목판 11종에 불과하며, 그마저도 온전한 상태는 아니라고 한다.[29]

제주 지역 책판과 현전본이 많지 않은 상황에서 그동안 이루어진 연구는 이 지역 지식문화의 생산과 보급에 관한 다양하고도 흥미로운 정보들을 제공해 주었다. 다만 일반 사인들 사이에서 활자본이나 목판본 이상으로 더 많이 유통되었던 필사본에 대한 조사나 연구가 전혀 이루어지지 못하였고, 책판 목록과 읍지·지리지 등의 정보는 주로 관판본을 중심으로 수록하다 보니 사찰판·서원·방각판에 대한 조사·연구가 진행되지 못한 점은 아쉬움으로 남는다. 향후 필사본 서적의 생산과 유통, 사찰판·서원판·방각본 등 간행물의 다변화, 서적 간행에 직·간접적으로 참여한 인물, 제주판의 판형·서체·지질, 제주도판 저본과 이본의 상호 영향 관계 등에 관한 다양하고 깊이 있는 연구가 촉진되기를 기대한다.

---

28 남권희(2001), 앞의 논문, 224쪽.

29 윤봉택(2007), 앞의 논문, 40쪽.

제2부
지리 환경과 공간

제주의 자연환경과 인문환경

정치영

I. 머리말

지형, 지질, 기후, 토양, 식생 등으로 구성되는 자연환경과 인구, 취락 등으로 구성되는 인문환경은 지역의 문화와 사회 형성의 기초로 작용한다. 제주는 국토 남단에 위치한 화산섬이라는 지리적 특성 때문에 독특한 자연환경과 인문환경을 지니고 있다. 이 글은 조선 후기 제주문화의 형성 배경으로서 제주의 자연환경과 인문환경을 고찰하고, 이를 통해 제주가 지닌 고유한 지역성을 규명하고자 한다.

이 책은 조선 후기 제주문화를 다양한 주제와 각도에서 고찰한다. 이 주제들은 모두 자연 및 인문환경과 인과관계를 맺고 있다. 예컨대 지형과 기후는 전근대사회의 주된 경제기반인 농업에 결정적인 영향을 미치는 요인이었으며, 음식, 복식 등과도 직접적인 관련이 있다. 따라서 조선 후기 제주문화를 이해하기 위해서는 당시의 자연환경에 대한 고찰이 선행되어야 한다. 또한 사회 구조를 이해하기 위해서는 그 기반이 되는 인구와 취락에 대한 이해가 필수적이다.

제주의 자연환경과 인문환경에 대한 연구는 적지 않게 이루어졌다. 특히 자연지리학 분야에서 육지부와는 다른 제주의 지형과 기후에 관해 많은 연구가 진행되었다. 하지만 자연지리학의 성격상, 통시적 연구나 현재 시점에서의 연구가 주를 이루고 있다. 인문지리에 관한 연구도 현대를 대상으로 하거나 개괄적인 접근에 그친 경우가 대부분이다.

따라서 이 글은 조선시대에 간행된 문헌 자료를 바탕으로 조선 후기에 집중하여 당시 제주의 자연환경과 인문환경을 복원하고자 한다. 먼저 자연환경은 지질과 지형, 기후, 토양과 식생으로 나누어 고찰하되, 육지와는 다른 제주의 독특한 자연환경에 주목하고 그것이 제주 사람들의 생활과 문화에 미친 영향을 분석할 것이다. 특히 그동안 크게 주목받지 않았던 기후와 토양에 초점을 맞출 것이다. 인문환경에서는 시기별 인구의 추이와 촌락의 발달 과정, 그리고 경제적 바탕인 주요 산물을 살펴보고자 한다. 그 과정에서 필자는 조선시대 지리지와 더불어 『남사록(南槎錄)』, 『탐라문견록(耽羅聞見錄)』 등 제주도 여행기를 주요 자료로 활용할 것이다.

Ⅱ. 제주의 자연환경

1. 지질과 지형

제주도는 대륙붕에서 화산 활동이 일어나 생긴 섬이다. 화산 활동은 이전에는 신생대 제3기 말에 시작된 것으로 알려졌으나 1990년대에 암석 연대가 측정되면서 제4기에 시작되었다고 시정되었다.[1] 제주도의 화산 활동은 고려시대까지 이어졌으며, 1002년(목종 5)과 1007년(목종 10)의 분화가 『세종실록지리지(世宗實錄地理志)』에 아래와 같이 기록되어 있다.

> 기이하게도 고려 목종 5년 임오 6월에 탐라산에 구멍 네 개가 뚫려서 시뻘건 물이 치솟아 올랐고, 10년 정미에는 바다 가운데 산 하나가 솟아 나왔다. 탐라에서 보고하니, 왕이 태학박사(太學博士) 전공지(田拱之)를 보내어 조사하게 하였다. 탐라 사람들이 말하기를, "산이 솟아 나오는데, 구름과 안개가 자욱하게 끼었고, 벼락이 치는 것 같이 땅이 움직였습니다. 무릇 7일 밤낮이 지나서야 비로소 개었는데, 산에는 풀과 나무가 없고 연기만이 그 위를 덮고 있습니다. 바라다보니 석류황(石流黃) 같기도 하여 사람이 갈 수가 없습니다."라고 하였다. 이에 전공지가 몸소 산 아래에까지 나아가 그 모양을 그려서 나라에 바쳤다.[2]

---

1 권혁재, 『한국지리-총론편』(법문사, 2004), 60쪽.

2 『世宗實錄地理志』, 全羅道 濟州牧.

그림1 | 조면암으로 이루어진 산방산

화산 활동에 의해 형성된 제주도의 지질은 대부분 현무암으로 이루어져 있다. 현무암은 다른 암석에 비해 유동성이 커 완만한 경사지와 넓은 평지를 이루었다. 반면 유동성이 작은 조면암은 경사가 급한 산지를 이루었는데, 해발 1,750미터 이상의 한라산 산정부와 산방산 등이 그 예다. 이에 비해 성산일출봉과 산방산 남쪽의 송악산은 해저 분화에 따라 바다 밑에 쌓인 화산쇄설물로 이루어져 있다. 한편 마지막 화산 활동의 결과인 기생화산 또는 오름은 대부분 '송이'라고 부르는 적갈색의 다공질 화산쇄설물인 스코리아(scoria)로 이루어져 있다.[3]

현무암 지질은 제주에 육지와는 다른 하천 지형을 만들어냈다. 제주도는 전반적으로 하천의 발달이 부진하다. 한국에서 가장 많은 비가 내리는 곳이지만, 빗물이 현무암층의 수직적인 절리와 그 밖의 많은 틈을 통해 지하로 바로 스며들어 지하수 이외에 물이 귀하다. 따라서 제주도의 하천은 대부분 비가 올 때만 흐르는 건천(乾川)이다. 제주도 하천의 이러한 특

3 권혁재(2004), 앞의 책, 61-63쪽.

그림2 | 평상시에는 물이 흐르지 않는 제주도의 건천

징에 대해 『신증동국여지승람(新增東國輿地勝覽)』과 이형상(李衡祥)의 『남환박물(南宦博物)』에서는 아래와 같이 묘사했다.

> 화등지천(火等枝川) 이하는 그 근원이 모두 한라산에서 나와서 땅속으로 잠복하고, 혹은 돌 사이를 흘러나온다. 양안(兩岸)은 석벽으로 이루어져 있고 몹시 험한 절벽이며, 바닥에는 돌이 깔려 있다. [하천은] 남쪽으로 흘러 바다로 들어간다.[4]

> 하천은 모두 스며들어 새는 듯하다. 갑자기 내리는 비로 물이 넘칠 때가 아니면 모두 말라 버린다. 이 골짜기 물이 기슭 밖으로 그대로 흩어져 버린다. 대개 돌이 쌓여 산을 이루고 있으므로 조략하게 갈색의 비옥한 흙만 있을 뿐이다.[5]

---

4 『新增東國輿地勝覽』 卷38, 全羅道 旌義縣, 山川條.

5 이형상 저, 이상규·오창명 역주, 『남환박물』(푸른역사, 2009), 48쪽.

특히 『신증동국여지승람』의 서술은 제주도 하천이 건천일 뿐 아니라 양안이 바위 절벽으로 이루어져 있고 하곡이 깊으며 강바닥이 돌로 이루어져 있음을 잘 묘사하고 있다. 그리고 제주도 하천은 육지의 그것에 비해 생성 역사가 짧은 유년곡(幼年谷)이 대부분이라는 사실을 잘 보여준다.[6]

이처럼 건천이 많고 복류하는 하천 때문에 중산간지역에는 마을이 발달하기 어려웠다. 게다가 깊은 골짜기에서 물을 끌어 올리기도 쉽지 않아 물이 부족할 수밖에 없었다. 중산간지역에 위치한 조선시대 정의현의 읍치는 성안에 샘이 없어 성밖의 개롯내[介路川]와 성불세미[成佛泉]에서 물을 길어다 마시다가 나중에 우물을 팠다는 『탐라지(耽羅志)』의 기록,[7] "냇물은 땅속으로 흘러가기 때문에 마을 집에는 우물이나 샘이 없다. 흙구덩이를 파서 비를 받아 마시는 자가 반이 넘는다."[8]라는 『탐라문견록(耽羅聞見錄)』의 기록이 이러한 사정을 뒷받침한다. 그래서 제주도에서 취락은 중산간지역 대신 지하로 스며든 빗물이 용천으로 솟아오르는 해안지역을 중심으로 발달했다.

앞서 언급했듯 제주도는 여러 차례에 걸친 화산 활동에 의해 형성되었다. 동서 양쪽으로 나타나는 평평한 지형은 현무암의 열하분출(裂罅噴出)로[9] 최초에 형성된 용암평원이고, 한라산은 그후 하나의 분화구를 통해 분출한 현무암층이 겹겹이 쌓여 형성된 것이다. 제주도에는 기생화산이 360개 이상 있다. 기생화산은 대개 한라산의 분화 활동이 끝난 다음 소규

---

6 유년곡은 흐르는 물의 하방침식에 의해 형성된 V자형의 깊은 골짜기를 말한다. 하방침식이 어느 정도 진행되면 하천의 옆 부분이 물에 의해 깎이는 측방침식이 진행되고, 이에 따라 하천의 폭이 넓어지고 골짜기의 깊이는 얕아진다.

7 이원진 저, 김찬흡 외 역, 『역주 탐라지』(푸른역사, 2002), 227쪽.

8 정운경 저, 정민 역, 『탐라문견록, 바다 밖의 넓은 세상』(휴머니스트, 2008), 177쪽.

9 열하분출은 지표의 갈라진 틈으로 용암이 서서히 분출하는 현상이다. 많은 양의 현무암질 용암이 흘러나와 물 흐르듯 퍼져 평평한 용암대지를 형성한다.

모 분화에 의해 형성된 것으로, 대부분 고도가 100미터 내외다.[10]

조선시대 육지에서 건너간 사대부들은 화산 활동에 의해 형성된 제주도의 지형이 육지와 차이가 크다고 인식했으며, 특히 오름에서 강한 인상을 받았다.

> 산천의 형국은 육지와 크게 다르다. 표면 지세는 평평히 구부러져 산기슭과 등성마루가 없다. 아득하게 음사(陰沙)가 깔리고, 그 사이에 언덕과 골짜기가 형성되었으니 그것을 오름이라 칭한다. 산봉우리는 뾰족한 것이 없고 꼭대기에는 고인 못이 많으니 평지가 솟아올라 산이 된 것 같다.[11]

> 세 고을[제주목, 대정현, 정의현]은 모두 한라산 기슭에 있어 산세가 험하고 돌이 많다. 평평한 땅은 절반도 안 되어 밭을 가는 것이 마치 물고기 배의 뼈를 바르는 것과 같다. 땅이 평평하고 넓은 것 같으면서도 멀리 바라보기 어려운 것은 울퉁불퉁하기 때문이다. 비록 산과 언덕이 있지만 난잡하여 분간하기 어렵다. 지세가 그물눈과 같거나 혹은 흩어져 있는 무덤과 같다. 비록 적석(積石)이 많으나 괴이하지도 않고 아름답지도 않으며 가지런하지도 않다. […] 또한 산들의 정상은 반드시 움푹 파여 가마솥과 같으며, 진흙물이 고여 못을 이루고 있다.[12]

---

10 권혁재, 『한국지리 - 지방편』(법문사, 1995), 597쪽.

11 이형상 저, 이상규·오창명 역주(2009), 앞의 책, 48쪽.

12 金淨, 『冲庵先生集』 卷4, 「濟州風土錄」.

그림3 | 말을 방목하는 제주의 오름과 목초지

> 산 전체가 물러나 서 있어서 그 겉모양을 쳐다보면 둥글둥글해서 높고 험준하지 않은 것 같다. 밋밋하게 경사져서 높게 솟아나지 않은 것 같다. 원야 가운데 높이 우뚝하게 선 멧부리와 같아서 특별히 더 험난할 것이 달리 없을 듯하다. 나아가면서 기어 올라가면, 그 속은 산이 날카롭게 서고 낭떠러지 절벽이 병풍처럼 둘러섰다.[13]

> 삼읍은 모두 한라산 기슭의 평지에 있는데, 평지는 반 무(畝)의 밭 갈 땅이 없고 마치 물고기의 배를 후벼 파 놓은 것 같다.[14]

『남환박물』에서 이형상은 육지의 산과 다른 오름의 형태에 주목했다. 뾰족하지 않고 둥근 모양이며, 정상에 물이 고여 있는 것이 많다는 점이다. 김정(金淨)도 1520년『제주풍토록(濟州風土錄)』에서 비슷하게 지적했는데, 오름이 무덤과 가마솥처럼 생겼고 정상에 못이 있다는 것이다. 김상

---

13 김상헌 저, 김희동 역,『남사록』(영가문화사, 1992), 97쪽.

14 김상헌 저, 김희동 역(1992), 위의 책, 56쪽.

그림4 | 현무암으로 이루어진 제주의 암석해안

헌(金尙憲)은 1601년 『남사록』에서 한라산의 지형에 대해 바깥으로는 둥글며 높고 험준해 보이지 않으나, 정상의 분화구인 백록담에 들어가면 사방이 절벽으로 둘러싸여 있다고 묘사했다. 김정과 김상헌은 모두 제주에는 오름과 평지가 교차하여 넓은 평야가 드물고 돌이 많다고 언급했으며, 이를 공통적으로 물고기 배의 뼈에 비유했다.

오름은 제주도 사람들의 생활과 깊은 연관을 맺어 왔다. 오름은 가축을 기르는 목초지이자 새, 띠 등 지붕 재료와 땔감을 얻는 곳이었다.[15] 또한 각종 제단과 제당이 위치한 민간신앙의 장소였으며, 봉수대가 위치한 곳이기도 했다.[16]

한편 제주도의 해안은 대부분 암석해안으로 이루어져 있다. 현무암으로 이루어진 암석해안에는 파도에 의한 침식작용으로 해식애(海蝕崖)가

---

15 고광민, 『제주생활사』(한그루, 2016), 114-140쪽.

16 『신증동국여지승람』에 기록된 오름에 위치한 봉수대

군현	봉수대가 위치한 오름
제주목	사라악, 별도악, 원당악, 입산악, 도도리악, 수산악, 고내악
대정현	송악, 모슬악, 차귀악, 굴산, 거옥악
정의현	남산, 오음사지악, 소수산, 지말산, 달산, 토산

발달한 곳이 많다. 이 때문에 암석해안에 배가 충돌하여 파손되기도 했으다. 또한 제주도 해안에는 일부 소규모의 사빈(沙濱)이[17] 나타나기도 하지만, 전체적으로는 갯벌과 사빈이 드물어 소금을 생산하기가 어려웠다. 이러한 상황에 대해서는 아래의 『남사록』과 『탐라지』에 언급되어 있다.

> 바닷가 물이 얕은 곳에는 바위가 칼과 창처럼 삐죽 삐죽 서 있다. 섬 둘레가 모두 그렇다. 그래서 만약 왕래에 숙달하고 배를 잘 부리는 자가 아니면 반드시 배를 부수고 만다.[18]

> 바닷가는 모두 암초와 여울이어서 소금기가 많은 땅이 매우 적다. 이 지방에는 또한 무쇠가 나지 않아서 가마솥이 없는 사람이 많기 때문에 소금이 매우 귀하다.[19]

2. 기후

한 지역의 기후를 구성하는 주요 요소로 기온, 강수, 바람 등을 꼽는다. 제주도는 육지에 비해 기온이 높고 강수량이 많으며, 바람이 잦고 강하다고 이야기된다. 이러한 기후가 형성된 데는 국토 남단에 위치한 섬이라는 제주의 지리적 위치가 결정적인 역할을 했다.

---

17 사빈은 모래가 퇴적되어 형성된 해안지형이다.

18 김상헌 저, 김희동 역(1992), 앞의 책, 57쪽.

19 이원진 저, 김찬흡 외 역(2002), 앞의 책, 52쪽.

조선시대에 제주도를 여행하거나 잠시 살았던 사람들도 육지와 다른 제주도의 기후를 체감하고 이에 대해 적지 않은 기록을 남겼다. 먼저 김정은 제주도의 기후를 아래와 같이 기술했다.

기후는 겨울에는 간혹 따뜻하고 여름에는 간혹 서늘하며, 변화가 많으며 일정하지 않다. 풍기(風氣)는 온난하나 사람에게 날카롭게 느껴지고, 사람들이 옷과 음식을 조절하기 어려워서 병이 생기기 쉽다. 구름과 안개로 항상 흐려 맑게 갠 날이 적으며, 강한 바람과 폭우가 아무 때나 갑자기 발생한다. 습기가 많아 찌는 듯이 무더워 안정되지 못하고 답답하다.[20]

정리하면, 김정은 제주도의 날씨가 사람들의 생활에 지장을 줄 정도라고 느꼈다. 기온과 바람의 변화가 심하고 맑은 날보다 흐린 날이 많으며, 폭풍우가 잦고 여름에는 매우 무덥다고 했다.

김상헌도 『남사록』에서 제주도의 기후에 관해 여러 번 언급했는데, 이를 열거하면 다음과 같다.

가을과 겨울 5개월간 제주도에 머무는 동안에 삼광(三光: 해, 달, 별)을 볼 수 있었던 날은 겨우 수십 일이다. 이 밖에는 항상 흐리고 비가 아니면 눈이 내렸다. 바람이 불지 않는 날이 없었다.[21]

---

20 金淨, 『冲庵先生集』 卷4, 「濟州風土錄」.

21 김상헌 저, 김희동 역(1992), 앞의 책, 53쪽.

날씨가 고르지 못하다. 겨울은 따뜻하고 여름은 선선하다. 매년 봄과 여름에는 구름과 안개로 어두컴컴하고 항상 비가 오며 맑은 날이 적다. 산의 남쪽이 더 심하다. 가을과 겨울이 되면 하늘이 맑아지는데 또한 폭풍이 많고 눈이 한 길이 넘게 내린다. 산의 북쪽이 더 심하다. 사람들은 모두 추위와 더위를 견디며 질병을 앓지 않는다. 초목과 곤충이 겨울에도 죽지 않는다.[22]

대개 본주(本州: 제주)의 겨울 기후는 바람과 눈이 섞여 몰아치는 날에는 천지가 캄캄하고 사람은 눈을 뜰 수 없는데 육지에서보다 더하다. 그러나 그 추위의 매섭고 차가운 정도는 북쪽 땅과는 크게 차이가 있다. 도로나 개울이나 우물에 굳은 얼음을 볼 수 없고, 갑자기 잠깐 바람이 자고 날이 개면 부드럽고 따사로운 것이 봄날과 같다. 나무들이 겨울에도 푸른 것이 많고 냉이와 같은 잡화(雜花)가 피었다 시들었다 하는 것이 철이 없다. 쌓인 눈이 마당에 가득한데 나비가 날아오고 마당의 풀은 항상 푸르다. 서울의 3·4월과 다를 바 없다. 백성들 가운데 매우 가난한 자가 더러는 한 겹의 옷으로 몸을 가리거나 더러는 망석을 뚫어서 입고 뛰어다니며 일하면서도 얼어 죽지 않는 것은 이 때문이다.[23]

[한라산에는] 5월에도 쌓인 눈이 아직 있고, 8월에도 갖옷을 입는다. [⋯] 이 섬은 남해의 극히 따뜻한 땅인데 내가 9월에 올라 보니 산 아래 초목들은 모두 초가을 풍경인데 산 위는 아침 서리가 눈과 같고 정상 소지(沼池)의 물은 얼기 시작한다. 이상하게 여겨 지방 사람에게 물으니 일

---

22 김상헌 저, 김희동 역(1992), 앞의 책, 55쪽.

23 김상헌 저, 김희동 역(1992), 앞의 책, 222쪽.

찍 추위가 오는 해는 8월에 눈이 내리고 겨울이 되면 눈이 안 오는 날이 없으므로 그늘진 골짜기의 가장 깊은 곳은 5월에도 잔설이 남아 있다고 한다. 또한 섬 안에는 옛날부터 얼음을 저장하는 곳이 없고, 관가에서는 여름철이 되면 항상 산속에서 가져다 쓴다고 한다.[24]

김정과 마찬가지로 김상헌도 변화무쌍하고 흐린 날이 많은 제주 날씨에 주목했다. 그리고 계절과 지역에 따른 차이를 밝혔는데, 특히 한라산 남쪽과 북쪽의 기후 차이가 눈에 띈다고 했다. 또한 겨울이 따뜻한 것에서 육지와의 차이를 찾았다. 한겨울이 서울의 봄 날씨와 비슷해 꽃이 피고 곤충과 풀이 얼어 죽지 않으며, 사람들이 두꺼운 옷을 입지 않고도 견딜 수 있을 정도라고 했다. 그러나 그는 등반과 탐문을 통해 한라산은 고도에 따른 기후 변화가 크고 전반적으로 기온이 낮다는 사실을 깨달았다.

이처럼 조선 후기 사람들도 제주도의 기후를 정확하게 파악하고 있었다. 그러나 이러한 기후가 나타난 원인까지 알고 있었는지는 확실하지 않다. 제주도가 육지에 비해 한서의 차이가 작은 것은 해양성 기후 때문이며, 날씨 변화가 심한 것은 대양상에 있는 데다 섬 중앙에 한라산이 있기 때문이다. 그리고 바람이 많고 강한 것은 저위도와 고위도 사이의 열 교환이 이루어지는 중위도에 위치하기 때문이다. 특히 태풍과 겨울의 북서 계절풍의 영향이 컸다.[25]

그러나 조선 후기 사대부들은 기후의 형성 원인보다는 기후가 인간 생활에 미친 영향에 관심이 더 많았다. 단편적이지만 아래의 기록들이 이를 뒷받침한다.

---

24 김상헌 저, 김희동 역(1992), 앞의 책, 96쪽.

25 김오진, 『조선시대 제주도의 이상기후와 문화』(푸른길, 2018), 41-48쪽.

그림5 | 강풍에 대비하기 위해 집줄로 지붕을 고정시킨 제주도 가옥

순무, 영초(靈草), 파, 마늘 따위는 한겨울에도 밭 가운데 두고 아침 저녁으로 거두어 먹을 수 있다. 그러나 한라산 정상에 이르면 삼복더위에도 눈과 얼음이 있어서 매년 여름 사람을 뽑아 번갈아 한라산 정상에서 얼음을 채취하여 하루에 하나씩 지고 와서 관가의 공물로 사용한다. 산 정상의 얼음을 채취하는 자는 여름에 두꺼운 갖옷을 입어도 그 추위를 견디기 어렵다.[26]

벼슬아치 외에는 온돌을 사용하지 않는다. 땅을 파서 구덩이를 만든 뒤 돌을 채워 막고 그 위에 흙을 발라서 온돌 모양 같이 만든다. 말린 뒤에 그 위에서 잔다.[27]

제주 사람은 질병이 적고 젊은 나이에 죽는 사람이 없고 나이 80~90에 이르는 사람이 많다. 지금 생각하건대 제주는 비록 더운 지방이라고

26 李健, 『葵窓遺稿』 卷11, 「濟州風土記」.

27 金淨, 『冲庵先生集』 卷4, 「濟州風土錄」.

그림6 | 바람을 막고 흙이 날리는 것을 방지하는 제주의 돌담

는 하나, 한라산 북쪽에 위치하여 남대양의 장기(瘴氣)는 산으로 막히고, 대풍이 많다고는 하나 북쪽에서 오는 차고 시원한 기운은 습한 열기를 몰아 흩어지게 하므로 장수하는 사람이 많은 것이다. 그러나 산 남쪽은 산 북쪽보다 못하다.[28]

사람들이 모두 띠로 지붕을 잇는다. 엮지 않고 그대로 깔고 쌓는다. 지붕 위에는 긴 나무를 가로 놓는다. 가을 겨울 사이에 거센 바람이 불어 말려 일어나는 것을 막기 위함이다.[29]

밭은 반드시 돌을 가지고 둘렀으며 인가는 모두 돌을 쌓아서 높은 담을 만들고 문을 만들었다. […] 과원 하나는 성안의 남쪽 모퉁이에, 하나는 성안의 북쪽 모퉁이에 있다. […] 밖으로는 돌을 쌓아 담장을 만들고 대나무를 심어서 풍재(風災)를 막고 있다.[30]

---

28 이원진 저, 김찬흡 외 역(2002), 앞의 책, 25쪽.

29 김상헌 저, 김희동 역(1992), 앞의 책, 203쪽.

30 김상헌 저, 김희동 역(1992), 앞의 책, 203쪽.

요약하면, 제주는 기후가 따뜻하여 겨울에도 온돌이 필요하지 않고 밭에서 월동하는 싱싱한 채소를 먹을 수 있으며, 여름에는 한라산에서 얼음을 구할 수 있었다. 또한 강한 바람으로 인한 피해를 막기 위해 여러 방법을 고안했는데, 지붕에는 긴 나무를 대고, 집 주위와 밭에는 돌담을 쌓았다. 한편 섬의 북쪽인 제주목은 한라산 때문에 기후의 악영향을 적게 받아 장수하는 사람이 많다고 했다.

3. 토양과 식생

조선시대 여행기나 지리지에는 제주 토양에 관한 기술이 유난히 많다. 이를 통해 당시 사대부들이 육지와는 다른 제주 토양에 관심이 많았다는 것을 확인할 수 있다. 제주 토양에 관한 기록을 시대순으로 열거하면 다음과 같다.

> 땅은 척박하고 백성은 가난하다. […] 그 땅에 돌이 많고 건조하여 본래 논이 없고 오직 보리·콩·조만이 생산된다.[31]

> 흙이 뜨고 건조하여 밭을 개간하려면 반드시 소나 말을 몰아서 밟아줘야 한다. 계속하여 2~3년을 경작하면 이삭이 맺지 아니하여 부득이 또 새 밭을 개간하는데, 공력은 갑절이나 드나 수확은 적으니 곤궁한 백성이 많은 이유다.[32]

---

31 『新增東國輿地勝覽』卷38, 全羅道 濟州牧, 風俗條.

32 이원진 저, 김찬흡 외 역(2002), 앞의 책, 27쪽.

땅에는 바위와 돌이 많고 흙이 덮인 것이 몇 치에 불과하다. 흙은 부박하고 건조하여 밭을 개간하려면 반드시 소나 말을 달리게 해서 밟아 주어야 한다. 목화와 삼이 나지 않아 입을 것과 먹을 것이 모두 부족하다. 오직 해물로 연명해 나간다.[33]

흙에 점액이 없어 지붕을 덮거나 벽을 바르는 재료는 모두 산 밑 10여 리에서 가져온다.[34]

존자암은 9칸인데 지붕과 벽은 모두 기와와 흙 대신에 판자를 썼다. 중들에게 물어보니 "산중의 토맥(土脈)에는 점액이 없고 모래와 돌이 많아서 기와를 바르기에 적당하지 않습니다. 그래서 반드시 육지에서 사와야 하므로 힘이 닿지 않습니다."라고 한다.[35]

밭을 밟아 주지 않으면 씨를 뿌리지 못하고, 거름을 뿌리지 않으면 이삭이 나오지 않는다. 그러므로 소와 말을 몰고 나와 종일 달리게 하고 짓밟는다. 이것을 '답전(踏田)'이라 한다. […] 담을 쌓은 밭 안에 소와 말을 가두어 밤낮으로 밭에 똥오줌을 싸게 한다. 이를 팔양[八陽: 제주어 '바량'의 차자 표기]이라 한다.[36]

창고천에 이르렀다. […] 대개 온 섬의 땅이 가볍고 건조하며, 언덕과 멧부리는 모두 따로 떨어져서 솟아올랐다. 오직 이곳에만 찰진 흙이 있

---

33 김상헌 저, 김희동 역(1992), 앞의 책, 55쪽.

34 김상헌 저, 김희동 역(1992), 앞의 책, 160쪽.

35 김상헌 저, 김희동 역(1992), 앞의 책, 102쪽.

36 이형상 저, 이상규·오창명 역주(2009), 앞의 책, 107쪽.

으니 산세를 나눌 수 있다. 그 사이에 목면을 심으며, 무논이 많다.[37]

대부분의 기록은 제주 토양이 척박하고 돌이 많이 섞여 있음을 지적하고 있다. 또한 제주 토양은 가볍고 건조한 것이 중요한 특징이다. 이는 제주 토양의 90% 이상이 화산회토로 이루어져 있고 그 속에 화산 암설이 많이 들어 있기 때문이다. 제주 사람들은 화산회토를 '뜬땅'이라 부르는데,[38] 빗물에 의해 양분이 쉽게 유실되어 척박하고 보수력이 낮아 건조하다.

이러한 토양이 '답전(踏田)' 또는 '진압농법(鎭壓農法)'이라는 제주 특유의 농법을 만들었다. 제주에서는 '밧볼림'이라 부르는 이 농법은 가뭄 피해에 대비한 것이었다. 제주는 강수량이 많으나 기온도 높아 증발이 활발한데, 화산회토는 토성이 푸석푸석하고 입자가 커서 수분이 특히 빨리 마른다. 따라서 농작물은 파종이 쉽게 지연되고 생육 시에도 한해(旱害)를 입기 십상이다.[39] 이를 막기 위해 조선시대에도 씨앗을 뿌린 뒤 소와 말을 동원하여 밭을 단단하게 밟아 주는 밧볼림을 했다. 밧볼림을 하면 땅에 응집력이 생겨 단단해지면서 수분 증발이 억제된다. 『탐라문견록』을 보면, 밧볼림은 강풍을 대비하는 데도 도움이 되었다. 파종 후 경지를 단단하게 밟아주지 않으면 씨앗이 바람에 흩날릴 수 있기 때문이다. 『남환박물』에 기록된 팔양 또는 바량은 밭을 쉬게 하는 동안 마소의 분뇨로 척박한 토양의 지력을 높이기 위한 것이었다.

한편 제주의 토양은 대부분 화산회토 또는 뜬땅으로 이루어져 있고, '된땅'이라 부르는[40] 점토질의 토양은 드물었다. 따라서 『남사록』에서 언급한

---

37 정운경 저, 정민 역(2008), 앞의 책, 177-178쪽.

38 송성대 외, 『제주지리론』(한국학술정보, 2010), 33쪽.

39 김오진(2018), 앞의 책, 117-119쪽.

40 송성대 외(2010), 앞의 책, 33쪽.

것처럼 집을 짓는 데 사용하는 진흙은 먼 곳에서 조달하며 진흙으로 만드는 기와는 육지에서 사와야 했다. 그렇지만 『탐라문견록』에서 말한 것처럼 된땅이 분포하는 지역에서는 논을 만들어 벼농사를 하거나 밭에 목면을 재배하기도 했다. 벼는 자라는 동안 대부분 물속에서 자라므로 논은 물이 잘 빠지지 않도록 점토질이 많은 흙으로 바닥을 만든다. 조선시대 제주도에서 벼농사가 거의 이루어지지 않았던 이유는 토양 때문이었다. 『탐라문견록』에 주변에서 벼농사가 이루어졌다고 기록된 창고천은 현재의 서귀포시 안덕면을 가로지르는 하천이다.

식생은 지형, 기후, 토양, 지질 등의 영향을 받지만, 그중에서도 기후의 절대적인 영향을 받는다. 한국 최남단에 자리한 제주는 기후가 온난하여 육지와는 다른 식생이 나타난다. 또한 남한에서 가장 높은 한라산이 있어 고도에 따른 식생의 차이도 심하다. 오늘날 제주 식생은 도시화로 많이 파괴되었고 교란도 일어나 조선시대의 그것과는 차이가 있다. 따라서 조선시대 제주 식생은 단편적으로나마 다음과 같은 당시의 기록을 통해 유추할 수 있다.

> 섬 가운데 수풀이 대단히 많다. 둘레가 50여 리가 되는 것도 있다. 상수리나무, 염주나무, 산유자, 녹각나무, 소나무, 참나무, 가시나무, 종가시나무, 노나무와 여러 가지 초목이 울창하다. 고을 사람들은 유사시에 그 속에 모여 숨어서 피난한다. 본주의 표고버섯 역시 이런 곳에서 난다고 한다.[41]

---

41 김상헌 저, 김희동 역(1992), 앞의 책, 179쪽.

제주 방언으로 숲을 '곶[花]'이라 한다. 숲은 산허리 아래 곳곳에 미쳐 있다. 벌판과 골짜기가 숲이 되어 덮였으니 큰 것은 50~60리이고, 작은 것도 10여 리를 밑돌지 않는다. 교목이 하늘 높이 솟아서 햇볕을 가리고 바람을 막는다. 덩굴, 등, 칡이 감기고 얽히어 널리 퍼져 있다.[42]

철천(鐵川: 지금의 무수천)을 따라 말을 타고 올라가니 철쭉과 진달래가 바위 사이에 피어 있다. […] 드디어 말을 타고 산으로 들어가니 […] 고죽(苦竹)은 땅을 덮고 교목은 하늘을 가렸다. […] 상봉에 이르렀다. […] 온 산이 향나무이고, 위로는 우거진 숲으로 해를 가리고 아래로는 등굴레가 바위 위로 얽혔다. 뭇 풀과 꽃이 그런 틈에 뿌리도 박혀 있지 못했으며 층층 봉우리와 절벽에는 얼음과 눈이 아직도 쌓여 있다.[43]

바다 가까운 곳의 10리나 20리, 혹은 30리가 백성의 밭이다. 밭에서부터 30리 올라가면 숲이다. 아름드리 잡목들이 절로 나서 절로 말라 죽는다. 숲 지대가 끝나면 산세는 더욱 가파르다. 바람의 기세도 매섭다. 가지 있는 나무는 못 살고, 키 작은 풀이 땅을 덮고 있을 뿐이다. 이 같은 지역을 5리 또는 10리쯤 지나야 비로소 향나무가 있다. 그 줄기와 가지는 마치 삼나무와 회나무 같고, 잎은 자단 같다. 산을 둘러 무더기로 서 있고, 다른 나무는 아예 없다. 지세가 조금 높아지면 향나무는 점점 옹이가 져서 자라지 못한다. 꼭대기로 가면 오직 덩굴식물이 줄기를 뻗어 땅에 붙어서 다시 뿌리를 내린다. 세월이 오래되면 능히 10여 칸 넓이로 덩굴을 뻗는다.[44]

---

42 이형상 저, 이상규·오창명 역주(2009), 앞의 책, 48쪽.

43 이원진 저, 김찬흡 외 역(2002), 앞의 책, 213-216쪽.

44 정운경 저, 정민 역(2008), 앞의 책, 183쪽.

> 한라산 북쪽은 항상 북풍이 부는데, 팔방의 바람 중에 북풍이 가장 거세다. 그래서 제주 경내의 나무들은 모두 남쪽을 가리키고 있으며 닳아진 빗자루 모양이다. 매번 바람이 일어나면 해수의 물보라가 비처럼 뿌려서 바닷가 10리 안쪽의 초목은 모두 소금기에 젖게 된다.[45]

먼저 제주에서는 숲을 '곶'이라 부른 것을 알 수 있다. '곶자왈'이라고도 하는 이러한 숲은 대개 기생화산 주변에 많이 나타나며, 화산에서 흘러나온 용암이 크고 작은 바위 덩어리로 쪼개져 요철 지형을 이루고 있어 농경이 어려운 곳이다. 『남사록』과 『남환박물』을 보면, 곶 가운데 규모가 큰 것은 둘레가 50여 리에 달하며, 다양한 교목, 관목, 덩굴식물과 풀들이 섞여 무성한 숲을 이루었다. 따라서 유사시에는 주민들의 피난처로 이용되었고, 평소에는 먹거리와 목재의 공급처 역할을 했다.

『탐라지』와 『탐라문견록』의 기록은 해안에서 한라산까지 식생이 어떻게 변화되는지, 즉 식생의 수직 분포에 대해 묘사했다.[46] 해안의 밭을 지나면 땅을 덮고 하늘을 가릴 정도로 다양하고 많은 나무가 자라는 곳이 나오며, 더 올라가면 키 작은 풀이 땅을 덮고 있는 지대가 있다. 이러한 초지는 소와 말을 방목하는 데 이용되었으며, 자연 식생이 아니라 매년 방화로 조성한 일종의 인공 초지였다. 여기에서 한라산으로 더 올라가면, 향나무 침엽수림이 넓게 나타났다. 다만 『탐라문견록』에서 "그 줄기와 가지는 마치 삼나무와 회나무 같고, 잎은 자단 같다."고 묘사한 나무는 한국 특산 식물인 구상나무일 가능성이 높다. 침엽수림이 끝나면 강한 바람과 낮은 기온 때문에 키 작은 덩굴식물이 많이 나타났다.

---

45 임제 저, 「남명소승」, 김봉오 역, 『속탐라록』(제주문화방송, 1994), 153쪽.

46 『탐라지』의 기록은 이 책에 수록된 김치(金緻)의 『유한라산기(遊漢拏山記)』의 일부다. 김치는 1609년 제주판관으로 근무할 때 한라산에 올랐다.

마지막으로 『남명소승(南溟小乘)』의 기록은 바람이 강한 지역에 나타나는 편향수(偏向樹)에 대한 묘사다. 편향수는 다른 방향에 비해 빈도가 잦거나 강도가 강한 탁월풍이 부는 지역에 나타나는 나무로, 특정 방향만 가지가 자라거나 기울어진 나무를 말한다. 제주의 편향수는 바람뿐만 아니라 염분의 영향을 받아 더 발달한다고 한다. 염분에 잎이 말라죽기 때문이다.

Ⅲ. 제주의 인문환경

1. 인구

한 시대나 지역의 문화와 사회를 이해하기 위한 가장 기초적인 작업은 그 기반이 되는 인구의 파악일 것이다. 인구에 대한 이해 없이는 정치·경제·사회·문화 현상의 변동을 올바로 해석하는 것이 불가능하다. 그런데 조선시대의 인구 통계는 신뢰하기 어려운 면이 있다. 당시 인구 조사는 조세 확보 등을 위한 국가의 통치 자료로 만들어졌기 때문에 실제 인구를 모두 반영하지 않았으며, 시기와 자료에 따라 조사 대상과 방법 등도 달랐기 때문이다. 그렇지만 각 자료가 만들어진 시기의 인구 규모와 분포는 대략 파악이 가능하다.

가장 이른 시기에 만들어진 제주 인구 통계 자료는 『세종실록지리지』다. 〈표1〉로 정리한 『세종실록지리지』의 인구 통계는 1432년경의 자료로 추정되며, 호구 수는 당시 실제 가구와 인구 수가 아니라 호수는 편호(編

표1 | 『세종실록지리지』에 기록된 제주의 호구 수

군현	호수	구수
제주목	5,207	8,324
대정현	1,357	8,500
정의현	685	2,073
계	**7,249**	**18,897**

戶),[47] 구수는 남정(男丁)[48]의 수로 보인다. 호수는 제주목이 5,207호로 가장 많으나, 구수는 제주목보다 대정현이 조금 더 많은 것으로 기록되어 있다. 정의현의 구수는 제주목과 대정현의 4분의 1 정도에 불과했다. 대정현과 제주목의 구수는 전국적으로도 매우 많은 것이었다. 당시 구수가 8,000구가 넘는 군현은 전국에 14개뿐이었다. 대정현은 구수에서 전국 12위, 제주목은 13위에 해당했으며, 전라도에서는 감영 소재지인 전주보다 훨씬 많은 1, 2위를 차지했다.[49] 이러한 점으로 미루어 볼 때 『세종실록지리지』의 제주 인구 기록은 실제와 상당한 차이가 있었을 것으로 추정된다. 다만 전국의 다른 군현과 비교할 때 제주목과 대정현이 적지 않은 인구를 가지고 있었던 것은 분명하다.

『신증동국여지승람』, 『탐라지』 등 조선 중기 지리지에는 제주의 인구 기록이 없다. 조선 후기에 각 군현에서 편찬한 읍지를 모아 묶은 『여지도서(輿地圖書)』(1757~1765)에도 제주 3읍은 누락되어 있다. 따라서 비슷한 시기의 인구를 담고 있는 『호구총수(戶口總數)』(1789)를 통해 18세기 후반의

47 편호란 각종 역과 세금을 부과하고 징수하기 위해 실제 호수를 참작하여 위로부터 배정되어 편성된 호수를 말한다.

48 남정이란 16세부터 59세까지의 남자를 말한다.

49 전주는 구수가 5,829구, 호수가 1,565호였다.

표2 | 『호구총수』에 기록된 제주의 호구 수

군현	면	호수	구수	남구수	여구수
제주목	김녕면	956	6,761	2,976	3,785
	주중면	1,239	6,425	2,898	3,527
	중좌면	628	3,772	1,579	2,193
	신촌면	885	5,364	2,136	3,228
	중우면	455	2,992	1,300	1,692
	귀일면	644	3,773	1,448	2,325
	애월면	599	3,910	1,631	2,279
	명월면	799	4,703	2,200	2,503
	판을포면	495	2,062	884	1,178
계		6,700	39,762	17,052	22,710
대정현	좌면	737	3,631	1,536	2,095
	우면	983	5,094	2,212	2,882
계		1,720	8,725	3,748	4,977
정의현	토산면	367	2,420	1,083	1,337
	호촌면	331	2,245	994	1,251
	이자면	412	2,631	1,101	1,530
	성읍면	189	963	426	537
	촌읍면	350	2,210	994	1,216
	동홍로면	307	1,998	894	1,104
	서홍로면	372	2,362	1,044	1,318
계		2,328	14,829	6,536	8,293

인구를 살펴보도록 한다. 『호구총수』에는 군현의 인구뿐 아니라 면별 인구도 기록되어 있다(표2). 먼저 제주목은 6,700호 39,762구였으며, 대정현은 1,720호 8,725구, 정의현은 2,328호 14,829구였다. 제주목이 대정현과 정의현에 비해 호구가 압도적으로 많았으며, 『세종실록지리지』에서 호구

가 많았던 대정현은 정의현보다도 적어졌다. 인구와 직접적인 관계가 있는 것은 아니지만, 면도 제주목은 9개, 정의현은 7개였으며, 대정현은 2개밖에 되지 않았다. 제주목에서 호구가 가장 많은 면은 주중면(州中面)이었는데, 제주목 관아가 있어 읍치의 중심지로 기능했다. 그러나 구수는 주중면보다 김녕면이 조금 더 많았다. 대정현에서는 동쪽의 좌면보다 서쪽의 우면이 호구가 더 많았다. 정의현에서 호구가 가장 많은 면은 이자면으로 동부 해안에 위치했다.

『호구총수』의 구수 통계에서 주목할 만한 점은 3개 군현은 물론이고 18개의 모든 면에서 남자보다 여자 구수가 많다는 것이다. 제주목은 전체에서 남자 구수의 비율은 42.9%였으며, 대정현은 43.0%, 정의현은 44.1%였다. "여자는 많고 남자는 적다."[50]라는 기록은『신증동국여지승람』제주목 풍속조를 비롯해 대부분의 지리지에 적혀 있다. 즉 인구의 여초 현상은 조선시대 제주도의 대표적인 특징이었다.

『탐라문견록』에는 그 이유에 대해 다음과 같이 기록하고 있다.

> 제주 사람 손효기가 말하기를, "우리 고을은 아득히 큰 바다 가운데 있습니다. 바다에서 살펴보면 파도가 더욱 사납고 험하지요. 조공하는 배와 장삿배가 그 가운데 잇따르는데, 표류하고 침몰하는 것이 열에 대여섯입니다. 경내에는 남자의 무덤이 적습니다. 여염에는 여자가 남자보다 3배는 많지요. 부모 된 사람은 딸을 낳으면 기뻐하며 '요 녀석이 내게 효도하고 잘 봉양해주겠지'라고 하고, 아들을 낳으면 모두 '이 물건은 내 새끼가 아니라 고래나 악어의 밥이다.'라고 합니다."[51]

---

50 『新增東國輿地勝覽』卷38, 全羅道 濟州牧, 風俗條.

51 정운경 저, 정민 역(2008), 앞의 책, 143-144쪽.

표3 | 『대동지지』에 기록된 제주의 호구 수

군현	호수	구수
제주목	19,050	60,450
대정현	3,210	27,020
정의현	4,120	20,530
계	**26,380**	**108,000**

즉 남자들이 바다에 나가 많이 죽기 때문에 여자가 더 많다는 것이다. 임제(林悌)도 『남명소승』에서 "제주도는 배가 침몰하여 돌아오지 못하는 남자가 1년이면 100여 명을 밑돌지 않는다. 그래서 이곳은 여자가 많고 남자가 적어 촌마을의 여자는 남편이 있는 사람이 드물었다."[52]라고 서술했다.

조선시대 제주 인구 특성의 또 다른 특징은 장수하는 사람이 많다는 점이다. 『신증동국여지승람』 제주목 풍속조에 "오래 사는 사람이 많다. 지방 사람이 질병이 적어서 일찍 죽는 사람이 없고 나이 80~90세에 이르는 자가 많다."[53]라고 기록되어 있으며, 앞서 살펴본 『탐라지』에도 이러한 언급이 있다. 임제는 여행 중 김녕포에 이르렀는데, 30호 정도 되는 마을에 100세에 이른 노인이 7~8명이나 있었다고 적었다.[54]

〈표3〉은 1828년의 호구를 기록한 것으로 추정되는 김정호(金正浩)의 『대동지지(大東地志)』에 수록된 제주의 호구 수를 정리한 것이다. 3개 군현 모두 『호구총수』의 그것보다 많이 늘어난 숫자이다. 다만 『호구총수』에서

52 임제 저, 「남명소승」, 김봉오 역(1994), 앞의 책, 167쪽.

53 『新增東國輿地勝覽』 卷38, 全羅道 濟州牧, 風俗條.

54 임제 저, 「남명소승」, 김봉오 역(1994), 앞의 책, 145쪽.

는 정의현이 대정현보다 호구 수가 많았으나, 『대동지지』에서는 호수는 정의현이, 구수는 대정현이 더 많은 것으로 되어 있다.

2. 촌락

조선시대 제주의 촌락 상황을 전반적으로 파악할 수 있는 자료는 거의 없다. 지리지에도 마을에 관한 내용은 거의 수록되어 있지 않다. 다만 『호구총수』에는 면별 소속 리(里)의 이름이 적혀 있어 이를 통해 18세기 후반 제주에 존재했던 마을들을 확인할 수 있다(표4). 먼저 제주목은 9면 79리, 대정현은 2면 22리, 정의현은 7면 37리로 구성되어 있었다. 대정현이 면당 리가 가장 많았고, 정의현이 가장 적었다. 리의 이름은 대부분 지금까지 남아 있다. 김녕리·일도리[55]·강정리·표선리처럼 이름이 그대로 유지된 경우가 많고, 오라호리[56]·상예래리[57]·동홍로리[58]처럼 변화한 경우도 있다. 또한 이름을 잘못 기재한 것으로 추정되는 사례도 있는데, 제주목의 구암장리에서 '암(巖)'은 '엄(嚴)'의 오기인 듯하고, 대정현의 상막슬포리에서 '막(幕)'은 '모(摹)'의 오기로 보인다.

리의 명칭에서 드러나는 전반적인 특징은 먼저 상·중·하, 구·신 등 지명소가 자주 사용되었다는 점이다. 특히 지명 전부요소는 주로 마을이 분할될 때 서로 구분하기 위해 사용하는데, 이를 통해 조선시대 제주 촌락의 확장 과정을 엿볼 수 있다. 새로운 마을이 생기는 원인은 기존 마을

55 현재는 제주시 일도동이다.

56 현재는 제주시 오라동이다.

57 현재는 서귀포시 상예동이다.

58 현재는 서귀포시 동홍동이다.

표4 | 『호구총수』에 기록된 제주의 마을

군현	면	리	리의 수
제주목	김녕면	김녕리, 무주포리, 무등포리, 괴이리, 평벌리, 별방리, 하도의리, 상도의리, 세화리, 송당리	10
	주중면	일도리, 이도리, 삼도리, 건입포리, 대독포리, 오라호리, 도로리, 오등생리, 아라호리	9
	중좌면	별도리, 서흘포리, 도련평리, 세은쇄리, 봉개악리, 상무등천리, 하무등천리, 별라화리	8
	신촌면	신촌리, 천미리, 와호흘리, 대흘리, 와호산리, 교내리, 조천리, 함덕리, 선흘리, 북포리	10
	중우면	도두리, 내도근천리, 도평씨리, 노형리, 연동리, 정실암리, 이생리	7
	귀일면	상귀일리, 하귀일리, 광령리, 유신동리, 고성리, 구암장리, 중암장리, 신암장리, 수산리, 장전리, 우로리, 금물덕리	12
	애월면	애월리, 고내리, 하가락리, 상가락리, 납읍리, 미면리, 어음비리, 어도내산리, 곽지리, 모슬포리	10
	명월면	수류천리, 대림리, 소은귀림리, 잠수포리, 유덕리, 우질둔리, 금물악리, 독포리, 복재리	9
	판을포면	판을포리, 조중수리, 저지리, 두모리	4
계			**79**
대정현	좌면	강정리, 돌송리, 하원리, 대포리, 중문리, 색달리, 성산리, 상예래리, 하예래리, 창고리	10
	우면	통천리, 감산리, 동수리, 반천리, 자단리, 금물로리, 동성리, 서성리, 상막슬포리, 하막슬포리, 과리, 돈포리	12
계			**22**
정의현	토산면	표선리, 세화리, 토산리, 가시악리, 안좌악리	5
	호촌면	수망리, 동의귀리, 보한리, 서의귀리, 화등리, 만의리, 호촌리	7
	소자면	종달리, 역돌리, 오소리, 고성리, 신양리, 산양리	6
	성읍면	궁산리, 성읍리	2
	촌읍면	난산리, 여온리, 신산리, 삼달리, 신풍리, 하천미리, 신천미리	7
	동홍로면	상효돈리, 중효돈리, 하효돈리, 보목리, 토평리	5
	서홍로면	동홍로리, 서홍로리, 서귀리, 호근리, 법환리	5
계			**37**

의 대지가 포화 상태에 이르거나, 새로운 경지를 개간하여 그 경지 근처로 거주지를 이동하는 경우를 꼽을 수 있다. 상·중·하 가운데에는 상·하가 많이 사용되었는데, 지형의 수직적 위치를 기준으로 마을을 나누었음을 의미한다. 전·후, 좌·우, 내·외 등 위치 관계를 나타내는 다른 지명소는 거의 사용되지 않고 상·하가 주로 사용되었다는 점은 제주 지형의 기복이 작지 않다는 것을 보여준다. 한편 구·신의 지명소에서 신은 기존의 마을에서 분동하여 새롭게 만들어진 마을에, 구는 기존의 마을에 붙여 서로를 구분하기 위해 사용했을 것이다. 이를 통해 마을 설립의 선후관계를 추정할 수 있다.

지명 후부요소는 '포(浦)'가 유독 자주 쓰인다. 이는 마을이 주로 바닷가에 입지했다는 사실을 나타낸다. '천(川)'과 '산(山)'도 적지 않은데, 하천과 산이 주민 생활에 중요한 요소이자 장소를 구별하는 중요한 랜드마크였기 때문이다.

조선시대 제주의 리 정보가 수록된 자료로 읍지도 있다. 이 가운데 『대정군고지(大靜郡古誌)』(1899)와 『정의읍고지(旌義邑古誌)』(1899)에 수록된 면리를 정리한 것이 〈표5〉다. 이를 〈표4〉와 비교해 보면, 주목할 만한 점이 몇 있다. 먼저 대정현은 18세기 후반 2면 22리에서 19세기 말 3면 35리로 면리가 모두 늘어났으며, 정의현도 면은 줄었으나 37개에서 48개로 리가 증가했다. 이는 인구 증가, 농경지 개간 등 경제적 기반의 확대에 따라 마을이 신설된 것으로 볼 수 있다.

자세히 들여다보면, 대정현 좌면에서는 중문리에서 상문리와 도문리가 떨어져 나온 것으로 보이며, 기존의 상예리와 하예리에 신예리가 새로 생겼다. 중면은 좌면과 우면의 일부를 합쳐 새로 만든 것으로 추정되는데, 화순리·덕수리·광청리·신청리·광평리·동사계리·사계리 등이 모두 『호구총수』에는 없던 마을이다. 정의현에서도 분동된 것으로 보이는 마

표5 | 『대정군고지』와 『정의읍고지』에 기록된 마을

군현	면	리	리의 수
대정현	좌면	강정리, 영남리, 도순리, 월평리, 하원리, 상문리, 도문리, 중문리, 대포리, 동중문리, 색달리, 상예리, 하예리, 신예리	14
	중면	창천리, 상천리, 통천리, 감산리, 화순리, 덕수리, 광청리, 신청리, 광평리, 동사계리, 사계리	11
	우면	안성리, 인성리, 보성리, 상모리, 하모리, 일과리, 신평리, 영락리, 무무릉리, 도원리	10
계			35
정의현	좌면	역돌리, 신역돌리, 오조리, 고성리, 성산리, 하수산리, 상수산리, 동온평리, 서온평리, 난산리, 신산리, 삼달리, 신풍리, 신평리, 하천리, 신천리, 성읍리	17
	동중면	좌선리, 표선리, 동세화리, 서세화리, 동가시악리, 서가시악리, 안좌악리, 토산리	8
	서중면	온천리, 수망리, 한남리, 동의귀리, 서의귀리, 동보한리, 서보한리, 상예촌리, 하예촌리, 동위미리, 서위미리	11
	우면	상효리, 중효리, 하효리, 신효리, 토평리, 보목리, 동홍리, 서홍리, 풍덕리, 구호근리, 신호근리, 법환리	12
계			48

을이 많은데, 기존의 세화리가 동세화리와 서세화리로, 가시악리가 동가시악리와 서가시악리로, 여온리가 동온평리와 서온평리로 나누어진 것으로 추정되며, 역돌리에서 신역돌리, 표선리에서 좌선리, 효돈리에서 신효리, 호근리에서 신호근리가 독립한 것으로 보인다. 마을 이름을 붙이는 데 있어서는 기존의 상·하 지명소보다는 동·서 지명소가 많이 사용되었는데, 이는 마을의 성장이 수직적 확산을 넘어 수평적 확산으로까지 진전되었음을 보여준다. 또한 지명소 '신'을 붙인 마을 이름도 증가했다.

3. 산업과 교통

농경 사회였던 조선시대에는 토지가 가장 기본적인 생산수단이었다. 이 때문에 조선시대에는 조세를 부과하기 위해 정기적으로 양전사업을 실시했다. 조선시대 제주의 전결(田結) 수가 기록된 문헌은 『세종실록지리지』다. 〈표6〉은 『세종실록지리지』에 나타난 제주 3개 군현의 전결 수를 정리한 것이다. 간전(墾田)은 논과 밭을 합한 결수로, 제주목이 3,977결로 가장 많고, 그 다음은 정의현 3,308결, 대정현 2,227결의 순서였다. 이는 당시 전라도 56개 군현 가운데 각각 26·34·44위에 해당하는 것이었다. 수전(水田)은 논의 결수를 말하며, 대정현이 85결로 가장 많았고, 제주목은 31결이었으며 정의현은 논이 없었다. 이처럼 밭에 비해 논이 적은 것은 앞서 언급한 제주의 토양 때문이었다.

조선 전기의 『세종실록지리지』를 제외하고는 제주의 경지 면적을 기록한 자료는 매우 드물다. 조선 중기의 『신증동국여지승람』에는 농경지 항목이 없으며, 17세기 중반의 『탐라지』와 19세기 전반의 『대동지지』에도 제주의 농경지 면적은 언급되지 않는다. 『탐라지』에 제주의 농경지 면적이 기록되지 않은 이유는 아래의 기록을 통해 유추할 수 있다.

> 제주도의 옛 규식은 무릇 요역(徭役)에 있어서 정남[人丁]에게만 책임지우고 토지 결수를 기준으로 한 방법은 쓰지 않았다. 그러므로 토호의 밭은 둑으로 연결되어도 가난한 백성은 송곳을 꽂을 만한 땅도 없다. 가난한 백성이 수공업으로 살아가게 된 것은 실로 여기에서 연유한다. 앞서 목사가 측량하여 고칠 것을 임금에게 청하자 밭이 많은 사람은 논밭의 면적을 기준으로 하는 세법 등을 적용할까 두려워하여 낮은 세율을 달게 여기고 도리어 사정을 알지 못하게 하였다. [⋯] 대개 이 섬은 척

표6 | 『세종실록지리지』에 기록된 제주의 전결 수

군현	간전	수전
제주목	3,977	31
대정현	2,227	85
정의현	3,308	-
계	**9,512**	**116**

박하여 해마다 밭을 갈아 씨를 뿌리지 못하였다. 옛날부터 척박한 토지는 번갈아 휴경하여 지력을 회복하는 농법을 답습해 왔기 때문에 자세히 조사하여 묵은 밭을 내주어 농사를 지은 것에 따라 세금을 부과하는 것이 마땅할 것 같다.[59]

『대동지지』에도 전라도의 군현 중 제주의 3개 군현만 전답이 누락되어 있고 "예로부터 세금을 정하는 양전을 하지 않았다."[60]라고 적혀 있다.

19세기 말의 『대정군고지』와 『정의읍고지』에는 한전조(旱田條)과 수전조(水田條)가 있다. 한전은 두 현 모두 면적에 관한 언급 없이 "한전은 곧 화전(火田)이다."라고 기록되어 있다. 수전에 대해서는 대정현은 "관아의 동쪽 40리에 몇 무(畝)의 관아 소유 논이 있다."[61]라고 기재되어 있고, 정의현은 아무런 기록이 없다.[62]

제주에서 논과 밭만큼 중요한 것이 과원과 목장이었다. 과원은 주로 진상용 감귤을 재배하는 과수원으로 『탐라지』에 의하면 17세기 중반 제

59 이원진 저, 김찬흡 외 역(2002), 앞의 책, 58쪽.

60 金正浩, 『大東地志』 卷14, 全羅道 田民.

61 『大靜郡古誌』, 旱田條·水田條.

62 『旌義邑古誌』, 旱田條·水田條.

그림7 | 서귀포시의 하논

주목에는 남과원(南果園)·신과원(新果園) 등 23개, 대정현에는 염둔[羔屯]·법화(法華) 등 6개, 정의현에는 정자(亭子)·독학(獨鶴) 등 8개의 과원이 있었다.[63] 말을 키우는 목장은 그 기원이 고려시대로 올라가며, 조선은 1429~1430년에 말을 안정적으로 사육하기 위해서 중산간의 초원지대에 목장 경계용 돌담인 잣성을 새로 쌓거나 정비하여 10개의 목장을 만들었다. 이러한 국영목장을 10소장(所場)이라 했는데, 제주목에 1~6소장, 대정현에 7·8소장, 정의현에 9·10소장이 있었다.『세종실록지리지』에는 제주목, 대정현, 정의현 목장의 말이 각각 3,352필, 2,009필, 3,352필로 기재되어 있다.[64]『탐라지』에는 제주목, 대정현, 정의현의 말이 각각 6,450필, 2,552필, 2,383필로 적혀 있다.[65] 이 밖에도『탐라지』에 의하면, 제주목에는 소를 키우는 쉐둔[牛屯], 양을 매어두는 양잔(羊棧), 돼지를 키우는 저권(猪圈), 염소를 놓아 먹이는 고유(羔囿)가 있었다.

63 이원진 저, 김찬흡 외 역(2002), 앞의 책, 156-260쪽.

64『世宗實錄地理志』, 全羅道 濟州牧, 大靜縣, 旌義縣.

65 이원진 저, 김찬흡 외 역(2002), 앞의 책, 161-260쪽.

표7 | 조선시대 지리지에 기록된 제주의 산물

군현	세종실록지리지	신증동국여지승람	대동지지
제주목	토의: 밭벼, 기장, 피, 콩, 메밀, 밀, 보리 토공: 대모, 표고, 우무, 비자, 감귤, 유자, 유감, 동정귤, 금귤, 청귤, 돌귤, 전복, 인포, 퇴포, 조포, 오징어, 옥두어, 곤포, 돌유자나무, 이년목, 비자나무, 좋은 말 약재: 진피, 산약, 석골풀, 초골풀, 천련자, 백지, 팔각, 영릉향, 오배자, 치자, 향부자, 모과, 시호, 청피, 백변두, 바곳, 엄나무껍질, 후박, 오징어뼈, 두충, 순비기나무열매, 석결명, 반하, 황국, 녹용, 박상, 회향, 지각	밭벼, 기장, 피, 조, 콩, 팥, 메밀, 보리, 밀, 말, 소, 궤자, 미록, 해달, 지달, 오소리, 진주, 대모, 자개, 앵무라, 황감, 유감, 금귤, 산귤, 동정귤, 왜귤, 청귤, 유자, 비자, 치자, 밤, 무환자, 무회목, 산유자, 이년목, 노목, 두충, 지각, 후박, 동실, 동근, 영릉향, 안식향, 향부자, 청피, 엄나무껍질, 촉초, 진피, 필징가, 팔각, 표고버섯, 목의, 석곡, 석종유, 백납, 소금, 미역, 우뭇가사리, 게, 소라, 전복, 석결명, 황합, 해의, 오징어, 은어, 옥두어, 상어, 갈치, 고등어, 멸치, 문어	밭벼, 기장, 피, 조, 콩, 팥, 보리, 밀, 메밀, 녹두, 말, 소, 궤자, 미록, 양, 염소, 돼지, 노루, 살쾡이, 향서, 오소리, 해달, 지달, 게, 전복, 석결명, 황합, 해의, 우무, 미역, 오징어, 은어, 옥두어, 고등어, 상어, 갈치, 멸치, 문어, 진주, 자개, 대모, 앵무라, 금귤, 산귤, 동정귤, 왜귤, 청귤, 비자, 치자, 밤, 무환자, 등자, 보리실, 영주실, 녹각실, 오미자, 연복자, 무회목, 산유자목, 당유자목, 용목, 이년목, 노목, 가사목, 박달목, 이목, 동실, 만향목, 청양, 금동목, 점목, 두충, 지각, 후박, 고동근, 영릉향, 안식향, 향부자, 청피, 엄나무껍질, 촉초, 진피, 필징가, 팔각, 표고버섯, 목의, 석곡, 석종유, 백납, 송기생, 천문동, 맥문동, 만형자, 반하, 회향, 선령비, 생어, 망어, 소금, 초석
대정현	토의: 밭벼, 조, 피, 팥, 메밀, 밀, 보리 토공: 전복, 표고, 우무, 미역, 다시마, 비자, 감귤, 유감, 동정귤, 청귤 약재: 후박, 탱자, 석골풀, 팔각, 두충, 반하, 치자, 향부자, 진피, 엄나무껍질, 영릉향	제주목과 동일	
정의현	토의: 밭벼, 피, 조, 콩, 팥, 메밀, 밀, 보리 토공: 대모, 표고, 우무, 미역, 다시마, 감귤, 청귤, 비자, 퇴포, 조포, 오징어, 옥두어, 전복 약재: 묵은 귤껍질, 산약, 석골풀, 백지, 영릉향, 향부자, 지각, 청피, 엄나무껍질, 후박, 두충, 치자, 반하, 녹용	제주목과 동일	

다음으로 조선시대 제주의 주요 산물을 살펴보도록 한다. 조선시대 지리지에는 각 지역의 생산품을 별도의 항목으로 다루고 있다.『세종실록지리지』의 토의(土宜)·토공(土貢)·토산(土産),『신증동국여지승람』의 토산,『대동지지』의 토산이 그것이다. 그런데 지리지마다 그 기록의 집계 방식과 상세함 등에서 차이가 있다. 먼저 경제와 관련된 내용을 가장 충실하게 담고 있는『세종실록지리지』는 군현마다 토의·토공·토산을 나누어 산물을 기록했다. 토의는 그 지역에서 농사 짓기에 알맞은 작물, 즉 그 지역의 농산물을 의미하며, 토공은 지역의 특산물로 매년 중앙에 정기적으로 바치는 공물을 적은 것으로 추정된다. 그리고 일반적인 공물에 해당하지 않는 산물은 따로 구분할 필요가 있어 토산으로 정리했다.[66] 대개 토의를 가장 먼저 적고 그다음에 토공과 토산을 차례로 기록하는데, 둘 사이에는 약재를 따로 정리하여 적은 경우가 많다. 제주의 3개 군현은 토산을 적지 않았다.

반면『신증동국여지승람』의 토산조는 이전의 지리지를 참고하지 않고 각사에 소장되어 있는 공물안(貢物案) 또는 공안(貢案)의 내용을 정리한 것으로 보인다.[67] 따라서『신증동국여지승람』의 토산조에 기록된 물품은 각 군현에서 바치는 공물과 진상에 관한 내용만을 반영하고 있다. 즉 각 군현의 산물 모두를 수록하고 있다고 볼 수 없다. 특히 당시에는 각 군현에서 생산하지 않는 물품도 공물로 지정하는 경우가 적지 않았다. 이러한 점을 고려하면『신증동국여지승람』의 토산조에 수록된 물품은 모두 그 지역의

66 이기봉,「조선시대 전국지리지의 생산물 항목에 대한 검토」,『문화역사지리』 15-3(2003), 3-5쪽.

67 공안은 조선시대 중앙의 각 궁(宮)·사(司)가 지방의 여러 관부에 부과·수납할 연간 공부(貢賦)의 품목과 수량을 기록한 책이다. 한국민족문화대백과사전(encykorea.aks.ac.kr), 공안 항목.

그림8 | 해안의 암석 위에 만든 제주의 돌염전

것으로 보기 어렵다.[68]

한편 『대동지지』의 토산조는 김정호가 당시까지 간행된 여러 지리지를 참고하여 기술한 것으로 보인다. 그러나 『대동지지』에는 농산물 가운데 곡물은 기록하지 않았다. 이 세 지리지에 수록된 제주의 산물을 정리한 것이 〈표7〉이다. 『세종실록지리지』는 3개 군현을 따로 기록했으며, 『신증동국여지승람』과 『대동지지』는 제주목만 기록했다.

먼저 농산물로는 밭에서 밭벼, 기장, 조, 피, 콩, 팥, 메밀, 밀, 보리 등을 재배했다. 그리고 황감·유감 등 감류와 금귤·산귤·동정귤·왜귤·청귤 등 귤류가 제주의 대표적인 특산물이며, 유자·비자·치자 등도 과원에서 많이 재배했다. 다양한 해산물도 빼놓을 수 없는데, 우뭇가사리·미역·다시마 등 해조류, 옥두어[옥돔]·상어·갈치·고등어 등 어류, 전복·소라·앵무라·진주조개 등 패류, 오징어, 대모(玳瑁: 거북등껍질) 등이 있었다. 『신증동국여지승람』에 제주에서만 나온다고 기록된 궤자(麂子)와 미록(麋鹿)은 고라니와 사슴을 말하는 것으로 보이며, "가죽이 세밀하고 질겨 가죽신을

68 이기봉(2003), 앞의 논문, 8-9쪽.

만들 만하다."[69]라고 적혀 있다. 또한 따뜻한 기후와 고도에 따라 다양한 식물이 자라는 한라산 덕분에 제주에서만 구할 수 있는 귀한 약재와 나무도 있었다. 제주에서 생산되는 나무는 특히『대동지지』에 상세하게 기재되어 있다.

한편『남사록』에는 "사기, 도기, 놋쇠, 철은 모두 산출되지 않는다. 그리고 벼가 아주 적다. 그래서 청주가 아주 귀하다. 기르는 소가 많으나 맛이 육지만 못하다. [⋯] 큰 바다에 둘러싸여 있으면서 소금이 나지 않아 진도, 해남에서 사온다."[70]라고 적었다.『신증동국여지승람』의 토산에 소금이 기록된 것과 배치되는데, 앞서 언급한 대로 조선시대 제주에서는 염전을 만들기 어려워 극소량만이 생산되었던 것으로 추정된다.『대동지지』에도 소금이 토산조에 포함되어 있지만, "해안이 모두 암초로 되어 있어 소금가마[釜子]가 많지 않고 극히 귀하다."[71]라고 쓰여 있다.

지금과 마찬가지로 조선시대에도 제주는 섬 내뿐 아니라 육지와의 교통이 매우 중요했다.『세종실록지리지』대정현조에는 육지로 통하는 해로가 다음과 같이 기록되어 있다.

> 배가 왕래하는 곳이 셋 있다. 나주에서 떠나면 무안의 대굴포, 영암의 화무지와 와도(瓦島), 해진의 어란량을 지나서 대개 7일 밤낮이 걸려 주자도에 이른다. 해진에서 떠나면 삼촌포를 따라 거요량·삼내도를 지난다. 강진에서 떠나면 군영포를 따라 고자·황이·노슬도·삼내도를 지나서 모두 3일 밤낮이 걸려 주자도에 이른다. 위의 3곳의 배가 모두 이

69 『新增東國輿地勝覽』卷38, 全羅道 濟州牧, 土産條.

70 김상헌 저, 김희동 역(1992), 앞의 책, 67-69쪽.

71 金正浩,『大東地志』卷12, 全羅道 濟州牧 土産條.

섬을 지나서 사서도·대화탈도·소화탈도를 지나 제주 애월포의 조천관에 이른다. 대개 화탈 사이에는 두 줄기 해수가 섞여 흐르므로 파도가 몹시 사나워 무릇 왕래하기가 힘들다.[72]

이에 의하면 육지에서 제주로 갈 때 나주·해남·강진 등지에서 출발했으며, 주자도 또는 추자도를 중간 기항지로 하여 제주 조천관에 도착했다. 제주에서 육지로 가는 항로도 같았다.

그런데 당시 제주와 육지를 오가는 항로는 험하여 사고가 적지 않았다. 『탐라지』에는 육지로 공물을 수송하는 배를 운행하는 타공(舵工: 뱃사공)에 대해 다음과 같이 서술했다.

왕래할 때 구풍(颶風)을 만나거나 암초에 부딪쳐 빠져 죽는 사람이 많으니 민망하고 측은하다. 뱃사람들에게 명하여 예비로 별도의 배를 준비시켜 배가 부서져 생기는 환란에 대비하게 한다. 혼탈피모(渾脫皮毛)를 가지고 가거나 표주박을 끈으로 묶고, 미숫가루와 떡을 지니고 있다가 혹시라도 불행한 일이 생길 때는 혼탈피를 두르고 표주박을 안고 미숫가루와 떡을 식량으로 삼는다면 간혹 살아나는 사람이 있을 것이다.[73]

거센 바람이나 암초 때문에 배가 난파하여 죽는 사람이 많으므로 구명대로 추정되는 혼탈피모, 표주박, 비상식량을 준비해야 한다는 것이다.

72 『世宗實錄地理志』, 全羅道 大靜縣.

73 이원진 저, 김찬흡 외 역(2002), 앞의 책, 154-155쪽.

Ⅳ. 맺음말

지금까지 지리지와 기행문 등 문헌 사료를 이용하여 조선 후기 제주의 자연환경과 인문환경을 복원했다. 그 결과를 요약하면 다음과 같다. 제주도는 화산 활동에 의해 형성된 화산섬으로, 대부분이 현무암으로 이루어져 있다. 현무암은 물이 잘 빠지기 때문에 물을 구하기 어려운 중산간지역보다는 샘이 솟아나는 해안을 따라 마을이 형성되었다. 하천은 건천인 경우가 많아 이를 이용해 농사를 짓기가 힘들었다. 조선 후기 사대부들이 주목한 지형 경관은 오름이었다. 오름은 농경지로 개간하는 데는 불리하지만 목초와 땔감을 얻거나 봉수대로 활용되었다. 대부분 거친 현무암으로 이루진 해안은 선박 운행과 소금 생산에 악조건으로 작용했다.

조선 후기 사람들은 제주 기후가 육지에 비해 따뜻하고 변화가 극심하다고 인식했으며, 이러한 기후가 의식주에 많은 영향을 미치고 있음을 주목했다. 육지에서 건너간 사람들이 특별히 관심을 가졌던 것은 제주의 토양이었다. 화산회토로 이루어진 제주 토양은 가볍고 건조하며, 돌이 많이 섞여 있고 척박한 편이다. 제주 농민들은 농업에 불리한 이러한 토양 조건을 극복하기 위해 진압농법 등의 농업기술을 개발하여 사용했다. 또한 '된땅'이 드물고 '뜬땅'이 대부분이어서 집을 짓거나 벼농사를 짓는 데 어려움이 많았다. 기후와 토양의 영향으로 식생도 육지와 매우 달랐다. '곶'이라 부르는 무성한 숲은 먹거리와 목재의 공급처뿐 아니라 유사시에 주민들의 피난처로 이용되었다. 한라산은 고도에 따라 다양한 식물들이 자랐고, 이러한 식물에서 유래한 귀한 약재와 목재는 조선 후기 제주의 중요한 특산물이었다.

자료의 한계로 조선 후기 제주의 인구를 파악하는 것은 어려우나 마을 이름을 통해 촌락의 확장 과정을 살필 수 있었다. 이로 미루어 보아 18~19세기 사이에 인구가 증가했음을 조심스럽게 추정할 수 있다. 또한 제주 인구의 특징으로는 남자에 비해 여자가 많다는 것과 장수하는 사람이 많았다는 것을 꼽을 수 있다.

지형, 토양 등 자연 조건 때문에 제주에서 농업은 육지에 비해 활발하게 이루어지지는 못했다. 그러나 불리한 자연 조건을 극복하기 위해 특유의 농법을 개발·활용했다. 또한 공납의 목적이 강했지만 과수 재배와 목축이 제주의 중요한 경제활동이었으며, 이를 위해 국영 과수원과 목장이 운영되었다. 조선 후기 제주의 산물은 농산물은 물론이고 축산물, 임산물, 수산물 등 육지의 어느 곳보다 다양했다. 그러나 이들 산물은 대부분 공납 대상이었으므로 주민들에게 심각한 부담으로 작용했다.

지도와 기록화로 본
조선 후기 제주문화와 공간

정은주

I. 머리말

제주도는 조선 후기 가장 많은 지도가 제작된 도서(島嶼) 중 하나다. 국가에 공납하는 공마(貢馬) 목장이 분포한 지역이자 군사 전략적 요충지로서 다른 섬에 비해 상대적으로 정치적·경제적 중요성이 부각되었기 때문이다. 따라서 제주 관찬 지도에는 국가의 지방 통치와 관련된 정치적 요소와 공마 목장의 운영과 같은 경제적 요소가 상세히 반영되어 있다. 한편 제주목사가 순력하고 제작한 기록화와 실경도도 국가 정책과 통치 행위를 적극 반영하고 있어 조선 후기 제주 사회를 연구하는 데 매우 의미 있는 사료라 할 수 있다.

※ 이 글은 정은주, 「조선후기 지도와 기록화를 통해 본 제주」, 『한국학』 160(2020)을 수정·보완한 것이다.

지금까지 제주지도는 지리학적 관점에서 지도의 유형 분류를 중심으로 연구가 진행되어 왔고,[1] 기록화와 실경도는 미술사학계, 경관지리학계, 조경학계에서 명승과 경관을 중심으로 연구되어 왔다.[2] 또한 역사학계에서는 문헌 사료와 읍지를 통해 제주의 목장과 마정(馬政)을 역사적 측면에서 고찰했다.[3]

따라서 이 글에서는 그간의 연구 성과를 반영하여 제주지도와 기록화

---

1 제주의 고지도는 제주민속자연사박물관 편, 『제주의 옛지도』(제주민속자연사박물관, 1996)가 발간되면서 집대성되었다. 조선에서 제작된 제주지도에 대해 주목할 만한 선행 연구로는 이상태, 「제주도 고지도 연구」, 『아세아문화연구』 1(1996), 205-232쪽; 양보경, 「제주 고지도의 유형과 특징」, 『문화역사지리』 13-2(2001), 81-99쪽; 18~19세기 제주도 고지도에 대한 연구로는 오상학, 「조선시대 제주도 지도의 시계열적 고찰」, 『탐라문화』 24(2004), 1-11쪽; 오상학, 「조선시대 제주 고지도의 현황과 유형별 특성」, 『제주도연구』 53(2020), 187-223쪽; 고지도에 나타난 하천 묘사를 통해 지도 계열을 분류한 연구로는 김기혁, 「17~18세기 제주도 고지도의 하천 묘사에 나타난 지도 계열 연구」, 『문화역사지리』 30-2(2018), 46-74쪽 참조.

2 제주 실경을 그린 기록화에 대한 선행 연구는 홍선표, 「《탐라순력도》의 기록적 의의」, 『조선시대회화사론』(문예출판사, 1999); 탐라순력도연구회 편, 『탐라순력도 연구논총』(제주시·탐라순력도연구회, 2000); 이보라, 「17세기 말 〈탐라십경도〉의 성립과 《탐라순력도첩》에 미친 영향」, 『온지논총』 17(2007), 69-90쪽; 윤민용, 「18세기 《탐라순력도》의 제작경위와 화풍」, 『한국고지도연구』 3-1(2011), 43-62쪽; 기록화 속 제주 지형 경관과 지명에 대해서는 김오순, 「18-19세기 제주 고지도의 연구」, 『교육과학연구』 8-2(2006), 133-150쪽; 김태호, 「옛 그림 속 제주의 지형경관 그리고 지형인식」, 『대한지리학회지』52-2(2017), 149-166쪽; 노재현 외, 「탐라십경과 탐라순력도를 통해 본 제주 승경의 전통」, 『한국조경학회지』 37-3(2009), 91-104쪽; 오창명, 「『탐라십경도』의 제주지명」, 『지명학』 26(2017), 147-181쪽.

3 제주마와 마정에 대한 연구는 남도영, 『濟州島 牧場史』(한국마사회 마사박물관, 2001); 박찬식, 「17·8세기 제주도 牧子의 실태」, 『제주문화연구』(1993); 원창애, 「조선시대 제주도 馬政에 대한 소고」, 『제주도사연구』 4(1995), 45-55쪽; 제주지도를 활용한 목장 범위에 대한 연구는 송성대·강만익, 「조선시대 제주도 관영목장의 범위와 경관」, 『문화역사지리』 13-2(2001), 143-159쪽; 김경옥, 「제주목장의 설치와 운영-耽羅志를 중심으로」, 『지방사와 지방문화』 4-1(2001), 43-81쪽; 고려시대 원의 목장 운영에 대한 연구는 전영준, 「13~14세기 元 목축문화의 유입에 따른 제주사회 변화」, 『제주도연구』 40(2013), 49-78쪽; 강만익, 「고려말 탐라목장의 운영과 영향」, 『탐라문화』 52(2016), 67-99쪽; 陳祝三, 「蒙元과 濟州馬」, 『탐라문화』 8(1989), 133-154쪽 참조.

를 문헌 사료와 비교 검토하여 역사적·문화사적 관점에서 조선 후기 제주 사회를 종합적으로 분석하려 한다. 먼저 조선시대 제주지도와 지도의 주기(註記), 기록화, 실경도를 분석하여 그 시기별 특성과 변화 과정을 파악하려 한다. 제주 관찬 지도는 조선시대 제주의 통치와 관방, 경제적 측면의 인문 정보를 반영하고 있어 당시 제주에 대한 인식을 엿볼 수 있다.

한편 제주목사가 주관하여 제작한 기록화는 조선시대 제주의 마정은 물론 순력·명승 인식 등 당시 제주 사회의 문화적 다양성을 파악할 수 있게 한다. 제주도 실경을 그린 대표적인 작품으로는 1694년 제주목사 이익태(李益泰)가 제작한 《탐라십경도(耽羅十景圖)》의 후대 모사본 3점이 전하며, 1703년 제주목사 이형상(李衡祥)이 제작한 《탐라순력도(耽羅巡歷圖)》가 현전한다.[4] 《탐라십경도》는 조천관, 별방소, 성산, 서귀포, 백록담, 영곡, 천지연, 산방, 명월소, 취병담 등 제주의 절경을 그린 것으로, 17세기 말 산수 유람과 명승에 대한 관심이 높아지면서 제주목사 이익태가 십경을 직접 선택한 점에서 주목된다. 이후 부임한 이형상은 명승에 그치지 않고 제주목의 주요 행사나 가을 순력 등 제주목사의 공적 행사와 제주의 특산물, 풍속 등을 묘사했는데, 이처럼 《탐라순력도》는 기록 이상의 시각적 정보를 제공하고 있어 의미 있는 결과를 도출할 수 있을 것으로 기대된다.

4 《탐라순력도》는 제주특별자치도청의 관할로 국립제주박물관에서 보관하고 있다.

II. 제주지도의 변천

기록에 의하면 제주 지형을 그린 가장 오래된 지도는 1007년(목종 10)에 비양도[瑞山]에[5] 용암이 분출하자 태학박사 전공지(田拱之)가 산 아래서 그 형상을 그려 바친 것이다.[6] 이후 행정·군사적인 측면에서 제주를 단독으로 그린 지도는 1482년(성종 13)에 양성지(梁誠之)가 제작한 〈제주삼읍도(濟州三邑圖)〉다.[7] 다만 이 글에서는 18세기부터 19세기 말까지 현전하는 제주지도를 연구 대상으로 삼고자 한다. 구체적으로는 대축척 단독 지도 필사본, 지방관이 순력하고 그린 제주지도, 《해동지도(海東地圖)》와 같이 18세기 후반 이후 제주지도 제작에 큰 영향을 준 관찬 군현지도첩, 김정호의 대축척으로 제작한 목판본 제주지도를 대상으로 그 내용을 분석하겠다.[8]

《탐라순력도》의 〈한라장촉(漢拏壯矚)〉은 주기에 따르면 1702년 4월 15일에 제작된 것으로 현존하는 제주지도 중 이른 시기의 작품이다(그림1). 제주목을 하단에, 정의현과 대정현을 각각 상단 좌우에 배치하고, 제주도를 중심으로 주변 지역의 위치를 대략적으로 파악할 수 있도록 제작했다. 화북·조천·별방·수산·서귀·모슬·차귀·명월·애월진 등 9개 진(鎭)의 위치를 붉은색으로 표시했다. 그밖에 목장, 산악, 도로, 마을, 하천을 비롯한 80여 개의 포구 명칭을 상세히 기록했다. 그중 목장은 10소가 아닌 현자장(玄字場), 황자장(黃字場), 목일소장(牧一所場), 목삼소장(牧三所場), 대이

---

5 李瀷, 『星湖僿說』 卷1, 天地門, 「飛颺島」.

6 『高麗史』 卷55, 志9, 穆宗 10年.

7 『成宗實錄』, 13年 2月 13日.

8 읍지도와 사찬지도를 포함한 제주지도의 전체 현황과 유형 분류는 오상학(2020), 앞의 논문, 190-193쪽, 〈표 1〉 조선시대 제주도 지도 현황 참조.

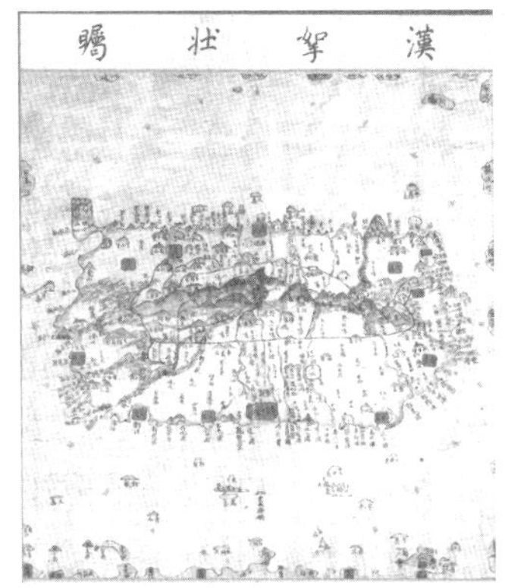

그림1 | 《탐라순력도》, 〈한라장촉〉, 1703년, 제주특별자치도청

그림2 | 〈탐라도〉, 1703년 이전, 국립제주박물관

소장(大二所場), 대삼소장(大三所場) 등으로 기록하여 구분했고, 봉수 25개소와 연대(煙臺) 38개는 위치만 표시했다. 제주도 주변에는 전통적인 24방위를 붉은색으로 둘러 표시했다. 제주 바다 아래쪽에 전라도와 소속 섬이 있고, 제주 바다 동쪽에 중국 산동성, 절강성, 복건성의 지명이 보인다. 북쪽에 섬라국, 교지국, 유구국, 여인국, 일본의 이키섬이 보이고, 서쪽에 일본이 위치해 있다. 여인국 같은 비현실적인 지명도 보이지만, 지도 사방의 방위에 따라 주변국의 지명을 써넣은 것은 섬이라는 특수성으로 인해 연안 항로를 이용한 공물 운반, 공무나 장사를 위해 육지를 왕래하다가 표류하는 일이 빈번했기 때문에 위치 정보를 제공하기 위한 것으로 보인다.[9]

지도의 주기에는 동서, 남북, 대로의 둘레뿐만 아니라 위 지역과의 거리를 리수(里數)로 표시했다. 이 또한 제주도의 지리적 특성상 표류나 조

9 1483년 중국 양주 지역을 표류한 정의현감 이섬(李暹) 일행, 1488년 중국 임해현에 표착한 최부(崔溥), 1542년 유구국을 표류한 박손(朴孫) 일행, 1687년 안남국을 표류한 고상영, 1771년 안남을 표류한 장한철(張漢喆) 등이 대표적이다.

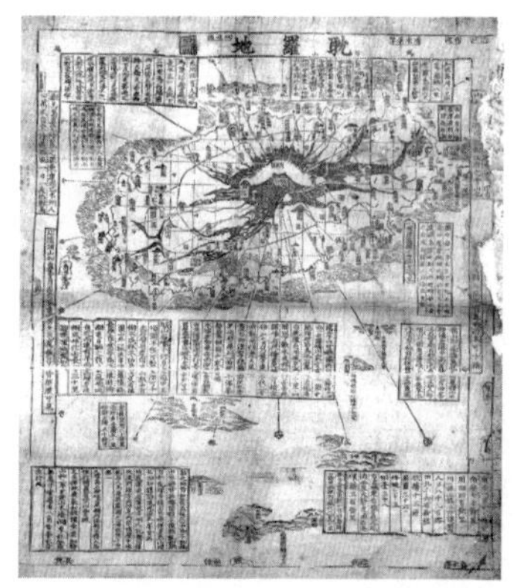

그림3 | 〈탐라지도〉, 1706년경, 목판본, 경희대학교 혜정박물관

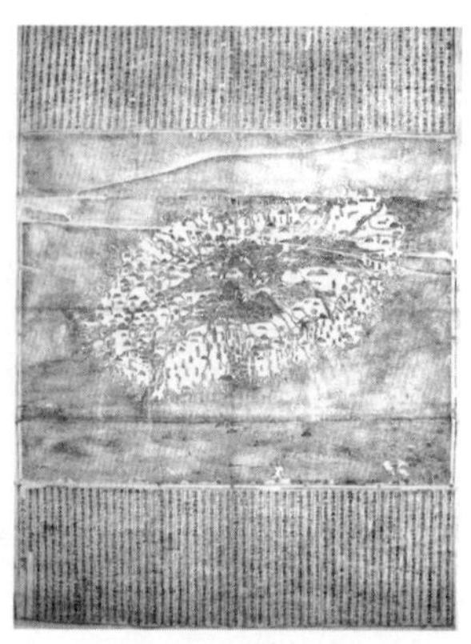

그림4 | 〈탐라지도병서〉, 1709년, 목판본, 서울대학교 규장각한국학연구원

난 상황을 대비한 것으로 추정된다. 《탐라순력도》의 서문에도 전통 24방위에 따른 주변국 정황이 잘 나타나 있다.

> 남해 가운데 작은 땅이 있어 북극까지 거리가 가장 가깝고, 춘추분에는 한라산에 별이 나타나니 대개 외딴 지역이다. 북으로는 전라도와 접하고 동으로는 일본과 인접하였다. 그 병향(丙向)에는 여인국, 오향(午向)은 대소 유구국이 있다. 정향(丁向)에는 교지국, 안남국이다. 곤향(坤向)에는 민구[閩甌: 복건성과 절강성]가 있다. 그 밖에 섬라, 점성, 만랄가[말라카]가 있다. 신향(申向)에서 해향(亥向)은 오(吳)·초(楚)·월(越)·제(齊)·연(燕)의 경계이다.[10]

《탐라순력도》와 함께 이형상의 종가에서 소장했던 목판본 〈탐라도(耽

10 李衡祥, 『瓶窩集』, 「耽羅巡歷圖序」, "黑子於南海中, 去極最近, 春秋二分, 星見於漢拏山, 槩絶域也. 北接全羅, 東隣日本, 其丙女人也. 其午大小琉球也, 其丁交趾也安南也, 其坤閩甌也, 其外暹羅也占城也滿剌加也, 自申而亥, 爲吳楚越齊燕之境."

羅圖)〉는 동해방호소(東海防護所)가 혁파된 1678년부터 이형상이 제주목사에서 체임된 1703년 6월 사이에 제작된 것으로 추정된다(그림2).[11] 지도의 하천 유로와 지명 정보가 유사하여 《탐라순력도》〈한라장촉〉의 저본으로 간주되기도 한다.[12] 제주 지형은 〈한라장촉〉보다 좌표가 있는 목판본 〈탐라지도(耽羅地圖)〉(그림3)에 가깝고, 주기에 의하면 국마 59둔, 포구 85처, 연대 37처, 과원(果園) 39처로 나타나 1709년 제작된 〈탐라지도병서(耽羅地圖竝序)〉(그림4)보다 이전의 상황을 반영하고 있음을 알 수 있다.

경희대학교 혜정박물관 소장 〈탐라지도〉는 십리 정간(井間)을 이용한 축척식이고 백록담을 중심으로 사방에 사선 24개를 그어 방위를 표시한 것이 특징이다.[13] 섬 사방의 바다는 수파문을 이용하여 육지와 섬의 경계를 표시했다. 지도 여백의 주기에는 책판 형태의 테두리 안에 성산석성, 백록담, 가파도, 마라도, 천제담(天帝潭), 천지연 등의 둘레와 거리를 상세히 기록했다. 특히 대마도에 대한 주기에는 1679년에 제주인 전만성(田萬成)이 대마도에 표류한 일을 기록했다.[14] 한편 경희대학교 혜정박물관 소장본과 동일한 내용을 담은 목판본 〈탐라지도〉가 2017년 소개되었는데, 지도 하단 중앙에 "康熙丙戌刻"이라고 판각하여 1706년에 제작된 것을 밝힌 점이 차이를 보인다.[15]

---

11 오상학(2004), 앞의 논문, 2쪽.

12 김기혁(2018), 앞의 논문, 58-59쪽.

13 이 지도는 좌표와 방안으로 인해 〈탐라좌표도(耽羅座標圖)〉로 소개되고 있으나, 본문에서는 원래 명칭인 〈탐라지도〉로 지칭하려 한다. 양보경(2001), 앞의 논문, 91쪽.

14 혜정박물관 소장 〈탐라지도〉는 선행 연구에서 1706년(숙종 32)에 송정규(宋廷奎) 목사가 차귀방호소(遮歸防護所)를 만호진으로 승격시켰는데, 1716년 황귀하(黃龜河) 어사가 다시 방호소로 강등했던 점을 들어 차귀와 수산에 만호진이 표기된 것을 근거로, 1706~16년에 제작되었을 것으로 추정했다. 오상학, 「목판본 「탐라지도」의 내용과 지도학적 특성」, 『한국지도학회지』 16-2(2016), 15-16쪽.

15 하단 주기 중앙에 '康熙丙戌刻'이라 새겨진 〈탐라지도〉 목판본은 2017년 6월 4일 KBS 〈TV

1709년 제작된 〈탐라지도병서〉의 상단과 하단 주기는 모두 선으로 구획하여 기록했는데, 각 고을의 연혁, 도리(道理), 인구, 군사, 재정 등의 관련 기록과 명승고적에 대한 내용이 수록되어 18세기 초 제주의 현황을 상세히 보여준다. 구체적으로 살펴보면, 제주도의 동서와 남북에 이르는 거리를 적고, 목장은 제주목에 7곳, 정의현에 3곳, 대정현에 3곳으로 총 13곳이며, 봉수는 25곳, 연대는 38곳, 과원은 40곳, 방호소는 9개소다. 그밖에 마을이 150곳, 총 호구는 8,955호이며, 인구는 총 45,129명으로 제주목 33,585명, 정의현 7,459명, 대정현이 4,085명이라 적혀 있다. 또한 내용 중 '신지도(新地圖)'와 '구지도(舊地圖)'를 운운한 것으로 보아 기존에 제작된 제주지도를 참조한 것으로 추정된다. 특히 〈탐라지도병서〉에는 최부(崔溥), 김려휘(金麗輝), 전만성 등의 표류 이야기와 경계를 접한 주변국 지명을 상세하게 소개했고, 당시 제주도에 타국의 상선이 물과 연료를 구하기 위해 빈번하게 경유했음을 밝힌 점이 흥미롭다.

> 서남쪽에 백해가 있는데 최부가 표류하여 태주에 도착하였을 때 백해를 지났다. 동남쪽에 흑해가 있는데 해남 선비 김려휘가 표류하여 유구에 이르렀을 때 제주에서 5일 만에 흑해에 이르렀다. 물빛이 먹 같아서 떠 보니 평범한 물과 다름이 없었고 물건을 물들이지도 않았다고 하였다. 정동(正東)에 대마도가 있는데 선비 전만성이 동쪽 완도[餘鼠]에서 서풍을 만나 하루 낮밤을 표류하여 대마도에 이르렀다. 북쪽 육지의 무등·월출·천관·달마·대둔·만덕 등 모든 산이 역력히 보인다. 해외 국가인 일본, 대소 유구, 여인, 안남, 교지[캄보디아], 관동, 복건, 섬라[태국]와 중국의 절강, 산동, 영파, 개봉, 송강, 등주, 내주, 청주, 양주, 소주, 항

쇼 진품명품〉에서 처음 소개되었다.

주 등지는 비록 서로 바라볼 수 없으나 경계가 접하고 죽 늘어서서 의지하여 어렴풋이 아득한 중에 가리킬 수 있으니 호쾌한 유람과 큰 볼거리가 이보다 나은 것이 없다. 다른 나라 상선이 항상 오가며 바다 가운데나 혹은 이 섬에 배를 대어서 물을 빌리거나 땔나무를 찾는다.[16]

하단의 말미에는 "강희 기축년 정월 이모(李某) 등이 간행하다[康熙己丑正月李等開刊]"라는 간기가 있어 1709년의 상황을 반영한 것임을 알 수 있다. 또한 간행자를 '李等'이라고 했는데, 이는 1706년 9월부터 1709년 5월까지 제주목사로 있었던 이규성(李奎成) 등을 의미할 개연성이 높다.[17] 주기에서 주목되는 점은 사방에 위치한 외국의 지명을 상세히 기록했는데, 조선인들의 표착지와 밀접한 관계가 있다는 것이다. 또한 외국 상선이 자주 오가며 제주에 정박한 사실을 기록한 것은 1627년 일본 나가사키 상관으로 향하던 벨테브레[Jan Janse de Weltevree: 박연(朴延)]에 이어 1653년 하멜(Hendrik Hamel) 등이 표착했던 사례와 같이 네덜란드 동인도회사 상선이 오가며 제주에 표착한 것과 밀접한 관련이 있는 듯하다.

지도에는 1706년 제주목사 송정규(宋廷奎)가 공마를 포구로 내릴 때 목장으로 삼기 위해 축조한 서산장(西山場)이 보인다. 또한 한라산을 중심으로 분포한 오름에 불꽃 모양으로 봉수를 표시했고, 산림이 우거진 임수

16 〈탐라지도병서〉 발문의 일부, "○西南有白海, 崔溥漂到台州時, 過白海云. 東南有黑海, 海南士人金麗輝漂到琉球時, 自濟州五日, 而至黑海, 水色如墨, 掬而視之無異. 凡水亦不染物云. 正東有對馬島, 本島士人田萬成, 自東餘鼠過西風一日一夜漂到對馬島. ○北陣諸山如無等月出天冠達馬(摩)大屯萬德等, 山歷歷可見. ○海外諸國如日本大小琉球女人安南交趾廣東福建暹羅浙江山東寧波開封松江登萊揚青蘇杭州等地, 雖不得相望接界羅列, 依 俙指點於杳茫之中, 壯道大觀, 無過於此. 異國商船常常往來洋中, 或入泊本島借水覓柴."

17 이상태(1996), 앞의 논문, 208-209쪽; 『濟州邑誌』(서울대학교 규장각한국학연구원, 想白古 915.149-J389), 先生案.

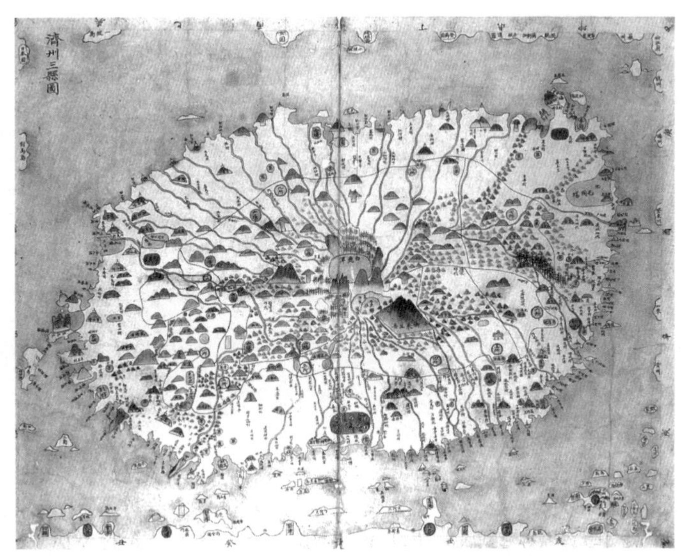

그림5 | 《해동지도》, 〈제주삼현도〉, 18세기, 서울대학교 규장각한국학연구원

(林藪)를 자세히 묘사했다. 진산(鎭山)인 한라산 백록담은 타원으로 처리하여 강조했고, 국왕이 타는 명마의 산지로 유명한 어승생악(御乘生岳)을 비롯하여 산처럼 솟아 있는 330여 개의 오름이 실감나게 묘사되었다. 하천은 구륵 쌍선으로 그리고, 목장의 경계는 단선으로 묘사했다. 또한 각지에 분포해 있는 용천수도 표시되어 있고, 군사 기지인 방호소, 촌락, 포구, 과원에 대한 정보도 자세하다. 지도는 목판본으로 보급되어 이후 제주지도 제작에 지대한 영향을 미쳤다.

《해동지도》 내의 〈제주삼현도(濟州三縣圖)〉는 두 종류가 있다. 그중 첫 번째 〈제주삼현도〉는 목판본 〈탐라지도〉의 내용과 구성을 반영하여 제작한 것으로 보인다(그림5). 제주의 목장과 봉수, 과원, 오름을 중심으로 사방으로 흐르는 물길을 상세히 표시했고, 전라도 남해안 군현뿐만 아니라 중국, 안남, 유구, 일본 등 이웃 국가를 실제 거리를 고려하지 않고 24방위에 따라 지도 외곽의 방형 둘레에 표시한 점이 특징이다. 제주 3현의 이름은 적색 원 위에 적어 구분했다. 또한 한라산 주변 일소(一所)부터 십소(十所)까지 표시되어 있는 곳은 1704년 새로 구획된 국마 목장이며,[18] 산장과 해안가에 여러 개의 마장(馬場)도 보인다. 그 밖에도 '과(果)'라 표기한 과수원과 포구 등이 자세하다. 해안가의 전략적 요충지에 봉대와 봉수 등 수많은 해안 방어 시설도 보인다. 오름 중 가장 눈에 띄는 어승생악은 한라산 아래 위치한 기생화산으로 조선 정조 때 이 오름 밑에서 용마(龍馬)가 탄생하여 당시의 제주목사가 이를 왕에게 봉납했는데, 왕이 타는 말이 태어난 곳이라 하여 '어승생'이라 부르게 되었다. 이 지도에는 화북(禾北)을 '水北'으로 오기했다.

제주읍성 안에는 여러 시설을 상세하게 표시했는데, 제주목 관아와 객사 영주관(瀛洲館)을 비롯하여 1682년(숙종 8)에 사액을 받은 제주 유일의 사액서원인 귤림서원(橘林書院)과 문묘 등이 있다. 제주읍성 왼쪽 조천관(朝天館)은 제주도에서 육지로 떠나는 배들이 출발하던 곳이다.[19] 읍성 위쪽으로는 탐라국의 신인(神人)으로 받들어진 양을나(良乙那), 고을나(高乙那), 부을나(夫乙那)가 나왔다는 삼성혈(三姓穴)이 표시되었다. 읍성 우측 아래 벌랑포 위의 제단은 마조단(馬祖壇)으로, 대규모 목장이 세워지면서 말의 수호신인 방성(房星)에 제사하던 곳이다. 마조단 제사는 조선의 국가 제례 체계 중 소사(小祀)로 분류되었다.[20]

《해동지도》 내 두 번째 〈제주삼현도〉를 통해서는 제주 3현의 읍치 구조를 한눈에 파악할 수 있다(그림6). 산마장과 국마목장은 10개소로 정리

---

18 국둔목장 1소부터 6소까지는 제주목, 7소와 8소는 대정현, 9소와 10소는 정의현에서 관할했다. 『濟州邑誌』(서울대학교 규장각한국학연구원, 想白古 915.149-J389), 「牧場」.

19 『新增東國輿地勝覽』 卷38, 全羅道, 濟州牧.

20 『大典通編』 禮典, 祭禮, [祭祀日期].

그림6 | 《해동지도》, 〈제주삼현도〉, 18세기, 서울대학교 규장각한국학연구원

되기 이전에 백록담 자락 아래 수림으로 경계를 만들어 황자둔, 열자둔, 십자둔 등으로 표기했다. 또한 조천진, 명월소, 화북소, 모슬소, 애월소 등 9곳의 방호소를 비교적 자세하게 표시했다. 제주의 방호소는 왜구가 배를 댈 수 있는 요해처로 보병과 마병이 수어하던 곳이다.[21] 먼저 조천진은 제주읍성 동쪽에 위치했고, 과거 신라에 조공할 때 고후(高厚)와 고청(高淸)이 이곳에서 배를 출발했기 때문에 유래한 이름이다.[22] 그 안에는 조천관과 연북정(戀北亭)이 있는데, 제주목사 이옥(李沃)이 성을 쌓았고, 목사 성윤문(成允文)이 중수 때 성의 문루인 쌍벽정(雙碧亭)의 편액을 연북정으로 고친 것이다. 화북진은 별도(別刀)라고도 했고, 1678년 목사 최관(崔寬)이 설치했다. 과거에는 수전소가 있었으나 18세기에는 전선을 없앴고,

21 『世宗實錄』, 21年 閏2月 4日.

22 許穆, 『記言』 卷48 續集, 四方 2, 耽羅志.

바람을 기다릴 때 조천진을 거쳤으나 18세기 후반에는 제주읍성에서 가까운 화북진을 거쳤다. 진 안에는 환풍정(喚風亭)과 영송정(迎送亭)이 있었다. 별방진은 제주성 동쪽 1510년 목사 장림(張琳)이 우도에서 가깝고, 적이 출몰하는 요충지로 간주하여 김녕방호소를 철수하여 그곳으로 이설했다. 수산진은 제주읍성 동쪽에 있다. 고려 충렬왕 때 원나라의 타라치(塔剌赤)가 소, 말, 낙타, 나귀 등을 방목한 곳으로 1706년 만호를 두었고, 1716년 조방장(助防將)을 두었다. 서귀진은 정의현성 서쪽에 있고, 1589년 목사 이옥이 바닷가에서 옮겨왔다. 정의현과 대정현 사이 이곳에만 진이 있어 1691년 백성들에게 주인 없는 밭을 나눠 분급하고 1711년 진 아래 폐목장의 밭은 쇄환전(刷還田)이라 하여 후손에게 세전하게 했다. 모슬진은 대정현성 남쪽에 위치했고, 1678년 제주목사 윤창형(尹昌亨)이 동해소를 철수하여 옮겨 세웠다. 차귀진은 대정현 서쪽에 있고, 1706년 만호를 두었고, 1716년 조방장을 두었다. 명월진은 제주읍성 서쪽에 위치했다. 1510년 제주목사 장림이 목성(木城)을 쌓고, 1592년 제주목사 이경록(李慶祿)이 석성으로 개축했다. 애월진은 제주읍성 서쪽에 위치했다. 목성은 과거 삼별초가 관군을 방어하기 위해 축성했고, 1581년 제주목사 김태정(金泰廷)이 석성으로 개축했다.[23] 서귀소(西歸所)는 정의현 관할의 대표적 방어 유적으로, 1590년 제주목사 이옥이 정방폭포가 있는 보목촌(甫木村) 가까이 옮겼고, 원래 자리에는 삼둔하장(三屯下場)이 자리 잡았다. 서귀소는 1695년 제주목사 이익태가 꼽은 탐라십경 중 하나이기도 하다.

제주목의 월로촌과 추로촌 사이에는 삼성에 제사 지내던 삼성단(三姓壇)도 보인다. 삼성단은 1526년 제주목사 이수동(李壽童)이 한라산 북록에

23 탐라 9진에 대해서는 이형상 저, 이상규·오창명 역주, 『남환박물』(푸른역사, 2010), 170-175쪽 참조.

모흥혈(毛興穴) 주위에 28척의 돌담을 쌓고 홍문을 세운 것에서 비롯되었다. 1698년 제주목사 유한명(柳漢明)이 삼성혈 옆에 묘우를 처음 건립했고, 이후 1702년 제주목사 이형상이 계품(啓稟)하여 읍성 내에 묘우를 중건했다. 이후 1785년 정조가 삼성묘에 사액했다.[24] 제주목 관아 좌측에는 향교의 대성전과 강청(講廳), 명륜당이 선명하게 보이고, 그 좌측에 제주목사 겸 호남방어사로 부임한 김정(金㪻)이 1735년에 삼천서당(三泉書堂)을 세워 교육에 힘쓴 것을 기념하여 세운 홍학비(興學碑)가 있다.[25] 명륜당 우측의 둑소(纛所)는 군중(軍中)에 세워 국왕과 지휘관의 군령권을 상징하는 의장물인 둑기(纛旗)를 보관하며 제를 지내던 둑신묘(纛神廟)다.[26] 1421년(세종 3)부터 둑제(纛祭)는 소사 규례의 유교식 국가 의례로 정착되어 군기가 있는 군영에서 행했고,[27] 조선 말까지 지속적으로 시행했다.

《해동지도》〈제주삼현도〉의 주기에 의하면, 18세기에 목장은 13처, 봉수는 25처, 연대는 38처, 과원은 40처가 있었고, 흑염소를 키우던 고권(羔圈)은 제주목과 대정현에 각각 1곳이 있었다. 또한 지도 제작 당시 "탐라의 두 지도는 모두 제주목의 인본(印本)으로 그 자세하고 소략한 것이 동일하지 않아 함께 두고 참고에 대비하였다[耽羅兩地圖, 皆是本邑印本, 而詳略不同, 幷存以備參考]."고 기록했다. 또한 수로에 대해서는 제주에서 해창(海倉)까지의 거리와 화북소에서 보길도까지의 거리를 설명하면서 '신지도(新

24 『日省錄』, 正祖 9年 2月 12日.

25 『濟州邑誌』(서울대학교 규장각한국학연구원, 想白古915. 149-J389), 「學校」; 『濟州邑誌』(서울대학교 규장각한국학연구원, 想白古915. 149-J389), 「書院」.

26 둑기는 큰 흑우의 꼬리로 만들었는데, 군법의 신 치우(蚩尤)의 머리를 상징했다. 둑제는 조선에서 무비의 소홀을 경계하고 전쟁에서 승리를 염원하는 국가 제사로 문신들의 석전제에 비견되는 무관들의 제사였다. 심승구, 「조선시대 둑제의 변천과 의례」, 『공연문화연구』 28(2014), 155-201쪽.

27 『世宗實錄』, 3年 7月 19日.

地圖)'와 '구지도(舊地圖)'를 언급했다.[28] 해남 보길도는 제주도에서 육지로 공물을 실어 나르는 거점이 되었기 때문에 그 거리를 명확히 하려던 것으로 보인다. 지형과 하천 유로로 비교하면, 주기에서 구지도는 목판본 〈탐라도〉를 말하고 이는 두 번째 〈제주삼현도〉의 저본이 되었다. 신지도는 1709년 제작된 목판본 〈탐라지도병서〉를 말하고, 첫 번째 〈제주삼현도〉의 저본이 된 것으로 추정된다.[29]

《해동지도》 중 두 번째 〈제주삼현도〉의 내용과 유형은 이후 《여지도(輿地圖)》, 《지승(地乘)》, 《광여도(廣輿圖)》, 《각읍지도(各邑地圖)》, 《호남전도(湖南全圖)》 등 전국 단위 군현지도에도 큰 영향을 미친 것으로 보인다.[30] 먼저 산수화풍으로 묘사된 한라산을 중심에 두고 제주목을 비롯한 3곳의 읍치, 9처의 방호소, 연대 등을 강조한 점과 임수(林藪)로 구분된 목장, 진해당(鎭海堂)이 있는 성산(城山)을 마치 수직 암산처럼 묘사한 것은 공통적으로 나타난다. 그중 《광여도》의 제주목 지도에는 다른 지도와 달리 조천관과 제주목 읍치 사이에 위치한 화북소에 '조선사신유관(朝鮮使臣留館)'이라 기록하여 조정의 특명으로 파견된 관료들이 머무는 곳임을 밝혀 주목된다. 또한 《여지도》의 구서귀소(舊西歸所)는 마치 바다에 있는 반달 지형처럼 묘사했는데, 이는 구서귀소의 담장을 잘못 옮겨 그린 것으로 보인다.

1694년 〈탐라도총(耽羅都總)〉은 제주목사 이익태가 주도하여 제작한 지

28 《海東地圖》, 〈濟州三縣圖〉, "水路, 舊地圖, 則自濟州距海倉, 九百餘里. 新地圖, 則自禾北距甫吉島, 二百十里, 而水路不得尺量, 難未得其詳槩自濟州距海倉也. 甫吉島幾過半, 則不下四百餘里矣."

29 김기혁(2018), 앞의 논문, 64, 68-70쪽. 이 논문에서는 제주지도의 하천 유로를 조사하여 〈탐라도〉 계열, 〈탐라지도병서〉 계열, 〈탐라지도〉 계열 등으로 나누어 지도 제작에서 상호 영향관계를 파악했다.

30 정은주, 「조선후기 繪畵式 郡縣地圖 연구」, 『문화역사지리』 23-3(2011), 119-140쪽.

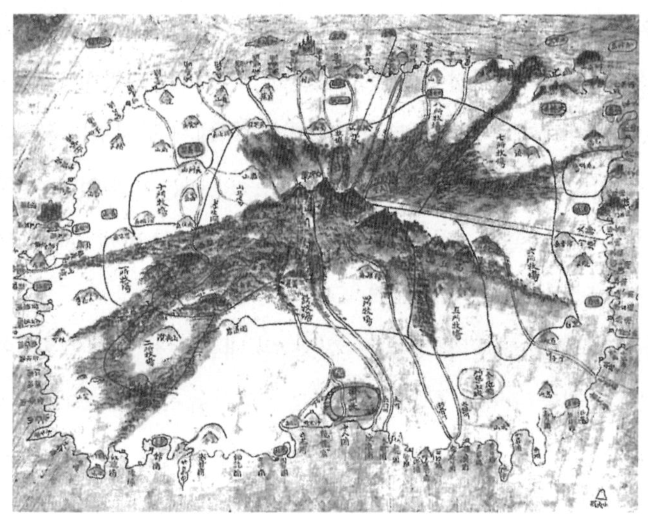

그림7 | 《탐라십경도》, 〈탐라도총〉, 18세기 후반, 국립민속박물관

도를 후대에 모사한 것으로, 《탐라십경도》 중 첫 면이다(그림7). 지형과 산간 수림 묘사 등을 비교해 볼 때, 《탐라순력도》의 〈한라장촉〉을 저본으로 한 것으로 추정된다. 지도 위의 주기에는 제주 진산 한라산이 북면하여 삼읍의 양현(兩縣)을 다스려 정의현은 산의 동남 모퉁이에 있고 대정현은 산의 서남쪽에 있다고 했다. 또한 방호소 9소, 봉수 25처, 포구 85처, 연대 39처, 과원 40처, 고원(羔園) 3소라 기록하여 『해동지도』의 주기와 같이 18세기 중반 이후의 상황을 반영하고 있다.

18세기에 제작된 것으로 보이는 《지도(地圖)》 중 제주 부분은 전라도 57개 군현 중에 수록되었다(그림8). 20리 방안도법에 의해 제작되어 제주 지형이 비교적 실제에 가깝다. 산맥과 하천을 중시하여 그렸기 때문에 다른 지도에 그려져 있는 330여 개의 오름을 산맥처럼 처리하고 개별 오름의 명칭만 간단히 기록했다. 또한 지도의 방향은 육지를 바라보는 구도로 그려져 있다. 오름은 연맥으로 묘사되고, 제주지도의 상징처럼 나타나던 위

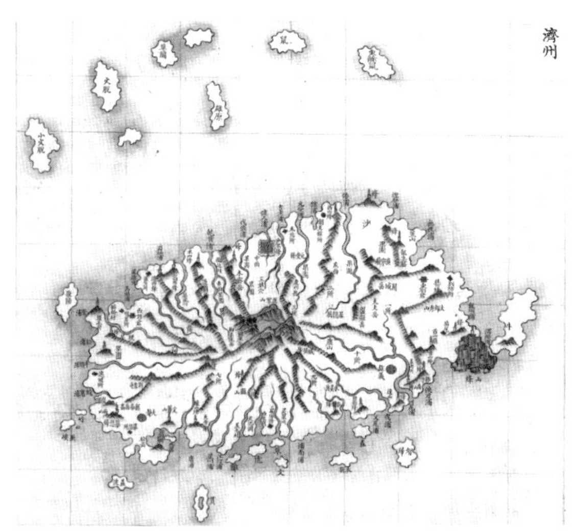

그림8 | 《지도》, 〈제주〉, 18세기 후반, 한국학중앙연구원 장서각

양포의 성산은 그려지지 않았고, 한라산은 백록담을 중심으로 묘사가 축소되었다. 제주도를 가로지르는 도로를 표시하고, 점선으로 군의 경계를 그려 넣은 것이 특징이다.

이러한 지도 유형은 1834년 매 눈금을 10리로 축적하여 그린 김정호의 《청구도(靑邱圖)》에도 영향을 주었다. 《청구도》의 주기에는 "제주의 별호는 탐라, 모라(毛羅), 동일주(東溢州)이다. 태종 임오(1402)년 좌우군(左右郡)의 지관(知官)을 설치하고 세종 을축(1445)년에 부진무(副鎭撫)로 개상(改上)하였으며, 세조 병술(1466)년에 절도사를 설치하였고, 예종 기축(1469)년 목사로 고쳤다."고 했다. 19세기 중반 〈해좌전도(海左全圖)〉의 제주 주기에는 "신라 법흥왕 때 신라에서 국호를 탐라라 한 후 백제에게 복속되었고, 백제 멸망 후 신라에 복속되었다. 고려 태조 때 내조하였고, 숙종 때 탐라군으로 강등되었으며, 의종 때 현으로 강등된 후 원나라에 복속되었다. 고려 공민왕 때 제주에서 반란을 일으켜 최영을 보내 평정하였다. 조선 태

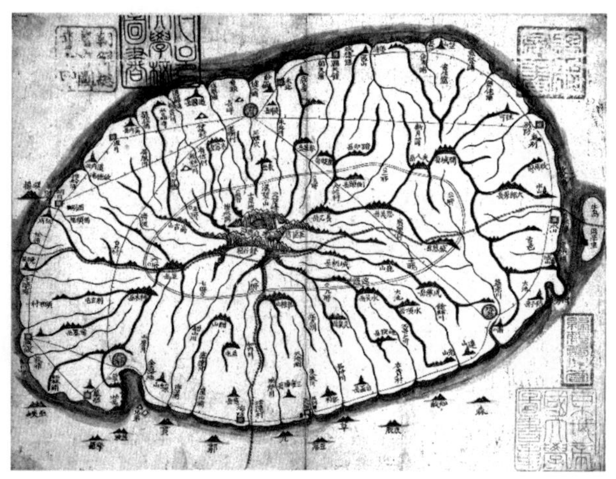

그림9 | 김정호, 《대동여지도》, 〈제주〉, 1861년, 서울대학교 규장각한국학연구원

종 연간 정의·대정 2현을 설치하였다."고 하여 다른 지도에 비해 역사적 배경을 상세히 기록한 것이 특징이다.

1841년 윤3월 제주목사로 부임한 이원조(李源祚)는 제주 출신의 화원 고경욱(高敬旭)에게 목판본 〈탐라지도〉를 축소하여 모사하게 했다. 아래의 서문은 목판본 〈탐라지도〉를 축소 모사하게 된 경위를 담고 있다.

> 탐라지도는 옛날 판각이 있었으나, 세월이 오래되어 닳아 이지러지고 크기도 커서 병풍이나 족자로 만들기 불편하였다. 들으니 제주 사람 고경욱이란 자가 영주십경(瀛洲十景)을 잘 그린다고 하여 옛날 목판 지도를 모사하게 하였다. 규격은 옛 지도에 비해 3분의 1로 줄이고, 방리, 촌명, 언덕, 시내 중 이름 없는 것은 생략하여 번잡함을 덜어 간단하게 하였다. 먹을 채색으로 바꿔 보기에 좋고 편리하였다. 족자로 장황하여 벽에 걸어두니 운해가 널리 펼쳐지고, 한라산이 우뚝 솟아 망루와 성곽의 포치, 인물과 여정의 주밀함, 포진의 방수하는 곳, 월삭으로 진헌하

는 수, 해외 여러 나라의 방향과 원근이 한눈에 들어왔다. 와유할 자료라 할 만하고, 다스리는 데도 도움이 될 것이다.[31]

제주목사 이원조가 제주 출신 화원 고경욱에게 기존 목판본 〈탐라지도〉를 3분의 1 크기로 줄여 모사하게 했고, 제작 목적은 와유하거나 지역 행정을 이해하는 데 도움이 되도록 하기 위함이라는 내용이다.

이후 〈동여도(東輿圖)〉와 1861년 《대동여지도(大東輿地圖)》 목판본에서 산은 목판본의 특성에 맞게 산악투시도법으로 표시했고, 도로 표시가 보다 상세해진 것이 특징이다(그림9). 한라산 백록담 인근에는 '수행굴(修行窟)'이라는 지명이 새롭게 나타난다. 1702년에 이곳에 다녀온 이형상은 『남환박물(南宦博物)』에서 "위에 수행동이 있다. 동에는 칠성대가 있어 좌선암이라 부른다. 이는 옛 스님이 말한 팔정 옛터인데, 존자암이라고도 부른다. […] 존자가 암자를 지은 것은 고(高)·양(梁)·부(夫) 삼성(三姓)이 처음 일어난 때 비로소 이루어졌고, 삼읍이 나누어질 때까지 오래도록 이어졌다. 지금은 스님이 없고 헐린 온돌만 남아 있다."고 기록했다. 즉 존자암은 삼성의 출현과 때를 같이하는데, 그 위치는 처음 영곡의 동남쪽 중간에 있었다가 영곡 서쪽 10리 밖 지금의 자리로 옮겨졌고, 존자암 주변에는 원래 칠성대와 좌선암이 있으며, 옛날 고승이 도를 닦았던 석굴이 있는데 이곳을 수행동이라 했다는 것이다. 이곳에는 이형상 당시까지도 부서진 온돌의 흔적이 남아 있었다.

31 李源祚, 『凝窩集』 卷15, 後敍, 「耽羅地圖小識」, "耽羅地圖, 舊有板刻, 而年久刓缺, 且體樣大, 不便於屛簇. 聞州人高生敬旭者, 能畵瀛洲十景, 仍舊刻模地圖, 間架比舊減三分之一, 坊里村名及培塿溪澗無名者略之, 刪繁就簡, 換墨以彩, 取悅眼而便覽, 粧爲簇, 掛之壁上. 雲海浩渺, 瀛岳挺峙, 樓櫓城郭之布置, 人物閭井之周匝, 浦津防守之所, 月朔進獻之數, 外洋諸國之方向遠近, 一寓目而盡得之, 斯可以資臥遊, 斯可以助出治."

그림10 | 〈제주삼읍전도〉, 1872년, 서울대학교 규장각한국학연구원

〈제주삼읍전도〉는 《해동지도》의 첫 번째 〈제주삼현도〉와 유사하게 한라산이 있는 남쪽을 지도의 상단으로 배치하고 있다(그림10). 하단에는 전라도 남해안의 고을, 포구, 도서를 배치했다. 상단에는 중국 강남과 동남아시아 국가들을 표시했고, 하단에는 전라도 남해안의 고을, 포구, 도서를 배치했다. 지명은 대정현과 정의현이 '군(郡)'으로 표기되었는데, 이는 1864년(고종 1)에 해안 방어의 중요성이 부각되면서 정의현과 대정현의 수령 자리를 변경관직[邊地窠]으로 인정하여 군수로 승격한 것을 반영하고 있다.[32] 각 면을 중심으로 소속된 모든 마을을 점을 찍어 행정구역을 직선으로 연결한 것은 다른 지도에서는 볼 수 없는 특징이다. 좌측 상단에 적힌 주기에는 정의 4면 동리 42진, 대정 3면 동리 25진, 제주 4면 동리 83

32 1864년에 현을 군으로 승격시켰다가 1880년(고종 17)에 제주목 관할에서 벗어나면서 폐단이 발생하자 다시 현으로 되돌렸다. 이후 1895년에 8도제가 폐지되고 23부제가 시행되면서 현이 폐지되었다. 『承政院日記』, 高宗 1年 8月 30日, 高宗 17年 1月 27日; 『高宗實錄』, 32年 5月 26日.

진 등 제주 3읍 면·동리의 수, 진보·봉수·연대·마우장(馬牛場)·산장의 수를 기록하고, 산마 감목관의 관리 아래 각 포에 진을 설치하는 것을 금하고 반드시 조천·화북·애월 3진에만 선박을 두고 다른 포구 앞에는 출입을 금했다고 기록했다.

해안의 포구는 물론 연대와 봉수 등 관방시설도 상세하게 기록되었다. 또한 마라도와 가파도를 비롯한 주변 섬들과 본도의 수로를 리수로 표시했다. 한라산을 중심으로 바다까지 연결되는 하천이 파랑색 구륵선으로 상세히 묘사되었고, 도로는 붉은색이 아닌 묵색으로 구분했다. 해안의 진 9개소와 중산간 지대 국둔 목마장 10소를 각각 붉은색과 파랑색 바탕 속에 기록했다. 오름이나 목장 주변에는 생수, 지(池) 등 물이 나오는 곳을 표시하여 용수의 상태를 보여주는데, '池'는 목장에 형성된 습지 또는 인공연못으로 목자와 우마에게 음용수를 제공했다. 하예리의 중문원(仲文院), 3소장 위의 제천원(濟泉院), 발악(鉢岳)의 이왕원(利往院)과 같이 행려의 편의를 위한 역원도 표시되었다. 읍치의 남쪽에는 삼성의 탄생 신화가 남아 있는 삼성혈이, 그 남쪽 삼의양악(三義陽岳)에는 산천단(山川壇)이 표시되어 있다. 산천단은 한라산 산신제와 밀접한 관련이 있다. 한라산 산신제는 나주 금성산에 의거하여 봄과 가을에 제사를 지냈다.[33] 『탐라기년(耽羅紀年)』에 의하면, 해마다 백록담에서 한라산 산신제를 봉행하면서 추위로 사람들이 희생되었는데, 이러한 폐단을 없애기 위해 1470년 제주목사 이약동(李約東)이 제단을 백록담에서 산천단으로 옮겨 봉행하게 되었다.[34] 1702년 이형상이 한라산만 국가 명산대천의 사전(祀典)에 누락된 것에 대

33 『太宗實錄』, 18年 4月 11日.

34 1997년 제주시 아라동 곰솔 숲의 공터에서 이약동이 건립한 한라산신고선비(漢拏山神古禪碑)가 발굴되어 산천단 이동 경위가 확인되었다. 『디지털제주시문화대전』, 「산천단 제사 터」.

해 치계하여 이듬해 치악산과 계룡산 제례의 축문식에 따라 산신제를 올렸다.[35] 이후 한라산 산신제는 기근이나 역모가 발생했을 때 국왕이 어사를 파견하여 지냈으며 1908년까지 지속되었다.[36]

Ⅲ. 제주 공마 목장의 운영

제주는 맹수가 없고, 산림, 넓은 들, 수초가 풍부하여 말을 기르기 좋은 자연 조건을 갖추고 있었다.[37] 『고려사(高麗史)』에 의하면, 1073년(문종 27) 11월 팔관회 때 탐라에서 말을 진상했다.[38] 제주도에서 목마(牧馬)는 삼별초의 난 이후 1276년(충렬왕 2) 원에서 말 160필을 보내 방목하면서 비롯되었다.[39] 그리고 이듬해 원은 아막(阿幕)을 설치하여 소, 낙타, 나귀, 양 등을 본격적으로 사육했다. 원은 제주도가 남송과 일본을 연결하는 해상의 요충지이자 일본의 동태를 살필 수 있는 장소라고 인식하여 목장을 설치한 것으로 보인다.[40] 1284년 원나라 총관부(摠管府)가 없어지고 탐라군민안무사부(耽羅軍民安撫使府)를 두면서 1288년(충렬왕 14) 제주인들이 기른 말을 탐라마(耽羅馬)라고 했다.[41] 이후 1294년 비로소 제주가 고려에 예속되

---

35 『肅宗實錄』, 29年 7月 29日.

36 金錫翼, 『心齋集』, 「罷山川州社諸公祀祭享」. 한금순, 「'제주한라산신제단법당'과 제주불교」, 『대각사상』 29(2018), 281쪽에서 재인용.

37 『睿宗實錄』, 1年 2月 29日.

38 『高麗史』 卷9, 世家, 文宗 27年 11月 辛亥.

39 『高麗史節要』 卷19, 忠烈王 2年 8月條.

40 송성대·강만익(2001), 앞의 논문, 144쪽.

41 李元鎭, 『耽羅志』, 「牧場」; 李源祚, 『耽羅誌草本』, 「濟州牧養」.

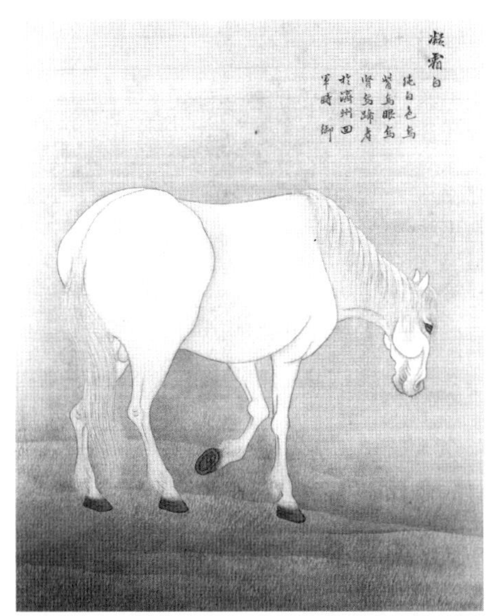

그림11 | 전 윤두서, 《팔준도》, 〈응상백〉, 1703년, 국립중앙박물관

면서 1295년 탐라를 제주로 고쳤다.[42] 제주 말은 체구가 작고 강건한 체질에 몸의 길이가 긴 것이 특징으로, 과하마(果下馬), 조랑말, 토마(土馬) 등으로 불렸다.

태조 이성계가 타던 여덟 마리의 준마 횡운골(橫雲鶻), 유린청(游麟靑), 추풍오(追風烏), 발전자(發電赭), 용등자(龍騰紫), 응상백(凝霜白), 사자황(獅子黃), 현표(玄豹) 중 응상백이 바로 제주산 말이다(그림11). 응상백은 이성계가 위화도회군 때 탔던 말로 순백색의 몸에 검은 눈과 발굽이 검은 것이 특징이다.

제주 공마는 1408년(태종 8) 공부(貢賦)로 정해졌는데, 제주의 민호를 가

---

42 1295년 이후에도 초적(草賊)의 반란과 원나라 목호(牧胡)가 발호했으나, 1375년 8월 공민왕이 도통사 최영(崔瑩)을 보내 토벌하여 다시 관리를 두었다. 『高麗史』 卷57, 志 卷11, 地理 2, 全羅道, 耽羅縣.

족 수로 나눠 대호(大戶)는 대마 1필, 중호(中戶)는 중마 1필, 소호(小戶)는 5호가 합하여 중마 1필을 바치게 했다.[43] 1430년 한라산의 산록 사면에 목장을 개축하면서 민호 344호를 이주시켰다.[44] 이는 1418년(태종 18) 이래 사람들이 평지에 경작을 시작하면서 수초가 부족하게 되자 안무사 장우량(張友良)이 평지 방목의 폐단을 아뢴 것이 발단이 되었다.[45]

『경국대전』에 의하면, 암말 100필과 웅마 15필을 1군(群) 자목장(字牧場)으로 삼고, 1군당 군두(群頭) 1명이 암말 100필, 군부(群副) 2명은 각각 암말 50필, 목자(牧子) 4명이 각각 암말 25필을 관리했다. 조선 전기 관영 목장은 주로 십소장(十所場), 산둔(山屯), 우도의 우둔(牛屯), 가파진의 별목장(別牧場)으로 구성되었다. 국마는 매월 말 감목관이 순행하면서 점마(點馬)하여 마필 수를 상사에 보고하고, 군부와 군두의 근태를 평가하여 연 2회 이상 보고하여 진퇴를 결정했다. 병조에서는 매년 초에 마적(馬籍)을 점검하여 마필 유실이 많은 자와 3년간 통산하여 번식시킨 수가 연 평균 30필 미만인 감목관을 파면했다.[46]

조선 전기 관영 목장은 제주목에 6개소, 정의현에 3개소, 대정현에 1개소가 분포했다. 1445년 전국에서 번식한 마필이 22,406필로, 당시 제주에서 기르던 말은 전국의 약 41%가 넘는 9,792필이었다.[47]

17세기 중반 목장은 10소장에서 11소장으로 늘어났다. 우마가 태어나면 목자는 말의 나이와 모색(毛色), 관리자를 확인하고 마적 5통을 작성하여 감목관, 제주목사, 전라감사, 사복시, 병조에 각각 보내고 군둔(群屯)을

---

43 『太宗實錄』, 8年 12月 25日.

44 『世宗實錄』, 12年 2月 9日.

45 『世宗實錄』, 16年 6月 30日.

46 『經國大典』, 兵典, 「廏牧」.

47 『世宗實錄』, 27年 5月 28日.

구별하는 낙인(烙印)을 했는데, 국마의 낙인은 천자문의 글자 순서로 제주목이 38자, 정의현이 17자, 대정현이 3자를 사용한 자목장(字牧場) 총 58개가 있었다.

1653년(효종 4) 이원진(李元鎭)의 『탐라지(耽羅志)』에 의하면, 제주목의 마장은 7개소, 6450필이 목양되었고 국가 제향에 쓰도록 흑우 20두를 공납했다. 정의현은 3목장 2,383필이 목양되었고, 대정현은 1목장 2,552필의 말이 있었다.[48] 따라서 당시 제주 3읍의 총 11개 목장에서 11,385필이 목양되었다.

1678년 《목장지도(牧場地圖)》 제36면과 1680년 이후 제작된 《정색도(正色圖)》 제2면은 통계표의 상단에 제주의 목장 현황을 나열했다. 이하 전국 목장의 통계를 도별로 구분하여 목자와 마필의 수를 적고 이후 군현 소재 목장별 폐장(廢場), 말의 유무, 설둔(設屯) 상황을 일목요연하게 기록했다. 《목장지도》의 우도장과 별목장을 제외한 제주 3읍의 말은 9,806필, 《정색도》에는 10,100필로 두 자료를 비교할 때 목장 총수와 목자 수는 일치하지만, 제주에서는 말 294필이 증가한 것으로 나타난다.[49]

1685년 김수흥(金壽興)이 올린 사복마정에 대한 변통계(變通啓)에 의하면, 1636년 마적에서 제주의 말은 9,090필이고 전국 목장의 말은 16,590필이었다. 1684년 제주의 말은 11,540필로 증가했고, 전국의 목장 말은 10,720필로 감소했다.[50]

조선 후기 관영 목장은 조선 전기에 비해 목장 분포가 확대되어 중산간지대 십소장과 산간지대의 산마장, 우장(牛場)이던 해안지대 우목장과 부

48 이원진 저, 김찬흡 외 역주, 『역주 탐라지』(푸른역사, 2002), 「목양」, 161, 240, 260쪽.

49 정은주, 「17세기 《牧場地圖》의 제작경위와 화풍」, 『한국고지도연구』 1-2(2009), 49-77쪽.

50 金壽興, 『退憂堂集』 卷7, 啓, 「司僕寺馬政變通啓(乙丑)」.

속 도서의 가파도 별목장이 있었다. 이중 산마장은 국가에서 운영하는 국영 목장을 제외한 목장으로 산장(山場), 산둔장(山屯場), 산목(山牧) 등으로 불렸다.

제주 목장의 조직은 감목관 외에도 목장 1소에 마감(馬監), 군두, 군부, 목자, 보인(保人) 등으로 구성되었다. 암말[雌馬] 100필, 수말[雄馬] 15필을 1군(群)으로 삼아 군두 1인, 군부 2명, 목자 4명이 한 조를 이루어 운영했다.[51] 산둔 감목관은 사둔(私屯)에서 말을 대규모로 목양한 김만일(金萬鎰)이 임진왜란 때 500필을 전투마로 내놓은 것을 시작으로 전쟁 때마다 수차례에 걸쳐 말 1만 필을 진상한 공로를 인정받아[52] 그 후손들이 선조 연간부터 대대로 산둔 감목관으로 세습을 허락받았다. 그러나 자손 중에 목졸(牧卒)을 가혹하게 부린 폐단이 있어 세습을 폐지하고 정의현감이 감목관을 겸임하게 되었다.[53]

17세기 이건(李健)의 「제주풍토기(濟州風土記)」에 의하면, 제주 자목장 한 둔의 말은 1백여 필 이상으로 목자는 2~3인 정도였다. 또한 말이 혹한에 죽으면 목자는 가죽을 벗겨 납부하는데, 관에서는 마적에 기재된 마색(馬色)과 대조하여 서로 부합해야만 이를 수용했다. 마적과 차이가 있거나 모피에 손상 흔적이 있으면 목자에게 변상하게 했는데, 징마(徵馬)는 당사자에 그치지 않고 목자의 친족에게 나눠 징수하기도 했다.[54] 흉작으로 쓰러지거나 죽은 국둔마와 목자가 증가하면 그를 대신한 징수는 더욱 가혹

51 『經國大典』, 兵典, 「廏牧」.

52 김만일은 1620년 특별히 부총관에 제수되었고, 1628년 종1품 숭정대부를 제수받았다. 『光海君日記』, 12年 8月 15日.

53 『肅宗實錄』, 45年 10月 17日. 이후 1847년부터 1884년까지 김만일 집안에서 산둔감목관에 제수된 인물은 총 11명으로 이들은 헌마에 대한 특혜를 누렸다. 김경옥(2001), 앞의 논문, 68-69쪽.

54 원창애, 「조선시대 제주도 馬政에 대한 소고」, 『제주도사연구』 4(1995), 7-8쪽.

해졌다.[55]

1702년 제주목사 이형상이 제주 관내를 순력하면서 파악한 국마는 64개 둔의 목장에 9,372필로, 17세기 말에 비해 감소 추세를 보인다.[56] 『남환박물』에는 제주목 34자, 정의현 14자, 대정현 5자로, 총 53개 둔의 자목장이 나타난다.[57] 이는 숙종 연간 목장의 개조를 허용하면서 더욱 감소한 결과로 보인다. 목장은 화포를 비롯한 전략 무기가 전래되고 농경지가 개간되면서 폐장 또는 축소되기 시작했다.[58]

『탐라지』에 의하면, 1704년(숙종 30) 제주목사 송정규가 한라산 중산간 지역의 목장 관리가 부실하여 마필의 사육이 불량하거나 규모가 작은 자목장을 폐쇄·정비하여 원래 20소 60둔이던 것을 10소장으로 통폐합했다.[59] 1744년(영조 20) 목사 윤식(尹植)이 다시 장계를 올려 가축(加築)했으나, 국둔 마장은 1899년(광무 3)에 결국 폐지되었다.

제주 내 각 지역에서 공마를 점고하는 것은 중요한 행사였다. 공마는 비변사에서 어사를 파견하여 관리했고, 해당 지역 목사·감목관·현감 등은 수시로 구마(驅馬)와 점마(點馬)를 통해 국마를 관리했다.[60] 구마를 위해 우마를 취합하는 원형 목책인 환장(圜場)과 취합 우마를 한 마리씩 좁은 목책으로 통과시키는 사장(蛇場)이 필요했다.

《탐라순력도》에 나타난 말과 관련한 행사 기록화 중 〈산장구마(山場驅馬)〉는 1702년 10월 15일 제주판관, 감목관, 정의현감이 참여하여 성판악

---

55 『承政院日記』, 肅宗 20年 11月 7日.

56 李衡祥, 『耽羅巡歷圖』, 「序文」.

57 李衡祥, 『南宦博物』, 「誌馬牛」.

58 송성대·강만익(2001), 앞의 논문, 148쪽.

59 원창애(1995), 앞의 논문, 49-50쪽.

60 김경옥(2001), 앞의 논문, 72-73쪽.

아래 산장에서 말을 한 곳에 모으고 마필의 수를 확인하는 모습을 그리고 있다. 사장과 환장의 목책을 만든 결책군(結柵軍)은 2,602명, 말을 모는 구마군(驅馬軍)은 3,720명, 말을 관리하는 목자와 보인은 214명, 말 2,375필이 있다.[61] 미원장(尾圓場)에 말을 먼저 몰아넣고, 사장을 통해 점검한 후 두원장(頭圓場)에서 취합했다. 〈우도점마(牛島點馬)〉는 1702년 7월 13일 정의현감이 목자와 보인 23명을 모으고, 성산 서편의 우도 목장 내에 있는 말 262필을 점고한 내용이다. 〈조천조점〉은 10월 20일 조천관의 연북정을 중심으로 조방장 김상중과 그 휘하의 성정군(城丁軍) 423명, 군기집물을 점검하고, 제2소 목장과 일자목장(日字牧場)의 둔마 목자와 보인 87명, 말 505필을 점검하는 그림이다(그림12).

1702년 제주 3읍의 백성은 9,552호, 남녀 43,515명이고, 밭은 3,640결이었다. 이형상은 그해 11월 삼읍의 관리, 민호, 전답, 군기, 목자와 우마 수를 점고했다. 〈정의조점〉은 11월 2일 정의현 성내 정의현감, 성장 2명, 치총(雉摠) 4명, 민호 1,436호, 전답 140결이고, 문묘 제기·제복·서책을 점검했으며, 성정군 664명과 군기집물을 점검했고, 목자와 보인 190명, 말 1,178필, 흑우 228수, 창고의 곡식은 4,250여 석이었다. 〈대정조점〉은 11월 10일 현감, 성장 2명, 치총 4명, 인민 797호, 전답 149결이고, 문묘의 제기·제복·서책을 점검했으며, 성정군 224명, 군기집물, 목자와 보인 123명, 말 847필, 흑우 228수, 창곡은 1,950여 석이었다. 〈제주조점〉은 11월 15일 가중군(假中軍) 이항, 성장 4명, 치총 8명, 인민 7,319호, 전답 3,357결이고, 문묘 제기·제복·서책을 점검했으며, 성정군 1,263명, 군기집물, 창곡은 30,040여 석이었다. 여기서는 제주읍성이 상세히 표현되었는데, 그 중 성내 문묘와 읍성 밖 서쪽에 여단(厲壇)이 보인다.

---

61 李衡祥, 『耽羅巡歷圖』, 「山場驅馬」.

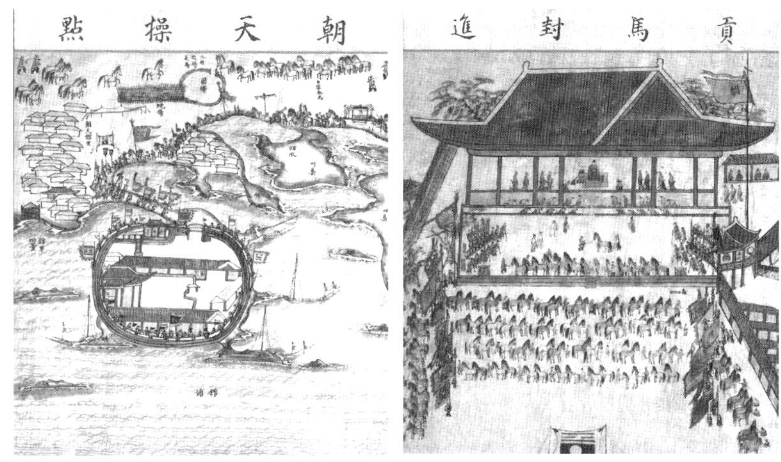

그림12 | 《탐라순력도》, 〈조천조점〉, 1703년

그림13 | 《탐라순력도》, 〈공마봉진〉, 1703년

제주는 연례(年例)·식년(式年)·부정기적 공마를 했고, 병조에서 우마적(牛馬籍)에 기초해 징발할 말을 선정하여 사복시에 하달하면 전라도관찰사를 거쳐 제주목사에게 전달되었다. 각 목장에서 징발된 말은 제주목 관덕정 앞에서 우마적과 대조 후 육지로 호송하기 위해서는 조천포, 별도포 등에서 출발하여 보길도, 영암, 강진, 완도, 해남 등지로 이동했고, 공선 1척 당 20~30여 필의 말을 수송했다.[62] 제주의 공선은 봄부터 여름까지 매년 3척으로 내왕했고, 제주에서 한성까지 약 2개월이 소요되었다. 공선 1척마다 영선천호(領船千戶) 1인, 압령천호(押領千戶) 1인, 두목 1인, 사관(射官) 4인, 격군(格軍)은 대선(大船) 43명, 중선(中船) 37명, 소선(小船) 34명이 배정되었다.[63]

〈공마봉진(貢馬封進)〉은 1702년 6월 7일 각 목장에서 진상에 필요한 말

62 국립제주박물관 편, 『제주의 역사와 문화』(통천문화사, 2001), 147쪽.

63 『世宗實錄』, 7年 7月 15日.

을 징발하여 제주목사가 이를 확인하는 장면이다(그림13). 이때 대정현감 최동제(崔東濟)가 공마봉진의 책임을 수행하는 차사원이었다. 관아 내에서 공마를 한 마리씩 데리고 나와 점고했고, 목자들은 공마 2마리씩 데리고 점고에 대기했다.

공마는 삼명일(三名日)에 헌납하는 탄생마(誕生馬)·동지마(冬至馬)·정조마(正朝馬) 각 20필, 매년 정기적으로 상납하는 연례마(年例馬) 8필, 연말에 상납하는 세공마(歲貢馬) 200필, 임금의 어승마(御乘馬) 20필, 특별한 용도로 사용되는 차비마(差備馬) 80필, 식년(式年)에는 산둔마 2백 필을 두 번에 나누어 더 올려보냈다.[64] 흉변을 대응하기 위한 흉구마(凶咎馬) 32필, 물건을 실어 나르는 노태마(駑駘馬) 33필 등으로 제주의 국마 433필이 내수사(內需司)와 사복시에 진상되었고, 제수용 흑우 20두가 추가되었다.[65]

공마의 봉진은 경우에 따라서는 절반으로 감해주기도 했는데, 1776년 5월에는 공마를 싣고 바다를 건너다가 100여 필이 침몰하자 이듬해에는 봉진 수를 절반으로 감했다.[66] 1792년에는 임금이 타는 어승마로 선정된 것에 대한 논상으로 제주목사 유사모(柳師模)가 내구마(內廏馬) 1필을 하사받았다.[67]

1878년 8월 사복시의 제주 세공마를 기록한 『제주출래후운세공마(濟州出來後運歲貢馬)』에 의하면, 세공마는 총 200필로 털빛에 따라 붉고 갈기가 검은 유마(騮馬)가 72필, 흰빛과 붉은색을 띤 적다마(赤多馬)가 65필, 적흑색의 오류웅마(烏騮雄馬)가 25필, 가라웅마(加羅雄馬)가 25필, 고라웅마(古

---

64 『弘齋全書』 卷13, 序引 6, 翼靖公奏藁軍旅類叙(庚申), 馬政引 附郵驛; 김영옥, 「제주목장의 설치와 운영」, 『조선후기 도서연구』(혜안, 2004), 268쪽.

65 李衡祥, 『耽羅巡歷圖』, 「貢馬封進」.

66 『正祖實錄』, 即位年 5月 20日.

67 『正祖實錄』, 21年 8月 2日.

羅雄馬)가 9필, 공골웅마(公骨雄馬)가 3필, 연설가웅마(烟雪呵雄馬)가 1필 등이었다.[68] 그 외에 삼명일에 20필씩 60필을 진상했고, 연례 진상마가 8필이었다. 또한 제주목에는 목사, 판관, 현감 등의 체임에 10필, 노태마 10필, 흉구마 10필이 비정기적으로 공헌되었다. 제향에 쓰는 흑우는 해마다 40두를 바쳤다. 식년 공마는 어승마 10필, 갑마(甲馬) 200필, 차비마(差備馬) 40필을 바쳤고, 8개월 이상 재임한 목사의 체임마는 3필, 판관과 현감의 체임마는 2필을 올렸다.[69]

19세기 중반 이래 부속 도서의 우도장과 가파도 별둔장에서 개간이 허용되었고, 이후 중산간의 목장 내에서도 화전이 허용되면서 개간이 이루어졌다. 1894년부터는 관영 목장을 유지시켰던 감목관제와 공마제도가 폐지되어 공마 수송이 종료되고, 1897년부터는 공마를 금납(金納)으로 대신함으로써 관영 목장은 결국 폐지되기에 이른다.[70]

Ⅳ. 제주 지방관의 순력과 명승유람

1. 순력의 주요 행사

1702년 3월 제주목사로 부임한 이형상은 그해 10월 그믐에 출발하여 한 달 만에 순력에서 돌아왔다. 그리고 화공 김남길(金南吉)에게 순력 내용

68 『濟州出來後運歲貢馬』(서울대학교 규장각한국학연구원 소장, 奎26010).

69 『濟州邑誌』, 「進貢」(정조 연간).

70 『齊州邑誌』, 「濟州牧 牧場」(고종 연간).

을 40폭으로 그리게 하여 1첩으로 장황하고 '탐라순력도(耽羅巡歷圖)'라고 이름 붙였다. 아래《탐라순력도》의 서문에서 제작 경위를 상세히 밝히고 있다.

> 봄가을마다 절제사가 친히 방어의 형지와 군민 풍속을 살피니 이를 순력이라 하였다. 나는 구례에 따르지 않고 10월 그믐날 출발하여 한 달을 순력하고 돌아왔다. 당시 [제주판관] 이태현, 정의현감 박상하, 대정현감 최동제, 감목관 김진혁이 모두 지역별로 배행하여 도착하니 출발하며 이르기를, "이번 행차는 기록할 만하다." 하였다. 도민이 임금의 은혜에 감동하여 건포에서 배례하기에 이르렀고, 음사(淫祠)를 모두 태워 지금은 무격(巫覡)에 종사하는 자가 없다는 것은 더 말할 필요가 없을 것이다. 한가한 날에 화공 김남길에게 40도(圖)를 그리게 하고, 오로(吳老)의 필(筆)을 빌려 1첩으로 장황하게 하여 '탐라순력도(耽羅巡歷圖)'라 하였다. 1703년 5월 13일, 제주 감영의 와선각(臥仙閣)에서 짓다.[71]

위의 서문에서 '오로(吳老)'는 1701년 무독(巫蠱)의 옥사에 연루되어 대정현에 안치된 오시복(吳始復)으로 추정된다. 이조참판, 한성판윤 등을 역임한 오시복은 제주목사 이형상과 친분이 있었기 때문이다. 다만 그는 글씨도 잘 써 장황이 아닌 필력으로《탐라순력도》의 제목과 그림 아래 주기를 쓰는 역할을 했을 것으로 보인다.[72] 또한 순력은 1702년 10월에서 11월

---

71 李衡祥,『瓶窩集』卷14,「耽羅巡歷圖序」, "每當春秋, 節制使親審防禦形止及軍民風俗, 謂之巡歷. 余亦遵舊例, 發行於十月晦日, 閱一朔乃還, 時半刺李泰顯, 旌義縣監朴尙夏, 大靜縣監崔東濟, 監牧官金振爀, 皆以地方陪到, 乃作而曰, 此行可紀. 且也島民感君恩, 至有巾浦之拜, 而淫祠皆火之, 今無業巫覡者, 是尤不可以無言也. 卽於暇日, 使畫工金南吉, 爲四十圖, 且要吳老筆, 粧績爲一帖, 謂之耽羅巡歷圖. 時癸未竹醉日, 題于濟營之臥仙閣."

72 이보라(2007), 앞의 논문, 81-82쪽; 윤민용(2011), 앞의 논문, 60쪽.

사이에 이루어졌으나, 그림이 완성되어 장황된 시점은 1703년이었다.

《탐라순력도》의 행사 기록화는 방어를 위한 군사 시설과 형지를 파악하고 제주 풍속을 각 지방관과 함께 살피는 장면이 대다수를 차지한다. 앞에서 살펴본 목장이나 말의 점고 외에도 제주목사는 순력 동안 감귤 봉진, 사냥, 군사 훈련과 시사(試射), 승보시(陞補試), 80세 이상의 노인들에게 베푼 양로연 등 여러 행사를 주관했다.

첫째, 귤 봉진과 관련한 행사도다. 『경국대전』에 의하면, 제주목·정의현·대정현에서는 귤나무를 재배하여 매년 12월 그 수량을 보고하게 되어 있다. 1526년(중종 21) 제주목사 이수동에 의해 과원이 본격적으로 조성되었고, 이형상이 재임할 때 그 수는 42곳으로 증가했다.[73] 제주에서 한 해의 첫 귤[黃柑]을 진상하면 종묘에 올렸고, 1536년부터는 특지(特旨)로 성균관과 사학의 유생에게 하사했다. 다만 귤이 없으면 유자나 소금 간을 하지 않고 말린 황대구로 대신하기도 했다. 또한 어제(御題)로 감제(柑製) 또는 황감제(黃柑製)를 거행했는데, 합격하면 문과 전시(殿試)나 회시에 직부(直赴) 응시 자격을 주었다.[74]

《탐라순력도》 서문에 의하면, 1702년 제주에는 42과원 내에 감은 229그루, 귤은 2,978그루, 유자는 3,778그루, 치자는 326그루가 있었다. 〈감귤봉진(柑橘封進)〉은 망원루 앞에서 제주 특산물인 감귤과 한약재로 사용되는 귤껍질을 봉진하는 모습을 그린 것이다(그림14). 9월부터 2월까지 종묘 천신용(薦新用) 귤은 2차에 걸쳐 21운(運)을 진상했다. 그 종류는 당금귤(唐金橘) 678개, 감자(柑子) 25,842개, 금귤(金橘) 900개, 유감(乳柑) 2,644개, 동정귤(洞庭橘) 2,804개, 산귤(山橘) 828개, 청귤(靑橘) 876개, 유자(柚子)

---

73 국립제주박물관 편(2001), 앞의 책, 147-150쪽.

74 『中宗實錄』, 31年 1月 10日; 『續大典』, 禮典, 諸科; 『大典通編』 卷3, 禮典, 諸科, 黃柑製; 『六典條例』 卷6, 禮典, 成均館, 科擧.

그림14 | 《탐라순력도》, 〈감귤봉진〉, 1703년

그림15 | 《탐라순력도》, 〈교래대렵〉, 1703년

1,460개, 당유자(唐柚子) 4,010개, 치자(梔子) 112근, 진피(陳皮) 48근, 청피(青皮) 30근 등이었다.

〈귤림풍악〉은 제주읍성 내 망경루 후원 귤림에서 풍악을 즐기는 모습을 그린 것이다. 당시 제주읍성에는 과원 5개소와 별과원 등 6개소가 있었고, 과원의 경계는 대나무를 심어 울타리로 삼았다. 주기에 따르면 1702년 제주 3읍 42과원의 결실 총수는 당금귤 1,050개, 감자 48,947개, 금귤 10,831개, 유감 4,785개, 동정귤 3,364개, 산귤 185,455개, 청귤 70,438개, 유자 22,041개, 당유자 9,533개, 등자귤(橙子橘) 4,369개, 석금귤(石金橘) 1,021개, 치자 17,900개, 탱자껍질[枳殼], 탱자[枳實] 2,225개였다. 과원에서 충당하지 못한 감귤의 공물은 민호에 부과하여 채웠는데, 나무에 열매가 맺으면 그 수를 헤아려 표지를 달아 조금이라도 축나면 징속하게 했다. 또한 관부까지 운반해 오는 기한을 넘기면 형벌과 징발이 매우 엄해 민호에서는 감귤을 심는 것을 꺼렸고 심지어는 뽑아버릴 정도였다.[75]

---

75 『世祖實錄』, 1年 12月 25日.

둘째, 진상을 위한 사냥과 관련한 행사도다. 〈교래대렵(橋來大獵)〉은 1702년 10월 11일 제주목 교래에서 사냥하는 모습을 그린 그림이다(그림 15). 당시 사냥에는 3읍 수령과 감목관이 참여했고, 말을 타고 사냥하는 마군 200명, 보졸 400여 명, 포수 120명이 동원되어 사슴 177마리, 돼지 11마리, 노루 101마리, 꿩 22마리를 사냥했다. 〈비양방록(飛揚放鹿)〉에서는 1702년 10월 11일 교래의 사냥에서 생포한 사슴을 1703년 4월 28일 비양도에 옮겨 방사한 것을 묘사했다. 제주목 서면 53개 마을이 상세히 표시되었고, 제주읍성의 서문에서 명월진에 이르는 지형이 묘사되었다. 내의원에서 소용되는 사슴 꼬리나 혀 한 개 값이 면포 20~30필에 이르러 진상을 위해 사슴의 방목이 필요했고,[76] 진상용 생사슴을 비양도에서 방목했던 것을 알 수 있다. 사슴이 구하기 어려울 경우는 제향용을 제외하고 탄일이나 정조(正朝) 등의 진상은 노루로 대신하기도 했다.[77]

셋째, 군사 훈련 및 군기 점고와 관련한 행사도다. 1702년 제주의 군사는 1,700여 명의 규모였다. 〈화북성조(禾北城操)〉는 1702년 10월 29일 화북진에 소속된 성정군의 군사 훈련을 묘사한 것이다. 제주판관이 감영으로 돌아올 때까지 군관 이정진 등 4명이 배행했다. 조방장은 이희지였고, 성정군 172명의 군사 훈련과 군기집물을 점검했다. 별도포에 성창이 있고, 성 서쪽에 연대가 위치한 입지를 보여준다. 〈수산성조〉는 11월 2일 정의현감 박상하가 참여하여 조방장 유효갑, 성정군 80명, 군기집물을 점검한 것과 수산고성의 옛 위치가 선명하게 그려져 있다(그림 16). 〈모슬점부(摹瑟點簿)〉는 11월 13일 군관 전만호(前萬戶) 유성서가 점고를 대신한 정황과 조방장은 오세인, 기병과 보병은 24명, 군기집물의 장부를 대조하여

76 『中宗實錄』, 1年 10月 3日; 5年 6月 26日.

77 『明宗實錄』, 3年 10月 9日.

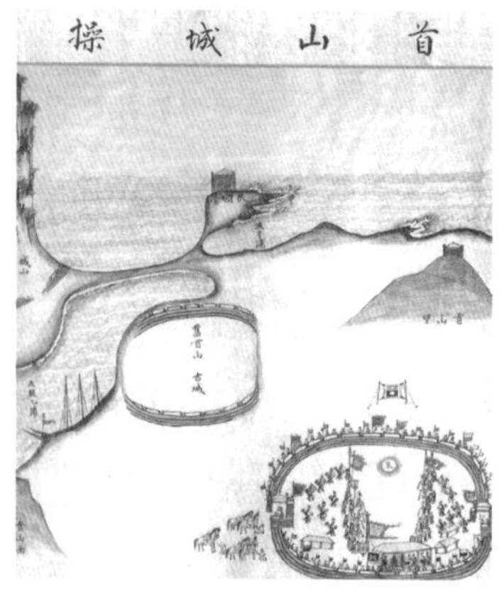

그림16 | 《탐라순력도》, 〈수산성조〉, 1703년

그림17 | 《탐라순력도》, 〈현폭사후〉, 1703년

점고한 것을 그렸다. 대정현에서 모슬포진으로 이동하는 군사들의 모습이 보인다. 〈차귀점부〉는 11월 13일에 군관 사과 홍우성이 대신하여 조방장 김국후, 방군 기마병, 보병 20명, 군기집물 장부를 대조하여 점고한 것을 묘사했다.

넷째, 문·무과 인재 선발과 관련한 행사도다. 1702년 제주에는 훈장 17명, 교사장 68명을 분치했고, 유생은 480명이었다. 문과와 관련하여 〈승보시사(陞補試士)〉는 윤6월 17일부터 3일 동안 성균관 유생들이 치른 소과 초시로, 3일간 시취(試取)하여 응시인 12명 중 고시(古詩)와 부(賦)에서 1명씩 총 2명이 입격했다. 제주에서 승보시는 1639년부터 실시되었고, 1675년부터는 문관 출신의 제주목사가 차임할 때 승보시를 시행했다. 선발 인원은 1년에 2명을 넘을 수 없었고, 입격한 유생에게는 식년 생원이나 진사시의 복시에 응시할 자격을 주었다.[78]

한편 무과와 관련하여 시사(試射)나 강사(講射) 된 관련된 그림도 있다.

---

78 『續大典』, 禮典, 諸科, 「陞補」; 『典錄通考』, 禮典 上, 諸科, 受敎輯錄[濟州陞補設行].

먼저 시사는 활 잘 쏘는 사람을 대상으로 시험을 실시해 인재를 뽑는 일이다. 〈별방시사(別防試射)〉는 11월 1일 별방진에서 시행된 활쏘기 시험을 그린 것으로, 교사장(敎射長)은 10명, 사원(射員)은 208인이었다. 〈명월시사(明月試射)〉는 11월 14일 명월진성의 시취 장면을 그린 것으로, 우면(右面) 교사장 17명, 사원 141명이 참여했다. 〈제주사회(濟州射會)〉는 11월 18일 활쏘기에 앞서 관덕정 앞에 정렬해 있는 모습을 그린 것으로, 제주목사, 중군 제주판관 이태현, 대정현감 최동제, 정의현감 박상하와 군관 15명, 주무(州武) 23명과 각 청의 관리들이 정렬해 있다. 관덕정은 18칸 규모로 통영의 세병관에 버금가며, 평상시에 무예를 시험하던 곳이다.

강사는 군영의 군사를 지휘하는 장관이 매월 2차례 병서(兵書)와 활쏘기를 시험하던 것을 의미한다. 〈정의강사(旌義講射)〉는 11월 4일 정의현의 시취 장면을 그린 것으로, 도훈장은 유학 고세웅, 각 면 훈장은 5명, 강유(講儒)는 166명, 사원은 87명이었다. 〈대정상사(大靜講射)〉는 11월 12일 대정현의 시취 장면을 그린 것으로, 대정현의 도훈장은 전현감 문영후, 각 면의 훈장은 5명, 각 면 교사장은 5명, 강유는 42명, 사원은 21명이었다.

그 밖에 사후(射帿)는 제주목사가 여러 지방관을 거느리고 과녁에 활을 쏘던 일로, 《탐라순력도》에서는 사후가 주로 폭포에서 이루어지는 것이 흥미롭다. 〈천연사후(天淵射帿)〉와 〈현폭사후(懸瀑射帿)〉는 11월 6일 정의현 서귀포의 천제연 폭포와 천지연 폭포에서 활을 쏘는 광경을 그렸다(그림17). 〈현폭사후〉에서 천지연 폭포 서쪽 누에머리에 과녁을 세우고 화살이 날아가는 길을 터놓았는데, 사람들은 올라갈 수 없어 추인(芻人), 즉 풀로 엮은 허수아비에 화살통을 설치하고 폭포 양쪽에 연결된 줄을 당겨 화살을 수습했다.[79]

---

79 李益泰,『知瀛錄』,「耽羅十景圖序」.

다섯째, 제주 3읍에서 치러진 양로연을 그린 행사도다. 11월 3일 정의현성의 객관 앞에서 치른 노인 잔치로, 80세 이상의 노인 17명, 90세 이상 5명이 참여했다. 이어 11월 11일 대정현에서 노인 잔치는 80세 이상 11명, 90세 1명이 초대되었다. 11월 19일 제주목 망경루 앞에서 노인 잔치는 80세 이상 183명, 90세 이상 23명, 100세 이상 노인 3명이 참석했다. 제주목사 이형상이 지켜보는 가운데 정의현감 문영후와 군관 15명, 전찰방 정희량이 옆에 참석했다. 무대에는 관기들과 악사들이 음악을 연주하고 무동들이 춤을 추고 있고, 그 맞은편에는 노인들이 좌정했다. 이때 경로연에 참여한 사람은 80세 이상 211명, 90세 이상 29명, 101세 2명, 102세 노인 1명이었다. 『남환박물』에서 이형상이 제주에는 질병이 적어 일찍 죽는 사람이 없고 수성(壽星)이 비치는 곳이기 때문에 나이가 80~90세에 이르는 자가 많다고 했던 것을 확인할 수 있는 부분이다.[80]

여섯째, 조정에 배례하는 행사도다. 〈대정배전(大靜拜箋)〉은 11월 11일 대정현에서 숙종에게 전(箋)을 올려 하례하는 뜻을 표하는 의식을 그리고 있는데, 지방관의 배전 의식을 볼 수 있는 자료로서 의미가 있다. 〈건포배은(巾浦拜恩)〉은 11월 20일 향품(鄕品) 문무관 300명이 관덕정 앞과 건입포(巾入浦) 북쪽을 향해 조정에 배례하는 모습을 그린 것으로, 제주 각 마을의 신당과 사찰이 불타고 있는 점이 주목된다(그림18). 당시 불탄 신당은 129곳, 사찰은 5곳이며 무격(巫覡) 285명은 농업에 종사하도록 조치했다. 이는 "도민이 임금의 은혜에 감동하여 건포에서 배례하기에 이르렀고, 음사(淫祠)를 모두 태워 지금은 무격에 종사하는 자가 없다는 것은 말이 더 필요 없을 것이다."고 한 서문의 내용과 밀접한 관련이 있는 장면이다. 이형상의 『남환박물』에 의하면, 제주인들은 음사를 숭상하여 신사(神祀)를

80 李衡祥, 『南宦博物』, 「誌俗」.

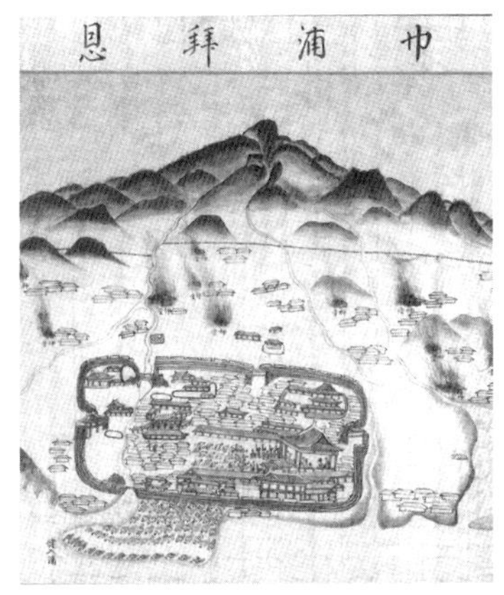

그림18 | 《탐라순력도》, 〈건포배은〉, 1703년

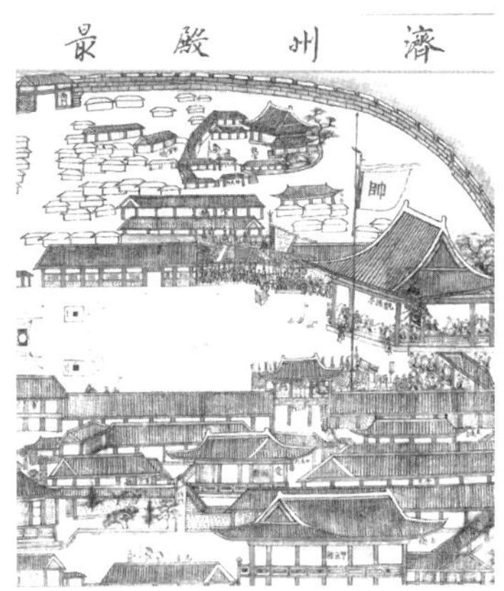

그림19 | 《탐라순력도》, 〈제주전최〉, 1703년

설행하고, 매년 정월 초하루에서 보름까지 무당과 박수가 신둑(神纛)을 받들어 나희(儺戲)를 했다. 또한 징과 북을 치며 깃발과 창검을 앞세워 마을을 드나들면, 관원 이하 모두가 의복과 재곡(財穀)을 내놓아 제사를 지낸다고 했다. 그러나 이러한 풍속은 이원조가 재임할 당시까지도 무당과 박수의 기도를 금지하는 방을 걸어 유시할 정도로 근절되지 않고 지속적으로 이어졌음을 알 수 있다.[81] 한편 민가의 음사와 별도로 한라산 산신제, 풍운뢰우제, 해신제, 성황제, 여제(厲祭)는 제주목사가 직접 주관하여 엄격하게 구분했다.[82]

일곱째, 제주목사가 전최(殿最)하는 행사도다. 전최는 지방관의 실적을 1년에 두 번 심사하는 것으로, 상은 최(最), 하는 전(殿)이라 했다. 〈제주전최(濟州殿最)〉는 11월 17일 제주목사 이형상이 3부(部) 6사(司) 30초(哨)로 구성된 속오군과 마대(馬隊)로 구성된 지방군의 3부 천총, 9진 조방장, 6

81 李源祚, 『耽羅錄』, 「以本島民事 報備局文」, 1841年 4月 28日.

82 『日省錄』, 正祖 17年 11月 24日; 李源祚, 『耽羅錄』 上, 1841年 7月 26日, 8月 4日, 8月 7日; 李源祚, 『耽羅錄』 中, 1842年 5月 12日.

사 파총, 초관 30명, 별장·성장(城將) 8명, 교련관 13명, 기패관(旗牌官) 94명, 도훈장 유학 양유혁, 각면 훈장 8명, 각면 교사장(敎射長) 22명, 강유(講儒) 302명, 사원 322명을 전최하는 것을 그렸다(그림19). 따라서 당시 제주 지방관의 전체 규모를 파악할 수 있는 의미 있는 자료다.

2. 순력과 명승유람

1694년 6월 부임한 제주목사 이익태는 그해 9월 9일부터 19일까지 제주 3읍의 주요 점고 장소와 명승을 순력했다. 그는 순력의 결과물로《탐라십경도》를 제작하고 이를 병풍으로 장황한 이유를 밝히기를, "수년 동안 제주를 두 차례 순력하면서 풍속을 물어보는 겨를에 소위 볼 만한 곳으로 이전 사람들의 발자취가 닿지 않은 곳을 자세히 조사하고 두루 밟고 건너지 않은 곳이 없었다. 그중에서 뛰어난 10경을 화가[龍眠]의 손을 빌려 형상을 본떠 그려내 작은 병풍을 하나 만들고 상단에 그 사적을 서술하여 보기에 편리하도록 하였다."고 했다.[83] 이는 17세기 명승유람의 유행과 함께 지역의 지리적 정보 수집과 주변 경관에 대한 인식을 높이고, 유람의 감흥을 후일에도 즐길 목적으로 실경산수화가 본격적으로 그려진 계기와 밀접한 관계가 있다.[84] 또한《탐라십경도》는 남구만이 함경도관찰사

---

83 李益泰,『知瀛錄』,「耽羅十景圖序」, "余於數載之間, 再度巡歷, 問俗之暇, 所謂可觀處, 前人足跡所未到者, 無不窮搜遍踏濟. 其中最勝十景, 倩龍眠手摹形畵出, 作一小屛, 敍其事蹟于上面, 以便取覽云爾."

84 지방관의 순력 결과로 제작한 실경도는 1605년 1월 강원도관찰사 한덕원(韓德遠)이 화공에게 순력 과정을 병풍으로 제작하게 해 거처에 두고 즐겼다는 기록이 전하며, 1610년 삼척부사 민인백(閔仁伯)이 관동도병(關東圖屛)을 만들게 했다는 기록이 남아 있다. 崔岦,『簡易集』卷3,「關東勝賞錄跋」; 또한 함경도관찰사 남구만이 1671~1674년에 제작하게 한

로 재임하던 시기에 이익태가 1671년에서 1672년까지 함경도 고산찰방으로 임명되어 관직 생활을 했던 점에서 남구만의 함흥과 관북 지역 십경도 제작 관행에 적지 않은 영향을 받았을 것이다.[85]

국립민속박물관에 《탐라십경도》와 《제주십경도》, 교토 고려미술관에 《영주십경도》가 소장되어 있다. 모두 17세기 이익태 당시의 작품이 아닌 18세기 후반에서 19세기에 지방화원이 모사한 작품으로 추정된다. 《제주십경도》는 18세기 후반의 《탐라십경도》를 19세기에 모사하고 채색을 가미한 작품이다. 화면 상단에 사적과 명승 정보를 서술하고 하단에 그림을 그렸으며, 이익태가 『지영록(知瀛錄)』에서 꼽은 조천관, 별방소, 성산, 서귀포, 백록담, 영곡, 천지연, 산방, 명월소, 취병담 등을 탐라십경에 포함시켰다. 1841년 윤3월 제주목사로 부임한 이원조는 영주십경을 영구상화(瀛邱賞花), 정방관폭(正房觀瀑), 귤림상과(橘林霜顆), 녹담설경(鹿潭雪景), 성산출일(城山出日), 사봉낙조(紗峯落照), 대수목마(大藪牧馬), 산포조어(山浦釣魚), 산방굴사(山房窟寺), 영실기암(靈室奇巖)으로 나열했다.[86] 이익태의 탐라십경과 비교할 때, 영구[瀛邱: 방선문(訪仙門)], 사라오름[紗峯], 산장의 목장, 귤림, 산포(山浦) 등이 새롭게 추가되고 조천관, 별방소, 천지연, 명월소가 제외된 점이 큰 차이를 보인다. 그러나 국립민속박물관 소장 《탐라십경도》·《제주십경도》와 교토 고려미술관 소장 《영주십경도》에는 이원조의 제화시에서 제외된 조천관, 명월소 등이 모두 포함되어 있다. 즉 이들 작품은 이익태가 꼽은 탐라십경을 그린 작품을 원본으로 했다. 그림 상단에는 이익태가 『지영록』에 기록한 「탐라십경도서」의 십경에 대한 설명

《함흥내외십경도(咸興內外十景圖)》와 《관북십승도(關北十勝圖)》가 잘 알려져 있다. 김현지, 「17세기 조선의 실경산수화 연구」, 『미술사연구』 18(2004), 40-41쪽.

85 이보라(2007), 앞의 논문, 72-80쪽.

86 李源祚, 『耽羅錄』, 「瀛洲十景題畫屛」.

그림20 | 《탐라십경도》, 〈백록담〉, 18세기 후반, 국립민속박물관

그림21 | 《제주십경도》, 〈백록담〉, 19세기, 국립민속박물관

을 그대로 옮겨 적었다. 다만, 국립민속박물관 소장 《탐라십경도》의 〈탐라도총〉과 교토 고려미술관 소장 《영주십경도》의 〈탐라대총지도〉에는 주기가 포함되었는데, 주기의 내용은 거의 일치하지만 《영주십경도》 주기에는 제주목 주요 지명의 거리를 추기했고, 고원(羔園)은 3곳에서 2곳으로 줄었으나 국마는 50둔에서 59둔으로 늘었고, 효자와 열녀수는 7명에서 17명으로 증가했다. 따라서 《영주십경도》가 《탐라십경도》보다 더 늦은 시기의 상황을 반영하고 있음을 알 수 있다. 아울러 《영주십경도》의 〈취병담〉과 〈산방〉은 민화 금강산도에서 자주 등장하는, 상악준을 변형한 암산 묘사를 다수 포함하고 있어 19세기 이후 제작된 것으로 보인다.

이원조가 영주십경도를 잘 그린 제주 출신 화공 고경욱을 통해 목판본 《탐라지도》를 축소 모사하게 했던 점에서 19세기에 제작된 제주 지역의 십경도는 고경욱의 화풍을 반영했을 개연성이 높다.[87] 국립민속박물관

87 李源祚, 『凝窩集』 卷15, 後敍, 「耽羅地圖小識」.

그림22 | 《탐라십경도》, 〈산방〉, 18세기 후반, 국립민속박물관

그림23 | 《영주십경도》, 〈산방〉, 19세기, 교토 고려미술관

소장 《제주십경도》는 《탐라십경도》를 모사하여 채색을 더욱 화려하게 가미했고, 고려미술관 소장 《영주십경도》는 《탐라십경도》의 구성과 내용을 토대로 화가 나름의 화풍으로 번안했다. 그러나 이들 작품 모두 지방화원의 솜씨로 거의 민화풍에 가깝다. 십경도 상단의 주기는 이익태의 『지영록』의 내용과 일치하며, 이를 근거로 십경을 차례로 살펴보면 다음과 같다.

먼저 백록담은 한라산 꼭대기에 마치 물이 가득한 솥처럼 묘사되었다(그림20, 21). 담의 북쪽 모퉁이에 기우단(祈雨壇)이 있다. 백록담에서 보면 멀리 산동성의 등주·내주·영파, 안남, 유구, 일본은 어렴풋이 보이는 정도였다. 한라산 정상에 오르면 멀리 남쪽 하늘에 노인성(老人星)을 볼 수 있고, 이 별을 본 사람은 장수한다는 전설이 전한다.

산방산은 대정현 동쪽 해변에 우뚝 솟아 있는데, 전체가 하나의 돌로 이루어져 매우 기이하고 험했다(그림22, 23). 산방산의 남쪽 허리에는 굴이 있어 자연히 석실을 이루었다. 그 남쪽에는 암문(暗門)이, 그 북쪽에는 큰

그림24 | 《영주십경도》, 〈취병담〉, 19세기, 교토 고려미술관

그림25 | 《제주십경도》, 〈성산〉, 19세기, 국립민속박물관

구멍이 있는데 깊이를 헤아릴 수 없었다. 산방산 위로는 마라도가 보이며, 그 앞으로 용두연대, 형제암, 송악산도 보인다.

조천관은 제주읍성 동쪽에 있는데, 관방의 형승은 9진 중 으뜸이었다. 돌을 메워 성을 높이 쌓아 둘렀고, 공해(公廨)는 10칸으로 성 동남쪽 모퉁이 가장 높은 곳에 객관인 연북정이 3칸 규모로 서 있다. 사면이 바다로 둘러싸여 조수가 나가면 한쪽은 육지와 연결되므로 거교(擧橋)를 만들어 성문으로 통하게 했다. 방호소가 설치되어 조방장을 두었고, 정군은 241명, 봉수는 1소, 연대는 3소, 포구는 3소가 있다.[88] 포구는 돌을 쌓아 방축했고, 수문을 열면 뱃길로 출입하게 했고, 평소에는 그 안에 배를 정박시켰다. 공마를 싣는 것은 반드시 이곳에서 했는데, 포구가 넓고 많은 배가 한꺼번에 출항할 수 있었기 때문이다.[89]

88 《탐라십경도》, 〈조천관〉 주기.

89 李源祚, 『耽羅綠』 上, 1841年 9月 19日.

명월소(明月所)는 제주 서쪽의 애월소에서25리 떨어져 있다. 굴이 3개 있는데, 그중 깊은 것은 거의 30리나 되었다. 비양도에는 전죽(箭竹)이 잘 자랐다. 취병담(翠屛潭)은 제주읍성 서문 밖 3리쯤에 있는 대천으로 유입되어 대독포(大瀆浦)로 흘러 나간다(그림24). 배를 타고 오르내리면 그림 속에 있는 듯했다. 포구와 바다 사이에 사장이 있고, 담 서쪽에는 거대한 바위가 머리를 들고 입을 벌린 것처럼 우뚝 선 용두암이 있다.

별방소(別防所)는 조천관에서 해변 동쪽 다랑쉬오름 아래 위치했다. 동·서·남쪽에 문이 3개 있고 북쪽 수구(水口)로 조수가 드나들었다. 성내에 곡창과 군기고가 있고, 봉수는 2곳, 연대는 3곳이 있다. 직군은 매월 6회로 나눠 배를 대는 포구 3곳을 관장했다. 지미봉(持尾峯)이 동쪽 끝에 솟았고, 외해에는 우도가 보인다.

성산의 수산소(首山所)는 정의현에서 동쪽으로 30리 떨어져 있다. 지형의 사면을 보면 성가퀴 같아 성이라 이름 붙였다(그림25). 성 가운데 육푹 파인 곳에는 1만여 명을 수용할 수 있고, 과원과 봉수가 설치되었다. 성내에는 이경록 목사가 세운 진해당(鎭海堂)의 옛터가 있다. 삼면은 바다이고, 한 면은 육지와 연결되었다. 바위굴은 바다 밑으로 관통했으나 그 깊이는 헤아릴 수 없다.

서귀포는 정의현 서쪽에 위치하여 한라산에 바로 닿고, 남쪽 산기슭으로 30리를 꺾으면 땅끝에 닿는다. 석성 가운데 구멍을 뚫어 물을 끌어들인 우물이 있고, 홍로천(洪爐川) 하류에 탐라국이 원나라 때 조천 시 후풍처(候風處)가 있었다. 성 동쪽에 포구에 깎아 세운 듯한 기암절벽이 좌우로 벌려 있고, 가운데 석문으로 큰 시내가 떨어진다. 서쪽으로 1리 거리에 천지연이 있는데, 석벽 낭떠러지가 병풍처럼 에워싸고 있다. 동쪽의 폭포는 정방연이다.

영곡(瀛谷)은 한라산 서쪽 산록 대정현의 경계에 있다. 백록담에서 남쪽

그림26 | 《탐라순력도》, 〈성산관일〉, 1703년

그림27 | 《탐라순력도》, 〈산방배작〉, 1703년

으로 내려오다 서쪽으로 방향을 바꿔 골짜기를 건너면 기암괴석이 층층이 나열된 절벽이 있다. 목장이 곳곳에 분포해 있고, 과거 존자암(尊者庵)이 있던 터에는 계단과 초석만 남아 있다. 천지연은 대정현 경계 동쪽에 위치했고, 폭포가 장관을 이루었다. 신룡이 산다고 전하여 가뭄 때마다 기우했다.

한편《탐라순력도》 내에는 성산관일[성산], 정방탐승[정방폭포], 김녕관굴[김녕굴], 고원방고[과원], 산방배작[산방굴], 병담범주[취병담], 호연금석[화북진] 등 순력의 여가에 방문한 승경이 포함되었다. 그중《탐라십경도》의 〈탐라도총〉, 〈성산〉, 〈산방〉, 〈취병담〉과 비교할 때, 이익태의《탐라십경도》가 이후 제작된《탐라순력도》의 명승 그림에 화법적으로 적지 않은 영향을 미쳤음을 알 수 있다. 〈성산관일(城山觀日)〉의 수직으로 뻗은 성산 묘사, 독특한 화산 암질 묘사, 해돋이 장면 연출 등은 구도는 물론 화법적으로도 상호 영향관계가 보인다(그림26). 〈산방배작(山房盃酌)〉은 산방의 암질을 묘사하는 표현 방식은 세부적으로는 다소 차이가 있으나 전체적으로 산방과 산방굴, 그 우측 상단에 보이는 송악산까지 화면 구도와 경물

배치는 거의 일치한다(그림27).

그밖에 〈병담범주(屛潭泛舟)〉는 취병담에서 뱃놀이를 하는 모습을 묘사한 그림이다. 취병담 우측에는 대천(大川) 외리(外里)가 그려져 있고, 그 우측에는 해녀들이 물속을 유영하는 모습이 선명하다. 또한 주변에는 용두암이 검은 바위로 묘사되었다. 〈호연금서(浩然琴書)〉는 보길도에서 한라산을 바라보는 구도로 별도포로 들어오는 여러 척의 배를 그린 그림이다. 그중 가장 큰 배 위에서 사람들이 거문고를 연주하고 책을 읽으며 풍류를 즐기고 있다. 〈정방탐승(正房探勝)〉은 1702년 11월 5일 정방폭포를 찾아 무희를 태우고 선유(船遊)하는 장면이다. 길이 80여 척, 폭 5척의 정방폭포가 바다로 떨어져 명승을 만들었다. 〈고원방고(羔園訪古)〉는 11월 6일 대정현성 동쪽에 위치한 고둔과원(羔屯果園) 일대의 왕자구지(王子舊址)를 이형상이 내정현감 최동제와 정의현감 박상하와 함께 탐방한 모습이다. 왕자구지는 고려에 복속되기 전 탐라국의 유적이다. 탐라 출신으로 고려에 출사한 고득종(高得宗)은 이곳에 별장을 지어 위세를 과시했다고 전한다.[90]

V. 맺음말

이 글은 조선 후기 제주지도와 주기, 실경도의 시기별 특성과 변화 과정을 분석하여 당시 제주도의 시대상을 파악하고자 했다. 제주지도는 행정의 중심이 된 관아, 군사적 목적의 관방, 경제적 측면의 목장과 과원 등 주요 인문 정보를 반영하여 시기별 특성을 파악할 수 있는 사료다. 1703년

90 李海朝, 『鳴巖集』 卷3, 詩, 「羔屯果園」.

이전 제작된 것으로 보이는 목판본 〈탐라도〉를 비롯하여 각각 1706년과 1709년에 제작된 목판본 〈탐라지도〉와 〈탐라지도병서〉는 제주지도의 보급과 발전에 지대한 영향을 미쳤다. 《탐라십경도》의 〈탐라도총〉, 《탐라순력도》의 〈한라장촉〉 등 기록화 내 제주지도와 《해동지도》의 〈제주삼현도〉 등 군현 지도 내 제주지도는 지형 묘사를 비교하여 목판본 〈탐라지도〉와 목판본 〈탐라지도병서〉의 계보로 구분할 수 있다. 이들 지도는 모두 하단에는 남도의 섬과 육지, 상단에는 유구국, 안남국, 교지국, 일본, 중국 등 이웃 국가를 배치했는데, 표류 시 방향 정보를 제공하기 위한 것으로 추정된다.

또한 이 글은 제주의 공마목장 운영과 그 변화 실태를 파악하고, 특히 공마의 점고와 관련하여 《탐라순력도》의 세부 내용을 소개했다. 특수 지도인 《목장지도》는 17세기 제주목장의 분포와 정황을 파악할 수 있는 중요한 자료다.

1694년 제주목사 이익태가 제작하게 한 《탐라십경도》는 기록으로만 전한다. 이 그림은 조천관, 별방소, 성산, 서귀포, 백록담, 영곡, 천지연, 산방, 명월소, 취병담 등 제주의 절경을 그린 것으로 알려져 있다. 이익태가 순력 과정에서 십경을 직접 선택한 것은 산수 유람과 명승에 대한 관심이 고조되는 17세기 말의 분위기 속에서 이루어진 것으로, 함경도관찰사 남구만이 함흥과 관북 십경을 그린 전통과도 맥이 닿아 있다. 현존하는 제주 십경도 3점은 18세기 후반에서 19세기의 모사본으로 추정되지만, 이익태가 정한 탐라십경을 따르고 있어 《탐라십경도》와 밀접한 관련이 있음을 알 수 있다.

1703년 이형상이 지방화원 김남길을 시켜 제작한 《탐라순력도》는 제주목사의 공적 활동과 제주의 풍속과 특산물을 비롯하여 명승 방문 등 기록 이상의 다양한 정보를 제공한다. 행사 기록화는 순력의 목표인 군사 시설과 목장이나 공마의 점고 외에도 감귤 봉진, 사냥, 군사 훈련, 시사, 승보시, 양로연 등 18세기 초 제주 지방관의 순력과 관련한 진귀한 정보를 제공한다는 점에서 사료적 가치가 높다.

이 글은 문헌 사료를 중심으로 진행되어 온 조선시대 제주에 대한 선행 연구에서 더 나아가 지도, 기록화, 실경도 등 시각적 자료는 물론 그 위에 반영된 인문 정보와 주기를 적극 활용하여 조선 후기 제주 풍속과 문화 연구의 외연을 확장하는 데 기여하고자 했다.

신광수의 「탐라록」과 조선 후기 지식인의 제주 인식

박용만

I. 머리말

제주는 쉽게 갈 수 없는 지리적 특징으로 인해 육지의 문인들에게 관념적으로 인식되었다. 그러나 조선 후기 관료 또는 유배인에게 제주는 더 이상 관념적 공간에 그치지 않았다. 육지에서 바라보는 것과 제주의 경험 사이에 존재하는 현실성의 차이가 인식의 차이로 나타난다.

조선 후기 제주에 대한 사대부의 인식은 각자의 처지에 따라 차이를 보인다. 첫째는 제주 현지 문인의 시선으로 보는 제주, 둘째는 조정에서 파견된 관료의 시선에 비친 제주, 셋째는 유배 간 지식인의 시선으로 보는 제주이다. 조선 후기 문인들이 처한 서로 다른 현실 속에서 제주는 동경

※ 이 글은 박용만, 「신광수의 「탐라록」에 나타난 제주에 대한 인식과 정서」, 『탐라문화』 66(2021)을 수정·보완한 것이다.

의 공간이 되기도 하고, 질곡의 공간이기도 하며, 두려움의 공간이 되기도 한다. 이러한 여러 문인들의 서로 다른 인식을 비교한다면 피상적·관념적 공간이었던 제주를 입체적으로 이해하는 데 도움이 될 것이다. 나아가 제주라는 공간에 대한 여러 층위의 인식과 감정을 살핀다면 인문공간으로서 제주를 이해할 수 있을 것으로 기대한다.

Ⅱ. 지방관과 유배 지식인의 서로 다른 제주 인식

> 선생[송시열]이 말씀하였다.
>
> "젊을 적 항상 소원이, 글 읽어 벼슬하여 바닷길로 중국에 가게 되면 망망대해의 출렁거리는 풍랑으로 흉금을 쾌활하게 하리라는 것이었는데, 지금 걸음에 이 소원을 이루게 되었으니 다행이다. 그리고 한번 한라산을 올라가 보는 것도 소원이었는데, 가는 즉시 우리에 갇히는 몸이 되어서 소원을 이룰 수가 없으니 이것이 한이다."[1]

1689년(숙종 15) 원자의 호칭을 정하는 문제로 기사환국(己巳換局)이 일어나자 송시열(宋時烈)은 제주도로 유배되었다가 그해 6월 서울로 압송되다 정읍에서 사사되었다. 위의 어록은 과거에 급제하여 사신으로 중국에 가며 대장부의 흉금을 펼치고 싶다는 송시열의 젊었을 적 바람을 기록한 것

---

1 權尙夏,『寒水齋集』卷21,「己巳行中語錄」, "先生曰, 少時常願讀書決科, 得以海路朝天, 則長風破浪, 快豁心胸矣. 今行得諧此願, 幸也. 然一上漢拏山, 亦所願也, 而去作圍中之人, 無由獲遂, 是可恨也."

이다. 사신으로 중국에 가고자 하는 소망과 절도(絶島)[2]로 유배 가는 현실이 대비되지만, 그래도 망망대해를 건널 수 있다는 기대가 드러나 있다. 또 신선이 산다는 한라산을 등람하고 싶지만 현실에서 불가능한 일임을 한으로 여겼다. 유배라는 극한의 상황에서 송시열에게 제주는 보고 싶은 동경의 공간이었다.

김창협(金昌協)이 전라도 화순의 동복현감으로 부임하는 조경망(趙景望)을 전송하며 지은 글에도 제주는 가고 싶은 공간으로 나타난다.

> 서석산은 호남의 여러 산 가운데 특별히 높고 큰데, 그 위에 오르면 한라산도 바라볼 수 있다고 한다. […] 서석산 정상에 올라 남해를 굽어보고 바다 속에 구름처럼 아른아른한 것을 바라보며 손가락으로 그곳을 가리켜 '저것이 한라산이다.' 할 것이니, 이 어찌 참으로 뛰어난 장관이 아니겠는가. 조공은 먼저 가서 저를 기다리십시오.[3]

송시열이 직접 제주에서 한라산을 볼 수 있었다면, 김창협은 멀리서나마 한라산을 바라볼 수 있어도 좋다는 희망을 내비쳤다. 이처럼 실제 가서 보지 못하더라도 바다 너머 멀리서 바라보는 것조차 동경하는 공간이 제주였다. 그러나 멀리 위치해 있고, 바다를 건너는 위험을 감수해야 하기 때문에 유람이 일반적인 것은 아니었다. 이처럼 제주 유람은 희소한 일이었기에 호기심은 육지의 다른 명승에 대한 기대와는 근본적으로 달랐다.

2　許穆,『記言』續集 卷48,「耽羅志」, "乇羅, 南海中小國, 幅員四百里, 海路九百七十里而遙."

3　金昌協,『農巖集』卷21,「送趙使君(景望)宰同福序」, "瑞石在湖南, 諸山特高大, 登其上, 可以望見漢挐云. […] 登瑞石之巓, 以臨南海, 望見海中隱隱有若雲氣者, 指而語曰, '此漢挐之山也', 不亦瑰特殊絶壯觀也哉. 公行矣, 且須我."

제주에 대한 시문을 남긴 경우는 대부분 제주에 부임한 관원이거나 제주에 유배를 간 지식인이었다. 특히 17세기에는 양난 이후 지방을 살피려는 중앙정부의 노력 속에서 제주에 민심 수습을 위한 안무어사(安撫御史)와 재해 시 사태 진정을 위한 순무어사(巡務御史)가 파견되었다. 그리고 18세기 이후에는 정치적 상황에 따라 중앙에서 멀리 떨어진 제주에 유배를 당한 경우가 적지 않았다.[4]

이들 지방관과 유배 온 지식인은 제주에 대해 다르게 인식했다.[5] 먼저 관리의 입장에서 제주도는 평소 지냈던 육지와 달리 유교적 문치(文治)가 미처 실현되지 못한 지역이었다. 이처럼 유교적 통치가 미치지 못했기 때문에 관료로서 유교 사회로 전환하려는 책임 의식이 강했다. 그에 비해 유배인에게 제주는 기약 없는 불안과 상실감이 교차하는 공간이었다. 중죄인이 부처되는 절도였던 제주는 항상 죽음을 염려하는 불안의 공간이었으며, 한편으로는 왕명으로 언제든 풀려날 수 있는 희망이 공존하는 공간이었다.

그러나 육지에 가족을 두고 온 관리나 유배인에게 제주는 처음 경험하는 생경한 공간이었다. 그들은 육지와 다른 제주문화를 바라보며 유교적 교화가 채 미치지 못했다고 차별적으로 인식했다. 그런데 관리로서 온 이들에게는 기본적으로 목민관의 임무가 우선이었다. 그 결과, 이질적 문화

---

4 송민경, 「조선후기 문인들의 제주명승 인식과 변화」, 제주대학교 석사학위논문(2015), 22-24쪽.

5 제주에 대한 인식을 제주 문인, 관리, 유배인의 세 시각으로 구분하여 탐색하는 작업은 손기범과 김새미오의 논문에서 이미 시도되었다. 손기범, 「제주를 바라보는 19세기 유학자의 관점」, 『영주어문』 17(2009); 김새미오, 「고독한 공간, 제주에 대한 제 인식」, 『한문학논집』 37(2013). 김새미오는 제주 문인의 경우 제주도는 "떠나고 싶어도 쉽게 떠날 수 없고 떠나서 그리워하는 애증의 공간"(163쪽)이라고 했다. 그러나 제주에 대한 제주 문인의 인식은 필자가 접근하기에는 지리적·문화적 한계가 있어 이번 논의에서 제외한다.

에 대한 감성적 괴리는 어쩔 수 없었지만, 목민관으로서는 개인적 감정을 자제하고 자신의 책무를 완수하려는 책임감을 강하게 보였다.

김상헌(金尙憲)은 1601년(선조 34) 길운절(吉雲節)과 소덕유(蘇德兪)의 역옥(逆獄)을 다스리고 민심을 안정시키기 위해 안무어사로 제주도에 왔다. 『남사록(南槎錄)』에는 제주까지의 노정과 더불어 제주 지역의 지지(地誌)와 산물에 대한 자세한 설명이 실려 있다. 여기에는 안무어사로서의 책임감과 백성에 대한 애정을 다룬 작품도 함께 나타난다.

> 백성은 관리를 꺼릴 줄만 알고 친하게 여길 줄 모르지만
> 천금 보기를 보배로 여기지 않는다네.
> 듣자니 얼마 전 억울하게 죽은 사람 많다고 하니
> 불쌍하구나, 고아와 과부 몇 집이련가.[6]

이 시는 김상헌이 김종직(金宗直)의 〈탁라가(乇羅歌)〉를 차운하여 지은 것이다. 이 시에서 김상헌은 제주 백성들의 순박한 마음을 노래하는 동시에, 역모로 억울하게 숨진 이들과 이로 인해 홀로 남겨진 가족들을 안타까운 시선으로 바라보았다.

안무어사로 파견된 김상헌은 목사·판관 등 문치와 예치로 제주 백성들을 교화해야 하는 다른 지방관들과는 임무가 달랐다. 생명의 불안을 느낀 유배 지식인들과도 물론 처지가 달랐다. 안무어사로서 그는 길운절의 역모로 위축된 도민들을 위로하고 안정시키는 데 책임을 느꼈다. 즉 위의 시는 제주 백성들의 삶을 가엾게 여기고 어루만지려는 김상헌의 책임의식을 담고 있다.

---

6 "民知畏吏不知親 自視千金未敢珍 聞說向來多枉死 可憐孤寡幾家人."

한편 1726년(영조 2) 임징하(任徵夏)는 소론 제거를 주장하다가 평안도 순안으로 유배를 갔고 다음 해인 1727년 제주도 정현 감산리로 이배되었다. 1730년 그는 왕권과 국가 기강을 세운다는 명분에 따라 고문 끝에 옥사했다. 그는 제주로 유배 가는 여정은 물론 제주에서의 삶을 시와 일기로 기록했다. 그의 〈제주잡시(濟州雜詩)〉은 김춘택(金春澤)의 〈제주잡시(濟州雜詩)〉를 본받아 총 20편으로 지은 것인데, 아래의 시는 그중 11번째 작품이다.

> 바닷가 하늘은 항상 어둑하고
> 산 남쪽이라 땅은 더욱 낮구나.
> 봄이 되어 좀 벌레 깨어나고
> 새로이 물 길어도 절반은 흙탕물이라네.
> 배고픈 쥐는 밥상 아래 돌아다니고
> 괴상한 까마귀는 서쪽 지붕에서 깍깍거리네.
> 성난 파도 몰려와 바위에 부딪쳐
> 나그네 잠자리를 북소리처럼 깨우네.[7]

이 시에서 제주 자연은 임징하가 그간 경험하지 못했던 삶의 모습으로 나타난다. 해무로 늘 어두운 하늘, 한라산 남쪽의 낮은 지대, 부화한 좀벌레, 흙탕물로 가득한 우물, 밥상 아래 돌아다니는 쥐, 괴상한 울음을 내는 까마귀 등의 제주 환경은 서울살이에 익숙한 그에게 불안과 공포의 대상이었다. 그는 바위에 부딪치는 성난 파도 소리에 잠이 깬다는 표현으로 극

7 任徵夏, 『西齋集』 卷2, 「濟州雜詩 二十首」 중 제11수, "海上天常暗 山南地益低 宿春飜化蠹 新汲半成泥 飢鼠走床下 怪烏啼屋西 風濤來擊石 客枕警鞞鼙."

도의 불안감을 표출했다. 바닷가에 사는 사람들에게는 파도 소리는 일상의 소리겠지만, 같은 파도 소리라도 유배인에게는 전쟁의 북소리처럼 들린다. 삶의 한계선이었던 유배지에서 그는 언제 죽을지 모르는 불안감을 견디고 있었다.

유배인에게 제주는 죽음의 땅이었다. 실제 제주 유배는 중죄인에게 내려지는 가혹한 형벌이었다. 그들에게 제주는 살아서 벗어나기 힘든 곳이었으며, 해배에 대한 일말의 기대도 가지기 어려운 공간이었다. 그렇기에 그들은 편안한 마음으로 제주의 풍광이나 백성의 삶을 살피기에는 한계가 있었다. 제주는 이전까지 그들이 경험한 생활과의 단절을 의미했고 돌아갈 수 없다는 불안은 유배 생활을 더욱 힘들게 했다. 더구나 육지와 다른 이질적인 문화는 그들을 더욱 당황스럽게 해 외로움과 불안을 배가하는 요인이 되었다.

관리든 유배인이든 거의 대부분 제주를 처음 경험하는 사람들이었다. 처지에 따라 이들의 감정적 층위에 차이가 있지만, 제주는 결국 그들이 당연시하는 유교문화가 소외된 지역이었다. 이들의 기록에서 제주 풍물을 통해 이질감이 자주 표현되었는데, 이는 기본적으로 제주문화를 미개하게 보고 차별하려는 시각에서 발생한 것이었다. 이들의 고독감은 공간의 단절에서 비롯한 것도 있지만, 근본적으로 감정적·상황적 단절의 의미가 컸다.[8]

반면 제주에 대한 조정의 인식은 지극히 피상적이고 관념적이었다. 정조는 1790년(정조 14) 무렵부터 성균관과 사학(四學)의 유생을 대상으로 강경과 제술을 치러 인재 양성 정책을 추진했다. 이후 지방의 유생들을 대상으로 이 정책을 확대하면서 빈흥과(賓興科)를 실시했다. 제주에서는 1793

8 김새미오(2013), 앞의 논문, 183쪽.

년(정조 17) 탐라빈흥과(耽羅賓興科)를 시행하고, 과거 급제자 명단과 모범 답안을 편집하여 1794년『탐라빈흥록(耽羅賓興錄)』을 간행했다.[9]

아래의 인용문은 제주 유생 중 인재를 발탁하려 시험을 실시하기 위해 정조가 직접 지어 내린 책문이다.

> 아, 그대 제주의 제생아. 그대 제생이 생장한 땅은 옛날 구한(九韓)의 하나인 동방 영주(瀛洲)가 이곳이다. 성좌와 토양과 풍속과 제도와 산물은 비록『직방기(職方記)』에 기록된 것이 없고《왕회도(王會圖)》에 그려진 것이 없다 하여도, 지역이 구분된 차례와 풍속의 순박하고 경박함과 연혁의 유래와 수륙의 알맞은 풍토에 대해서는 그대 제생이 이 고을에서 태어났고 이 고을에서 성장하며 귀로 듣고 눈으로 보았으니 자연히 듣는 것도 아는 것도 많을 것이다.[10]

여기에서 정조는 탐라의 명칭, 고씨와 양씨의 계승, 가축의 여부, 원대 군민안무부(軍民按撫府)의 정확한 지점, 하(河)와 막(幕) 양도의 설치 본말, 한라산의 정기를 받고 태어난 현인의 숫자 등 제주의 역사와 연혁에 대한 책문을 짓게 했다.[11] 이것은 제주에 사는 지식인이라면 어렵지 않게 쓸 수 있는 시제였다. 정조가 시행한 빈흥과가 소외된 지방의 유생을 격려하는

9 『正祖實錄』, 18年 4月 21日, "濟州御史沈樂洙, 試取儒生收券上送, 親臨科次. 論居首大靜幼學邊景鵬, 策居首旌義幼學夫宗仁, 詩居首旌義幼學高鳴鶴, 賦居首濟州幼學洪達勛, 銘居首濟州幼學李台祥, 頌居首濟州幼學鄭泰彦, 幷直赴殿試. 策之次大靜幼學金命獻, 以八十一歲, 特賜第. 命依嶠南關東例, 該載事實及入格諸作, 刊印以頒, 名曰耽羅賓興錄."

10 『弘齋全書』 卷51, 策問4, 「耽羅」, "咨爾濟州子諸生. 子諸生生長之地, 古之九韓之一也, 東瀛洲是已. 星土也, 風俗也, 制置也, 產植也, 雖職方所不載, 王會所不圖, 其區分之次, 淳漓之殊, 因革之由, 水陸之宜, 子諸生, 生於是鄉, 長於是鄉, 耳之得目所親, 自有聞博而識明者."

11 『弘齋全書』 卷51, 策問4, 「耽羅」.

우대 정책이라고 하더라도 그 저변에는 제주는 문화적 향유가 어려운 낙후 지역이라는 인식이 깔려 있다.

정약용(丁若鏞)의 경우에도 크게 다르지 않았다. 그는『여유당전서(與猶堂全書)』에서 제주를 먼 바다에 위치하여 장기(瘴氣)가 심하고 토질이 척박하여 흉년이 잦은 곳으로 전제했다.[12] 이어 말과 귤을 공납하는 현실을 서술한 뒤, 당시 비바람에 귤꽃이 떨어져 백성들이 눈물로 하소연하는 정경과 그에 감응하여 세 그루 귤나무에 꽃이 다시 피고 열매를 맺어 진상할 수 있었던 사연을 기술했다.

아 높으신 우리 임금님
외방(外邦)을 감싸되
백성을 아픈 사람 다루듯 아끼시니
후토가 통촉하시어
이 상서를 내림으로써
그 덕화를 빛나게 하셨네.[13]

절도의 지리 조건, 척박한 토지, 백성의 굶주림은 현실적 이해가 부족한 서울 사대부의 감상적 인식을 보여준다. 정약용이「탁라공귤송(乇羅貢橘頌)」에서 이러한 제주의 낙후한 상황을 제시한 것은 결국 임금의 덕을 빛나게 하기 위함이었다.

이외에도 허목(許穆)의『탐라지(耽羅志)』, 이종휘(李種徽)의『탐라열전(耽羅列傳)』등도 제주에 대한 사실을 기술하는 수준을 넘어 제주를 진정으로

12 丁若鏞,『與猶堂全書』卷12,「乇羅貢橘頌」, "乇羅爲國, 遼絶海中, 地瘴土瘠, 歲數飢荒."

13 "於皇我王 懷殊俗兮 視民如傷 后所燭兮 錫玆奇祥 俾德彰兮."

이해하는 차원에 도달하지 못했다. 기존의 역사, 지리, 신앙에 대한 단순 기술은 지식이지 인식은 아니다. 상황에 대한 정확한 이해와 자기 견해가 있어야 인식이라고 할 수 있다. 이런 점에서 제주에 대한 조선 후기 사대부들의 관심은 이국적 풍물에 대한 호기심을 넘어서기 어려웠다.

Ⅲ. 「탐라록서」에 나타난 당대 문인들의 인식

1. 「탐라록」의 배경

신광수(申光洙)는 53세였던 1764년 의금부도사로 죄인을 잡으러 제주에 갔다. 그러던 중 그가 풍랑으로 인해 제주에 45일간 머물며 지은 시가 『석북집(石北集)』에 실린 「탐라록(耽羅錄)」이다. 58제의 시로 구성된 「탐라록」은 '부해록(浮海錄)'으로도 알려져 사람들에게 널리 애송되었다.[14]

> 의금부도사로 죄인을 잡아오기 위해 탐라에 갔다. 매일 말을 타고 300리를 달리고 배를 타고 반일 만에 탐라부에 들어갔다. 다음날 순무어사와 함께 배를 타고 앞뒤로 출발하여 한밤중에 700리 큰 바다에 이르러 큰 바람이 일고 하늘이 어둑해지니 파도가 돛을 10번 넘게 내려쳤다. 회오리바람이 배에 한 번 몰아쳐 상선 2척을 순식간에 눈앞에서 부수어버렸다. 뱃사람이 크게 두려워하며 울부짖고, 동료 금오랑도 공의

14 申光河, 「行狀」(申光洙, 『石北集』 附錄), "公留舘四十日, 日與同僚郞及書吏朴壽喜爲歌詩, 紀其人民風土山川鳥獸羇旅困頓之狀, 有浮海錄, 行於世."

> 손을 잡고 통곡하였다. 그는 "두려워하지 마시오. 죽고 사는 것은 명이 있으니 통곡한다고 어찌하겠소."라고 하였다. 장차 새벽이 될 무렵 배가 정박하니, 뱃사람이 "필시 소주(蘇州)나 항주(杭州)일 것입니다."라고 하였다. 날이 밝아 살펴보니 곧 탐라였다. 어사가 바람으로 표류한 일을 임금에게 알리니, 소식을 들은 자들이 모두 크게 경악하며 "아무개는 충신한 사람이니 어찌 바다에서 죽겠는가?"라고 하였다. 그의 부해록(浮海錄)이 있어 세상에 전한다. 그는 기이한 재주를 가진 인물이니 하늘도 기이한 일로 그를 시험하여 문장의 기이함으로 드러내길 바란 것이다.[15]

위의 기록은 벗인 채제공이 신광수를 위해 지은 묘지명의 일부이다. 신광수가 탐라에 갔던 일을 적으면서 전후 사정을 빠른 필치로 기록했다. 특히 탐라에 가기까지의 과정과 출발할 때의 광경은 유독 빠르고 당당하게 기술했다. 또 풍랑을 만나 표류하다 다시 제주로 돌아온 위험했던 사정은 다급하고 격렬하게 표현했다. 정작 「탐라록」에 대한 부분은 부해록이 세상에 널리 읽힌다고 간단히 처리하면서 기이한 재주를 가진 신광수를 하늘도 시험한 것이라고 평가했다. 공적인 행적을 기술하는 묘지명의 특성을 감안하더라도 「탐라록」의 전후 사정에 대해서는 간단히 처리하고 그 의미를 기술함으로써 신광수의 면모를 부각시키고 있는 점이 특이하다. 표류하다가 정박했을 때 뱃사람이 항주나 소주로 착한 것은 송대(宋代) 제

15 蔡濟恭, 『樊巖集』 卷54, 「通政大夫承政院右承旨兼經筵參贊官春秋館修撰官石北申公墓誌銘」, "其以禁府都事拿罪人赴耽羅也. 日馳馬三百里, 舟半日入耽羅府. 明日, 同巡撫御史舟先後發, 夜半到七百里洋, 大風作天黑色, 水擊飄過十丈. 舟旋飄一踔, 商船二艘忽碎於前. 舟人大恐啼, 同僚郎執公手痛哭. 君徐曰, '無恐也. 死生有命, 哭奈何.' 天將曉舟泊, 舟人曰, '必蘇杭也.' 平明視之, 乃耽羅也. 御史以漂風聞, 聞者皆大驚錯愕, 以爲'某忠信人, 豈死於海者. 君有浮海錄行於世. 君奇士也, 天亦以奇事戲君, 要以發文章之奇也."

주의 배가 표류하다가 중국에 정박했던 사실을 상기시킨다.[16]

'奇士', '奇事', '文章之奇' 등 '奇'를 반복하여 「탐라록」의 배경과 하늘의 의도를 풀이함으로써 이 「탐라록」이 기이함의 산물임을 강조했다. 여기에는 제주에 대한 여타 기록처럼 그곳의 풍속이나 명승에 대해 일체 언급하지 않고 하늘이 기이한 재주를 가진 신광수를 기이한 일로 시험한 것만 부각시켰다. 하늘의 의도가 기이한 일을 경험하게 하여 그것을 기이한 문장으로 드러내게 한 것임을 강조한 것이다. 정범조(丁範祖) 역시 신광수가 탈 없이 살아난 것을 하늘의 뜻[17]이라고 했다. 「탐라록」은 당시 문인들 사이에 여러 차례 회자되었다. 허훈(許薰)은 「탐라록」을 제주 기행 기록의 백미로 평가하며 서울의 종잇값을 올렸다고 할 정도였다.[18]

2. 서문 찬자의 인식

「탐라록」에는 이익(李瀷), 목만중(睦萬中), 정범조의 서문과 신광수의 자서(自序)가 실려 있다.[19] 신광수가 제주에 간 것은 1764년(영조 40) 1월 26일이었다. 의금부도사로 죄인을 잡아오기 위해 명을 받고 동료인 도사 이익과 함께 제주로 들어갔다.[20] 임무를 마치고 돌아오는 길에 풍랑으로 네 차

16 李瀷, 『星湖僿說』, 「毛羅麻子」.

17 丁範祖, 『海左集』 卷3, 「聞聖淵船泊楸島無恙」, "南溟聲息繡衣傳, 拍案聞來喜欲顚. 風雨不驚楸子島, 文星依舊濟州船. 一心忠信寧知海, 萬死生全始有天. 何日玉墀歸復命, 清明花發禁城烟."

18 許薰, 『舫山集』 卷6, 「上外舅海蓮李公」, "當與石北耽羅錄抗衡, 而洛陽之紙貴."

19 당시 함께 제주도에 들어간 이익(李瀷)은 자가 영원(穎源)으로, 호가 성호(星湖)이며 자가 자신(子新)인 여주이씨 이익(李瀷)과는 다른 인물이다.

20 『承政院日記』, 英祖 40年 1月 18日, "又以義禁府言啓曰, 再明日擧動時, 大駕各差備都事, 當爲備員, 出使都事李瀷·申光洙·朴相玉·申大觀, 竝令該曹, 口傳相換, 以爲分排備員之

례나 배를 띄웠다 돌아오기를 반복하다가 3월 13일에야 해신에게 제사를 지내고 비로소 제주를 벗어날 수 있었다.[21]

내가 갑신년 정월 16일 금오랑으로 명을 받고 탐라에 가게 되니 동료 신광수가 실로 이 일에 함께하였다. 26일 바다를 건넌 뒤 매서운 바람이 매일 불어 파도가 심하게 일었다. 앞뒤로 네 번이나 배를 띄웠다가 되돌아와 정박하는 지경에 이르렀으니, 도중에 폭풍을 만나 거의 배가 전복될 뻔한 것도 여러 번이었다. 화북진(禾北鎭) 환풍정(喚風亭)에 머무니 앞뒤로 40여 일이었다. 성에 올라 북쪽을 바라보니 하늘과 바다는 망망하고 게다가 나랏일이 더뎌짐을 생각하니 마음이 더욱 황공하였고 집안의 소식도 끊어지니 회포가 또한 울적하였다. 성연과 마주앉아 서로 바라보며 종일토록 침묵하며 소일거리가 없었으니 거의 광증이 일어날 지경이었다. 그러나 성연이 평소 시를 잘하고 따라온 관리 박수희(朴壽喜)도 시에 능하여 매일 시를 지어 근심을 다스렸다. 내가 비록 시율을 등한시하지는 않았지만 또한 때때로 수창하는 일을 면치 못하였다. 체류한 날이 많아지니 어느새 긴 시축이 되었다. 예를 들어 성운이 화락하지 못하고 시어에 근심이 많은 것은 무릇 그 마음에 쌓여 말에 드러난 것이니, 아마도 보는 사람이면 그 본래 마음을 알 수 있을 것으로 홍겨운 심회를 읊었다고 보지 않는다면 다행이다. 마침내 세 개의 시축으로 깨끗하게 써서 각기 하나씩 가져 책상자에 보관하여 훗날 대

地, 何如? 傳曰, 允.", "吏曹口傳政事, 禁府都事李瀷, 北部奉事李敬倫, 禁府都事申光洙, 繕工奉事李沆, 禁府都事朴相玉, 漢城主簿趙漢鎭, 禁府都事申大觀, 訓鍊主簿兪漢輔相換."

21 申光洙,『石北集』,「耽羅錄序」, "凡四發船, 輒遇風回泊, 前後留舘, 盖四十五日. 至三月十三日, 夜祭海神, 始出海, 宿楸子島, 十四日無風, 下碇宿洋中, 十五日夜, 冒雨登陸."

면할 때로 삼는다.[22]

앞서 살핀 채제공의 묘지명이 신광수가 제주를 벗어날 때 겪었던 고초를 상술했다면, 이익의 서문에서는 풍랑 때문에 머물렀던 기간의 정황과 「탐라록」을 만들게 된 사연을 자세히 적었다. 이익의 서문은 제주에 동행했던 참여자의 시각이 담겨 다른 서문과는 성격이 다르다. 특히 바다 한가운데서 삶과 죽음의 경계에 함께 섰던 동행자의 심정은 육지의 다른 문인들이 간접적으로 경험한 것과는 사뭇 다르다. "성에 올라 북쪽을 바라보니 하늘과 바다는 망망하고 게다가 나랏일이 더뎌짐을 생각하니 마음이 더욱 황공하였고 집안의 소식도 끊어지니 회포가 또한 울적하였다."는 구절은 조정에 돌아가 보고해야 할 공적인 책무에 대한 무거운 마음과 소식이 끊긴 나그네의 우울한 심회를 그대로 드러내고 있다.

신광수의 「자서(自序)」도 이익의 서문과 유사한 인식을 보인다.

> 한라산이 수십 리에 있는데, 항상 운무가 껴서 모습을 볼 수 없었다. 하루는 성에 올라 북쪽을 바라보니 바람 치는 파도가 하늘에 닿아 아득하여 끝이 없었으니 이내 탄식하며 내려왔다. 아전과 사졸들이 종종 서로 마주한 채 눈물 흘리니 우리 두 사람이 제지하고자 해도 어쩔 수 없어 역시 그들을 위해 눈물을 흘리니 마치 다시는 탐라를 벗어날 수 없

---

22 李瀷,「耽羅錄序」, 申光洙,『石北集』, "余於甲申歲正月十六日, 以金吾郎, 出使耽羅, 僚官申光洙, 實同此役. 二十六日渡海後, 因盲風日吹, 波濤甚盛. 前後四發船, 輒致回泊, 中經颶作, 幾覆舟亦屢矣. 留禾北鎭喚風亭, 首尾四十餘日. 登城北望, 天水茫然, 加以王事稽遲, 情甚惶懔, 家信隔絶, 懷亦欝悒. 與聖淵對坐相視, 嘿嘿終日, 無以聊遣, 殆發狂疾. 而聖淵素善詩, 隨吏朴壽喜, 亦能詩, 乃日日拈韻, 以撥愁悃. 余雖不閑於詩律, 而亦弗免時時唱酬. 留日旣多, 奄成巨軸, 若其聲韻不暢, 語多愁絶, 盖以欝於中而發於言者, 覽者庶可得其本情, 而不視以吟詠跌宕則幸矣. 遂凈寫三軸, 各留其一, 莊之巾衍, 以作後日顔面云爾."

는 듯하였다. 이런 때를 당하여 어느 겨를에 시가를 노래하며 조용히 즐겨 마치 평소에 사신 간 사람이 하던 것처럼 타지에 머물며 늘어놓을 수 있었겠는가? 체류한 날이 오래되자 근심을 감당하지 못하여 아침저녁으로 끙끙대니 모두가 실의하여 병이 날 지경이었다.[23]

신광수는 당시 상황을 일반적인 체류보다는 섬에 갇혀 있는 상황으로 인식했다. 한라산은 운무에 가려져 보지 못하는 데다가 온통 무섭게 파도치는 바다뿐인 상황에 마주하여 섬을 벗어날 수 없을지도 모른다는 두려움을 느꼈다. 처음에는 아전과 사졸을 위로했지만 끝내 두려움에 병이 날 지경으로 답답함과 외로움이 커졌다. 이익의 서문에서 "거의 미칠 것 같았다(殆發狂疾)."고 한 대목과 일치한다. 이러한 때에 다른 곳으로 사신 간 이들처럼 시를 짓고 수창하며 즐기는 여유가 일체 있을 수 없었다. 답답함과 두려움에 시라도 지으며 시간을 보내지만 그들의 마음에 남아 있는 것은 하루라도 빨리 벗어나고 싶은 욕구뿐이었다.

한편 목만중과 정범조의 서문은 제주를 경험하지 못한 육지 문인들의 시각으로, 이익의 사실적인 경험에 비해 관념적 인식이 나타난다. 목만중의 「탐라록서」에는 제주를 선계로 인식하여 동경하는 인식이 나타난다. "탐라는 예로부터 영주(瀛洲)라 일컬어졌으니 신선이 사는 곳이라."[24]라고 하여 제주에 대한 피상적 인식에서 벗어나지 못했다. 다만 "탐라는 지금 토지와 호적대장에 속하여 주현으로 삼았으니 실제는 바다 가운데 하

---

23 申光洙, 『石北集』 卷7, 「自序」, "漢拿山在數十里, 常雲霧不見面. 日登城北望, 風濤接天, 漭無涯涘, 輒太息卽下. 吏士往往相對流涕, 吾二人欲制不能, 亦爲之泫然, 如不復出耽羅者. 當是時, 顧何暇乎唱和歌詩, 從容自娛, 如平時奉使者之爲留連鋪張哉. 濡滯之久, 不堪其憂, 日夕謳吟, 皆癈然生疾."

24 睦萬中, 『餘窩集』 卷11, 「耽羅錄序」, "耽羅雖古稱瀛洲, 仙人之所窟宅."

나의 작은 나라이다. 그 백성들은 가죽으로 옷을 입고, 그 토양은 검고, 그 산물은 귤과 유자와 좋은 말이다. 진산(鎭山)은 한라산이고, 그 별자리는 노인성(老人星)을 가리키며, 그 풍속에는 시장이 없고, 남녀가 물질을 좋아하며 방아 노래를 잘하는데, 쌀이며 젓갈을 북으로 배를 통한다고 한다."라고 하여 제주의 풍속과 물산, 지형 등을 서문을 통해 전하고 있다.[25] 목만중이 주목한 것은 탐라의 이국적인 풍속이었다. 그는 제주의 의복, 토양, 풍속, 식생활 등을 매우 기이하게 여겼다.

이에 비해 정범조의「탐라록서」는 약간 다른 인식을 보인다.

> 탐라는 세칭 영주이니, 영주는 대저 삼신산의 하나이다. 그러나 탐라가 이미 서울에서 멀리 떨어져 바닷길로 출입하니 배가 뒤집어지는 근심이 있어 사람들이 혹 가기를 꺼린다. 간혹 나라의 일로 가더라도 벌벌 떨며 오직 바람과 파도를 두려워하니, 어느 겨를에 조용히 그 회포를 노래로 드러내 시를 짓겠는가? 설사 그런 일이 있더라도 어찌 더불어 수창할 수 있겠는가? 그러니 시의 공졸(工拙)은 따질 것도 없다.[26]

정범조는 제주를 동경과 두려움이라는 복합적인 시선으로 이해하고 있다. 세속에서 말하는 신선의 세계이자 서울에서 떨어진 절도로서 통행의 두려움을 동시에 지적했다. 바닷길에서 풍랑을 만날까봐 가기를 꺼리고 혹 왕명을 받아 어쩔 수 없이 가더라도 두려워하는 공간이 제주라는

25 睦萬中,『餘窩集』卷11,「耽羅錄序」,"耽羅今雖屬版籍爲州縣, 其實海中一小國, 其民皮服, 其土黑, 其産橘柚良馬, 其鎭漢挐, 其星老人, 其男女喜潛水善舂歌, 其俗無市, 米塩通北船云."

26 丁範祖,『海左集』卷21,「耽羅錄序」,"耽羅, 世稱瀛洲, 瀛洲, 盖三神山之一云. 然耽羅旣去京師絶遠, 海道出入, 有舟楫傾敗之虞, 故人或不樂往. 間以王事往, 惴惴然唯風濤是恐, 豈有暇豫從容發之詠歌而爲詩者乎. 設有之, 豈有所與唱酬者乎. 卽詩之工拙亡論也."

인식은 아마 당시 서울 문인들의 공통된 인식이었을 것이다. 그러면서 정범조는 신선의 세계인 탐라가 선도(仙道)에 능한 신광수를 만난 것은 기이한 인연이라고 하여 그 만남에 의미를 부여했다.[27]

조선 후기 지식인 사이에서 제주는 중국의 전설에 나오는 삼신산(三神山) 중 영주산(瀛洲山)에 빗대어 이야기되며 선계라는 보편적 인식이 공유되었다. 특히 한라산은 신선의 산으로 회자되며 등람의 동기가 되기도 했다. 또 국가가 주관하는 산신제를 통해 의례의 공간으로서 상징화가 이루어졌으며, 나중에는 유학자들의 수양 공간으로 비추어지기도 했다.[28]

그러나 이것은 제주를 경험하지 못한 육지인의 관념적 인식일 뿐이다. 제주를 경험한 이들에게 이러한 관념적 동경보다 앞선 것은 제주를 벗어날 수 없을지도 모른다는 답답함과 두려움이었다. 「탐라록」에 실린 4편의 서문은 당시 현지와 육지에 있는 사람 간의 인식 차이를 극명하게 보여준다. 현지에서 느끼는 두려움은 이미 신선의 세계를 경험한다는 동경을 넘어섰다. 그러나 육지의 지식인들은 제주에서 비롯되는 답답함과 두려움을 실감할 수 없었다. 평소 친한 벗이 겪은 두려움은 단지 한 사람의 기사(奇士)를 포장하거나 그 재능을 발휘하게 하는 기사(奇事)로 인식될 뿐이었다.

「탐라록」은 신광수·이익·박수희 세 사람이 함께 지은 시를 모은 것이다. 신광수 일행은 제주에 있을 때 그곳에서 수창한 시편을 모아 신광수가 각기 한 통씩을 써서 자손들이 볼 수 있도록 남기기로 약속했다. 신광수은 1764년 12월 선공감(繕工監) 봉사(奉事)에 임명되어 한 달 정도 있었는

27 丁範祖, 『海左集』 卷21, 「耽羅錄序」, "世言三神山多仙人, 以此奇耽羅. 而余謂仙道, 寧須學修鍊飛昇爲哉. 要亦委化順命, 外患不入. 如聖淵者, 固仙道之宗耳, 卽羨門安期, 未必奇耽羅. 而耽羅之遇聖淵, 固益奇也哉."

28 송민경(2015), 앞의 논문, 60-61쪽.

데, 이 무렵 박수희가 수창한 시편을 먼저 정사하여 그에게 보냈다. 그러나 이듬해 병이 들고 더위까지 겹쳐 해를 넘긴 뒤에야 비로소 이익의 시편을 정리하고 자신과 박수희 시편을 정사하여 보냈는데, 여기에는 이익의 시편은 수록하지 않았다.[29] 이로 본다면 원래 세 사람이 제주에서 수창한 시편을 각기 엮어 하나씩 소장하기로 하고, 그 일을 신광수가 맡았던 듯하다. 각각의 시축에는 주인의 작품은 빼고 다른 두 사람의 시편을 모았던 것이다.

그런데 신광수의 「탐라록」에는 신광수의 시편만이 수록되어 있다. 아마도 『석북집』을 편찬하는 과정에서 이익과 박수희의 시편은 제외된 것으로 추정된다. 이러한 정황을 알 수 있는 것이 이현환(李玄煥)이 지은 「영주창화록서(瀛洲唱和錄序)」이다. 1765년 이현환이 「영주창화록서」를 지은 것은 신광수의 요청에 따른 것이었다.[30] 특이한 것은 이 서문이 본래 1편이었던 것을 모두 3편으로 개작했음을 밝히고 있다는 점이다. 개작은 작가가 일정한 목적하에 작품이나 원고를 고치는 행위를 일컫는다. 여기에는 단순한 자(字)-구(句)-장(章)-편(篇)의 수정이나 산삭(刪削)은 물론 그에 따른 의경(意境)의 변개(變改)도 포함한다. 개작은 개별 한문 산문의 구성과 미의식을 이해할 수 있는 단서가 된다. 작가가 작품을 구성하는 의경에서부터 실제 창작의 과정을 거쳐 수정하기까지 작품이 어떻게 변개되는지를 분석함으로써 산문에 대한 이해를 높일 수 있을 것이다. 이런 점에서 이현환이 지은 세 편의 「영주창화록서」는 좋은 자료가 된다. 하나의 사건

29 申光洙, 『石北集』 卷8, 「書李穎源(瀷)耽羅錄後」, "耽羅時, 僚兄陪吏, 約出海後, 以不佞筆, 各書一通, 留作子孫之觀. 昨年在繕工直中, 先寫朴吏長軸以歸之. 此錄以病暑不振, 下筆旋輟, 遷就經歲, 今始斷手, 而不佞與壽喜之作, 非穎源所和者, 不錄於此卷云爾."

30 李玄煥, 『蟾窩雜著』, 「瀛洲唱和錄序」, "聖淵示余瀛洲一錄, 余讀之竟軸, 爽然自失, 遂題其卷首而還之也."

을 세 편으로 재구성한 이 일련의 작품에서 의경, 서술 전략 등을 서로 비교함으로써 한문 산문의 미적 특질에 접근할 수 있다.[31]

세 편의 「영주창화록서」는 일반적인 서문과 의경에서 많은 차이를 보인다. 이현환이 첫 번째 서문에서 말한 것은 기사(奇士)인 신광수가 불행(죽음/水仙)이든 행(생존/奇會)이든 그의 경험은 亦幸(문단의 勝事)이 될 것이라고 했다. 개일본(改一本)에는 신광수에 대한 실망이 짙게 배어 있다. 신광수의 경험을 듣고 그가 기이한 경험을 통해 문장지사로 우뚝 설 것을 기대했으나, 체념과 두려움, 그리움으로 형상화된 『영주창화록』을 보며 이현환은 실망했다고 했다. 우일본(又一本)은 신광수의 기이한 경험을 통해 자신의 세계관과 시론이 집약되어 제시된 글이다. 신광수의 탐라 경험은 이현환이 글을 쓰는 하나의 계기일 뿐 그 일에 대한 이현환의 인식은 잘 드러나지 않는다. 신광수 일행이 제주에서 지은 시편을 바라보는 이현환의 인식은 신광수에 대한 기대가 큰 만큼 실망이 수를 이룬다. 취생몽사(醉生夢死)하는 일상을 벗어나 망망대해를 건너 제주를 견문한 그의 경험이 그의 문학에 큰 도움이 될 것이라고 했다.

친한 벗의 기행창화록에 서를 쓰는 경우 상대를 높이고 시편을 칭상하는 것이 일반적인 방식인데, 이들 작품에는 신광수에 대한 실망이 강하게 표현되었다. 나아가 벗의 죽음을 상정하여 기술하는 태도는 상식을 넘어서는 극단적 설정이라고 할 수 있다. 이러한 의경은 목만중과 정범조의 의경과 다르다. 목만중은 신광수의 체험을 조물자가 의도한 기이한 일로 인식하고, '각유소당(各有所當)'의 논리에 따라 신광수와 제주의 만남을 당연시했다.[32] 정범조 역시 제주와 신광수의 만남을 기이한 일이자 당연한

31 박용만, 「李玄煥의 「瀛洲唱和錄序」 改作의 양상」, 『한국한문학연구』 40(2007), 178-179쪽.

32 睦萬中, 『餘窩集』 卷21, 「耽羅錄序」, "甚矣, 造物者之好奇也! 夫物各有所當, 大與大相當, 小與小相當, 非石北, 固無足以當瀛洲者."

귀결로 보았다.[33] 이들에게서 신광수의 체험은 그의 문장을 극대화하려는 조물자의 의도였고 그 의도에 잘 부합되었다고 보았기 때문에 이현환처럼 실망의 소회는 드러나지 않는다.[34]

의경의 차이로 각 편은 심한 내용의 변개가 이루어졌다. 「영주창화록서」와 개일본에서는 소회와 실망이 주를 이룬다. 그러나 우일본에서는 자신의 시문론과 세계관이 주를 이루어 앞의 두 글과는 다른 별개의 의경을 드러냈다. 또한 「영주창화록서」와 개일본도 실망의 정도에 따라 구성과 표현 양상에 많은 차이를 보인다.

정도의 차이는 있지만 이현환과 유사한 인식을 보인 인물이 허훈이었다. 허훈은 「승차록서(乘槎錄序)」에서 신광수의 기이한 경험에 실망감을 보였다. 첫째, 중국의 시사에 든 뒤 요하를 건너 동으로 왔다면 먼 곳에서 본 괴이한 것이 필시 시에 드러나 그 명성이 천하에 진동했을 것이다. 둘째, 바람을 받아 출발함에 순풍을 받아 선회하며 여유롭게 시 지으며 감상하여 제주의 연운, 풍우, 초목, 충어에 지나지 않았으니 유독 사람들로 하여 혀를 차게 한다고 했다.[35] 신광수가 제주의 풍토와 산천을 벗어나 보다 큰 세계로 나아가 많은 것을 보고 들었다면 그의 재주와 결합되어 많은 것을 배우고 발휘했을 것이라는 아쉬움이다.

「탐라록」에서 서문 찬자의 제주 인식은 각자의 처지에 따라 두 부류로 나눌 수 있다. 신광수와 이익처럼 현지에서 직접 경험한 집단과 목만중,

33 丁範祖, 『海左集』 卷21, 「耽羅錄序」, "世言三神山多仙人, 以此奇耽羅. [⋯] 未必奇耽羅, 而耽羅之遇聖淵, 固益奇也哉."

34 박용만(2007), 앞의 논문, 198-199쪽.

35 許薰, 『舫山集』 卷15, 「乘槎錄序」, "余嘗讀石北申公耽羅錄, 竊恨其颶不猛, 而漂不遠何也. 石北, 近世詩家之傑也. 若借大颶, 踔重溟幾萬里, 泊于蘇杭閩廣之間, 轉入燕社, 渡遼河而東之, 則遐怪所矚, 必皆發之于詩, 名聲足以動天下. 風旣發, 其便而旋閼之, 流連賦賞, 不過瀛洲之煙雲雨風艸木蟲魚而止, 殊令人咄咄."

정범조, 이현환처럼 그들을 통해 간접적으로 경험한 집단이다. 직접 경험의 여부는 두 집단 사이의 제주에 대한 인식에 확연한 차이를 발생시킨다. 간접적으로 경험한 인물들은 제주를 선계로 보면서 동시에 생사를 넘나든 신광수의 경험을 기사(奇事)로 이해하여 그가 문학적 재능을 더욱 발휘할 수 있는 계기로 인식했다. 이에 비해 제주를 직접 경험한 신광수와 이익에게 그곳은 고립무원이었다. 섬을 벗어날 수 없다는 답답함과 그곳에서 죽을 수도 있다는 두려움이 이 둘에게는 복합적으로 작용했다.

Ⅳ. 「탐라록」 수록 한시에 흐르는 시적 정서

「탐라록」에는 신광수가 제주에 들어가기 전부터 다시 서울로 돌아올 때까지 지은 58편의 작품이 수록되어 있다. 이 중 45일간 체류하는 동안 지은 작품은 〈입도(入島)〉부터 〈잠녀가(潛女歌)〉까지 49편이다. 여기서는 신광수가 경험했던 제주의 경물과 현실에 대한 사실적인 표현이 주를 이룬다. 제주를 직접 경험하지 못했거나 또는 그의 한시와 구술을 통해 간접적으로 경험한 주위 사대부들과는 달리 사실적 인식이 주를 이룬다. 여기서는 이를 세가지 특징으로 요약하여 제시하도록 한다.[36]

36 부영근은 신광수 「탐라록」의 한시 세계를 "풍류의식(風流意識)의 구현(具現)", "관료의식(官僚意識)의 투영(透映)", "애민의식(愛民意識)의 발로(發露)"로 구분했다. 부영근, 「石北 申光洙의 「耽羅錄」 考察」, 『영주어문』 8(2004), 53-61쪽.

1. 이국적 풍물에 대한 소회

오랜 머문 나는 남도의 나그네
자못 토속을 자세히 알게 되었네.
방언엔 가늘고 촉급한 것이 많고
백성의 성씨는 고씨와 양씨가 태반이라.
벌집 모양의 돌은 보았지만
말총으로 치마 지었다는 것은 헛소문인 듯.
북쪽 사람들 이 일을 묻는다면
돌아가 들려줄 이야기 많도다.[37]

신광수는 먼저 제주의 이국적인 풍물과 풍속을 주목했다. 서울의 관료로 지내온 그에게 남쪽 끝 섬 생활은 상상하지 못했던 세계였다. 따라서 그는 방언, 성씨, 돌, 말총 등 서울에서 경험하기 어려웠던 이질적 문화를 신기하게 바라보았다.

제주 방언은 지금도 쉽게 소통되기 어렵듯 당시 신광수에게 매우 이질적 문화였다. 전통시대 사대부에게 소학의 음운학과 문자학은 경학에 나아가기 전 단계에서 필수적으로 익혀야 하는 매우 중요한 분야였다. 신광수 역시 음운학에 대한 이해가 상당했을 것으로 추정되는데, 제주 방언은 전에 경험하지 못한 신세계였을 것이다. 그가 말한 가늘고 촉급한 것이 어떤 언어 현상인지 정확하게 이해하기 어렵다. 다만 신광수에게 제주의 방언이 매우 이질적인 현상으로 이해되었을 것이다.

---

37 申光洙, 『石北集』 卷7, 「耽羅錄」, 〈土風〉, "久我南中客 頗於土俗詳 方音多細急 夷姓半高良 只見蜂房石 虛聞馬尾裳 北人如問事 歸作話頭長."

알려진 대로 제주는 삼성혈에서 기원한 고(高), 양(梁), 부(夫)가 토성이다. 세 성씨 중 고씨와 양씨가 다수를 차지하고 있다고 했다. '良氏'는 '梁氏'로 바뀌게 되는데,[38] 신광수는 '陽氏'로 표현하고 있다. 그의 시에서 이채로운 것이 벌집 모양의 돌이다. 삼다(三多) 중 하나인 제주의 돌은 화산석으로 마치 구운 숯처럼 구멍이 많고 울퉁불퉁한 모습을 띠고 있다. 신광수는 봉방석, 곧 벌집 모양의 돌로 표현했다. 또한 제주의 특산물로 말총이 있었다. 서울에서는 말총이 흔한 것으로 잘못 소문이 난 듯한데, 신광수는 제주에 말총이 많지만 그것으로 여인들이 치마를 지어 입는다는 것은 낭설임을 확인했다. 이처럼 이국적 경물과 풍속에 대해 신광수는 자신이 본 것을 바탕으로 사실인 것과 와전된 것을 구분하여 서술했다. 이외에도 「탐라록」에는 육지와 다른 제주 광경에 대한 생경함이 여럿 표출되어 있다. 노인성이 춘분과 추분에 대정 바다 가운데 보이는 모습,[39] 따뜻해지는 2월에도 뱀이 출몰하거나 남녀가 가죽옷을 입고 방앗소리를 부르는 광경,[40] 남자 복장을 한 여자 기생이 말을 타는 모습[41] 등 육지에서 쉽게 볼 수 없는 이국적인 광경은 그에게 신선한 문화적 충격이었다.

---

38 『三國史記』, "自此事新羅, 以高爲星主, 良爲王子, 夫爲都上. 後改良爲梁."

39 申光洙, 『石北集』 卷7, 「耽羅錄」, 〈初度日 値春分 州妓綠璧問病餉橘 以詩謝贈〉 협주, "老人星, 以春秋分, 見大靜海中."

40 申光洙, 『石北集』 卷7, 「耽羅錄」, 〈風土〉.

41 申光洙, 『石北集』 卷7, 「耽羅錄」, 〈城上觀妓走馬〉.

2. 관료로서의 사명감

하얀 머릿결의 섬 여자들
푸석한 머리카락의 섬 사내들
옹기종기 떼를 지은 수십 명이
모두 털이 거의 빠진 개가죽 입고 있네.
검게 그을린 마른 몸은 가죽이 뼈에 붙은 듯
굶주려 소리조차 내지 못하여 희미하기가 실과 같도다.
[…]
이 고을 부자가 몇 명이리오.
올해 농사 또 망치면 죽은 목숨이라네.
탐라의 거지들 내 말을 듣고
일시에 얼굴 가리며 북쪽 향해 울부짖네.
북쪽이 비록 멀어도 부모님처럼 가까우니
만리 밖 탐라국을 밝게 살피소서.[42]

남쪽의 섬인 제주도는 중앙의 관심과 지원이 미치지 못해 백성의 삶이 곤궁했던 곳이다. 서울의 사대부에게 제주가 낙후한 공간으로 인식된 것도 이러한 지리적 특성에 기인한 것이 컸다. 왕명을 받고 도착한 신광수에게 백성들의 피폐한 삶은 관료로서의 사명감을 일깨웠다.

위의 시는 〈제주걸자가(濟州乞者歌)〉로 당시 제주의 걸인들을 사실적으로 묘사하고 있다. 그러나 여기서 걸인의 모습이 당시 제주 사람들의 일반

42 申光洙, 『石北集』 卷7, 「耽羅錄」 〈濟州乞者歌〉, “白頭蠻家女 焦髮蠻家兒 纍纍爲羣十數人 皆着半鞹黃狗皮 一身枯黑皮粘骨 飢不成音細如絲 […] 此邦富者能幾何 又失今農亦溝壑 耽羅乞兒聞我言 一時掩面啼向北 北方雖遠父母邇 萬里明見耽羅國.”

적인 생활상과 차이가 있을 수 있다. 전반부에서 푸석푸석한 머리카락에 털 빠진 개가죽 옷을 입은 수십 명의 걸인들은 굶주림에 비쩍 말라 목소리조차 제대로 내지 못하는 참혹한 실상을 보여준다. 후반부에는 북쪽을 향하여 임금의 은혜를 바라는 그들의 소망이 서술되었다. 전반부에서 지식인으로서 제주 걸인의 실상을 기록했다면 후반부에는 임금의 덕과 은혜가 제주에까지 미치기를 갈망하는 관료의 심정이 드러난다. 임금을 향해 하소연하는 걸인과 소외된 제주 백성을 임금이 살펴줄 것이라는 관료로서의 기대가 교차하고 있다. 앞의 「탁라공귤송」에서 정약용은 제주 백성의 삶을 제시한 뒤 결국 모든 것을 임금의 덕과 은혜로 귀결시켰다. 그러나 신광수는 임금의 덕을 기대하면서도 관료로서의 사명감을 보인다는 점에서 차이가 있다.

3. 백성의 삶에 대한 연민과 공감

자갈밭 잦은 흉년에 섬사람 굶주리니
눈앞의 처량한 물색 슬프기만 하여라.
예로부터 어염이 흔해 장도 서지 않았건만
지금은 비바람에 배조차 끊어졌네.
더벅머리 진졸들 부엌의 고기 훔치고
누렇게 뜬 변방의 아낙들 나무껍질 벗기네.
나야 벼슬아치로 이곳에 왔다지만
매번 아침저녁마다 숟가락 멈추네.[43]

---

43 申光洙, 『石北集』 卷7, 「耽羅錄」, 〈憫荒〉, "石田頻歲海民饑 滿目凄凉物色悲 從古魚塩無市

본래 제주는 어염이 풍족하여 장조차 서지 않는 곳이었다. 그러나 신광수가 체류한 1764년 1월부터 3월 사이에 제주는 흉년으로 심각한 식량난을 겪었다. 더구나 신광수 일행이 제주를 떠나지 못할 만큼 풍랑이 계속되는 상황에서 육지의 식량이 운반되기도 어려웠다. 애초 기름진 농지가 부족한 데다 흉년까지 겹치니 아녀자들은 나무껍질을 벗기고 진졸 또한 먹을 것을 훔치는 지경에 이르렀다. 그러나 서울에서 온 관리라고 꼬박꼬박 식사가 제공되지만 백성의 참담한 현실을 목도한 그로서는 차마 음식이 목에 넘어갈 리 없다. 위의 시에서 사실적 표현이 돋보이는 것은 그가 1764년 제주의 참담한 삶의 현장에 있었기 때문에 가능한 것이다.

신광수가 목도한 백성의 현실은 흉년에서 오는 것만은 아니었다. 강진의 해월루에서 시를 지은 신광수 일행은 제주로 들어가는 배를 타고 출발했다. 그들은 중간에 소안도(蘇安島)라는 섬에 정박하여 하룻밤을 보낸 뒤 백도(白島)를 거쳐 제주도에 들어갔다. 신광수는 소안도에 머물며 "상선들은 봄마다 쌀을 실어 나르지만, 시골 밥상엔 저녁마다 새우만 있어라. 밤이 되어 관리의 말을 들으니, 관아의 세금이 하늘까지 오른다 하네."[44]라고 시를 지었는데, 쌀을 실은 상선들이 오가지만 제주 백성들이 먹을 식량은 없어 새우만 먹는 가난한 삶이 그려졌다. 섬 백성들을 힘들게 하는 것은 부족한 식량만이 아니라 거둬가는 세금이 날로 높아지는 것이었다. 흉년과 과도한 세금은 당시 제주 백성들에게 있어서 이중의 고통이었다.

國 如今風雨絶船時 長毛鎭卒偸廚肉 黃面蕃姑剝樹皮 我亦王人來此地 每當朝夕自停匙."

44 申光洙,『石北集』卷7,「耽羅錄」,〈宿蘇安島〉,"商船春通米 村盤夕有鰕 夜聞官吏語 官稅到天涯."

팔도에 바치고 서울로 오리자면
하루에도 생전복 마른 전복 몇 짐이나 내야 하나.
없는 게 없는 고관의 주방에
비단옷 입은 공자들의 술자리에
이토록 고생스러움을 어찌 알리오
겨우 한 번 씹은 뒤 상을 물리겠지.
잠녀여, 잠녀여! 그대들은 즐겁다지만 나는 슬프니
어찌 사람 목숨 장난치며 내 입과 배를 채울 수 있으리.
오호라! 우리 서생이야 해주청어도 얻어먹기 힘드니
아침저녁 밥상에 부추나물이면 족하리.[45]

위 시는 〈잠녀가〉 중 제29구에서 제38구까지이다. 이 시는 제주 해녀의 삶을 기록한 것으로, 신광수의 대표적인 작품이라고 할 수 있다. "종종 굶주린 고래를 만나면 그들 밥이 되리[往往又遭飢蛟食]"라는 구절은 해녀의 숙명적인 아픔을 표현한 것이다. 바다라는 삶의 현장에서 일어나는 일이야 어쩔 수 없지만 목숨 걸고 건져 올린 해산물이 고관대작이나 지체 높은 집안 자제의 술안주로 올려졌다가 그마저도 버려지는 육지의 현실을 드러냈다. 고단한 삶의 현장을 경험하지 못한 사람은 입에 들어가는 쌀 한 톨이나 생선 한 조각의 소중함을 알지 못한다. 해녀와 고관대작의 삶을 대조적으로 보임으로써 모순에 찬 현실을 드러내고 백성의 삶을 살피지 않는 벼슬아치의 삶을 비판한 것이다.[46]

---

45 申光洙, 『石北集』 卷7, 〈潛女歌〉, "八道進奉走京師 一日幾馱生乾鰒 金玉達官庖 綺羅公子席 豈知辛苦所從來 纔經一嚼案已推 潛女潛女爾雖樂吾自哀 奈何戲人性命累吾口腹 嗟吾書生海州靑魚亦難喫 但得朝夕一虀足."

46 이기현, 『石北文學硏究』, 한양대학교 박사학위논문(1996), 82-83쪽.

그것을 지체 높은 육지인의 탓으로만 돌릴 수 있을까? 죽음을 직면한 경험은 사람의 내적 깊이를 더한다. 신광수도 제주에서 겪었던 45일간의 체험이 아니었다면 제주 해녀의 고단한 삶을 이해하지 못했을 것이다. 물론 대상을 보고 성찰하는 것과 그렇지 못하는 것은 바라보는 사람의 인식 차이에서 비롯된다. 〈잠녀가〉의 창작은 신광수에게 현실 비판 의식이 있었기에 가능했다. "그대들은 즐겁다지만 나는 슬프니[爾雖樂吾自哀]"라는 구절은 해녀의 삶을 이해하고 공감하는 모습을 보여준다.

신광수는 〈등악양루탄관산융마(登岳陽樓歎關山戎馬)〉로 이미 이름을 널리 알린 당시의 대표적인 시인이었다. 특히 악부체를 통한 대상의 특징 포착과 의경의 사실적 묘사는 그의 이름을 더욱 돋보이게 했다. 45일간 체류하며 쓴 「탐라록」의 시편들은 제주에서 느낀 이국적 풍물에 대한 소회, 왕명을 받고 파견된 관리로서의 사명감, 현지에서 느끼는 백성의 삶에 대한 인식을 사실적으로 드러내고 있다.

V. 맺음말

조선에 속하면서도 바다 가운데 있어 쉽게 다가갈 수 없었던 제주는 조선 후기 사대부에게 미지의 공간이었다. 삼성(三聖)의 신화를 가지고 있는 나라, 신선이 사는 전설상의 공간, 그럼에도 목숨을 걸고 뱃길을 통해서 다가갈 수 있는 절도 등의 이미지는 육지의 지식인이 제주를 더욱 신비로운 공간으로 인식하는 계기가 되었다.

육지인은 제주를 직접 경험한 적이 없기 때문에 온전한 이해가 불가능했다. 실제 제주를 경험한 이들은 유배를 오거나 관리로 파견된 이들로 한정되며, 나머지는 이들을 통해 제주를 간접적으로만 경험할 수 있었다. 조선 후기 제주에 대한 인식은 직접 경험한 사람과 그렇지 못한 사람들 사이에 극명한 차이를 보인다. 노인성이 보이는 신선 세계로서 관념적 동경의 공간으로도, 절도의 지리적 특성으로 인해 생명을 잃을 수도 있는 기피 지역으로도 인식되었다. 또한 서울에서 멀리 떨어져 국왕의 덕이 미치지 못하는 낙후된 공간으로도 여겨졌다.

이에 비해 「탐라록」에서 보듯 제주를 실제 경험한 이들의 태도는 매우 현실적이다. 그들에게 제주는 자신의 의지와 무관한 고립무원의 공간이었다. 더구나 체류 내내 운무에 가려 멀리서도 볼 수 없었던 한라산은 선계가 아니라 답답함을 자아내는 대상이었을 뿐이다. 사신의 책무를 다하지 못하는 것은 물론 육지의 가족과 소식조차 주고받을 수 없는 제주는 말 그대로 '갇힌 공간'이었다. 운신할 수 없다는 답답함, 아무 것도 할 수 없다는 무력감, 혹시 그곳에서 죽을 수도 있다는 두려움이 복합적으로 나타났다. 할 수 없이 갇혀 지내며 유일한 소일거리가 시를 짓는 것이었으므로 그들의 시편에서 광활한 바다를 바라보는 장대한 기개는 기대하기 어려웠다.

문학 작품에서는 언표(言表)보다 기술 의도와 내재된 사상을 파악하는 것이 중요하다. 시가 지어지는 근저에는 작가의 현실 인식과 문학관이 반드시 자리한다. 이러한 인식과 사상 속에서 다른 사람과 변별되는 자신만의 작품을 창작하게 된다. 문학사에서 18세기는 개성주의 문학관이 확고하게 자리하던 시기였다. 그들의 문학관은 바로 현실에 대한 인식과 밀접한 관련을 가진다. 그런 점에서 신광수의 제주 경험과 그 주변 인물들의 인식은 18세기 문학을 보는 중요한 렌즈가 된다.

제3부
경제활동과 보건환경

제주 토지 소유와 매매의 한 양상

정수환

I. 머리말

이 글의 목표는 조선 후기 제주도 토지 매매의 특징을 추적하는 것이다. 이를 위해 제주 어도 진주강씨 강익진(姜益鎭) 후손가 고문서를 중심으로 토지 소유와 관련된 쟁송·매매 문서를 분석한다.[1] 분석을 위한 가설은 조선 후기 제주 사회의 특징과 관련하여 설정할 수 있다. 이 글은 제주에 목장이 산재함에 따라 전답 매매 명문에 소유권 확인을 위해 사표(四標)를 정확히 기재하게 되었다는 점과 제주 마을과 사회의 강한 인적 연결망이 토지 매매에 영향을 주었다는 사실을 추적한다.

그동안 토지 매매 명문을 이용하여 조선 후기 매매 관행에 대한 내용이 밝혀졌다. 먼저 토지 소유와 관련한 법제적 역사가 정리되었다. 토지 매매

1 韓國學中央硏究院, 『고문서집성114-제주 晉州姜氏·谷山康氏·金海金氏·慶州金氏·濟州高氏·東萊鄭氏 고문서』(한국학중앙연구원 출판부, 2015).

명문과 관련 소지의 사례를 연구하여 조선에서 현대사회로 이어지는 토지 거래의 특징을 오늘날 부동산 거래법의 전사로 규명했다.[2] 재산으로서 토지의 가치와 경영 관습의 변화를 분재기와 토지 매매 명문을 이용하여 분석하기도 했다.[3] 또한 매매 명문을 활용하여 매매 경향 추이를 추적하면서 매매자의 신분, 매매물의 성격 등을 밝혔다.[4] 그리고 양적 분석으로 매매 가격의 변화 등 물가에 대한 연구도 시도되었다.[5] 토지 매매와 명문에 대한 이 같은 선행 연구는 조선 후기의 실상에 접근 기회를 제공하지만 지역별 특징에 대한 정밀한 보완은 여전히 필요하다. 따라서 이 글에서는 제주도를 사례로 살펴보고자 한다.

한편 제주 지역 고문서에 대한 연구 성과는 매매와 관련한 분석 기회를 제공한다. 제주 분재기에서는 다른 지역과 달리 19세기까지 여성을 포함한 균분상속 관행이 이어지는 특수성이 발견되었다.[6] 매매 명문과 관련해서는 사례 수집으로 매매 사유 등에 대한 비교 분석이 시도되었으나 지역적 특수성이 드러나지는 않았다.[7] 한 가문의 경제적 자립과 운영의 모습

---

2 朴秉濠, 『韓國法制史攷』(法文社, 1974); 金性甲, 『朝鮮時代 明文에 관한 文書學的 硏究』(한국학중앙연구원 한국학대학원 박사학위논문, 2013).

3 李樹健, 『嶺南士林派의 形成』(嶺南大學校出版部, 1979); 李樹健 編著, 『慶北地方古文書集成』(영남대학교 출판부, 1981); 정구복, 『고문서와 양반사회』(일조각, 2002).

4 李在洙, 『朝鮮中期 田畓賣買硏究』(集文堂, 2003); 이수건 편, 『16세기 한국 고문서 연구』(아카넷, 2004); 정수환·이헌창, 「조선후기 求禮 文化柳氏家의 土地賣買明文에 관한 연구」, 『古文書硏究』 33(2008); 정수환, 「17세기 화폐유통과 전답매매양상의 변화」, 『藏書閣』 23(2010).

5 李正守, 「18세기~19세기 土地價格의 變動」, 『釜大史學』 23(1999); 이정수·김희호, 『조선후기 토지소유계층과 지가 변동』(혜안, 2011).

6 文叔子, 「조선후기 濟州지역의 재산상속과 奉祀관행」, 『史學硏究』 81(2006); 이옥부, 「조선후기 제주도 지역 여성의 재산 소유와 상속」, 『古文書硏究』 54(2019).

7 高昌錫, 『濟州島古文書硏究』(世林, 2002); 김영란, 「조선후기 제주지역 土地賣買 연구」, 『藏書閣』 37(2017), 토지 매매 명문 외에도 노비 매매 명문을 활용하여 매매가, 매매분쟁, 본문기(本文記) 등의 성격을 추적한 조정곤의 연구도 있다. 조정곤, 「조선후기 제주지역

을 분재기와 매매 명문으로 묘사했으나 지역적 특수성을 확인하기에는 한계가 있다.[8] 다만 토지 소유를 산송(山訟)과 연계하면서 제주 지역 토지 분쟁의 특징을 주목한 점은 이 연구와 관련하여 참고되는 성과이다.[9] 제주 토지 소유와 매매의 특징을 살펴보기 위해서는 사례 축적을 통한 비교 연구 기회를 확보할 필요가 있다.

이 글은 기존의 연구 성과를 바탕으로 제주 지역 토지 매매의 특징을 밝히기 위한 사례를 발굴하고자 한다. 이를 위해 현재까지 공개된 제주 어도 진주강씨 강익진 후손가 고문서를 분석할 것이다.[10] 먼저 토지 매매 분쟁 사례에서 매매 관행의 양상을 살펴보고, 매매 명문 사례를 이용하여 제주도 토지 매매의 특징을 서술할 것이다.

노비 거래의 양상-濟州 於道 晉州姜氏 姜受璜 後孫家 古文書를 중심으로」,『古文書研究』 53(2018).

8 이옥부,「조선후기 제주도 한동리 김해김씨 김덕경 가계와 이들의 경제기반-김덕경 사계의 '상속 및 거래' 문서를 중심으로」,『지방사와 지방문화』 18-1(2015).

9 조정곤,「제주지역의 묘지 점유와 분쟁」,『藏書閣』 34(2015).

10 조미은,「제주지역 조사·수집 문중고문서의 현황과 특성-어도 진주강씨, 조천 김해김씨, 구좌 동래정씨를 중심으로」,『藏書閣』 34(2015); 허원영,「제주 애월읍 수산·중엄·하가리 고문서와 조선후기 제주의 부세운영」,『고문서집성 108-제주 涯月 水山里·中嚴里·下加里 고문서』(한국학중앙연구원, 2014); 노인환·조광현,「제주도 고문서의 현황과 특징-진주강씨·곡산강씨·김해김씨·경주김씨·제주고씨·동래정씨를 중심으로」, 한국학중앙연구원(2015), 앞의 책.

Ⅱ. 진주강씨의 사회적 위상과 토지 확보

토지 매매와 경영은 주체의 사회경제적 배경과 관련이 있다. 따라서 진주강씨 강익진 후손가의 제주 지역사회 내 입지를 먼저 살펴볼 필요가 있다. 선행 연구에 의하면, 18~19세기 제주 지역사회에는 군직이나 공노비가 장의, 별감 등 양반 직역으로 이동하는 경향이 두드러진다.[11] 그러나 강익진 후손가는 유향좌수, 유향별감, 청금유생 등을 대대로 역임해 와 제주 지역사회 내 이들의 위상이 처음부터 엘리트 양반층이었음을 알 수 있다(표1).[12]

18세기 말 제주 사회는 큰 변화를 경험하게 된다. 그러나 진주강씨는 이미 18세기 전반부터 탄탄한 지역적 기반을 유지하면서 19세기 제주 사회에서도 큰 동요를 보이지 않았다. 이러한 제주 내 탁월한 사회적 기반을 바탕으로 진주강씨는 묘지를 설치하기 위해 전답 확보를 위한 민원 활동을 전개했다.

> 육소장(六所場) 아래 월각은 주인 없는 가경(加耕)이었습니다. 그런데 한쪽 땅에 이미 분묘 3개가 있으니 남은 경작지가 없습니다. 그런데 제가 직접 분묘 주위에 나무를 심고 지켜서 대개 우마가 들어와 침입하는 것을 방지했습니다. 앞에 문인도(文仁道)라고 이름하는 사람이 들어와

11 정수환, 「19世紀 假率의 성격과 濟州社會-"濟州大靜縣沙溪里戶籍中草"를 중심으로」, 『濟州島硏究』 23(2003), 218-219쪽.

12 노인환·조광현(2015), 앞의 논문, 48-49쪽; 제주도 호구 자료를 분석한 결과, 18세기 노비호가 45.2%에 이르렀다는 사실은 제주 사회에서 진주강씨의 입지를 보다 분명하게 보여준다. 이러한 현실은 1801년 내시노비 혁파를 계기로 무너지고 제주 사회의 변화를 가져왔다.

표1 | 제주 어도 진주강씨 가계

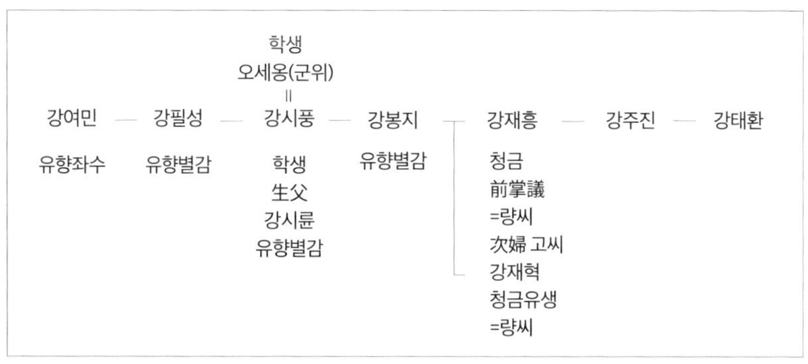

> 경작하니 이 소지를 올립니다. 그러하니 저의 몸이 묘를 지키고 가꾼 여부를 실제로 조사한 다음 엄격하게 금지하는 판결을 얻었습니다. 그런데 고영발(高永發)이 함부로 들어와 경작할 뜻을 꾸미니 도규(島規)에 의거하여 금지하는 판결을 한 이후에 [···][13]

위는 1754년(영조 30)에 어도 내산리에 거주하는 전 현감 강여홍(姜汝興)이 제주판관에게 올린 소지이다. 강여홍은 육소장 인근 산 아래에 가경전(加耕田)을 마련하고 선대의 분묘를 설치했다. 이 과정에서 그는 '경식(耕食)'이라는 표현을 사용했는데, 이는 분묘뿐만 아니라 인근의 토지도 점유하고 있음을 강조한 것이다. 즉 분묘의 관리와 수호를 이유로 주변 토지까지 일괄 소유권을 확보하려는 의도였다. 이 과정에서 강여홍은 분묘와 인근 가경전에 대한 문인도와 고영발의 침해를 호소했다. 같은 해 고영발은 강씨 문중에 발급한 고음(侤音)에서 이 가경전을 '묘좌전(墓坐田)'으로 인정했다. 이 경우, 고영발은 월각원(月角員)에 담을 쌓고 오랫동안 나무를 심고 가꾸면서 묘지를 수호하다가 뜻하지 않게 강씨 문중 분묘의 경계를 침

13 韓國學中央硏究院(2015), 앞의 책, 154쪽.

범한 사실을 인정하고 강씨 소유 분묘와 토지에 대해 절대 침범하지 않겠다는 다짐을 제출했다.[14]

한편 월각 일대 소장을 분산하고 토지를 수호하려는 강여홍의 노력은 그의 손자 강인철(姜仁喆)에게 이어졌다. 1800년(정조 24) 강인철은 "선조의 분묘가 소은(召隱) 귀림(貴林) 경내에 이른바 월각의 목장에 있습니다. 백호(白虎) 안 30보 즈음에 있고 또 산을 쓰는 곳입니다. 다른 사람이 다시는 침범하지 않도록 앞서서 표시를 해 두었습니다. 다른 사람의 침범이 있으면 나중에 살피기 위해서 입지(立旨)를 발급하여 주십시오."[15]라고 호소하며 입지를 발급하고자 시도했다.

분묘 설치와 이를 계기로 한 인근 토지의 소유권 확보 시도는 진주강씨 가문에서 19세기 전반까지 이어졌다.

> ① 이 몸이 부모를 위하여 육소장에 있는 우전원(牛田員)에 점지(点地)하고, [⋯] 또 우리 마을 경내의 덕구수원(德舊水員) [⋯] 육지에서 온 풍수(風水) 임진황(林鎭璜)에게 수말 2필의 값을 주고 매득하고 공들여서 매표하였습니다. 그런데 훗날 다른 사람이 분쟁을 삼는 폐단이 있을까 염려됩니다. 후고를 위해 입지를 발급해 주시어 증빙하려는 뜻을 시행하여 주십시오.[16]

> ② 저희들의 선조를 육소장 경내의 이달봉 아래에 장사 지내고 산을 가꾸기 위해 나무를 심으려 합니다. 감히 이제 호소하오니 뒤에 살피기

14 韓國學中央研究院(2015), 앞의 책, 390쪽.

15 韓國學中央研究院(2015), 앞의 책, 155쪽.

16 韓國學中央研究院(2015), 앞의 책, 156쪽.

위한 입지 발급을 시행하여 주십시오.[17]

③ 이 몸의 선대 분묘가 육소장 안 이달봉 아래 산기슭에 있습니다. 그런데 분묘의 혈이 흐르는 곳에 대정현 감산리 강팔기(姜八起)라는 사람이 그 어머니를 장사 지냈습니다. 그러므로 그때에 금지하기 위해 서로 다투고 강팔기가 경계를 정하자고 해 그 어머니의 묘 7보 뒤 즈음에 나무를 심어 경계를 나누었습니다. 그런데 세월이 한참 지난 뒤에 혹시라도 경계로 정한 소나무가 우리가 가꾸는 산을 침범할 우려가 없지 않습니다. 뒷날 살피기 위해서 입지를 발급하도록 시행하여 주십시오.[18]

1827~1841년(순조 27~헌종 7) 사이 진주강씨 가문 강인철의 아들 강인주(姜仁周)와 손자 강익진은 선대 분묘 설치를 사유로 목장 인근 토지에 대해 입지를 발급받아 소유권을 확보하고자 했다. ①은 1827년(순조 27) 강익진이 선친의 분묘가 설치된 육소장에 분묘를 점지한 사실과 함께 그들이 거주하는 어도의 내리 인근에 토지를 매득한 사실을 적은 소지다. 그는 목장 주변 묘역과 토지의 소유권을 증명하는 제주목의 입지를 요청했다. 이들 묘역은 목장이 아닌 밭을 점유·매득한 결과였으며, 강익진은 이 목장 내 토지에 대해 매표를 설치하여 관리하고 있다는 점을 강조했다. 이른바 수호(守護)하고 있다는 사실이 입지 발급을 위한 정당한 사유로 제시되었다.

②와 ③은 육소장 경내 이달봉 아래에 마련한 분묘를 수호하려는 노력과 그 연장선에서 분쟁 조정 결과에 대해 제주목에 입지를 요청하는 소지다. ②는 어도의 강인주 등 5인이 올린 등장(等狀)으로, 그들은 분묘에 대

17 韓國學中央硏究院(2015), 앞의 책, 157쪽.

18 韓國學中央硏究院(2015), 앞의 책, 158쪽.

한 금양(禁養)을 통해 점유를 허가받고자 했다. ③은 강익진이 묘역을 둘러싸고 대정현 강팔기와의 분쟁 과정에서 소유권 확인 입지를 요청한 소지다. 이달봉 인근 묘역은 육소장 안에 위치하고 있으며 진주강씨 가문은 묘역 수호를 위해 나무를 심어 경계를 만들어 관리했다. 이들 인용문은 진주강씨 문중에서 목장 내 분묘 설치와 토지 점유 사실 확인을 요청한 내용이다.[19]

목장에 토지를 확보하고 묘역을 설치하는 이러한 현상은 제주 지역 분묘 설치 관행과 관련이 있다. 선행 연구에 의하면, 15세기 초 제주 지역은 유교식 장례 제도가 도입되면서 분묘를 설치하기 시작했는데, 대부분 밭에 설치했지만 목장에도 부분적으로 조성하는 풍습이 생겼다.[20] 목장 경내 토지에 묘지를 조성하게 되면서 우마에 의한 침해를 방지하고 경계를 확정하기 위해 무덤 주위로 쌓는 돌담, 이른바 산담을 조성하는 풍습이 었다.[21]

토지 소유권 수호 양상은 19세기 후반 매매 전답의 소유권을 둘러싼 쟁송 문서에서 알 수 있다. 1872년(고종 9)과 이듬해까지 진행된 일련의 소송과 관련된 소지, 첩정, 서목, 퇴송기(退訟記), 매매 명문이 남아 있다.

④ 이 몸은 우리 마을 강재흠(姜在欽)에게서 우리 마을에 있는 한 곳

---

19 李源祚, 『耽羅誌草本』 卷2, 「濟州-牧養」, "조선의 목장은 예전에 20소(所) 60둔(屯)이었다. 1704년(숙종 30) 목사 송정규가 계문하여 목장에 돌로 울타리를 둘렀는데, 열악한 곳은 버리고 우량한 곳은 취하고 작은 곳은 크게 만들었다. 1744년(영조 20)에 윤식이 다시 계문하여 울타리를 더 쌓았다. 이들 목장은 일소장, 육소장, 산장(山場), 우도장(牛島場)이다."

20 조정곤, 「제주지역의 묘지 점유와 분쟁」, 『藏書閣』 34(2015), 109~110쪽.

21 김구(金坵)가 제주 판관으로 재임할 당시 이러한 문제로 인해 '취석축원(聚石築垣)'을 시행했다. 『新增東國輿地勝覽』 卷38, 濟州牧, 風俗條.

의 밭을 매득하였습니다. 이 강씨는 출계(出繼)한 사람입니다. 밭은 생가에서 금급(衿給)한 것으로 전후 문기(文記)가 분명히 있습니다. 강재흠의 질첩(侄妾) 허소사(許召史)라는 사람이 파기할 뜻으로 분쟁을 도모합니다. 문중은 강씨 가문의 물건으로 강씨 가문의 아들에게 방매하여 이른바 질첩이 분쟁하는 것은 의리에 맞지 않는 것을 여러 가지로 타일렀습니다.[22]

⑤ 이 몸이 지난해 4월에 이 마을의 강재흠에게서 한 곳의 밭을 매득하였습니다. 그런데 이 밭은 그 강재흠이 금급해서 엽질기(葉作記)가 분명히 있습니다. 지난해 이 몸이 농사를 지어 추수하였고, 본래의 밭 주인은 지금 세상을 떠났습니다. 지금 이 몸이 땅을 갈아엎고자 밭에 갔더니 강재흠의 질첩 허소사가 어려움 없이 금지하면서 분쟁합니다. 무릇 금급한 엽질기가 분명히 있고 이 몸이 농사지어 추수하는데 또한 한마디 말이 없다가 이제 와서 허소사가 그 시숙의 죽음을 다행히 여겨 고아인 어린아이를 멸시해서 시험해 보려는 계획이 있으니 이러한 이치 외에 금단하는 것이 어찌 말이 되겠습니까.[23]

⑥ 어도 동중(洞中)에서 첩보(牒報)하는 일입니다. [···] 허소사를 초치하여 조사해서 물어보니 근거할 문권(文券)은 원래 없습니다. 그리고 과세(寡勢)를 방자하게 믿고서 이치에 맞지 않게 분쟁을 일으켜 경장을 금지하는 것이 비일비재합니다. 문중과 마을에서 이치에 어긋나 쟁송을 하지 않는 것이라고 여러 가지로 깨우쳤지만 끝내 듣지 않고 송사를 즐

---

22 韓國學中央硏究院(2015), 앞의 책, 160쪽.

23 韓國學中央硏究院(2015), 앞의 책, 161쪽.

기는 계획을 실시했습니다. 대개 그 시숙의 죽음을 다행히 여겨 이치에 맞지 않게 밭을 다투는 사람이라는 것은 모두 아는 사실입니다.[24]

⑦ 이 송사를 물리는 퇴송기를 마을 앞으로 작성합니다. 이 몸이 다만 보잘 것 없는 과부가 되어 시숙의 생시 금급전(衿給田)을 다른 사람에게 전매(轉賣)한 요점을 알지 못한 뒤에 쟁송하는 것은 또한 이치에 맞지 않는 일이라는 것을 스스로 압니다. 뿐만 아니라 밭을 매득한 사람이 관에 정소하여 제사를 받아서 논보(論報)하는 지경에 이르러 이 몸이 다시 생각하니 시숙이 금급하지 않은 밭을 이제 송사하는 것은 자식이 부모를 부끄럽게 하는 일입니다.[25]

분쟁은 어도리 강영운(姜永雲)과 같은 마을의 강재흠 사이의 토지 매매에서 출발했다. ④과 ⑤의 소지는 인척 관계인 이들 둘의 토지 매매에 대해서 진주강씨 가문이 강재흠의 질첩 허소사가 척매(斥賣) 혹은 도매(盜賣)를 했다고 주장한 데서 비롯되었다. 허소사는 강재흠 형제의 분재에 문제를 제기하고 있는 상황이었다. 이에 대해 강영운은 자신이 매매 결과 확보한 관련 문서, 즉 엽질기를 근거로 제주목에 소지를 올렸다. 제주판관은 진위를 상세히 조사하여 문권을 가져오게 하고 허소사를 조사하도록 했다. 동중과 문중의 기찰장(機察長)·동장(洞長)·경민장(警民長)은 조사를 마친 후 제주목에 첩정(牒呈) ⑥을 제출했다.

첩정에 의하면, 허소사는 토지 소유와 관련한 문권을 소유하고 있지 않았다. 이에 동중은 그녀가 같은 문중 인사 간의 쟁송으로 문제를 야기하고

---

24 韓國學中央硏究院(2015), 앞의 책, 179쪽. 서목(韓國學中央硏究院(2015), 앞의 책, 184쪽)의 내용은 첩정(牒呈)과 동일하다.

25 韓國學中央硏究院(2015), 앞의 책, 394쪽.

있다는 의견을 전달했다. 허소사는 토지와 관련한 분재기를 확보하지 못하면서 소송을 물리는 ⑦의 퇴송기를 동중 앞으로 제출했다. 강영운은 소지 ⑤에서 언급한 내용에 따라 허소사가 퇴송기를 동중으로 제출했다고 강조했다. 이는 동중과 문중에서 분쟁에 개입한 결과이며, 여기에는 분재 및 매매와 관련하여 이들 동중과 문중에서 소유권을 확인한 정황이 반영되어 있다.

강영운과 강재흠의 토지 매매 쟁송에서 쟁점은 문권이었다. 강영운이 주장한 엽질기는 쟁송 시 증빙 문서로서 결국 토지 매매 명문을 지칭한다.[26] 그가 근거로 제시한 매매 명문은 아래와 같다.

> 1872년(고종 9) 임신년 5월 19일 강영운에게 이 명문을 한다. 긴요하게 쓸 곳이 있어서 나의 생가에서 금득(衿得)한 밭으로, 마개지(馬介地) 동변원(東邊員)의 피모(皮牟) 1석 부지(付只) 합전(合田)으로 사표(四標)가 동으로는 강승진(姜升鎭)의 밭, 서는 소로(小路), 북은 강태범(姜太凡) 밭으로 경계가 분명한 것을 값을 전문(錢文) 130냥을 기준으로 계산해서 받은 뒤 이 사람에게 본문기(本文記)와 함께 영영 허급(許給)한다.[27]

이 매매 명문은 1872년(고종 9) 강영운이 강재흠으로부터 밭을 매득한다는 내용이다. 강재흠은 자신의 생가로부터 금득한 밭 1석락지를 강영운에게 130냥에 방매했다. 이 매매 명문을 근거로 강영운은 이듬해 질청 허소사와의 쟁송에서 승소했다.

---

26 김동석, 「葉作에 관한 一考察」, 『藏書閣』 14(2005).

27 韓國學中央研究院(2015), 앞의 책, 502쪽.

Ⅲ. 명문을 통해 본 제주 토지 매매의 특징

강재흠과 강영운 사이에 작성된 토지 매매 명문에는 토지 규모 표기 단위에서 제주만의 특징적인 용어가 있다. 제주도 매매 명문에서 토지 규모는 부지(付只), 낙지(落只), 결부(結負), 야미(夜味) 등 다양한 단위로 표기되고 있으나 이들 중 부지가 절대 다수를 차지한다.[28] 두부지(斗付只)·승부지(升付只)·석부지(石付只)로 사용되는 부지는 제주 지역의 이두로, 붙이·부찌의 한자 차용 표기에 해당한다. 부지는 마지기에 대응하는 제주 방언 말부치기·말부찌기에 해당되기도 한다.[29] 제주도 매매 명문에는 두락지(斗落只)에 해당하는 부지를 사용하면서도 전세(田稅) 부과를 상정한 결부가 제한적으로 사용되었다.

제주 토지 매매 명문에서 부지가 사용된 배경은 제주 토지 제도와 관련이 있다. 제주 토지 이용 실태는 조선시대 외지에서 부임한 관료가 관찰하기에도 특이점이 있었다. 일례로 이형상(李衡祥)은 18세기에 제주도에 바위와 돌이 많아 밭에서도 삼과 면화가 나지 않는다고 기록했다.[30] 그리고 이원조(李源祚)는 19세기 제주 3읍의 토질에 대해 제주는 보리, 대정은 조, 정의는 기장이 좋은데, 보리가 상(上), 조가 그 다음이고 기장이 가장 못한 수확량이라고 파악했다.[31] 18~19세기 이들 제주목사의 기록은 제주

28 김영란(2017), 앞의 논문, 224쪽. 김영란는 분석 사례 566건 중 531건이 부지로 표기되고 있다고 언급했다.

29 오창명, 「康熙 13年(1674) 都許與明文과 제주 지명」, 『지명학』 28(2018), 142-143쪽. 이와 동일한 사례로 부지(浮只)는 떼기의 한자 차용 표기로 제주 방언의 한말떽기·한말떼기 등에서 확인되며 표준어로 '-들이'에 해당한다.

30 李衡祥, 『南宦博物』, 誌俗條, 1704年.

31 李源祚, 『耽羅錄』, 1814年 9月 25日.

지역의 토지가 척박하며, 토지가 과세 대상으로 제한적이었던 현실을 보여준다.

> 여러 사람들의 말로는, 이 고을의 원전(原田)은 본디 나라에 바치는 세금은 없었다고 합니다. 다만 목장을 침범하여 경작하는 땅에서만 세금을 거두어들여 공용으로 쓰는 사례가 있었다고 합니다. 그런데 경작할 때만 세금을 징수하되, 한 섬이나 한 말에 한 되나 한 홉을 거두는 데 불과하기 때문에 백성들이 원망하지 않았습니다. 이제 만일 우도와 가파도 두 섬의 세금을 담당 관청에서 한번 규례를 정한다면, 농사를 짓지 않는 묵은 밭과 경작하는 밭의 구분이 없어져서 여러 해가 지나면 폐단이 생겨날 것입니다.[32]

위의 인용문은 이원조가 파악한 19세기 제주도 토지와 전세 부과의 실태이다. 그는 제주 지역의 전답에 대해서는 전세를 받지 않으며, 다만 목장을 개간할 경우에만 징세한다고 언급했다. 그뿐만 아니라 목장의 일부를 개간하더라도 경작지에 대해서만 과세하고 그 비율도 낮아 지역사회에서 문제가 되지 않는 실태를 적고 있다. 이원조가 파악한 제주 지역 전답의 현황은 다음과 같다.

> 제주: 전총 원장 4,297결 83부 9속(수전 305결 82부 9속, 한전 3,991결 92부 9속).[33]
> 정의: 전총 원장 3,399결 70부 3속(한전 3,383결 13부 3속, 수전 16결 57부).[34]

---

32 李源祚, 『耽羅錄』, 上領閣書, 1842年 4月 29日.

33 李源祚, 『耽羅誌草本』 卷2, 濟州-田結.

34 李源祚, 『耽羅誌草本』 卷4, 旌義-田結.

대정: 전총 원장 2,427결 94부 5속(한전 2,228결 99부 3속, 수전 199결 5부 2속).[35]

한전(旱田)과 수전(水田)의 분포를 보면 한전의 비중이 절대적이었다. 이 부분은 조선시대 제주에서 제사에 필요한 쌀을 마련하기 위해 논을 일부만 경작했던 것과 관련이 있다. 그러나 이들 제주 3읍 전체 9,604결에 대한 세액은 약 200석에 불과할 정도로 미미했으며, 이들 토지의 대부분도 민전(民田)이 아닌 목장토(牧場土), 궁방전(宮房田), 아문둔전(衙門屯田)으로 구성된 공토(公土)였다.[36] 공토에 대한 조사와 별도로 제주 지역은 과세 시 전세가 아닌 인두세를 기준으로 삼아 민전에 대한 과세를 기준으로 한 양안이 작성되지 못했다. 이처럼 원전의 기능이 제한되면서 양안 작성을 통한 과세와 이를 위한 결부 파악이 수반되지 않았음을 알 수 있다. 이러한 배경에서 매매 명문에 결부보다 두락에 해당하는 부지가 면적 표기 단위로 통용되었다고 볼 수 있다.

앞선 내용 중 목장의 개간 현상은 어도 진주강씨의 분묘 설치를 통한 토지 확보 현상을 설명하는 근거가 될 수 있다. 진주강씨가 산송, 혹은 묘역 설치에 따른 입지를 제주목에서 발급받은 것은 제주 지역 토지와 목장과 관련한 특징과 연계된다. 18세기 이후 목장 개간과 묘역 설치를 통해 유력 세력들이 토지를 확보했으며, 이 과정에서 묘역처럼 점유만 하고 경작하지 않을 경우 과세하지 않는 정책으로 인해 토지 확보 경쟁이 증대하고 있었다. 이 현상은 분묘 수호 가치와 연결한 성리학적 이념 그리고 전결세 부과 제도가 결부되어 나타난 제주도 지역의 특징적인 현상이다. 여기에는 제주 지역 토지의 특성도 관련이 있었다.

---

35 李源祚, 『耽羅誌草本』 卷4, 大靜-田結.

36 허원영, 『19世紀 濟州島의 戶口와 賦稅運營』, 한국학중앙연구원 한국학대학원 박사학위논문(2005), 174-176쪽.

흙의 성질이 날리고 건조해서 경작은 많이 하는 데 반해 수확은 많지 않다. 논은 아주 조금이고 밭에는 돌이 많고 수분이 적어 한 해씩 건너 뛰어 파종할 수밖에 없고 수확도 적다.[37]

19세기 전반 제주에 대한 이원조의 기록은 논보다 밭으로 구성된 토지와 척박한 토지로 인한 수확량의 한계를 서술하고 있다. 이러한 현실에서 수확량 확보를 위한 토지의 필요성이 항존했으며, 그럼에도 불구하고 경작할 수 있는 한전 또한 제한된 이중적인 구조였다. 토지 확보와 소유권 관리를 위한 갈등이 제주 마을에서 대두했다. 아래 인용문에서 관련 내용을 확인할 수 있다.

땅에는 곳곳에 흩어진 이런저런 돌들이 많다. 산과 평지에 당연하게 돌이 많고 흙이 적다. […] 밭을 개간하거나 집을 짓거나 분묘를 만드는 사람들은 꼭 돌을 모아 담을 쌓았다. 우마의 출입을 막기 위해서다. 『동문감(東文鑑)』에 "농토는 예전에 경계가 없었다. 세력 있는 집안에서 틈만 나면 토지를 잠식해 들어가므로 백성들이 이를 어렵게 여겼다. 김구(金坵)는 판관이 되어 백성에게 담을 쌓아 토지 경계를 삼도록 하였다." 고 하였다.[38]

위의 인용문은 이용 가능한 토지가 제한적일 뿐만 아니라 그 사이에 경계가 불분명함에 따라 제주 사회에 갈등이 빈번히 발생했음을 보여준다. 이러한 갈등은 김구가 활동하던 고려 말부터 항존하고 있었다. 다만 그가

---

37 李源祚, 『耽羅誌草本』 卷1, 濟州-土俗.

38 李源祚, 『耽羅誌草本』 卷1, 濟州-土俗.

돌담으로 구분하게 한 조치가 후일 제주 사회에 산담으로 상징되는 소유 경계를 만들게 되었다. 이로 보아 갈등 상황에서 개간이나 분묘 설치를 통한 토지 확보가 있을 경우 경계를 강조하는 상황이 빈번히 발생했음을 알 수 있다. 궨당으로 상징되는 제주 지역사회의 특징에도 불구하고 토지 소유와 관련한 갈등의 절충이 필요했던 이유를 설명할 수 있는 요소다.

> 우도와 가파도에 토지를 만드는 사업은 작년에 비변사에서 벌써 허락을 받았다. 세금을 납부하라는 중앙 관서의 명령이 있자 백성들이 모두 의심하고 두려워하여 지금까지 경작하려는 사람이 없다. 섬사람들의 추수에 세금이 없는 것은 관습으로 이상한 일이 아니다. 하지만 세금 거두는 일에 대해 이미 담당 관서에서 조처했다. 이에 따르면 모두를 목장 밭의 전례에 따라 영(營)에서 집총(執摠)한 결과, 꼭 백성을 괴롭히는 지경까지는 이르지 않을 것이다. 금년 봄부터 섬에 들어가 개간하는 것을 염려하지 말아라. 하지만 경작을 허락하는 초기에 백성들에게 맡겨 스스로 하도록 한다면 서로 다투는 분쟁과 같은 폐단이 있을 수 있다. 그리고 재산이 많은 사람은 밭두렁이 연이어져도 만족하지 않을 것이고, 힘없는 가난한 사람들은 쟁기와 보습을 지고 헛되이 돌아갈 것이니 너무도 공정한 정책이 아니다. 고을을 따지지 않고 땅이 없이 가난한 사람이 밭을 받기를 바란다면 각 동리(洞里)에서 문부(文簿)를 작성하여 보고하라. 그러면 마땅히 땅의 넓고 좁음과 사람의 많고 적음을 살피고 계산하여 처분할 것이다.[39]

이원조는 토지 확보를 위해 섬을 개간하면서 주민들을 동원하고 있었

---

39 李源祚, 『耽羅錄』, 兩島許耕田分處事傳令, 1843年 3月 20日.

다. 그는 제주의 토지 과세 관행을 고려하여 우도와 가파도에 대한 개간을 낙관하고 있었다. 그리고 이 과정에서 부호들의 횡침을 우려하면서 동리별로 개간에 참여할 인사들을 파악하기로 계획했다. 이원조가 잠시 언급했듯이 제주 지역의 토지 경작은 밭두렁이 연이어지고 있어 분쟁의 소지도 있었다. 이러한 특징은 매매 명문의 기재 요소로 연결되었다.

1670년(현종 11) 계해년 6월 초4일 노(奴) 명일(明日)에게 하는 명문이다. 긴요하게 쓸 곳이 있어서 조상전래(祖上傳來)로 지어먹던 동래 남쪽 어옥지원(於玉只員)에 있는 피모(皮牟) 10두부지 밭을 판다. 사방의 경계는 동으로 양남(梁南) 소유의 노 정립(丁立)의 밭, 서로는 노(奴) 기련(記連), 북은 김여해(金汝海)의 밭으로, 이들은 집터 등으로 분명히 경계가 정해진 것이다. 4필로 계산해 값을 받은 뒤 이 사람에게 영영 방매한다.[40]

1875년(고종 12) 을해년 10월 초10일 강영운에게 하는 명문이다. 나의 서 동생의 묵은 채무가 과대하므로 내가 상환하여 얻은 땅으로 구인수원(久因水員)에 있는 조종(租種) 1두 2승부지 논을 판다. 이 논은 4표가 동으로 고한준(高漢準)의 논, 남으로 고한제(高漢齊)의 논, 북으로 윤계홍(尹啓弘)의 논으로 4표가 분명한 곳이다. 값으로 백목(白木) 26필로 계산하여 받는다.[41]

17세기 후반부터 19세기 후반에 이르기까지 진주강씨 고문서에서는 매

40 韓國學中央硏究院(2015), 앞의 책, 425쪽.

41 韓國學中央硏究院(2015), 앞의 책, 504쪽.

매 대상 토지에 대한 사표를 강조하고 있다. 이러한 배경에는 이미 언급했듯 양안 작성이 제한적인 제주 사정과 연계하여 토지가 한정된 상황에서 소유 경계를 확인하기 위한 현실적인 대안이었다. 사표를 기준으로 토지 소유자를 명기하는 관행은 지역 공동체, 특히 제주도의 경우 마을 주민 간의 소유권에 대한 상호 보증과 확인이 강하게 작동할 여지를 보여준다.

매매 수단으로는 제주도에서는 현물이 주로 쓰였다. 선행 연구에 의하면 18세기 이후 전면적인 동전 통용 체제로 전환하고 있다.[42] 그중에서도 1661~1700년 사이에 제주 지역은 모(牟)를 이용한 매매가 중심을 이루었다. 18세기에도 곡물과 면직물 등을 화폐로 이용했다. 제주에서 17세기에서 18세기 초반까지 다양한 매매 수단이 이용되고 있었음을 암시한다. 매매 수단으로는 포목, 우마, 곡물 등이 사용되었다. 특히 17세기 말부터 내륙의 전답 매매에서 주요한 결제 수단이었던 동전이 제주에서는 일관되게 이용되고 있지 못한 특징이 나타난다.[43] 이와는 상반되게 포목·미곡·우마를 매매 수단으로 활용하고 있는데, 이는 목장이 산재한 제주 지역의 특징을 반영하고 있다.[44] 19세기부터 조선 전역에서 동전 유통이 전면적으로 이루어진 이후에도 제주는 여전히 면포를 이용한 매매가 주류를 형성하고 있었다. 이러한 경향은 19세기 중엽까지 지속되었다.

진주강씨 고문서에서 동전을 통한 토지 매입이 확인되는 첫 사례는 이미 살펴본 1872년(고종 9) 강영운이 강재흠으로부터 밭을 매득하는 것이다. 앞선 인용문에서 확인했듯 제주 어도에서는 1670년 이후 목면, 곡물

---

42 정수환, 『조선후기 화폐유통과 경제생활』(경인문화사, 2013).

43 동전의 이용 문제는 관(官)과의 관계 속에서 부분적으로 언급되고 있다. 매매 사유 중 화약을 분실함에 따라 이를 마련하기 위해 관에 '본전(本錢)'을 마련하거나, 혹은 '약환구(藥丸具) 습이양대출(拾貳兩代出)'을 이유로 토지를 매매한 사례가 있다. 高昌錫(2002), 앞의 책, 66, 163쪽.

44 정수환, 「17세기 화폐유통과 전답매매양상의 변화」, 『藏書閣』 23(2010).

등이 주된 매매 결제 수단으로 지속적으로 사용되었다. 그리고 1875년(고종 12)의 매매 명문에서 보듯이 전문을 통한 토지 매매가 잠시 있었으나, 적어도 1880년에 이르러서야 전면적으로 동전을 결제 수단으로 이용한 토지 매매가 실현되었다고 볼 수 있다.

제주 지역에 동전을 이용한 매매가 타 지역에 비해 1세기 이상 지체된 사유가 있었다. 제주에는 시장이 발달하지 않아 물물교환이 여전히 큰 비중을 차지하고 있었다는 목사들의 기록에서 그 근거를 일부 찾을 수 있다. 그렇지만 이보다는 17세기 말 전국적인 동전 유통에도 불구하고 변방에서는 19세기에 이르러서야 동전을 사용하게 한 국가 정책과 관련이 있다. 1719년(숙종 45) 제주에서 주전이 논의되었다. 제조(提調) 민진원(閔鎭遠)은 제주에 흉년이 잇따르자 제주에서 3~4만 냥의 동전을 주전하여 대비하자고 건의했다.[45] 그러나 제주는 외딴섬이므로 중앙 관사처럼 엄격하게 도주(盜鑄)와 사주(私鑄)의 폐단을 방지할 수 있는지 여부에 대해 논란이 일었다.[46] 결국 "절도(絶島)에서의 주전에는 간교한 폐단이 발생하기 쉽다."[47]는 지적에 따라 주전은 실행하지 못했다. 제주는 19세기에서야 행전이 이루어질 수 있었다. 그리고 토지 매매와 같은 고액 거래에 동전이 사용된 것은 19세기 중엽으로 진주강씨의 사례에서 확인할 수 있다.

제주 지역의 경작 가능 토지의 제한, 그로 인한 매매 명문상의 사표 중시, 그리고 소유권에 대한 지역 공동체의 담보 등은 매매 명문에 있어 매매물의 유래와 관련하여 살펴볼 수 있다. 인용문에서 보는 바와 같이 17세기 이후 19세기 말까지 매매 사유 중 조상전래로 상징되는 분재 토지에 대

45 『肅宗實錄』, 45年 6月 戊申; 『承政院日記』, 肅宗 45年 6月 7日.

46 『備邊司謄錄』, 肅宗 45年 6月 8日.

47 『承政院日記』, 肅宗 45年 10月 17日.

한 매매가 실시되고 있음을 알 수 있다. 여기에는 제주 지역사회의 네트워크라는 특징과 관련해서 소유 경위에 대한 확인과 보증이 지역공동체 주민 사이에 이루어졌을 여지를 보여준다.

Ⅳ. 맺음말

이 글은 소지, 매매 명문 등을 분석하여 제주 지역 토지 소유와 매매의 특징을 추적하고자 했다. 분석 대상 자료는 제주 어도 진주강씨 고문서다. 진주강씨는 대대로 제주 지역사회의 유력 세력이었다. 18세기 이전 공노비가 제주 전체 인구의 40% 이상을 점하던 상황에서 진주강씨는 좌수, 별감 등을 역임하며 유학, 품관 등을 지속 배출하면서 지역의 양반 엘리트 계층으로 존재하고 있었다. 높은 사회적 위상을 바탕으로 진주강씨는 18세기 이후 토지 소유와 매매, 그리고 분묘 설치를 둘러싼 묘역 및 토지 점유 활동을 전개했다.

토지 소유권 확보 과정에서 분묘 설치가 주요 사유로 등장했다. 18세기 이후 조선 전역에서 묘역을 둘러싸고 투장(偸葬), 금양 등 산송이 급증하는 반면, 제주에서는 산담 설치를 통한 토지 점유 양상이 있었다. 이는 18~19세기 제주 지역의 묘역이 밭에 조성되고 그 일대에 산담을 조영하는 관행과 관련이 있었다. 또한 목장에 묘역이 설치된 사례에서도 산담과 식송을 통한 금양이 이루어지고, 그 결과로 소유권을 공증받고자 하는 입지 발급 활동이 수반되었다. 이는 17세기를 전후하여 무주진황지 개간의 경우 입지를 통해 소유권 확보를 전개하던 다른 지역의 현상과 시차가 있다.

토지 쟁송에서 토지 매매 명문의 역할이 중요한 한편, 소유 경위를 확인하는 데 문중과 동중의 개입이 있었다. 이때 제주 지역 동리·문중·행정망 간의 강력한 연계가 돋보인다. 이는 일명 괸당이라 부르는 제주 지역사회와 마을의 특징이 반영된 결과로 볼 수 있다. 19세기 중엽 이후 매매 명문에는 매득자를 기재하지 않는 경향을 보인다. 여기에는 제주 지역 마을 구성원의 끈끈한 연결망이 토지 소유에 대해 상호 보증하는 효과를 나타낸 점을 참고할 수 있다. 매매와 연결하여 소유 분쟁이 발생했을 때 관청의 개입을 줄이고 주인 사이의 보증으로 해결하거나 방지하는 효과가 있었기 때문이다. 매득자를 기재하지 않는 관행의 등장은 시차는 있지만 다른 지역에서도 나타나고 있으므로 제주의 사례를 참고할 수 있다.

명문을 통해 보았을 때 제주 지역 토지 매매만의 독특한 특징이 있다. 매매 명문에서는 토지 규모를 표기할 때 부지를 절대적 단위로 사용했다. 다른 지역과 달리 관의 징세 관련성을 반영한 결부(結負)가 등장하지 않는 점은 제주 지역 토지에 전세가 부과되지 않은 결과로 볼 수 있다. 부지는 제주 방언으로서 다른 지역에서 사용하는 두락과 같은 개념인 점 또한 주목할 만하다. 그뿐만 아니라 제주에서는 19세기 이전까지 전문(錢文)이 아니라 면포 등의 현물 화폐를 토지 매매에 사용했다. 이는 1678년 전국적인 행전 실시에도 불구하고 북방과 제주와 같은 변방에 대한 조정의 행전 제한 조치에 따른 결과다. 제주 지역에서는 19세기 이후 행전이 실시되면서 비로소 전문이 결제 수단으로 등장할 수 있었다.

매매 명문에는 매매 토지의 위치에 대한 표기에 있어서도 사표를 중요한 요소로 수록하고 있다. 이는 전답, 특히 밭 위주로 구성된 제주 지역 토지의 현실 그리고 제한된 토지로 인한 분쟁 요소를 차단하기 위한 대응이었다. 주민 간의 강한 연결망에 뿌리를 두고 주변 토지 소유주에 대한 표기로 분쟁에 대비하고 있었다. 매매 대상 토지의 획득 내용에서 조상전래로 상징되는 분재가 대두하고 있는 점도 특징이다. 18세기 이후에도 분재가 주요 토지 확보 사유로 등장하면서도 19세기 이후 매득이 증대되는 것은 제주 지역사회의 변화 요소로 볼 수 있다. 이 부분은 18세기 이후 매득이 증대하는 다른 지역의 경향과 차이점 중 하나로 볼 수 있다. 그뿐만 아니라 분재의 경우에도 처변·모변의 유래를 19세기 후반까지 기재하고 있음은 제주 지역 여성의 사회적 역할에 따른 위상을 반영한 결과로 분석할 수 있다. 다만 분재에 대해서는 후속 연구로 추적할 필요가 남는다.

국가의례와 제주 흑우 공급

이욱

I. 머리말

이 글은 조선시대 제주 사회문화를 중앙정부와의 관계 속에서 이해하는 것을 목표로 한다. 지역사 연구는 조선 사회를 이해하는 데 매우 중요하다. 이념과 정치를 떠난 당대인의 현실적 삶은 지역사를 통해 드러날 수 있기 때문이다. 그러나 지역사는 중앙과 전체의 거시적인 틀에서 조망할 때 그 시대적 의미가 온전히 드러날 수 있다. 이 글은 국가 사전(祀典)이라는 제도 내에서 중앙과 지방의 상호 관계를 살펴볼 것이다. 이를 통해 조선 후기 제주문화를 상호 교섭과 갈등 속에서 형성되는 유기체로서 다루고자 한다.

※ 이욱, 「조선후기 국가 제사와 제주도 흑우(黑牛)의 진상」, 『한국학』 160(2020)을 수정·보완한 것이다.

조선시대 국가 제사는 중앙과 지방의 긴밀한 연계로 거행되었다. 중앙정부는 전국에 흩어져 있는 악해독(嶽海瀆)과 명산대천(名山大川)에 제사를 지냈다. 이때 향과 축문은 중앙에서 내려보내고 제관과 제물은 각 지역에서 준비하는 것이 일반적이었다. 제주는 숙종 대에 한라산이 명산대천에 등재되었다. 또한 제주에는 다른 지역과 달리 풍운뇌우신(風雲雷雨神)에 지내는 제사도 있었다.

한편, 제주에서는 종묘 제향의 희생으로 사용될 흑우(黑牛)를 매년 공급했다. 또한 종묘 천신에 소용되는 감귤도 제주에서 진상했다. 즉 조선시대 국가 제향은 중앙정부와 제주를 연결해 주는 중요한 고리였다. 이 글은 여러 요소 중에서 조선시대 국가 제사에 희생으로 사용된 흑우의 공급과정을 살펴보고자 한다.

제주 흑우는 제주 목장에 관한 연구에서 처음 다루어졌다.[1] 조선시대 제주 진상품 연구에서 흑우를 고찰한 경우도 있다.[2] 그러나 이들의 관심은 주로 마장(馬場)이나 공마(貢馬)를 향했기 때문에 흑우에 대한 언급은 매우 피상적이었다. 제주 목장 운영이나 진상에서 흑우는 말에 비해 그 비중이 작기 때문에 이러한 연구 경향은 당연하다.

흑우는 국가 제향 연구에서 희생의 범주로도 논의되었다. 노혜경은 황윤석(黃胤錫)의 『이재난고(頤齋亂藁)』를 중심으로 전생서(典牲署)의 구성과 기능을 검토하면서 흑우 희생을 부분적으로 다루었다.[3] 한형주는 조선시

---

1 남도영, 「조선시대 제주도 목장-한국목축업 연구의 일단」, 『한국사연구』 4(1969), 77-131쪽; 김경옥, 「제주목장의 설치와 운영-耽羅志를 중심으로」, 『지방사와 지방문화』 4-1(2001), 43-81쪽.

2 허원영, 『19세기 제주도의 호구와 부세운영』, 한국학중앙연구원 한국학대학원 박사학위논문(2005); 이욱, 「18세기 제주의 진상제(進上制)와 상품유통」, 『한국사연구』 186(2019), 1-27쪽.

3 노혜경, 「18세기 전생서의 인적 구성과 기능-황윤석의 『이재난고』를 중심으로」, 『고문서

대 국가 제사에 사용되는 희생을 본격적으로 연구하면서 흑우 희생을 높은 비중으로 탐구했다.[4] 이 글은 이러한 연구를 바탕으로 흑우 진상을 구체적으로 살펴볼 것이다.

이를 위해 먼저 조선 후기 흑우 진상의 수효 변화를 고찰하고자 한다. 첫째, 조선 후기에 흑우 진상이 다른 품목와 달리 계속 증가하는 원인을 살펴볼 것이다. 둘째, 흑우가 제주도를 떠나 한양까지 이송되는 과정을 살펴볼 것이다. 마지막으로 이러한 이송과 관리에 큰 영향을 미친 우역 발생과 그에 대한 대응을 고찰할 것이다. 이러한 과정을 통해 종묘 제향 속에서 흑우가 희생으로 어떻게 진상되는지를 고찰하면서 글을 마무리할 것이다.

이 글은 구조적 접근과 역사적 접근을 동시에 수행할 것이다. 구조적 접근이 중앙과 제주도의 연결성을 국가 제사의 틀 내에서 살펴보는 것이라면, 역사적 접근은 조선 후기의 시대적 상황이 이 구조를 어떻게 변형시켰는지 살펴보는 것을 말한다. 특히 조선시대 국가 사전에 증가하는 내적 모순과 우역 등의 재난이 국가 제사에 필수적인 요소였던 흑우 진상에 끼친 변화를 고찰할 것이다. 그리고 제주도에서 출발하여 종묘의 제상에 희생으로 바쳐지기까지 흑우의 모습을 살펴봄으로써 국가 제사의 시스템을 이해하고자 한다.

연구』 33(2008), 159-188쪽.

4 한형주, 「조선시대 국가 제사에서의 '희생' 사용과 그 운영」, 『역사민속학』 52(2017), 47-75쪽.

Ⅱ. 희생제와 흑우 소용

종묘를 비롯한 국가 제사는 희생제(犧牲祭)다. 희생제는 제사를 위해 일정 기간 양육한 가축을 제삿날에 직면하여 도살해 올리는 제향을 가리킨다. 이때 희생은 일반 제물과 구별되는데, 제사에 임박하여 향소(享所)나 그 주변에서 도축한다. 삶거나 익히는 경우도 있지만 대개는 날고기를 그대로 바쳐 신이 흠향할 수 있도록 태우거나 땅에 묻었다. 신과 인간의 구별은 이러한 날고기의 희생을 통해서 구체화되었다. 그리하여 조선시대 국가 제사를 '혈식(血食)'이라 했다. 여기에는 피로 상징되는 생명의 파괴와 이를 매개로 한 신과 인간의 계약이 담지되어 있다.[5]

조선시대 국가 제사에 소용되는 희생은 소·양·돼지의 세 종류다. 그중 소가 가장 귀한 것으로 간주되었고, 다음으로는 양과 돼지의 순서로 그 등급이 정해졌다. 그리고 이들 세 가지 희생의 종합을 통해 제향의 크기를 가늠할 수 있었다. 『국조오례서례(國朝五禮序例)』에 의하면 대사(大祀)는 태뢰(太牢)로 소·양·돼지의 세 가지를 모두 갖춘 제사고, 중사(中祀)는 양과 돼지를 바치는 소뢰(小牢)의 제사였다. 소사(小祀)는 돼지 희생만을 사용했다.[6]

그러나 대사와 중사의 등급이 태뢰·소뢰의 구분과 반드시 일치하지는 않는다. 우선 성균관 문묘의 석전(釋奠)은 중사지만 태뢰 희생을 사용했다. 이는 문묘의 주향인 문선왕 공자의 지위에 따른 것이다. 그리고 중사인 선농제(先農祭)는 희생으로 양과 돼지를 사용하지만 국왕이 친행할 경

---

5 이욱, 『조선 왕실의 제향 공간-정제와 속제의 변용』(한국학중앙연구원 출판부, 2015), 110쪽.

6 『國朝五禮序例』, 「饌實尊罍圖說」.

표1 | 『국조오례서례』에 나타난 대·중·소사의 희생 구분

제사 구분	희생 구분	희생 종류 및 수량	양육 기간
대사	태뢰	소 1, 양 1, 돼지 1	90일
중사	소뢰	양 1, 돼지 1	30일
소사	-	돼지 1	10일
기고	-	-	-

우 여기에 소를 더했다. 이는 주제자(主祭者)의 지위에 따라 희생의 종류가 달라질 수 있음을 보여준다. 석전제도 주현의 향교에서는 소를 희생으로 사용하지 않는 것이 원칙이었다.

한편 대사의 제사에 사용되는 소가 흑우였다는 점이 독특하다. 종묘와 사직의 제향에 모두 흑우를 사용했다. 문묘 석전과 조선 후기 대보단에는 황우를 사용했지만 이는 흑우의 소비량에 비해 적은 수였다. 희생으로 흑우를 사용하는 것은 유교 경전이나 중국 사례를 볼 때 흔한 것이 아니다. 조선시대 문헌에서도 그 이유를 명확하게 설명하고 있지는 않다. 다만 종묘서에서 편찬한 『매사문(每事文)』에는 이를 두 가지로 추정했다. 그 하나는 흑우가 붉은 소의 대용이라는 주장이다. 『주례(周禮)』「목인(牧人)」에서는 양사(陽祀)인 종묘에는 붉은 소[騂]를 사용하고 음사인 사직에는 검푸른 소[黝]를 사용한다고 했다. 이에 따라 조선에서도 종묘에 붉은 소를 사용해야 하지만 천자의 예를 함부로 사용한다는 혐의가 있어 검은 소로 대신했다는 것이다. 또 다른 주장은 청우(青牛)의 대용이라는 것이다. 이에 의하면 동방에 있는 조선은 마땅히 청우를 사용해야 되지만 청우는 실존하지 않으므로 검은 소로 대신했다는 것이다.[7] 이러한 주장은 추정일 뿐이지만 이로 인하여 조선시대에 흑우는 농사용으로 사용되지 않고 국가

7 『每事問』(한국학중앙연구원 장서각 소장, K2-2161), 「儀註問答」.

표2 | 『국조오례서례』에 나타난 국가 제향에 소용되는 소의 수량

제향	1회 수량	횟수	1년 수량	참조
사직	1마리	3회(春·秋·臘)	3마리	흑우
종묘	1마리	5회(四時·臘)	5마리	흑우
영녕전	1마리	2회(春·秋)	2마리	흑우
선농제	1마리	1회(驚蟄 後 亥日)	1마리	흑우(친향시)
문선왕	1마리	2회(春·秋)	2마리	황우
총계			11+2	흑우+황우

제향의 희생으로 전용되었다.

조선 전기 『국조오례서례』에 실린 희생의 수로써 1년 제향에서 소용되는 소의 수를 가늠하면 최대 13마리이며 이 중에서 흑우의 수는 최대 11마리다. 사직·종묘·영녕전의 제사는 대사이므로 한 번에 흑우 한 마리씩을 들였다. 이들 제사의 흑우 소용은 친행과 섭행을 막론하고 모두 동일했다. 친행은 국왕이 초헌관으로 참여하는 제사인 반면, 섭행은 신하가 왕을 대신하는 것이다. 중사인 문선왕에 대한 제사도 소를 희생으로 올리지만 흑우가 아닌 성우(騂牛)였다. 성우는 붉은색의 소를 가리키는데 조선에서는 황우로 대신했다. 기타 중사에는 소를 사용하지 않았지만 선농제는 친행이면 소를 추가로 올렸다. 역사적으로 국왕이 선농제를 친행한 경우는 드물지만 왕의 친행으로 가정하면 1년에 소용되는 흑우의 수는 최대 11마리가 된다. 사직에 3마리, 종묘에 5마리, 영녕전에 2마리, 선농에 1마리가 들어가는 것이다.[8]

8 『국조오례서례』에는 나오지 않지만 원묘인 문소전(文昭殿)의 제향 중 국왕이 친행하는 별제에 황우 2마리가 소용되었다. 한형주(2017), 앞의 논문, 61쪽 참조; 그러나 문소전 제향은 희생을 사용하지 않는 속제이므로 여기서는 제외했다. 황우 2마리는 희생이 아니라 육선 요리에 들어갔을 것으로 추정된다.

Ⅲ. 흑우 진공 수효의 증가

1653년(효종 4) 이원진(李元鎭)이 편찬한 제주도 최초 지리지인 『탐라지(耽羅志)』에 의하면 제주에서 진상하는 흑우의 수는 애초 15마리였는데 당시 5마리를 더하여 20마리가 되었다.[9] 이후 이 숫자는 계속 증가했다. 정조 대 전생서 주부를 지낸 황윤석은 『이재난고』에서 흑우가 원래는 20마리였는데 1737년(영조 13)에 10마리, 1778년(정조 2)에 10마리를 늘려 제주도에 부과했다고 했다.[10] 그리고 이보다 앞서 1681년(숙종 7)에 흑우 5마리를 거제도에서 진상하게 했다. 즉 정조 대 국가 제향을 위해 준비하는 흑우는 총 45마리로 늘어났고, 그중에서 40마리는 제주도, 5마리는 거제도에서 공급했다. 이후에도 제주도에서 진상하는 흑우는 계속 증가했다. 1853년(철종 4) 『전곡회계성책(錢穀會計成冊)』에 의하면 진상 흑우는 제주목 20마리, 대정현 8마리, 정의현 14마리로 나누어 준비하여 전체 42마리가 되었다.[11] 그리고 1867년(고종 4)에는 제주도 전체 흑우가 47마리로 증가했다.[12] 『통첩편안(通牒編案)』에 의하면 대한제국기에는 제주도에서 올라오는 흑우가 49마리에 이르렀다.[13] 다음으로 종묘 신실과 친행 기우제의 추이를 구체적으로 살펴보며 흑우 진상이 늘어난 이유를 파악하고자 한다.

---

9 李元鎭, 『耽羅志』(서울대학교 규장각한국학연구원 소장, 고4798-1), 「濟州, 牧養, 牛屯」.

10 黃胤錫, 『頤齋亂藁』 38冊, 丙午 5月 2日.

11 『濟州三邑上錢穀會計成冊』(서울대학교 규장각한국학연구원 소장, 규20359)

12 『濟州三邑上錢穀會計成冊』(서울대학교 규장각한국학연구원 소장, 규19381, 6-5); 『訓令存案』(서울대학교 규장각한국학연구원 소장, 규19144), 「光武 8年 7月 訓令 黑牛督納事 3號」.

13 『通牒編案 第1號』(서울대학교 규장각한국학연구원 소장, 규20313), 「照會」, 光武10年 6月 28日.

표3 | 제주 흑우의 진공 수량

연도	제주	거제	출처
1652(효종 3)	20	-	『탐라지』
1681(숙종 7)	20	5	『이재난고』
1737(영조 13)	30	5	『이재난고』
1778(정조 2)	40	5	『이재난고』
1853(철종 4)	42[제주20,대정8,정의14]	미상	『제주삼읍상전곡회계성책』(규20359)
1861(철종 12)	42[제주20,대정8,정의14]	미상	『제주삼읍상전곡회계성책』(규19381, 6-1)
1867(고종 4)	47[제주22,대정10,정의15]	미상	『제주삼읍상전곡회계성책』(규19381, 6-5)
1894(고종 31)	47	미상	『본영급삼읍진상소봉물종수효성책』(규16781)
1906(광무 10)	49	미상	『통첩편안 제1호』(규20313)

1. 종묘 신실의 증가

흑우의 최대 소비처는 종묘였다. 『국조오례서례』에 의하면 대사인 종묘와 사직에서 한 번 제향을 거행할 때 사용하는 흑우의 수는 동일하게 1마리이다. 그러나 1년에 3번 지내는 사직에 비해 1년에 제향을 5번 거행하는 종묘가 더 많은 흑우를 필요로 했다. 그런데 종묘는 시간이 갈수록 제사 대상이 늘어나는 독특한 구조도 가졌다. 사직은 국사(國社)와 국직(國稷)의 신을 주향으로 하고 후토(后土)와 후직(后稷)을 배향으로 하여 전체 4위를 모셨다. 반면 종묘의 제사 대상은 최소 5위를 시작으로 계속 증가했다. 물론 제사 대상이 곧바로 희생의 증가로 이어진 것은 아니다.

종묘 제향은 소·양·돼지를 희생으로 사용하는데 왕의 친향 때면 양과 돼지를 각 실마다 한 마리씩 올렸다. 하지만 소는 각 실마다 한 마리씩 사용하지 못하고 희생을 해체하여 나누어 올렸다. 종묘 정전에 10위의 선왕 신주가 봉안되었던 선조 대 초까지만 하더라도 한 번의 제향에 소 1마리가 사용되었다.[14] 소 한 마리를 잡아서 머리·다리 4개·어깨·갈비 등으로 나누어 올린 것이다. 성종 대 초까지 소의 머리와 등골은 제사상에 올리지 않았다. 그러나 1476년(성종 7)에 경전과 중국 전례를 참조하여 희생의 머리를 태조실에 올렸다.[15] 그 결과 종묘에 10위의 왕을 모시던 선조 대에도 흑우는 1마리를 사용했는데, 제1실에서 제5실까지는 머리와 4개의 다리를 각각 올리고 나머지 6실부터는 어깨, 갈비, 등심을 조각조각 잘라올렸다. 그런데 이항복(李恒福)이 흑우 2마리를 잡아 머리 둘과 다리 여덟 개를 10실에 나누어 올리자고 건의하여 실행되었다.[16] 결국 선조 대에 이르러 종묘 제향 때 흑우 소비가 한 마리 더 늘었다.

한편, 효종이 즉위하고 인조를 종묘에 부묘하면서 종묘 정전에 11위의 신위가 모셔졌고[17] 영녕전에 8위가 봉안되었다.[18] 그전에 종묘에 10위를 모실 때에는 흑우 2마리를 각각 5등분하여 사용했다. 그러나 영녕전에 8위가 있어도 2마리를 사용하지 않고 1마리로 충당했다. 머리와 네 다리를 5위에 각각 올리고 나머지 3위는 갈비를 나누어 진설했던 것이다. 그런데 이제 종묘 정전에 1위가 늘어나면서 1마리를 더해야 할 상황이 되었다.

---

14 선조 대 종묘 정전의 신위 봉안 현황은 다음과 같다.

실	1실	2실	3실	4실	5실	6실	7실	8실	9실	10실	11실
왕	태조	태종	세종	세조	덕종	예종	성종	중종	인종	명종	

15 『成宗實錄』, 7年 1月 8日.

16 『宗廟儀軌』(서울대학교 규장각한국학연구원 소장, 규14220), 「犧牲饌品」.

17 효종 대 종묘 봉안 현황은 다음과 같다.

실	1실	2실	3실	4실	5실	6실	7실	8실	9실	10실	11실
왕	태조	태종	세종	세조	성종	중종	인종	명종	선조	원종	인조

18 효종 대 영녕전 신위 봉안 현황은 다음과 같다.

실	서협실			정전				동협실		
	5실	6실	7실	1실	2실	3실	4실	8실	9실	10실
왕	공정왕	문종	-	목조	익조	도조	환조	덕종	예종	-

머리와 네 다리 중에서 한 가지를 종묘 제11실에 올리고 나면 남은 것으로 영녕전에 사용할 수 있었다. 그 결과 효종 대 종묘 제향 1번에 소 3마리가 소용되었다. 영녕전과 같이 지내는 춘향과 추향에는 두 곳에 합쳐 소 4마리가 소용되었다. 반면 영녕전에 제향이 없는 하향·동향·납향에도 3마리를 사용했을 것이다. 이렇게 되면 종묘 1년 제향에 소용되는 흑우의 수는 17마리가 되었다. 이는 15마리로 한정되었던 제주도 흑우의 수보다 더 많은 것이었다. 『탐라지』에서 효종 대 15마리에서 5마리를 더하여 20마리가 되었다고 한 것은 이러한 사정에 따른 결과였다.

숙종이 즉위하고 현종의 신위를 종묘에 봉안하면서 흑우가 더 필요해졌다. 이전에 종묘와 사직에 연간 사용되는 흑우의 수가 17마리였는데[19] 이제 22마리가 된 것이다. 숙종 재위 초 종묘 정전에는 태조, 태종, 세종, 세조, 성종, 중종, 선조, 원종, 인조, 효종, 현종 등 11위가 있었고, 그중 태조에서 선조까지가 세실(世室)이고 원종에서 현종까지가 숙종에게 4대에 해당한다.[20] 소 1마리를 5체로 나누는 방식에 의하면 11위를 위해서는 3마리의 소가 필요하므로 1년이면 15마리의 소가 소용된다. 반면 영녕전에는 목조 이하 명종까지 10위가 있었다.[21] 즉 매번 제향 때 소 2마리가 소용되고, 1년이면 소 4마리가 필요하다. 그러므로 종묘에 1년 동안 소용되는 소

19 현종 대에는 종묘에 10위, 영녕전에 10위가 봉안되어 있었다. 그 결과 1년에 종묘에 소용되는 흑우는 14마리이고, 사직의 제향까지 합치면 전체 17마리이다.

20 1676년(숙종 2) 종묘 정전 신위 봉안 현황은 다음과 같다.

실	1실	2실	3실	4실	5실	6실	7실	8실	9실	10실	11실
왕	태조	태종	세종	세조	성종	중종	선조	원종	인조	효종	현종
흑우	머리	머리	뒷다리	뒷다리	뒷다리	뒷다리	뒷다리	앞다리	앞다리	앞다리	앞다리

21 1676년(숙종 2) 영녕전 신위 봉안 현황은 다음과 같다.

실	서협실				정전				동협실			
	5실	6실	7실	8실	1실	2실	3실	4실	9실	10실	11실	12실
왕	공정왕	문종	덕종	예종	목조	익조	도조	환조	인종	명종		

는 19마리가 된다. 여기에 사직의 3마리를 더하면 숙종 대 연간 소용되는 흑우는 22마리가 되었다. 그러자 예조에서는 원공(元貢) 20마리에 5마리를 더하고자 했다. 그러나 당시 제주도에서는 국둔에서 더 이상 흑우를 더 기를 수 없어 매번 사둔에서 기른 흑우를 국둔의 잡색우와 교환하여 올리고 있었다. 그 결과 조정에서는 거제 칠천도에서 흑우 5마리를 대신 바치도록 했다.[22]

거제 칠천도에서 흑우를 목양하기 시작한 시기는 1664년(현종 5)으로 거슬러 올라간다. 이때도 제주도의 원공을 감면해 주기 위하여 흑우 5마리를 칠천도로 옮겨 봉진하게 했다. 그러나 1673년(현종 14) 거제에 우역이 크게 발생하여 공급이 어려워지자 제주도로 다시 5마리를 붙였다. 하지만 1679년(숙종 5)에 이전 우역에서 살아남은 소들의 종자가 있을 것이라고 거제에 다시 5마리를 봉진하도록 한 것이다.

이처럼 종묘는 시간이 지날수록 제사 대상이 늘어났고, 그 결과 희생의 수요도 자연스럽게 늘어났다. 조선의 종묘는 제후국에 맞추어 오묘제(五廟制)를 표방했다. 오묘제는 태조의 불천위(不遷位)와 현왕의 4대를 모시는 방식이다. 따라서 4대가 지난 왕들은 그 제사를 폐하는 것이 원칙이다. 그러나 조선왕조는 종묘에서 제향이 끝난 신위를 매안하지 않고 영녕전에 별도로 보관하면서 제향을 유지했다. 비록 1년에 5번에서 2번으로 줄어들었지만 영녕전의 제향도 신위가 많아지면서 흑우가 더 필요해졌다. 게다가 종묘 정전에서 4대가 지나도 신위를 옮기지 않는 불천위의 세실이 늘어나면서 종묘의 신실은 급속히 증가했다. 숙종 대 태종, 세종, 세조, 성종, 중종, 선조는 모두 세실이었다. 그리고 이후 계속해서 세실이 늘어나면서 그만큼 흑우의 수요도 증가할 수밖에 없었다.

---

22 『祭謄錄』(한국학중앙연구원 장서각 소장, K2-2459), 肅宗 5年 6月 4日.

한편, 정조 대 경모궁의 건립도 흑우 수요를 증가시켰다. 정조가 즉위하고 영조와 추존왕 진종이 종묘에 부묘되면서 종묘 정전에는 전체 14위의 선왕이 모셔졌다. 정조에게 5대에 해당되는 효종은 불천위가 되어 정전에 그대로 남아 있었다. 이렇게 되면 제향 1번에 여전히 소 3마리가 필요하다. 그런데 정조는 종묘와 별개로 생부 사도세자를 경모궁에 모시고 제향의 희생으로 소를 사용했다.[23] 경모궁 제향은 중사지만 왕의 친행일 때 대사로 간주되었다. 그런데 희생으로 친행에 소·양·돼지를, 섭행에 소와 양을 사용했다.[24] 즉, 친행과 섭행 모두 소를 희생으로 사용한 것이다. 경모궁 역시 사시제와 납향을 거행했으므로 1년에 5마리가 추가된 셈이다. 영녕전에는 목조부터 원종까지 12위의 선왕을 모셨으므로 제향 1번에 3마리가 필요했고, 1년이면 6마리가 소용되었다. 그 결과 종묘와 경모궁 제향에 연간 소용되는 흑우는 전체 26마리가 되어 숙종 대 19마리에 비해 7마리가 늘어났다. 이처럼 종묘 제향에 필요한 흑우가 늘어나면서 이에 따라 제주도에서 진상하는 흑우도 필연적으로 증가했다.

2. 친행 기우제의 증가

1737년(영조 13) 윤9월 6일에 행사직 이종성(李宗城)은 다음과 같이 임금께 아뢨다.

> 제향에서 사용하는 전생서 담당 흑우는 원공 25수입니다. 그러나 1

23 『承政院日記』, 正祖 2年 5月 29日.

24 『景慕宮儀軌』 卷2, 祀典, 祭享式例.

년 제향 때 진배하는 것이 24수에 이르니 남는 것이 단지 1수뿐입니다. 만약 친향을 당하면 추가로 진배해야 할 것이 3수가 됩니다. 성상께서 기우제를 연이어 직접 거행하셔서 남아 있던 흑우가 지금 이미 다하였습니다. 만약 별제가 있게 된다면 반드시 일이 생길 것입니다. 그리하여 변통해야 됨을 묘당에 보고하여 제주에 10수를 추가할 것을 청합니다.[25]

위의 인용문에서 이종성은 당시 1년 제향에 소용되는 흑우가 24마리라고 했는데, 이는 원공 25마리에 비하면 1마리의 여유가 있다. 그러나 영조가 기우제를 연이어 친행으로 거행하면서 흑우를 모두 사용했다고 한다. 이때는 윤9월로 동향과 납향이 남아 있는데, 원공의 수를 모두 소진한 것이다. 여기서 종묘 신실 증가 이외의 또 다른 변수를 찾을 수 있다.

조선 초 『국조오례의(國朝五禮儀)』에 게재된 의수를 보면 종묘와 사직의 대사와 석전과 선농제 외에는 국왕의 친행을 찾아볼 수 없다. 그러나 조선 후기에는 중사인 풍우뇌우단, 북단, 우사단 등에서 국왕의 친행을 쉽게 볼 수 있다. 이들 친행 제사는 모두 기우를 위한 것이었다. 1527년(중종 22) 사직과 종묘에서 시작한 친행 기우는 이후 다른 제장으로도 확대되었다. 1537년(중종 32) 4월에 중종은 남교의 풍운뇌우단에서 친행 기우제를 설행했고, 이후 숙종은 기우를 위해 처음으로 선농단에 나아갔다. 영조는 처음으로 북교에 기우제를 거행한 왕으로, 영조는 어느 왕보다 친행 기우제를 자주 거행했다. 기우제는 대부분 비가 올 때까지 여러 곳에서 계속되었고, 영조는 사직이나 종묘에서 시작하여 북교·남단·우사단에서 기우

---

25 『承政院日記』, 英祖 13年 閏9月 6日.

표4 | 영조 대 친행기우 제장

연월	제장
1725년(영조 1) 7월	사직단 → 북교
1727년(영조 3) 7월	종묘 → 사직단
1731년(영조 7) 5월	사직단 → 북교 → 남단
1732년(영조 8) 6월	사직단 → 선농단 → 북교 → 사직단
1734년(영조 10) 7월	사직단 → 종묘
1739년(영조 15) 5월	사직단 → 우사단
1743년(영조 19) 윤4월	종묘 → 사직단 → 북교
1753년(영조 29) 5월	북교 → 선농단 → 사직 → 우사단 → 남단
1760년(영조 36) 5월	종묘 → 남단 → 사직단
1762년(영조 38) 6월	우사단 → 사직단 → 종묘
1764년(영조 40) 5월	남단 → 사직단 → 북교 → 종묘→ 선농단 → 남단

제를 계속했다(표4).[26] 이처럼 국왕이 친행으로 기우제를 거행하면 그 제향의 희생은 흑우를 사용했다.

정조 대 편찬된 『탁지지(度支志)』에 의하면 북교의 친행 기우제에 소용되는 흑우는 3마리이고, 우사단에는 2마리가 소용되었다. 북교는 전국 악해독과 명산대천의 신위를 모시고 지내는 망제(望祭)인데, 중사에 해당하는 악해독만 하더라도 13위가 되었다. 우사단은 구망, 축융, 욕수, 현명, 후토, 후직 등 6신위를 모셨다. 이곳들에서 거행되는 기우제는 흑우 수요를 급증하게 만들었고, 종묘와 사직의 기우제에도 흑우가 필요하므로 종묘에 4마리, 사직에 1마리를 더 들였다.[27] 1737년(영조 13) 흑우 진상이 10마리나 늘어난 것은 이러한 이유에서였다.

---

26 이욱, 『조선시대 재난과 국가의례』(창비, 2009), 211쪽.

27 黃胤錫, 『頤齋亂藁』 38冊, 「牛羊豕別用例」, 丙午 5月 2日.

아울러 조선 후기 연이은 가뭄도 사직 제향을 증가시켰다. 1683년(숙종 9) 숙종은 사직에서 기곡제(祈穀祭)를 거행했다. 기곡제는 한 해의 농사가 잘 되기를 비는 제사로, 고려시대나 조선 초에는 원단(圓壇)에서 거행하는 제천의례였다. 그런데 기곡제는 제천의식이 제후국에게 맞지 않다고 제기되면서 성종 대에 폐지되었다. 그러나 현종·숙종 대 흉년이 계속되자 부활한 것이다. 다만 제향 공간이 원단에서 사직단으로 바뀌었다. 1696년(숙종 22)에 숙종은 사직단에 나아가 기곡제를 친행으로 거행했고, 이듬해부터는 매달 정월에 정기적으로 거행하게 했다. 사실 영조 대까지만 하더라도 기곡제는 필요에 따라 길일을 가려 지내는 기고제(祈告祭)의 수준이었고, 국왕이 친행할 때만 대사로 규정되었다. 그러다가 1787년(정조 11) 정조 대부터 친행과 섭행의 기곡제 모두를 대사로 규정했고 따라서 태뢰의 희생으로 바뀌었다.[28] 그러므로 사직에서는 1년에 4번의 제향을 위해 4마리의 흑우가 필요했다. 조선 전기보다 1마리가 더 늘어난 셈이다.

숙종·영조 대 흉년이 계속되고 전염병까지 돌면서 수많은 사람들이 죽어갔다. 이러한 상황에서 기우의 열망은 어느 때보다 높았다. 하지만 현실적으로 볼 때 기우제를 위한 제물, 특히 흑우의 공급은 백성들에게 큰 짐이 되지 않을 수 없었다. 결국 해가 지나도 계속되는 가뭄에 기우는 모순적이더라도 멈출 수 없었고, 그 고통은 먼저 멀리 떨어진 제주 백성들의 몫이 되었다.

28 이욱(2009), 앞의 책, 290쪽.

Ⅳ. 흑우 목양과 수송

1. 제주 우목장의 분포와 특징

숙종 대 이형상(李衡祥)이 편찬한 《탐라순력도(耽羅巡歷圖)》의 〈별방조점(別房操點)〉은 제주 흑우 목양의 모습을 보여준다(그림1).[29] 제주도 동쪽 편에 있는 '다랑쉬오름[大郎秀岳]' 아래로 말들이 달리고, 그 옆에 소떼가 풀을 뜯고 있는 곳에 '흑우둔(黑牛屯)'이라는 글자가 보인다(A 부분). 그림 하단의 설명에 의하면 당시 별방에서 관리하는 흑우는 247마리였다. 그 외 정의현에서 흑우 228마리를 사육하고, 대정현에서도 228마리를 관리하여 제주도에는 전체 703마리의 소를 길렀다.[30]

『탐라지』에서 우둔(牛屯)은 제주목에만 나오는데 제주목 동쪽 어등개[魚登浦]에 있었다. 소의 수효는 나오지 않는다. 당시 국둔에는 순흑색의 소는 적었고 잡색 소가 많았다고 한다. 따라서 국둔의 소만으로는 20마리의 수효를 맞추기 어려워 민가의 소를 대신 올리고 잡색우를 그들에게 지급해 주었다고 한다. 이원진은 이렇게 구차한 상황을 타개하려면 흑우를 무역하여 종자를 번식해야 한다고 했다.[31]

『제주읍지』에 의하면 제주 목장 중에서 흑우를 기르는 곳은 네 군데 정도였다. 제주목 일소장(一所場)에 553마리, 육소장(六所場)에 513마리가 있

29 별방은 제주목에 속한 별방진의 별방성을 가리킨다. 별방성은 돌로 쌓은 성인데, 둘레가 2,390자이고, 높이는 7자였다. 1510년(중종 5) 당시에 제주목사였던 장림이 왜구의 침입을 방어하기 위해 쌓았다.

30 『耽羅巡歷圖』 영인본(제주시청, 1994), 「旌義操點」, 「大靜操點」.

31 李太湖 編, 『耽羅志』, 「濟州, 牧養」(서울대학교 규장각한국학연구원 소장, 고 4798-1).

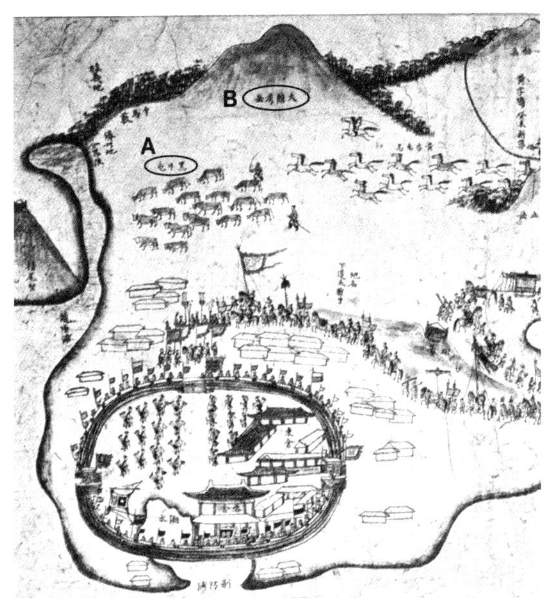

그림1 | 《탐라순력도》의 〈벌방조전〉(부부)

었다.[32] 그리고 대정현에 속한 모동장(毛洞場)에 둔우(屯牛) 203마리가 있고,[33] 정의현의 십소장(十所場)에 447마리의 흑우가 있었다.[34] 그 외 『제주대정정의읍지(濟州大靜旌義邑誌)』에 의하면 대정현 가파도에도 둔우 75마리가 있었다.[35] 그러나 1842년(헌종 8) 이곳에 백성들이 들어가 경작하는 것을 허락하면서 소는 인근 목장으로 옮겨졌다.[36]

이들 목장에서는 소를 대체로 방목했다. 그러나 초목이 마르는 겨울에

---

32 『濟州邑誌』(서울대학교 규장각한국학연구원 소장, 규10796), 「濟州, 牧場」.

33 『濟州邑誌』(서울대학교 규장각한국학연구원 소장, 규10796), 「大靜縣誌, 牧場」.

34 『濟州邑誌』(서울대학교 규장각한국학연구원 소장, 규10796), 「旌義縣誌, 牧場」.

35 『濟州大靜旌義邑誌』(서울대학교 규장각한국학연구원 소장, 규17436), 「大靜縣 牧場」.

36 金錫翼, 『耽羅紀年』.

는 눈과 비를 피할 수 있는 집을 짓고 풀을 쌓아두어 마른 소들을 가려서 먹이고, 봄에 풀이 무성할 때 또 방목했다. 목장에는 소들을 관리하는 목자와 그들을 감독하는 우감(牛監)이 있었다. 한편, 『제주읍지』에 의하면 제향에 진상하는 흑우는 30마리인데 제주에서 14마리, 대정현에서 6마리, 정의현에서 10마리를 담당했다.[37] 반면 철종 대에는 제주목에 20마리, 대정현에 8마리, 정의현에 14마리가 부과되었다.[38] 그리고 1867년(고종 4)에는 제주목에 22마리, 대정군 10마리, 정의군 15마리로 증가했다.[39] 즉 대체로 제주목에서 진상의 반 정도를 맡았으며 그 다음으로 정의현이 많고 대정현이 제일 적었다.

2. 흑우의 출송과 분양

『제주읍지』에 의하면 대정현은 매년 10월에 진상할 흑우를 모아 기른 후 4월에 출송하고, 정의현은 4월에 감영에 봉진했다.[40] 즉, 제주도에서는 겨울에 봉진할 흑우를 가려서 집중적으로 양육시킨 후 4월에 육지로 보냈다. 제주도에서 목양은 방목이 대세였지만 겨울에는 풀이 없고 눈이 많이 내려 소를 내어 기를 수가 없었다. 그러므로 겨울 동안은 다른 때보다 소와 말의 영양 상태가 좋지 않았다. 겨울이 지나 봄에 새로운 풀이 날 때서야 소와 말은 기력을 되찾았다. 따라서 제주도에서 소와 말은 봄에 나

37 『濟州邑誌』(서울대학교 규장각한국학연구원 소장, 奎10796), 「濟州 牧場」.

38 『濟州三邑上錢穀會計成冊』(서울대학교 규장각한국학연구원 소장, 규20359).

39 『濟州三邑上錢穀會計成冊』(서울대학교 규장각한국학연구원 소장, 규19381, 6-5).

40 『濟州邑誌』(서울대학교 규장각한국학연구원 소장, 奎10796), 「大靜縣誌, 牧場」.

는 풀을 먹여 윤택하게 만든 후 초여름에 봉진했다.[41] 1734년(영조 10) 6월 제주도에서 출송한 배가 사서도[42] 앞바다에서 침몰하는 사고가 있었는데, 이때 보고서에 의하면 대개 4월 그믐 전에 도회읍에 흑우를 교부하는데 이번에 늦어졌다고 했다.[43] 그러므로 늦어도 4월에 제주도에서 흑우를 출송했을 것이다.

그러나 흑우는 4월에만 제주도에서 출송되지는 않았다. 1848년(헌종 14)에 흑우를 실은 배가 침몰했는데, 당시 보고서를 통해서 출송 과정을 알 수 있다.

> 본도 3읍에서 봉진하는 흑우 42마리 중에서 본주(本州) 흑우 20수를 사공 김유선(金有先)의 배에 싣고, 대정현과 정의현 두 읍의 흑우 22마리와 윤4월 월령 진상품, 대왕대비전 탄일 진하 전문(箋文), 삭선(朔膳) 선장(膳狀), 무과 초시 시취 장계를 사공 강신영(姜振永)의 배에 실었습니다. 이번 달[12월] 11일 해시쯤 두 배가 본주의 화북포에서 일제히 점고하여 보내었더니, 금23일에 도착한 강진현감의 보고서에 제주 흑우 진상을 실은 배 한 척이 이번 14일 신시쯤 영암군 보길도 앞바다에서 바람을 만나 침몰하였고 진상품과 전문, 흑우 모두 물에 빠져 잃어버렸다고 합니다. 선주 강진옥, 사공 강진영, 객군 한광철, 윤성진, 강진복, 이명촌, 전문압령 김명채, 진상압령 고한명, 양계호, 정의현 흑우령색리 이충근, 종인(從人) 최득복, 김광룡, 경산도 사상(私商) 선시명, 우수영 사상 김경화 등 14명은 겨우 살았지만 대정현 흑우령색리(黑牛領色

---

41 『祭膳錄』(한국학중앙연구원 장서각 소장, K2-2549), 肅宗 17年 10月 24日.

42 사서도(斜鼠島)는 현재는 사수도(泗水島)로 불리며 제주특별자치도 제주시 추자면에 속한 섬이다.

43 『祭禮膳錄』(한국학중앙연구원 장서각 소장, K2-4809), 英祖 10年 7月 初4日.

吏) 오태주, 우수영 사상 김화서 등 2명은 물에 빠져 죽었다고 합니다. 막중한 진상품과 전문을 빠뜨려 잃어버리고, 2명의 사람이 빠져 죽었다고 하니 황송함을 감당하기 어렵습니다.[44]

위의 기록에 의하면 제주도에서 흑우를 올려보내는 시기는 겨울이다. 한편, 위의 기록에서 흑우 42마리를 배 2척에 나누어 태우는 것을 알 수 있다. 제주목 흑우를 한 배에 싣고, 대정현과 정의현 두 읍의 흑우를 또 다른 한 배에 실었다. 이들 배는 사공과 이를 돕는 격군(格軍)이 조절했는데 1척당 인원이 12명이었다. 그리고 흑우를 몰고 가는 영거색리(領去色吏)가 1척에 3~4명 있었다. 1865년(고종 2)의 사례를 보면 제주목 흑우 영거색리가 3명, 대정현과 정의현 흑우 영거색리가 각각 2명씩 있었다. 이들의 품삯은 1인당 쌀 1두 5승이었다.

제주도에서 올려보내는 흑우는 태어난 지 3년이 되는 소를 보내는 것이 관례였다. 1684년(숙종 10) 침몰 사건 때 흑우 15마리 중 5마리만 겨우 살아남았다. 이후 부족한 수량을 채우기 위해서 제주도에서는 공둔과 사둔을 살펴보았으나 진상에 적합한 것이 없었다. 이에 부득이하게 이듬해에 보내기로 되어 있는 2살 되는 소 중에서 조금 좋은 것을 택하여 보냈다.[45]

그런데 이렇게 제주도에서 육지로 보내진 흑우는 곧장 한양으로 가는 것이 아니었다. 육지에 도착한 흑우는 충청도 은진현으로 옮겨져 호서의 여러 고을에 분양(分養)되었다.[46] 제주목사는 봉진관, 은진현감이 도회관

---

44 『各司謄錄』(서울대학교 규장각한국학연구원 소장, 규 15099), 「濟州啓錄」(『각사등록 19: 전라도편 2』, 국사편찬위원회, 1986), 憲宗 14年 12月 26日.

45 『祭禮謄錄』(한국학중앙연구원 장서각 소장, K2-2549), 肅宗 10年 2月 13日.

46 『祭禮謄錄』(한국학중앙연구원 장서각 소장, K2-4808), 肅宗 19年 5月 16日.

을 맡았다.[47] 거제에서 보내는 흑우 5마리는 황간(黃澗)에서 분양되었다. 은진현에 흑우가 도착하여 각 읍에 분양하는 시기가 매년 7월이었다.[48] 그러나 분양 시기도 제주도의 출송 시기만큼 일률적으로 판단하긴 어렵다.

1696년(숙종 22)에는 흑우 20마리가 제주에서 은진현의 도회소에 도착한 것이 4월경이었다. 그런데 이 중에서 이미 병들고 풀을 제대로 먹지 못하는 소들이 많았다. 20마리 중에서 4마리는 정산, 진잠, 전의, 천안에 각각 1마리씩 분양되었지만 10마리는 분양되기 전에 병들어 죽었다.[49] 앞서 언급한 네 고을 외 흑우를 분양받아 기른 고을로는 예산,[50] 임천,[51] 홍주, 청산,[52] 옥천,[53] 해미,[54] 면천,[55] 태안, 석성,[56] 홍산,[57] 직산, 온양, 영동, 연산, 충주, 신창 등이 있었다.

이렇게 제주도에서 온 흑우를 한양으로 곧바로 보내지 않고 지방 여러 고을에 분양하는 것은 희생을 관리하고 공급하는 중앙 관서의 부담을 줄이기 위한 조처였다. 제향에 맞추어 최상의 상태를 만들기 위해서는 목장을 비롯하여 사료와 목자 등이 필요했다. 지방에 흑우를 분양하는 것은 사육의 제반 비용을 해당 고을에 부과하는 것이다. 한편, 여러 고을에 흑우를 분산시키는 것은 우역을 예방하는 데에도 도움을 주었다.

---

47 『日省錄』, 正祖 3年 1月 29日.

48 『鴻山縣誌』 進上(『湖西邑誌』, 서울대학교 규장각한국학연구원 소장, 규10767).

49 『祭禮謄錄』(한국학중앙연구원 장서각 소장, K2-4808), 肅宗 22年 4月 17日.

50 『烏山文牒』, 英祖 36年 5月 18日(『各司謄錄』).

51 『嘉林報草』, 英祖 14年 7月(『各司謄錄』).

52 『日省錄』, 正祖 3年 1月 29日.

53 『沃川邑誌』(서울대학교 규장각한국학연구원 소장, 규10764), 「沃川郡邑事例」, 「私募屬」.

54 『海美縣事例』(『湖西邑誌』, 서울대학교 규장각한국학연구원 소장, 규10767).

55 『沔川邑誌』(『湖西邑誌』).

56 『石城邑事例』(『湖西邑誌』).

57 『鴻山縣誌』(『湖西邑誌』).

이렇게 분산되어 일정 기간 양육을 받은 흑우는 마침내 한양의 전생서로 옮겨졌다.[58] 전생서에서 기르는 흑우의 수는 대략 30마리 이내였다. 전생서는 남산 바깥쪽 용산 부근에 있었던 관서인데 제향에 소용되는 소·양·돼지를 최종적으로 관리하여 향소에 공궤(供饋)하는 일을 담당했다. 황윤석의 『이재난고』에 따르면 전생서 관청에는 목장이 있었는데, 서장(西場)에 소, 남장(南場)에 양, 그 바깥 서남쪽에 돼지가 있었다. 흑우는 서장 13칸에 각각 2마리씩 있었고, 남쪽 1칸에 1마리, 뜰 계단 아래 2마리가 있어 전체 29마리였다고 한다. 그 외 북쪽 1칸에 황우 1마리가 있었다. 남장에 54마리의 양이 있었고, 돼지는 410마리였다고 한다. 전생서는 여화도(汝火島: 여의도)에 양을 기르는 목장이 별도로 있었고, 또 관둔(官屯)이 이곳에 있어서 청근을 생산하여 전생서 관원에게 공급했다. 여의도 위쪽에 기자도에서는 생추(生芻)가 생산되었다.[59] 그러나 소를 키우는 목장을 별도로 설치하지는 않았다.

V. 우역의 성행과 대응

1. 안면도 목장의 설치와 폐지

제주도에서 전생서까지는 꽤 먼 여정이다. 특히 제주도에서 육지로 나가기 위해 바다를 건너는 일은 매우 위험했다. 실제 사고도 자주 발생했

58 『承政院日記』, 正祖 7年 10月 9日.

59 노혜경(2008), 앞의 논문, 165쪽.

다. 이러한 난관을 이기고 육지로 건너가더라도 남부지방에서 한양까지 수송도 쉽지 않았다. 다행인 것은 흑우가 충청도에서 기력을 회복한 후에 한양으로 전송된다는 점이다. 그러나 이러한 원거리 수송보다 흑우에게 치명적인 위협은 우역의 발생이었다.

1682년(숙종 8) 10월부터 1683년 4월까지 우역이 유행했다. 국둔에서는 소 386마리 가운데 207마리가 죽었고, 사둔에서는 12,214마리나 죽었다. 이 때문에 제주도에서는 순색의 소뿐만 아니라 흠이 없는 소마저도 구하기 어려웠다.[60] 따라서 중앙에 봉진해야 할 20마리를 채우지 못하고 15마리만 겨우 올려보냈다. 그러나 흑우를 실은 배가 강진 근처에서 침몰하여 5마리만 겨우 살렸다.[61]

당시 우역은 제주도만의 일이 아니었다. 육지 곳곳에서 우역이 번졌다. 도회소, 분양받은 곳, 전생서 등 어느 하나 안전한 곳이 없었다. 우역으로 인한 피해를 줄이기 위해서는 소들을 안전한 곳에 분산시켜야 했다. 하지만 먼 곳의 소들은 이동 중에 위험에 노출되지 않을 수 없다. 이에 대한 대비책이 서울에서 가까운 경기 지역에 흑우 목장을 설치하는 것이었다. 이러한 노력은 숙종 대에 두드러지게 나타났다.

1679년(숙종 5) 6월에 조정은 사복시로 하여금 호남 지역에서 사육하던 소를 경기도 내 섬으로 올려보낼 것을 지시했다.[62] 이에 따라 사복시는 거제 가좌도와 순천 백야곶에서 암소와 수소 40여 마리를 취하여 올려보냈다. 하지만 당시 경기도 섬 중에 소를 키우기에 적합한 곳이 없었다. 강화를 제외하면 대부도와 영종도인데, 대부도는 산마(山馬)를 기르는 곳이고,

60 『祭謄錄』(한국학중앙연구원 장서각 소장, K2-2549), 肅宗 9年 閏6月 10日.

61 『祭謄錄』(한국학중앙연구원 장서각 소장, K2-2549), 肅宗 10年 2月 13日.

62 『祭謄錄』(한국학중앙연구원 장서각 소장, K2-2549), 肅宗 5年 6月 4日.

영종도는 모민(募民)을 위해 이전에 있던 우마를 나오게 하는 중이었다. 따라서 전생서에서는 양과 염소 목장으로 사용하는 여화도와 율도(栗島: 한강 하류의 밤섬)에 소를 보내는 것도 생각했지만 목책을 설치하고 목자를 두는 것이 문제시되었다. 결국 전생서에서는 겨울 동안만 영종도에 흑우를 임시로 두었다가 다시 내려보냈다.[63]

1691년(숙종 17)에도 중앙정부에서는 서울로부터 가까운 섬에서 흑우를 키우고자 했다. 당시 우역이 성해 제주도에서 올라온 흑우들을 호서 여러 지역에 분양했는데, 소들이 대부분 죽어 민간에서 기른 흑우를 급박하게 사들여 제향에 충당했다. 그러자 조정에서는 소들을 서울 가까이서 생산하여 기르는 방식을 모색했다.[64] 그러나 예조는 중앙 관서에서 소를 기르는 것을 난감해했다. 목양할 땅과 목축을 담당할 관리자가 모두 없었기 때문이다. 예조는 가까운 사복시 목장에서 흑우를 키울 것을 지시했다.[65] 그러자 사복시에서는 한양 인근에 소를 방목할 수 있는 곳으로 인천 덕적도와 토야곶(土也串)을 추천했다.[66] 그러나 두 지역은 초목이 무성하지 않고 샘물이 적은 돌산 지대이므로 목양지로 부적절하다고 판단되었다.[67]

한편, 1691년(숙종 17) 거제 칠천도가 극심한 우역으로 큰 타격을 입었다. 그해 동안 칠천도에서 죽은 흑우가 175마리나 되었다.[68] 살아남은 흑

---

63 『祭牖錄』(한국학중앙연구원 장서각 소장, K2-2549), 肅宗 5年 11月 2日.

64 『承政院日記』, 肅宗 18年 2月 8日.

65 『承政院日記』, 肅宗 18年 4月 3日.

66 『承政院日記』, 肅宗 18年 4月 11日.

67 『承政院日記』, 肅宗 18年 4月 26日.

68 『祭禮牖錄』(한국학중앙연구원 장서각 소장, K2-4808), 肅宗 20年 2月 10日. 당시 칠천도에서는 1740년과 1741년에 치사한 소 175마리의 가죽을 팔아서 변상하는 것이 56마리에 그쳤다. 나머지는 변상이 불가능하여 경상도 점마 별감 훈련주부 이분국(李芬國)이 탕척을 청하여 허락을 받았다.

우들은 다른 곳으로 보내졌고,[69] 그 가운데 새로운 목축지로 주목받은 곳이 충청도 안면도였다. 이곳은 배를 만드는 나무를 기르는 곳으로 주변이 광활하고 물과 풀이 풍족했다.[70] 이에 서산에 속한 마당기(麻堂基)와 태안에 속한 창기(倉基) 두 곳을 택하여 목장으로 사용하기로 했다. 이곳은 안면도 내에서 수목이 적고, 물과 풀이 풍성하여 방목하기 좋았다.[71] 1692년(숙종 18) 10월 20일, 거제 칠천도에서 안면도로 흑우 12마리를 보냈다.[72]

그러나 안면도 목장은 또 다른 문제에 봉착했다. 목자들의 생계를 위해 관에서는 안면도에 나무를 베어내고 경작하는 것을 허락했다. 그러자 도민들은 그곳의 오랜 나무들을 베어 집을 짓고 또한 숯을 만드는 데에 이용했다. 하지만 곧 흑우가 늘어나고 목자와 그 자녀들이 늘어나면 섬의 나무가 다 없어질 것이라는 걱정이 생겼다. 이에 근방의 다른 섬으로 목장을 옮기기로 했지만[73] 대부분 사복시의 목장이거나 다른 아문의 공한지여서 마땅한 곳이 없었다. 결국 안면도에 있던 흑우를 모두 거제 칠천도로 다시 돌려보내야 했다.[74] 이렇게 한양에서 가까운 곳에 새로운 목장을 마련하려 했던 정부의 노력은 모두 수포로 돌아갔다.

---

69 『祭膽錄』(한국학중앙연구원 장서각 소장, K2-2549), 肅宗 17年 1月 6日.

70 『承政院日記』, 肅宗 18年 5月 6日.

71 『承政院日記』, 肅宗 18年 6月 7日.

72 『祭膽錄』(한국학중앙연구원 장서각 소장, K2-2549), 肅宗 18年 10月 14日; 『承政院日記』, 肅宗 18年 10月 20日.

73 『承政院日記』, 肅宗 20年 7月 13日.

74 『祭禮膽錄』(한국학중앙연구원 장서각 소장, K2-4808), 肅宗 20年 8月 7日.

2. 공인 분양과 시장 무역

우역이 돌 때 전염을 방지하기 위해서는 이들을 적절히 분산시키는 것이 최선책이다. 호서 지역에 분산시켜 목양하는 것은 방역에 도움이 되었다. 그러나 이들이 다시 전생서에 모이면 함께 있게 된다. 이들을 우역으로부터 보호하는 것이 희생 공급에 매우 중요했다.

추향대제가 단지 수십 일 후로 다가왔으니 사태가 매우 급한 지경입니다. 이에 호서 각 읍에서 분양하는 소 10여 마리를 급히 올려보내라는 관문을 호영(胡營)에 이미 보냈습니다. 그러나 이들 소가 오면 다시 훈염(薰染)될 것이니 진실로 조치할 방법이 없습니다. 의론에 의하면 어떤 이들은 남대문 밖에 총융청 빈 관아가 있으니 이곳으로 옮기는 것이 좋다고 하며, 어떤 이들은 인근 지역의 여러 섬으로 옮기되 수초가 있는 곳이면 편할 것이라 합니다. 그리고 어떤 이들은 가까운 경기 지역 여러 고을에 분산시켰다가 사용할 때에 취용한다면 어려움이 없을 것이라고 하며, 또 어떤 이들은 공인에게 나누어 주어 그들로 각자 기르게 한다면 전염의 근심이 없을 것이라고 합니다. 제 생각으로는 공인에게 나누어 주어 그들로 하여금 각자 한 마리씩 전생서에서 기르게 한다면 편하고 좋을 것 같습니다만, 어떻게 해야 할지 알지 못하겠습니다. 희생의 일이 매우 중요하기에 이와 같이 번거롭게 앙달하지 않을 수 없습니다.[75]

---

75 『承政院日記』, 英祖 23年 6月 5日.

위 인용문은 1747년(영조 23) 6월에 예조판서이자 전생서 제조였던 권적(權樀)이 아뢴 내용이다. 당시 우역이 매우 성하여 전생서에서 키우던 희우(犧牛)를 호조의 여러 관청에 분산시켰지만 제대로 구제하지 못했다. 30마리 중 남은 흑우가 1마리뿐인데 이마저도 전염병에 걸릴 상황이었다. 이에 호서에 분양한 흑우 10여 마리를 올려보내도록 호영에 관문을 보냈지만 이들 역시 도착하면 또다시 전염병에 걸릴 가능성이 많았다.

이에 대해 크게 4가지 대안이 제기되었다. 대부분은 제향 전까지 흑우를 어디에 분산시켜 둘 것인가라는 문제였다. 남대문 밖 빈 관아 건물, 인근 섬, 경기 지역 여러 고을에 두거나 공인에게 나누어 주는 방안 등이 제기되었다. 하지만 영조는 전생서에서 흑우를 기르는 것이 『주례』에 "국문에 매어둔다[繫于門]"는 뜻이라며 여러 곳에 분산시키는 것을 반대했다.[76] 그러나 공인에게 분급하여 구료(救療)하는 것은 가능하다고 했다. 이에 전생서의 소들을 공인에게 나누어 주어 개별적으로 기르게 했다. 기르는 소가 치사하면 공인에게 대신 징수하던 폐단도 없앴다. 이처럼 전생서의 흑우를 공인에게 임시로 맡겨 기르게 한 사례는 이후에도 계속 등장했다.[77]

한편, 1748년(영조 24)에도 상황이 나아지지 않았다. 그해 9월 전생서에 있던 흑우 32마리 중 우역으로 죽은 것이 25마리나 되었다. 공인에게 나누어 기르게 한 나머지 7마리도 반 이상이 병에 걸렸다. 그러자 예조에서는 경사(京司)에 급히 흑우를 무역해서 봉진할 것을 청했다.[78]

---

76 "繫于門"은 『주례』, 「지관·충인」에 나오는 구절이다. 충인(充人)은 제사에 사용할 희생을 매어 기르는 일을 맡는다. 영조는 이 구절을 통하여 희생을 도성에 가까운 곳에서 일정 기간 목양하는 정성을 강조한 것으로 보인다.

77 『承政院日記』, 英祖 37年 9月 16日; 한편 정조도 1796·1797·1799년에 우역으로 전생서에 흑우 가 대거 폐사하자 공인에게 분배해 기르게 했다; 『承政院日記』, 正祖 20年 4月 20日, 正祖 21年 1月 23日, 正祖 23年 3月 16日.

78 『承政院日記』, 英祖 24年 9月 22日.

흑우를 시장에서 구매하는 것은 이전에도 자주 있었다. 특히 숙종 대에 빈번했는데, 1680년(숙종 5) 우역으로 전생서 소가 대량 죽어 제향에 소용하기 어렵게 되자 여름과 겨울 두 차례나 7마리씩 사서 근기 지역에서 유양(留養)했다.[79] 그러나 영조는 시장 구매를 통한 희생 공급에 부정적이었다.

> 우역이 발생하였을 때에 서울에서 흑우를 무역하는 것은 사세(事勢) 때문이다. 그러나 제향은 그 자체가 매우 중요한 것인데 이것은 시장에서 산 술이나 육포[沽酒市脯][80]같은 것이라 종래 미안하다. 또한 한번 이 길을 터놓으면 훗날의 폐단이 될 것이다.[81]

영조는 제향에 쓸 희생, 특히 선왕의 제향에 사용할 흑우를 시장에서 조달하는 것에 부정적이었다. 따라서 조정에서는 제주도에 흑우 진상을 다시 한번 재촉하고, 전생서에 남아 있는 소들을 최대한 잘 먹이기로 했다.

그러나 그해 8월에 전생서 흑우 20여 마리가 폐사했고 나머지도 곧 살 가망이 없으므로 결국 흑우 5마리를 무역하기로 했다.[82] 1749년(영조 25)에도 4마리를 무역했고[83] 1762년(영조 38)과 1765년(영조 41)에도 무역에 의존했다.[84] 희생을 위한 흑우 무역은 1890년대에도 자주 등장했다. 고종 대에

---

79 『祭牆錄』(한국학중앙연구원 장서각 소장, K2-2549), 肅宗 5年 11月 13日.

80 '沽酒市脯'는 『논어』「향당」에 나오는 '沽酒市脯不食'을 가리킨다. 공자는 시장에서 파는 술과 포를 사먹지 않았다는 뜻이다.

81 『承政院日記』, 英祖 25年 1月 11日.

82 『承政院日記』, 英祖 25年 8月 23日.

83 『承政院日記』, 英祖 25年 12月 11日.

84 『承政院日記』, 英祖 38年 11月 19日, 英祖 41年 4月 4日.

전생서의 흑우 보유량은 전반적으로 안정적이었고 1880년(고종 17)에는 70마리까지 늘어났다. 그러나 1891년(고종 28)에 우역이 치성하자 경상(京商)에게 흑우 4마리를 무역하여 봉진하게 했다.[85] 그리고 1892년(고종 29)부터 3년 동안 연이어 흑우를 무역하여 충당했다.[86]

VI. 흑우의 제향 공급

1. 국왕의 희생 점검

종묘 제향 때면 전생서에서 살 찌운 흑우를 끌고 향소로 나아갔다. 희생으로 사용하는 소를 끌고 갈 때에는 이례(吏隸)들이 도와주지만 코뚜레를 하지 않아 다루기가 쉽지 않았다.[87] 전생서 관원이 종묘에 이르러 희생을 끌고 가는 곳은 종묘 정전의 동문 밖이다. 여기는 제물을 준비하는 전사청의 앞이며, 희생을 잠시 묶어두는 생방(牲榜)이 희생의 종류별로 있다. 희생은 곧바로 도살처로 가는 것이 아니라 이곳에서 희생에 적합한지를 먼저 살펴보는데, 이를 성생의(省牲儀)라고 한다. 『국조오례의』에 의하면 성생의의 주관자는 종헌관이었다. 그러나 영조는 국왕이 희생을 직접 살피는 의식을 새로 만들었다. 1745년(영조 21) 4월 7일에 이른바 친림성

85 『承政院日記』, 高宗 28年 10月 1日.

86 『承政院日記』, 高宗 29年 10月 2日, 高宗 30年 3月 21日, 高宗 31年 3月 15日.

87 전생서에서 제향이 있는 단묘까지 희생을 옮길 때는 희생의 수대로 견부군(牽負軍)을 차출하여 옮기도록 했다. 『祭禮謄錄』(한국학중앙연구원 장서각 소장, K2-2549), 癸亥 6月 19日.

생기(親臨省牲器) 의식을 처음으로 거행했다.[88] 이것은 신하들의 제사 준비 상태를 국왕이 직접 점검하겠다는 뜻이었다.

장생령이 희생을 이끌고 동쪽으로 조금 나와 손을 들어 "살지다[腯]"고 아뢰고 자리로 돌아가면, 여러 대축이 서쪽을 향해 한 바퀴 돌면서 희생을 살피고 손을 들어 "충실하다[忠]"고 고하고 모두 자리로 돌아갔다. 그러나 영조는 돼지는 살지지만 소는 그렇지 못한데 장생령과 대축이 충실하다고 말했다며 해당 헌관을 파직하고, 예조의 당상과 해당 관서인 전생서의 제조를 삭탈관직했으며 살지다고 고하여 임금을 속인 장생령을 섬으로 유배보냈다.

국왕이 제향의 준비 상태를 점검하는 것은 해당 관원에게 큰 부담이 되었다. 영조는 희생의 체구가 작은 것은 해당 읍의 과실이고, 그것을 살찌우지 못한 것은 전생서의 책임이라며 해당 관서의 책무를 강조했다. 그리고 예조의 당상이 전생서 제조와 함께 희생을 간품할 것을 지시했다.

이러한 희생의 점검은 영조 대 특징이었다. 영조는 친림성생의(親臨省牲儀)를 시행하기 이전부터 희생의 상태에 관심을 보였다. 앞서 살펴본 것처럼 흑우는 제주도에서 은진을 비롯한 호서 지역을 거쳐 전생서 등을 통하게 된다. 숙종 대까지만 하더라도 희생의 상태를 점검하여 각 지역의 관리를 처벌하지 않았다. 그러나 1733년(영조 9)에 전생서 제조를 맡고 있던 동지사 윤유(尹游)가 흑우를 분양받아 키우는 고을의 수령에게 감색(監色)의 책임을 지울 것을 청했다. 영조는 그의 의견에 대해 자신이 바라던 것이라며 적극적으로 찬성했다.[89]

---

88 『英祖實錄』, 21年 4月 7日.

89 『承政院日記』, 英祖 9年 9月 6日.

1741년(영조 17) 4월에 영조는 불시에 사관을 보내어 전생서 희생의 상태를 점검하라고 명하기도 했다. 당시 전생서에는 흑우 19마리, 황우 1마리, 양 20마리, 염소 11마리, 돼지 약 280마리가 있었는데, 소는 대부분 여위고 말랐으며 그중 7마리만 그나마 나은 편이었다. 이러한 상황에 영조는 국왕이 직접 희생을 살피는 고대 제도를 언급하며 희생의 중요성을 강조했다. 그리고 해당 부서에서 사료를 방료(放料)하는 것이 적지 않음에도 희생이 비쩍 마르고 체구가 작은 것은 관원들이 제대로 살피지 않고, 하리들이 진심으로 위양(喂養)하지 않았기 때문이라며 담당자들을 치죄했다.[90] 1745년(영조 21) 친림성생의의 시행은 바로 이러한 희생 점검의 연장선상에 있었다. 희생에 대한 영조의 깊은 관심은 흑우를 목양하여 올려보내는 제주도와 이를 받아 키우는 지방 담당관뿐 아니라 전생서 관원까지 모두 긴장시켰다.

2. 흑우의 제향 진상

종묘 정전의 동문 밖에서 희생의 상태를 살피는 의식이 끝나면 희생은 곧바로 전사청의 재살청으로 가서 도살되었다. 희생을 도살할 때에는 '난도(鸞刀)'라는 칼을 사용했다. 난도는 원래 칼끝에 2개의 방울을 달고 손잡이의 고리에 3개의 방울을 달았다고 해서 붙여진 이름이다. 5개의 방울은 궁·상·각·치·우의 5음을 내어 절도와 조화를 얻은 후에 도살하기 위한 것이다.

도살된 흑우가 제상에 진상되는 모습을 진설도를 통해 살펴보면 다음

90 『承政院日記』, 英祖 17年 4月 5日.

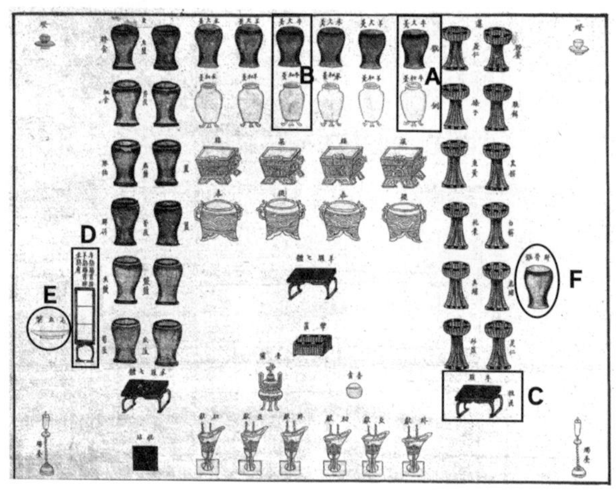

그림2 | 《종묘친제규제도설병풍》 제6폭, 〈오향친제설찬도〉, 국립고궁박물관

과 같다. 〈그림2〉는 《종묘친제규제도설병풍(宗廟親祭規制圖說屛風)》의 6폭에 해당하는 〈오향친제설찬도(五享親祭設饌圖)〉이다. 이 진설도는 선왕과 선후 각각 1위를 함께 모신 제상의 형식이다. 제사의 다양한 제기 중에서 흑우 희생과 연관된 것은 등(甄), 형(鉶), 모혈반(毛血槃), 간료등(肝膋甄), 생갑(牲匣) 등이다. 진설도의 제일 위쪽 두 줄 중에서 가운데 6개씩 있는 것이 등과 형의 국그릇으로, 왕과 왕후에게 3개씩 주어진다. 흑색을 띠는 등은 질그릇이며 황색의 형은 유기그릇이다. 등과 형 위에는 각각 '우대갱(牛大羹)'과 '우화갱(牛和羹)'이라는 글자가 있다(A·B 참고). 대갱은 조미료를 넣지 않고 육수만으로 맛을 낸 국이며 화갱은 조미료를 가지고 맛을 낸 국이다. 여기서는 흑우로 만든 두 종류의 국인 셈이다.

그 아래 작은 상처럼 생긴 세 개의 제기가 조(俎)로, 희생의 날고기를 담는 그릇이다. 오른편의 조에는 '우생(牛牲)'과 '생갑(牲匣)'이라는 표시가 있다(C 참고). 우생을 조에 담을 때 생갑이라는 나무로 만든 상자에 넣어서 올렸기 때문에 이러한 표기가 있다. 양성(羊腥)과 시성(豕腥)은 각각 한 마리를 7부위로 나누어 조에 올려놓는다. 조에 올리는 부위는 양쪽 넓적다리, 양쪽 어깻살, 양쪽 겨드랑잇살을 제상 양쪽에 놓고 가운데에 등골살을 두는 형식이다. 반면 우은 소 한 마리 전체를 통째로 놓은 것이다. 그러나 실제에는 각 실마다 소 1마리를 바친 것이 아니라 소 1마리의 머리와 다리 5조각을 각 신실에 하나씩 나누어 올렸다. 종묘 정전에 11위의 선왕이 모셔져 있었던 숙종 대를 보면 한 번의 종묘 제향에 흑우 3마리를 사용했다. 제1실부터 제11실까지 올린 흑우의 부위를 순서대로 나열하면 머리, 머리, 뒷다리, 뒷다리, 뒷다리, 뒷다리, 뒷다리, 앞다리, 앞다리, 앞다리, 앞다리이다. 즉, 머리, 뒷다리, 앞다리의 순서로 희생을 올렸다.

진설도 왼쪽에 세 칸으로 나누어진 상자 역시 조 위에 생갑을 올려놓은 곳이다(D 참고). 여기에는 소고기, 양고기, 돼지고기를 한 칸씩 넣었다. 그런데 앞의 것과 달리 익힌 고기를 올렸다. 그리고 생육의 생갑은 제향 전에 진설해 두지만 이 익힌 고기의 생갑은 제향 중 궤식(饋食)의 절차 때 올렸다. 세 고기를 각각의 생갑에 올렸으나 정조 때 시간 절약을 위해 하나의 생갑에 칸을 나누어 한 번에 올리는 방식으로 바꾸었다.

그 외에 흑우의 털과 핏덩이를 담은 모혈반(E 참고)과 간과 율료(膟膋)를 넣은 간료등(F 참고)이 있다. 이들은 제향 중 상향(上香)과 전폐례(奠幣禮)가 끝나면 제상에 올라갔다. 핏덩이를 올리는 것은 희생을 죽였다는 것을 신께 아뢰는 것이고, 털을 올리는 것은 희생이 순색임을 보여주는 것이다.[91] 율료는 뼈 사이에 있는 기름 덩어리이다. 이들은 나중에 화로에 태워 신에게 바쳤다.

---

91 『周禮注疏』, 「春官·司尊彝」. 『예기(禮記)』의 「교특생(郊特牲)」에서는 모혈을 올리는 것은 속이 충실하고 외양이 온전한 희생물[幽全之物]임을 고하는 것이라고 했다.

Ⅶ. 맺음말

조선시대 제주는 지리적 한계에도 불구하고 육지의 중앙정부와 밀접하게 교류했다. 지방관, 유배인, 상인들이 바다 건너 섬에 도착하고, 매달 과일, 수산물, 말, 소가 진상품으로 파도를 넘어 육지로 향했다. 이 가운데 흑우가 있었다. 현재는 보기 드문 흑우는 조선시대 가장 귀한 소로서 제주도에서 한양의 종묘까지 운송되어 제물로 바쳐졌다.

이 글은 종묘와 사직 제향에 바쳐지는 흑우에 대해서 살펴보았다. 먼저 서서히 폐지되던 많은 진상품과 달리 흑우의 진상 수효가 계속 증가하는 원인에 대해서 살펴보았다. 태조와 4대의 선왕을 모신 오묘제로 시작한 종묘의 신실이 후대에 갈수록 증가하는 상황이 흑우의 진공 수량을 증가시키는 일차적인 원인이었다. 이는 세대의 자연적인 증가가 아니라 불천위의 세실 수가 증가하면서 나타난 결과였다. 제주 흑우의 진공 수가 증가한 또 다른 요인은 친행 기우제의 증가였다. 현종 대부터 영조 대까지는 흉년이 연이어 발생했다. 이로 인해 기우제의 횟수가 늘어났고, 그와 더불어 국왕이 기우제를 직접 거행하는 빈도도 늘어났다. 남단에서만 거행하던 친행 기우제는 북교와 우사단에서도 거행했다. 그리고 종묘와 사직에서도 국왕의 친행 기우제가 늘어났다. 이러한 국왕의 친행 기우제에는 소를 희생으로 사용하면서 흑우의 수요가 증가하지 않을 수 없었다.

한편, 조선 후기 우역의 발생은 흑우의 사육과 운송을 어렵게 했다. 이에 정부에서는 서울 인근의 경기도나 충청도에서 흑우를 키우려고 했다. 그 대표적인 시도가 안면도의 목장 조성이었다. 그러나 삼림의 훼손으로 이 사업은 지속되지 못했다. 이 가운데 제향에 소용되는 흑우 생산은 제주도와 거제에 한정되었다. 거제에는 5마리로 고정되었지만 제주도에서는 20마리에서 계속 증가했다. 그 결과 1867년(고종 4)에는 제주도 흑우 진공 수가 47마리로 증가했고, 대한제국기에는 49마리까지 이르렀다.[92]

제주도 목장에서 흑우를 기르던 곳은 제주목의 일소장·육소장, 정의현의 십소장, 대정현의 모동장·가파도 등이었다. 흑우 진상 수효는 제주목, 정의현, 대정현의 순서로 많았다. 철종 대에는 제주목에 20마리, 정의현에 14마리, 대정현에 8마리였고, 1867년(고종 4)에는 제주목에 22마리, 대정군 10마리, 정의군 15마리였다. 흑우는 제주목에 모은 후 배 2척에 나눠 실어 육지로 운송되었다. 태어난 지 3년이 지난 소들이 주로 진상되었다. 출송 시기는 상황에 따라 달랐지만 4월이 가장 많았다. 화북포에서 옮겨진 흑우들은 호남과 호서 지역에서 일정 시간 양육되었다가 서울의 전생서로 옮겨 약 3개월 후 제향에 바쳐졌다. 전생서 관원이 제향 전날 종묘로 데려오면 상태를 섬김한 후 이를 도살처로 옮겼다. 1745년(영조 21) 영조가 제정한 친림성생의는 국왕이 직접 희생의 상태를 점검하는 의식이었다. 이에 따라 제주도에서 진상되는 소의 상태나 전생서에서 돌보는 정도가 더욱 섬세해졌다. 제향 때면 종묘는 하나의 도살장이 되었다. 서너 마리의 소를 비롯하여 양과 염소가 도살되고 분해되었다. 흑우는 모혈과 간료, 머리와 네 다리의 생고기, 숙육으로 구분되어 바쳐졌다. 이러한 흑우의 희생을 통해서 신에 대한 공궤의 정성이 드러나고 국왕과 백성의 기원이 흠향되었다.

한편, 이 글에서 미처 밝히지 못한 것 역시 많다. 종묘와 사직 제향에 흑우를 사용한 이유, 제주도에서 흑우를 진상하게 된 까닭, 호서 지역 흑우를 분양하는 고을과 분양 시기 등에 대해서는 과제로 남겨둘 수밖에 없었

92 『通牒編案 第1號』(서울대학교 규장각한국학연구원 소장, 규20313), 「照會」, 光武 10年 6月 28日.

다. 또한 연구 과정에서 계속해서 드는 의문은 흑우의 공급처를 왜 서울 인근 지역으로 옮기지 않을까 하는 것이었다. 본문에서 밝힌 것처럼 경기 지역에 흑우 목장을 조성하려는 노력은 여러 번 시도되었지만 실패했다. 그토록 어려운 상황이라면 흑우를 황우로, 진상은 무역으로 바꿀 수도 있었을 것이다. 그럼에도 흑우 희생을 고수하고 제주도에서 충청도를 거쳐 전생서에 이르는 긴 여정을 포기하지 않았다. 황우보다 흑우가 태생적으로 희생에 적합한 것은 아니다. 오히려 선택되었기 때문에 농우와 구별되는 성스러운 희생으로 간주되었다. 그리고 시장 무역을 억제하고 진상을 고수함으로써 국왕의 제사는 차별화될 수 있었다. 긴 여정에 서 있는 흑우는 제주도와 육지, 지방과 중앙, 백성과 국왕을 연결하는 국가 상징이었다.

제주 의료환경의 주변적 성격

김호

I. 머리말

그동안 제주의 역사와 문화에 대한 다양한 연구가 진행되었다. 하지만 필자는 조선시대 제주 의료사 혹은 의료 환경에 대한 본격적인 연구는 접하지 못했다. 일제강점기 한국의학사 연구의 선구자였던 미키 사카에(三木榮) 역시 제주 의료환경에 관해서는 소략하게 소개했을 뿐이다.[1] 사실 제주 의료와 의료 풍속에 대해서는 역사학보다는 민속학 등 인접 학문 분야에서 주로 다루어졌다.[2] 반갑게도 최근 『제주일보』에 제주 의료민속에 대

※ 이 글은 김호, 「조선시대 제주의 주변성과 의료」, 『한국학연구』 59(2020)를 수정·보완한 것이다.

1 三木榮, 『朝鮮醫學史及疾病史』(自家出版, 1966) 참조.

2 진성기, 『南國의 傳說』(일지사, 1968); 현용준, 『濟州島神話』(瑞文堂, 1972); 현용준, 『제주도 巫俗과 그 주변』(민속원, 2002); 진태준, 『제주의 민간요법』(醫苑社, 1977); 진태준, 『건강과 민간요법: 제주도 민간의학』(한국고시연구원, 1980); 김태곤, 『한국민간신앙연구』(집문당, 1987); 조성윤 외, 『제주지역 민간신앙의 구조와 변용』(백산서당, 2003) 참조.

한 특집 기사가 연재된 바 있다. 해당 필자가 오랫동안 제주 향토사 연구에 매진한 덕분에 희귀한 자료들이 발굴되었다. 하지만 이 역시 본격적인 의학사 논고라 하기는 어렵다.[3]

따라서 이 글은 조선시대 제주 의료사에 관한 첫 학술 연구라고 할 수 있다. 이 글에서 필자는 주변부로서의 제주에 초점을 맞추어 제주 의료 환경의 특징을 살펴보고, 제주 의국(醫局)의 설립과 운영이 사족들보다 주로 관의 주도하에 이루어진 배경을 밝혀보고자 한다.

이른바 주변이란 중심과의 관계 속에서 이해할 필요가 있는 개념이지만, 중심과 주변이라는 개념을 깊이 논구하기보다 일단 제주가 지리적으로 본토와 격리되어 왕래가 쉽지 않은 지역이었다는 점, 특히 한반도 남단에 위치하여 특별한 자연환경과 식생을 갖춘 섬이었다는 점을 고려하고자 한다. 알려진 대로 고려 말 이래 조선시대 내내 제주는 말, 감귤 등 지역 특산물을 공급하는 장소로 여겨지거나 가장 먼 유배처로 취급되었다.

제주의 주변성과 관련하여 필자가 가장 주목하는 요소는 조선의 성리학 통치에서 제주 역사와 문화가 점하는 특수한 지위다. 조선은 중앙에서 각 지역에 관료를 파견하여 지방사회를 통제했고, 기본적으로 성리학자였던 지방관은 제주 풍속을 유교의 가르침에 맞추어 변화시키려고 노력했다. 제주 지방관들은 향교와 서원 등 교육 기관의 설립과 운영에 지원을 아끼지 않았던 반면, 이에 반하는 제주의 무속이나 신당은 음사(陰祀)로 규정하고 불태웠다. 이처럼 조선의 지배 이념을 확산시키는 과정에서 일부 제주의 문화적 속성이 변화와 부침을 겪기도 했지만, 중앙과 지방의

---

3 『제주일보』에 고려시대사 연구자 김일우 박사의 「제주한의약, 그 역사 속으로」라는 특집 기사가 30여 차례 연재되었다(2017. 5. 31.~2019. 1. 6.). 본격적인 역사 논문은 아니지만 역사학자가 집필한 가장 자세하고 방대한 제주의학사 및 풍속사라 할 만하다.

불가피한 길항은 오늘날 제주문화의 기본 특성을 형성하는 중요한 토대가 되었다.[4]

본론에서 논의하겠지만 성리학의 목표는 세상을 위기지학(爲己之學)의 군자들로 가득 채우는 것이었다.[5] 사익을 넘어선 공공선의 지향이야말로 성리학 통치의 최종 목적이었는데, 이는 무엇보다 공동체의 안녕을 위한 사대부 지식인의 자발성이 사회의 기초를 이룰 때 가능한 일이었다. 성리학자들은 모든 인간이 태어날 때부터 하늘로부터 이타적 덕성[天理]을 부여받았다고 믿었고, 이를 통해 각각의 공동체가 자율적으로 통치되는, '강제 없는 자발성[無爲而治]'이 이루어지기를 기대했다.

조선 정부가 관료를 파견하여 지방을 다스린 일은 단순히 왕의 권력을 대리하여 지방을 통제하려던 것이 아니었다. 조선의 지방관은 근본적으로 향촌의 사민들이 공동체의 공영을 위해 함께 노력하기를 기대했다. 공동체 내 구성원들의 자발성이 확대될수록 지방에 대한 중앙의 개입이나 통제는 축소되었다. 반대로 지방의 자발주의 동력이 떨어지면 중앙의 권력이 개입할 여지가 더욱 커질 수밖에 없었다.[6]

---

4 연구자들 가운데 제주의 고유성이나 문화적 원형을 지나치게 강조하는 경우가 간혹 있다. 이들은 18세기 신당을 제거한 제주목사 이형상(李衡祥)이야말로 고유한 제주문화를 파괴한 폭력적 통치자였다고 비판한다. 그러나 제주문화의 원형만을 부조적으로 강조하는 서술이야말로 제주의 역사성을 도외시한 태도일 뿐 아니라 조선 성리학의 통치론을 고려하지 않는 접근법이 아닐 수 없다. 사실 한 지역의 고유 문화는 새로운 사유를 펼치기 위한 자원이지, 특별한 정체성을 강조하려는 수단이 되어서는 안 된다는 주장에 귀 기울일 필요가 있다. 프랑수아 줄리안 저, 이근세 역, 『문화적 정체성은 없다』(교유서가, 2020).

5 김학수, 「제주지역 유교 지식(知識)·문화(文化)의 수용 양상과 '제주학풍(濟州學風)': 주자학적 예교론(禮敎論)과 사림파 학풍의 유입을 중심으로」, 『한국학』 43-3(2020).

6 필자는 조선시대 성리학 통치를 중앙집권적 이데올로기나 신분제를 정당화하기 위한 지배 이념의 측면에서만 접근해 온 일본의 성리학 통치론을 비판적으로 성찰한다. 守本順一郞 저, 김수길 역, 『동양정치사상사 연구: 주자 사상의 사회 경제적 분석』(동녘, 1985); 그 대신 최근 송대 신유학과 사대부의 자발주의가 당대 중국의 향촌 사회를 어떻게 변화시켰는지 탐구한 역사학자 피터 볼(Peter Bol)의 연구 방법을 적극적으로 수용한다. 피터 볼 저,

아쉽게도 조선시대 제주는 다른 지방의 향촌사회와 달리 사족의 자발성이 크게 발휘되지 못했다. 여러 가지 이유가 있겠지만 기본적으로 제주를 주변화한 조선 정부의 통치와 밀접한 연관이 있다. 동시에 스스로를 주변화하려는 제주의 정체성과도 무관하지 않아 보인다. 조선시대 제주를 잠시 방문했던 목사나 유배객이 제주의 역사를 얼마나 있는 그대로 깊이 있게 파악했는지 장담할 수 없지만, 제주에 부임했던 상당수의 관리들이 묘사한 바에 따르면 제주 사람들은 중앙의 관료로 나가기보다 제주의 서리로 지내기를 바랐고, 선비보다 진무(鎭撫)와 같은 무변(武弁)의 길을 택했다.

조선시대에 제주의 사족 품관들 가운데 성리학에 훈습되어 지역의 안녕을 위하여 향소에서 향약을 시행하거나, 의국에서 지역민을 위해 의료활동에 종사했던 자발주의의 흔적을 발견하기란 쉽지 않다. 물론 제주목사를 설득하여 학교를 세운 유학자 김진용(金晉鎔)이나 제주 백성들을 위해 의술을 베푼 명의 진국태(秦國泰)의 경우처럼 제주 사족들의 활동이 전무한 것은 아니니다. 다만 상대적으로 성리학의 더딘 확산은 역사적으로 몇 가지 문제들을 야기했던 것으로 보인다. 가령 사족의 부재는 향약 시행을 어렵게 했고, 이는 향촌사회의 자율보다 국가의 통제에 무게 중심을 둔 '경민장(警民長)'이라는 제주의 독특한 향촌 규율 시스템을 만들었다. 나아가 지방 사족들이 주로 담당했던 좌수·별감 등 향소 향임이나 의국 유의(儒醫) 역할의 부재는 제주 의국이 지속될 수 없는 운영상의 난제로 작용했다. 이를 주변화로 인한 제주 의료 환경의 특성으로 파악할 수 있을 것이다.

김영민 역, 『역사 속의 성리학』(예문서원, 2010) 참조. 최근 북미의 중국 향촌사회사 연구동향에 대해서는 이석희, 「최근 30년 북미 중국학계의 향촌사회사 연구동향」, 『역사와 현실』 97(2015)을 참고할 수 있다.

이 글은 부단히 주변화되었던 제주의 문화적 역사적 특징을 염두에 두면서 제주 의국의 운영 양상을 살펴볼 것이다. 그 과정에서 필자는 무당을 중심으로 한 민간 의료 풍속과의 갈등에 대해서도 언급하고자 한다.

II. 제주 약재 공급과 약국 운영

1. 약재 진상과 재분배

고려시대에 제주는 토산을 포함한 진귀한 약재의 공급처였다. 『고려사』에는 925년(태조 8) 11월 탐라국에서 공물을 바쳤다는 기록을 필두로 수많은 토산 진상 사례가 남아 있다.[7] 1052년(문종 6) 3월 탐라국은 고려 왕실에 귤 100포자와 다양한 약재를 바쳤다. 이듬해에는 탐라국 왕자가 직접 개성으로 와 우황, 우피, 비자, 거북껍질 등 육해의 진귀한 물품을 진상했다. 그러자 고려 왕실에서는 그에게 중호장군의 벼슬을 내리고 역으로 다양한 약재를 하사했다.[8] 이 같은 공물과 약재의 재분배 시스템은 1104년(숙종 9) 제주가 고려의 직할로 들어간 후에도 계속되었다.

조선시대에도 제주는 지역의 특산물과 약재를 중앙의 조정에 공급하고 다양한 약재를 나누어 받는 자원의 재분배 시스템 내에 위치했다. 특히 남방의 섬이라는 자연환경으로 인해 다양한 동식물의 진상이 추가로 요구되었고, 제주민들은 줄곧 공납의 고통에서 자유롭지 못했다. 『세종실

7 『高麗史』 卷1, 世家, 太祖 8年 11月.

8 『高麗史』 卷7, 世家, 文宗 6年 3月 27日.

록지리지』에는 제주의 특산물과 약재 내역이 자세하게 기록되어 있다. 제주목의 토공으로 거북껍질, 표고, 우무[牛毛] 등 특산물과 비자, 유자를 비롯한 각종 감귤류가 상납되었다. 또한 전복류·오징어·옥돔·곤포 등 해산물, 산유자목·이년목·비자목 등 특산목, 제주 말을 납입했다.[9] 약재는 특산인 진피와 향재를 포함하여 백지·팔각·영릉향·오배자·치자·향부자·모과·반하·녹용·지각 등 수십 종에 달했다. 정의현과 대정현 역시 비슷한 종류의 약재와 특산물을 중앙에 진상했다.

15세기 조선 지식인들에게 제주는 신비한 약재를 진상하는 곳이자, 불로초의 전설과 더불어 노인성[壽星]이 비치는 장수의 고장으로 여겨졌다. 15세기 말 제주의 경차관(敬差官)으로 임명되었다가 표류하게 된 최부(崔溥)는 제주를 강릉에 비해서도 더욱 장수하는 지역으로 묘사하고 토산물이 중국의 양주보다 풍성하다고 칭송했다. 대모, 청피, 백랍, 석종유 등 진귀한 약재와 물산이 많으며, 이들 선약(仙藥) 가운데 분명 장수의 단약이 있을 것이라고 했다.[10] 사림파의 종장 김종직(金宗直) 역시 1465년(세조 11) 충청도 직산에서 제주 약재를 싣고 서울로 가던 중 "진귀한 약물을 겹겹이 포장하였으니, 오매, 대모, 향부자, 청피 등 세상에 흔치 않은 활인의 물건들이 대부분"[11]이라고 칭송했다.

16세기에 들어 제주의 토산에 대한 관심은 점점 더 증대되었다. 16세기 후반『신증동국여지승람』에는 15세기 이래 풍부해진 제주 물산이 증보되어 있다. 제주목의 경우, 가죽신의 재료가 되는 사슴과 노루에 대한 정보

---

9 『世宗實錄地理志』,「濟州牧」.

10 윤시동 저, 김영길 역,『(국역) 증보탐라지』(제주문화원, 2016), 591-593쪽, "乃知仙藥百千般 [···] 箇裏分明有鍊丹.";『증보탐라지』는 윤시동(尹蓍東)이 1765년 이원진(李元鎭)의『탐라지』를 증보 편찬한 책이다.

11 윤시동 저, 김영길 역(2016), 위의 책, 594-595쪽, "包重般般藥物珍 [···] 精英盡入活人須."

와 해달, 오소리 등 제주 지역에만 서식하는 동물에 대한 설명이 증가했다. 또한 거북껍질, 자개, 소라껍질의 경우 산출 지역을 정확하게 기술하는 등 제주 지역의 약재와 자원을 수합하고 재분배하기 위한 기초 지식이 더욱 축적되었다. 제주에서만 산출되는 감과 귤에 대한 기술도 세밀해졌다. 감은 황감·유감 등이 있고, 귤은 금귤·산귤·동정귤·왜귤·청귤 등 다섯 종류가 있다는 것이다. 각 품종의 특징에 대해서도 더욱 구체적인 정보가 수록되었다. 이뿐 아니라, 16세기 후반부터는 제주의 감귤류는 과원(果園)을 설치하여 관리했다. 제주 전역에 19군데의 과원을 운용했는데, 제주목에 9곳, 대정현에 6곳, 정의현에 5곳을 두어 중앙에 감귤을 공납했다.

2. 17세기 이전 제주의 약국

조선은 개국 초부터 지방의 약재를 원활하게 중앙으로 수집하고 이를 다시 지방에 분산하기 위해 체계적인 시스템을 구축했다. 진상 약재를 수합하는 창구로서 계수관이 있는 지역에 의원을 설치했을 뿐 아니라 각도에 의학교수를 파견하여 의생을 양성했다.

제주가 중앙 의료 시스템의 혜택을 받은 것도 조선 초부터였다. 먼저 1407년(태종 7) 3월에는 제주에 의학교수가 보내졌다. 그리고 약재 관리를 위해 혜민서에서 심약이 파견되었는데, 이들이 제주 의생의 교육을 겸하기도 했다.[12] 뒤이어 제주에서는 다양한 의서도 공급되었다. 세종은 1429년(세종 11) 의서 17권을 제주에 보내 의생의 교과서로 활용하도록 했다.[13]

12 『太宗實錄』, 7年 3月 29日.

13 『世宗實錄』, 11年 1月 29日.

그러나 의학교수의 임기가 1년에 불과하다는 문제가 있었다. 제주로 가는 의학교수는 부임 전까지 3~4개월을 지체하고 나면 실제 교육 기간이 너무 짧았다. 따라서 제주 의생들의 실력은 정밀하지 못했고 환자를 제대로 진료하기 어려웠다. 당시 대부분의 관료들이 제주 부임을 꺼리므로 의학교수도 1년을 임기로 정했던 것인데, 뜻하지 않게 의학 교육의 부실을 야기했던 것이다.[14]

한편, 세종 대 제주목에는 진상할 약재를 보관하기 위한 약고(藥庫)가 설치되었다. 1434년(세종 16) 제주목사 최해산(崔海山)은 홍화각(弘化閣)을 비롯하여 건물 수백 칸을 신축했는데, 홍화각 주변의 마구간을 비롯하여 남쪽의 종루, 동쪽의 약고, 서쪽의 둑소[纛所] 등이 그것이다.[15] 1487년 최부는『표해록(漂海 錄)』에 추쇄관으로 임명되었다가 떠나는 자신을 위해 심약 조금손이 포구에 나와 송별했다고 기록했다. 이로 보아 15세기 말까지 중앙에서 파견된 심약이 약국의 토산 약재들을 관리 감독하고 있었음을 알 수 있다.[16]

이후 1511년(중종 6) 제주목사 김석철(金錫哲)이 객사문 밖에 있었던 좌우위랑을 관덕정 동쪽으로 이건하면서 좌우 행랑채에 심약이 거주하는 심약방을 마련했다.[17] 심약의 근무 공간을 따로 만들어 의생들과 함께 의술을 공부하는 장소로 삼은 것이다. 1526년(중종 21)에는 제주목사 이수동(李壽童)이 홍화각 남측에 연못을 파서 연꽃을 심고 건물을 지어 우련당(友連

14 『世宗實錄』, 13年 4月 11日.

15 이원진 저, 김찬흡 외 역, 『(역주) 탐라지』(푸른역사, 2002), 75쪽; 이원조 저, 김찬흡 외 역, 『탐라지초본 (상)』(제주교육박물관, 2008), 「弘化閣記」, 99쪽.

16 윤시동 저, 김영길 역(2016), 앞의 책, 28쪽 참조.

17 이원진 저, 김찬흡 외 역(2002), 앞의 책, 90쪽.

堂)으로 명명했는데, 이곳에서 주로 약재와 귤류 등 진상물을 포장했다.[18]

정리하자면, 15세기부터 16세기 중반까지 제주목 관아의 홍화각 남측과 우련당 주변을 중심으로 약고가 마련되었고, 관덕정의 행랑에 심약방을 두어 심약에게 진상 약재를 감독하고 의생 교육을 담당하도록 했다. 이는 1651년(효종 2) 이원진(李元鎭)이 제주목사로 부임할 당시까지 크게 변화되지 않고 유지되었다. 이원진은 제주에 도착한 뒤 "제주 약국은 좌측 행랑에 위치하는데 감관(監官)이 2명으로 1인은 중앙에서 파견된 심약이 겸했다."[19]고 이야기했다. 당시 제주에는 14명의 의생이 배속되어 있었고 약재를 캐는 약한(藥漢)은 모두 20명이었다. 이들은 진상 약재의 채취는 물론 제주감영에서 필요한 구급약을 제조하기도 했다.[20]

진상 약재는 주로 자연에서 채취했지만 일부는 약포(藥圃)를 두어 재배했다. 약포는 제주목 관아 이외에도 다양한 곳에 위치했다. 먼저 신과원(新果園) 북쪽의 약포에서는 향유를 비롯하여 자소, 형개, 회향, 앵속, 견우, 수세미, 백편두, 청목향, 사상자를 재배했다. 토질에 적합하지 않으면 다른 곳에서 재배했다. 가령 지황과 감초는 광양단(廣壤壇)에서 재배했다.[21] 당귀는 소림과원(小林果園)에서 재배했고 측백은 제주목사의 처소[上衙]나 제주판관의 처소[二衙] 등 제주목 관아 주변, 향교 둔전, 소림과원·존자암 둔전에서 재배했다. 감국과 규화는 제주목 뜰에 심어 감상용으로 쓰이는 동시에 진상 약재용으로 채취했다.

---

18 이원진 저, 김찬흡 외 역(2002), 앞의 책, 78쪽.

19 李元鎭, 『耽羅志』, 「醫藥」, "藥局 左衛廊 監官二人 一人審藥兼."

20 이원진 저, 김찬흡 외 역(2002), 앞의 책, 163쪽.

21 광양단은 한라산의 수호 신당으로 『신증동국여지승람』 「풍속조」에 차귀당(遮歸堂)과 더불어 제주의 대표적인 신당으로 기록되어 있다. "매년 춘추에 남녀가 무리지어 술과 고기로 제사를 지냈다."는 장소이다. 1702년 이형상이 제주목사에 부임하여 광양단을 비롯한 100여 곳의 신당을 소각했다.

이처럼 제주 약국은 제주의 다양한 약재를 채취하거나 재배하여 중앙에 공급하고 중앙에서 이를 다시 전국에 재분배하는 조선의 자원 관리 시스템에 연결되어 있었다. 일반적으로 지방 약국 혹은 의국은 진상 약재를 공납하는 창구이면서도, 중앙에서 파견된 심약과 의생들, 사족 중에 의학에 밝은 유의 등이 협력하여 다양한 약물을 제조하거나 약재를 무역하여 지역 내 환자들을 위한 의료 서비스를 제공하고 있었다.

앞서 언급했듯이 건국 초부터 조선은 향촌 사족들 중 일부를 의생으로 육성하고자 했다. 지방 의국에 의술에 밝은 향촌 사족들의 참여를 유도하여 자연스럽게 의료 혜택의 확산을 도모하려던 것이다. 여기서 제주 약국의 감관에 주목할 필요가 있다. 이원진은 제주 약국의 감관이 2명인데, 1명은 중앙에서 파견된 심약이 겸임한다고 했다. 그렇다면 나머지 1명은 누가 담당했을까?

이원진이 구체적으로 밝히지 않은 이유는 나머지 1명은 당연히 좌수·별감 등 제주 향촌 사족이 담당했기 때문이었다. 약국에 참여한 사족들은 심약과 함께 혹은 독자적으로 진상 약재를 관리·감독하거나 다양한 당재와 향재를 무역했다. 또한 혹은 약물을 제조하여 지방 관아는 물론 지역민에게 필요한 의료 서비스를 제공했다. 사족들은 약계(藥契)와 의국계(醫局契)를 만들어 약국을 운영했는데, 일종의 관민 협동 시스템이었다.[22]

17세기 전후 조선의 지방 의국은 향소의 향임으로 활동했던 사족들에 의해 자율적으로 운영되었다.[23] 일부 사족들은 유의를 자처하여 의서 편

---

22 조선시대 약계 운영에 관해 처음 연구한 이규대는 강릉 약계를 지역 사족들의 활동에 국한하여 고찰했다. 이규대, 「朝鮮後期 藥局稧의 一考察」, 『史學論叢』(1988); 그러나 강릉 약계는 강릉도호부의 관할하에 있었던 공립 의약국으로 강릉 지방의 약재를 진상하기 위한 창구인 동시에 지역민들을 위한 의료 서비스를 제공했다. 삼척심씨, 강릉함씨 등 당시 강릉의 대표적인 사족들이 운영에 참여한, 이른바 사족과 관의 협응 시스템이었다.

23 김호, 「16~17세기 조선의 지방 醫局 운영: 경북 영주의 濟民樓를 중심으로」, 『국학연구』

찬에 나서거나 직접 의국이나 약국에서 의술을 베풀었다. 향촌 사족들은 중앙에 진상하는 약재를 관리하는 데 머물지 않고 다양한 실천을 통해 지역 공동체의 유지와 안녕에 기여했다.[24]

Ⅲ. 제주목사의 의료환경 조성

1. 17세기 후반 윤계의 의국 설립

17세기 후반 제주 의료는 새로운 전기를 맞았다. 제주 3읍의 지방관들은 기왕의 약고를 넘어서 의국의 설립을 추진했다. 이를 주도한 인물은 바로 제주목사 윤계(尹堦)였다. 윤두수(尹斗壽)의 증손인 윤계는 문장가로 명성을 날렸을 뿐 아니라 강직한 성품의 소유자로 칭송이 높았다. 1672년(현종 13) 2월 제주에 부임한 그는 제주민의 구황을 돌보았고 공물의 부담을 줄이는 데 애썼다. 특히 정의현에 배정된 왜저(倭楮) 600근을 면제받는 데 큰 공을 세웠다.[25] 이로써 부임한 지 반년 만에 그는 제주민의 큰 칭송을 받게 되었다.[26]

37(2018) 참조.

24 16세기 전후 조선 사족들의 유의 활동에 대해서는 김성수, 「조선시대 儒醫의 형성과 변화」, 『한국의사학회지』 28-2(2015); 김호, 「16세기 지방의 의서 편찬과 患難相恤의 實踐知」, 『朝鮮時代史學報』 89(2019) 참조.

25 『承政院日記』, 顯宗 13年 閏7月 14日, "頃日濟州牧使尹堦啓聞中, 旌義縣, 有倭楮六百斤云云 只有虛簿, 而無卽今土産, 必是古有而今無者, 亦可蕩滌矣 上曰依爲之." 당시 윤계는 왜저가 삼남의 해안, 가령 고성 앞바다의 자란도에서 재배되지만 제주에는 이미 산출되지 않자 탕척을 요구했다.

26 『顯宗改修實錄』, 13年 8月 11日; 李宜顯, 『陶谷集』 卷22, 「戶曹判書尹公諡狀 - 己未

윤계의 치적 중 삼읍회춘국(三邑回春局)의 설립과 운영은 특별히 중요했다. "약재가 아주 없어 병들면 손놓고 죽음을 기다리니 탄식하지 않을 수 없다."는 지적대로 의국은 제주에 없는 약재나 약물을 사들이거나 제조하여 제주 관아의 관속뿐 아니라 제주민들에게 제공함으로써 의료 혜택의 확산에 앞장섰다.

윤계는 회춘국의 운영을 위해 제주목을 비롯하여 정의현과 대정현에서 매년 미역 100뭇과 가을전복 2접씩을 내어 자금으로 삼았다. 회춘국은 이를 토대로 당약재와 향약재 등을 무역했다. 또한 민간에도 약물을 표준 가격으로 공급했다.[27] 약값 지불을 위한 가물첩(價物帖)은 조선의 지방 의국들이 기금을 존본취리(存本取利)하여 유지해 나갔던 방식을 그대로 따랐다.[28]

회춘국은 진상 약재를 관리·감독하던 수준을 넘어 제주민을 위한 약물 제조와 약재 수급에 나섰다. 1711년(숙종 37) 제주 교생 강필성의 일화가 그 예다. 강필성은 제주목사에게 의국의 약값 상환을 연장해 달라고 청원했다. 당시 그는 증조부, 조부, 아버지가 연이어 병환을 얻어 회춘국에서 얻어다 쓴 약물이 100여 첩이 넘었다. 강필성은 회춘국의 약재가 너무 비싸 값을 치르기 어려워지자 제주 토산물을 육지로 가지고나가 팔아서 자신이 의국에서 구매했던 약재를 무역하여 현물로 납부할 생각이었다. 그런

(1739)」. 이후 1689년(숙종 15) 기사환국(己巳換局)으로 허적이 정권을 잡자 강진으로 유배되었다가 몇 년 후인 1692년(숙종 18) 유배지에서 병사했다.

27 『고사촬요(攷事撮要)』에는 당시 표준 약재 가격이 수록되어 있다. 이를 통해 서울의 삼의사와 지방 의국의 약물 가격을 예상할 수 있다.

28 尹著東, 『增補耽羅志』 卷3, 「醫藥」, "(增)醫局 […] 本州醫藥絶無 凡有疾病 束手待死 顯廟壬子牧使尹堦 蓋然興嘆 與三邑守宰相議 設醫局 名之曰三邑回春局 本錢則三邑每年春藿一百束秋全鰒二貼式 各自料理措備 唐鄉藥材 連屬貿來 以爲三邑及幕下與衙屬 服藥後價物帖給民間疾病 願服之藥 依詳定捧價劑給."

데 의국의 변제 독촉이 심해지자 기일을 미뤄달라고 요청했던 것이다.[29] 조선의 지방 의국은 약물을 제조하거나 해당 지역에서 구하기 어려운 약재를 미리 마련해 두었다가 이를 판매한 이익으로 운영되었다. 제주 의국도 마찬가지였는데, 약재를 지나치게 비싸게 팔자 강필성이 현물로 갚으려 했던 것으로 보인다.[30]

한편, 회춘국은 1740년대까지 계속해서 운영되었다. 하지만 이 즈음 회춘국은 운영상의 문제가 컸다. 1737년 유배형에 처해진 아버지를 모시기 위해 제주에 동행했던 김낙행(金樂行)은 의약에 밝은 제주목사의 비장(裨將)에게 아버지의 처방전을 받아 약국을 방문했다. 그러나 약국에는 산조인, 죽력고 등 필요한 약재가 구비되어 있지 않았다. 인삼은 원래 제주에 없어서 구하기 어려웠지만 우황마저 모두 육지에 팔아버려 전연 볼 수가 없었다는 것이다. 당시 제주에는 후박, 진피, 청피, 반하, 치자 이외의 약재는 모두 육지에서 매입했기에 매우 귀했다. 심지어 녹용이나 상기생 같은 토산물조차 구할 수 없었다.[31]

1744년(영조 20) 제주 열녀 홍씨의 일화에서도 회춘국 운영 문제의 증거

---

29 高昌錫, 『濟州島古文書研究』(世林, 2002), 「校生姜弼聖所志」, "右謹言所志矣段 矣曾祖父忽然得病不得救療 公私藥房良中 劑藥救療是白如可 不幸身死 祖父亦以得病 同藥物多數貸出 服藥是白如可 又爲身死 未過三年 父亦鱗次得病 卽今官家藥物隨所入劑藥 救病之中 前後藥貼數計之 則將至百有餘貼是白乎矣 矣身至貧寒儒 不小藥價 勢難備納之路是白乎等以土産措備出陸 貿藥入來然後 以本色備納事 前使主遞任之田右由呈狀則依願◯爲白有乎矣同貿藥使人 今不入來爲白有在女中同藥價催促爲白臥乎 所勢不得已 前立旨粘呈爲白去乎限 貿藥使人入來 本色備納間 姑爲緩督事 立旨行下爲白只爲行下向教是事 使道 處分."

30 그 결과 19세기 초 제주목사 심영석은 250냥으로 의국을 개설하면서 민간에 원가대로 약재를 공급하도록 했다. 李源祚, 『耽羅誌草本(下)』, 23쪽, "醫局 至純廟丁亥 牧使沈英錫 出錢二百五十兩 添補以爲營用 民間則捧本價製給."

31 金樂行, 『九思堂先生文集』 卷2, 「答李伯實 - 東英◯戊午(1738)」, "冬間問藥於濟州褊裨善醫者 用湯劑 期以累十貼而以藥局無山棗仁故 迄未繼用 竹瀝膏僅得數三升而用之 此島取瀝竹絶貴且無生薑 良可悶塞 […] 人參元非島物 大抵藥材中厚陳青半梔五種外 皆貿易而入來耳 如鹿茸桑寄生之類 固是土物 而此則絶無而僅有者耳."

는 여실했다. 제주목 서리 김창욱에게 시집갔던 홍씨는 남편이 위독하자 회춘국에서 필요한 약물을 구입하려고 했다. 그러나 기근으로 배를 곯은 심부름꾼이 중간에 쓰러져 남편의 약물을 구하지 못하자, 홍씨가 이를 비관하여 자진했다는 이야기다.[32]

결국 18세기 중엽에 이르자 3읍의 미역과 전복 등을 출연하여 기금으로 존본취리하던 회춘국은 운영이 중단되고 말았다. 약재를 무역하고 필요한 약물을 제조하는 일이 일종의 직역으로 여겨지면서 운영상의 문제가 발생했고 사족들의 참여도 이전 같지 않았다. 이에 1761년(영조 37) 제주목사 윤시동(尹蓍東)은 교대로 약재 무역의 임무를 담당하는 방식을 폐지하고 안정적으로 운영 기금을 확보할 방법을 모색했다. 그 결과 그는 평역고(平役庫: 제주 균역청)에 납부된 곡식 가운데 30석을 회춘국의 기금으로 충당했다.[33]

그러자 회춘국은 지방관의 의지만으로 유지할 수 없었다. 반드시 향촌 사족들의 협조가 필요했다. 1827년(순조 27) 제주에 부임했던 심영석(沈英錫)은 회춘국의 문이 굳게 닫혔다고 언급하면서 자신이 250냥을 마련하여 의국을 재개해 보려던 시도도 쉽지 않았다고 고백했다.[34] 지방 의국 운영에는 지방관의 노력과 의국의 공공성을 지지하는 사족들의 자발적인 호응이 뒤따라야만 했기 때문이다.

---

32 김석익 저, 홍기표 외 역, 『(역주) 탐라기년』(제주문화원, 2015) 참조.

33 尹蓍東, 『增補耽羅志』 卷3, 「醫藥」, "(增)醫局 […] 三邑藿鰒 今廢不捧 只捧土山藥材於兩縣[補]中年 名之以醫局 除番直捧貿藥矣 辛巳年移付平役庫捧米後貿藥 本錢次夏秋幷三十石下."

34 이원조 저, 김찬흡 외 역, 『탐라지초본』 하(제주교육박물관, 2008), 23쪽, "醫局: 監官一人 醫生十二人 藥漢四名 景廟壬子 牧使尹堦創設 名之曰三邑回春局 本錢自三邑出藿鰒 貿來唐材 進上諸藥及營用常材 則藥漢採納 其法中廢 至純廟丁亥 牧使沈英錫 出錢二百五十兩 添補以爲營用 民間則捧本價製給."; 남인 출신의 심영석은 순조 대 안동김씨 가문을 비판하다가 유배되기도 했다. 『純祖實錄』, 29年 7月 20日 참조.

2. 18세기 초 이형상의 본초 연구

1702년(숙종 28) 이형상이 제주목사로 부임했을 때 30여 년 전 윤계가 창설했던 회춘국은 계속 유지되고 있었다. 당시 이형상은 관덕정 좌측 행랑 건물 중에 약방이 있다고 거론한 바 있다. 이곳 약방에서 심약은 의생들과 더불어 진상 약재를 관리했다. 18세기 초 제주 의생은 62인이었으니,[35] 1651년 14명이었던 의생의 수가 50년 만에 무려 4배 이상 증가했던 것이다.

한편, 관덕정의 우측 행랑 건물 가운데 제주목 서리들의 처소와 회춘국이 있었다. 이곳 회춘국에서 좌수·별감 등 의학에 밝은 향촌 사족들이 심약을 도와 제주의 진상 약재를 관리·감독했다. 그리고 제주에 없는 약재를 무역하여 제주목 관아의 관리들과 제주민을 위해 약물을 제조했다.[36]

그런데 지방에 의료 혜택을 확산하려면 이보다도 지방관의 의지가 중요했다. 지방관은 관내 의국을 주도적으로 운영하고 의서를 편찬하는 등 단순한 행정 관료 이상의 역할을 해냈다. 이러한 관점에서 보자면, 이형상의 활동은 가히 독보적이었다. 그는 심약 윤기은을 데리고 제주를 순력하면서 과원과 약포를 탐방하고 이를 《탐라순력도(耽羅巡歷圖)》에 남겼다.[37] 이형상은 본격적으로 제주의 식생과 본초를 연구하여 조선시대 가장 뛰어난 지리지인『남환박물(南宦博物)』을 편찬했다.

이형상은「지금(誌禽)」·「지수(誌獸)」·「지초(誌草)」·「지목(誌木)」 등 여러

35 이형상 저, 이상규·오창명 역주,『남환박물』(푸른역사, 2009) 중「誌吏」 참조.

36 이형상 저, 이상규·오창명 역주(2009), 위의 책,「誌廨」 참조.

37 李衡祥,『南宦博物誌』,「誌名宦」, "壬午年與余同仕者 判官文科李泰顯 大靜縣監文科崔東濟 旌義縣監文科金益九 武科朴尙夏 教授文科李東植金園皓 監牧官賞職金振爀 審藥醫科尹起殷前銜崔垕 漢學譯科吳震昌李禧 倭學前銜朴世英崔壽宗也."

항목으로 나누어 제주 생태를 변증했다. 가령 이원진의 『탐라지』에는 부엉이가 없다는 내용이 있는데, 이것이 오류임을 논증했다.[38] 또한 제주 해안에 떠내려온 고래를 직접 관찰하고 그 모습을 상세히 기록했다.[39] 이형상은 제주 초목도 상세하게 변증했다. 제주에는 사계절 푸른 나무들이 다양하게 서식하는데, 이 가운데 상당수는 이름조차 알지 못한다고 기술했다. 또한 식용 가능한 채소 가운데 고사리류가 가장 많다고 설명하고, 상추, 무, 양하 종류가 여름과 겨울 모두 푸르게 자란다고 기술했다. 한 지역의 식생을 『남환박물』처럼 자세하게 기록한 서책은 전무후무했다.

이형상은 약재로 삼을 만한 제주의 토산에도 관심을 기울였다. 제주에 자생하는 다양한 향재에 주목했던 그는 용뇌향을 대체할 노목을 발견하고 이를 활용할 방법을 모색했다. 이형상은 나무의 기운이 새어 나갈 경우 수액의 채취가 불가능하므로 노목의 향기를 응축하려면 노목을 도끼로 베어서는 안 된다고 주장했다.[40] 또한 그는 점목(黏木)의 껍질을 채취하여 두드려 가루를 낸 후 물에 담가 찌꺼기를 버리면 즙을 얻을 수 있는데, 이를 발라두면 새, 쥐, 뱀들이 달라붙어 움직이지 못한다고 했다. 끈끈이와 같은 점액질을 이용한 벌레 퇴치제를 개발한 셈이다.[41]

이형상에게 제주 식생은 연구 대상이었으며, 약재는 물론 다양한 용도

---

38 李衡祥, 『南宦博物誌』, 「誌禽」, "禽有鷹雉烏鴟鳶[無胡鳶] 雀鷗鷺野 鶴鵂鸜鴈 梟鵂鶹無鸛鵲[地誌無鵂鶹者 誤傳也]"

39 李衡祥, 『南宦博物誌』, 「誌魚」, "當余之在任時 果有鱉鯨 漂掛浦邊 身親見之 長一百二十五尺 廣十尺 高三十二尺 自腰至腹 簾肉層纏 軟顋浮搖 有如張幕 歧口至頂 其孔如斗 此爲噴水所射也 首類鸛尾類魚 [···] 皆曰此爲今年生 可想其大者之尤大也."

40 李衡祥, 『南宦博物誌』, 「誌木」, "櫨木 有腦香氣 似是龍腦木 而不知採之之法 本草曰泄氣則無液 此或斧斤所侵 而朱成耶."

41 李衡祥, 『南宦博物誌』, 「誌木」, "黏木 皮如厚朴 檮爲末 水洗去滓 取汁着物則鳥鼠虫蛇之類黏合如膠 不能摇動."

로 개발할 수 있는 가능성의 세계였다.[42] 이형상의 「지약(誌藥)」은 본격적인 제주의 본초서였다. 그는 녹용을 비롯하여 송기생, 상기생, 표고, 진피, 청피, 회향 등 수십 종에 달하는 제주 약재를 연구했다. 이형상은 그중에서도 오미자를 연년익수(延年益壽)의 최고 약재로 꼽았다. 그는 제주 오미자에는 약간 산미가 있지만 매우 달콤하여 절미(絶味)에 해당한다고 보았다. 『본초』와 김정(金淨)의 『제주풍토록』을 언급하면서 과거로부터 내려온 제주 오미자의 명성을 뒷받침했다. 뒤이어 이형상은 오미자를 반드시 사옹원에 납입하여 어선(御膳)에 사용해야 한다고 주장했다.[43] 이형상에 의해 제주의 다양한 물산이 중앙에서 새롭게 조명되는 순간이었다.

시대가 흐를수록 제주의 식생에 대한 정보는 더 풍부해지고 더 정확해졌다. 가령 17세기 중엽 이원진은 『탐라지』 「토산」에서 정보의 부족으로 인해 적율과 가시율에 대해 별다른 설명을 덧붙이지 못했다. 그러나 18세기 조 이형상의 『남환박물』에는 이들 물산에 대한 상세한 설명이 첨기되어 있다. 적율은 도토리 열매처럼 생겼는데 그 맛이 달기도 하고 쓰기도 하지만 요기에 충분하다고 했고, 가시율은 밤처럼 생겼지만 그 맛이 쓰다고 하며 모두 식용 가능하다는 정보를 부기했다.[44]

그 외에도 이형상은 한라산 정상에서 볼 수 있는 영주실을 추가 설명했다. 또한 으름열매로 알려진 연복자도 새롭게 변증했다. 『본초』에서는 그

42 李衡祥, 『南宦博物誌』, 「誌木」, “無患子 冬春栢 側栢 樗木 桑木 漆木 及名不知 四時青者甚多.”

43 李衡祥, 『南宦博物誌』, 「誌藥」, “體如山葡萄 色赤黒 少酸多甘 余之狀啓畧曰本島五味子 世稱絶味 雖以本草 及先輩所論觀之 本草曰産朝鮮者良 又云味甘者爲上 先正臣 金净 濟州風土録 曰我國産者 實紫少味多酸 猶見重於本草 此土産者 必高於天下無疑矣 非但古人所論如此體大味甘 又非陸産之比也 本州藥材中 半夏香附子之屬 物産中早藿藿耳之類 皆在貢案 况此佳品 又合御供者 而反爲落漏 本島民力 雖難於進上輸納 此是天下所無之物 則揆以分義 不當掩置 五味子五斗 冷番歲抄 進上時 一體監封 上送于厨院 明年爲始 仍爲貢獻 何如.”

44 이형상 저, 이상규·오창명 역주(2009), 앞의 책, 139쪽.

씨앗이 산낭같다고 했으나, 세속에서 연복자라고 말하는 것은 형태가 둥글고 밖이 터져 산낭과는 다르고 으름과도 같지 않기 때문이라고 했다. 그리고 연복자의 맛을 본 결과 매우 달고 상쾌하므로 담체의 치료용으로 사용할 수 있다고 설명했다.[45] 이처럼 이형상은 식물의 열매를 직접 채취하거나 맛을 보고 약성을 탐구했다. 한 지방관의 박학과 의학에 대한 조예가 지역 약재를 활용할 수 있는 중요한 계기를 제공한 것이다.

또한 이형상은 오시복(吳始復)이 대정현에 유배되자 음식과 약재뿐 아니라 다양한 처방을 제공했다. 이형상과 오시복 사이에 오간 편지들을 통해 조선의 지식인들이 의학 지식을 어떻게 활용했는지 알 수 있다. 1702년 8월 20일, 어떤 이가 오한으로 사지를 움직이지 못하자 오시복은 상한증으로 진단하고 인삼을 달여 생모환과 함께 복용하도록 했다. 당시 오시복은 이형상에게 해열에 필요한 금은화를 구해달라고 요청하기도 했다.[46]

그 외에도 제주에 있는 동안 오시복은 이형상에게 다양한 처방을 문의하고 부족한 약재를 요청했다. 1702년 겨울에는 천궁 1냥을 요구했으며,[47] 1703년 5월에는 백출이 떨어져 갈 즈음에 이형상이 이를 보내오자 매우 기뻐했다.[48] 또한 대정현 기생이 하혈을 계속하자 오시복은 이형상에게 이를 치료할 처방을 부탁했다.

45 李衡祥, 『南宦博物誌』, 「誌果」, "燕覆子 [···] 本草云 子如算囊 俗所謂燕覆子 形彎曲而外面坼裂 不如算囊 而意此眞燕覆子云 今觀其形皮不坼 則與林下夫人不同 燕覆子眞僞 亦未可知 而味極甘滑清爽 似是下痰之藥也."

46 제주민속자연사박물관 편, 『이형상제주목사관련편지모음집 (1)』(제주민속자연사박물관, 2017), 30쪽, "正郎 自昨昏有惡寒四肢困痛之證 此必感冒而然 適有人蔘飮生毋丸 以溫水調服 未知何如 此地無金銀花摘置者 可歎."

47 제주민속자연사박물관 편(2017), 위의 책, 74쪽.

48 제주민속자연사박물관 편(2017), 앞의 책, 98쪽.

기생 애운이 병으로 누운 지 여러 날로 점점 심해지는데 [···] 혹 적당한 약물을 가르쳐 주십시오. 하혈에 황련과 지각 각 2전, 괴화 1전을 달여 계속 복용하였더니 어제 저녁부터 하혈이 멈추고 아랫배의 당기는 증세가 자못 멎었다고 합니다.[49]

오시복은 자신의 설사를 치료할 방법을 묻기도 했다. 1702년 9월 초에 보낸 편지는 증상을 매우 세밀하게 적고 처방을 구하는 내용이 수록되어 있다. 편지만으로도 이형상이 충분히 오시복의 건강 상태를 알 수 있을 정도였다.

저는 10여 일 전부터 설사를 앓아 차도가 없습니다. 증세가 멎어 아침에 일어나 앉았는데 갑자기 뱃속에서 우레가 울려 측간에 가면 미끄러운 내변이 큰 설사는 아니지만 하루에 서너 번 혹은 두세 번 있습니다. 간혹 속이 급해 측간에 오를 때는 대변이 며칠서부터 색깔이 짙어 누렇지 않고 푸른색에 가깝습니다. 아랫배에 때때로 가벼운 통증이 있지만 갈증은 없으니 밤중에 측간에 갈 염려는 전혀 없습니다. 어찌 냉증을 처리 못해 오래도록 멈추지 못하는 것인지요. 비록 크게 차도가 없다 해도 또한 평상시와 같지 않으니 혹시 멈출 만한 처방이 있는지요. 꿩 몇 마리나 주시면 감사하겠습니다.[50]

---

49 제주민속자연사박물관 편(2017), 앞의 책, 30쪽, "此乃愛雲之病 臥病累日甚緊 於使喚使兒輩 書証以呈 或可指教當藥耶 聞其下血 黃連·枳角各二戔 槐花一戔 再次使之煎飲 則自昨夕下血則止之 腸下牽引之證 頗歇云."

50 제주민속자연사박물관 편(2017), 앞의 책, 36쪽, "纍人自旬餘日前患泄 尙未差歇證 則朝者起坐輒 服中雷鳴卽爲如厠 滑便不至於大泄 而一日或三四度或二三番 或有裏急而登厠之時便色自數日來不爲深黃而近於青 下服時或微痛而亦無煩渴之候 夜間則絶無如厠之患 無乃處冷而久不止歇耶 雖不差大段 亦不如平常 或有可止之方耶 雉首深謝之供也 明言進皆當一

오시복은 필요한 약재와 음식을 이형상에게 구했고, 이형상은 그때마다 꿩, 버섯, 감귤 등 다양한 물건을 제공했다.[51] 이형상이 체직으로 제주를 떠난 후에도 오시복은 끊임없이 이형상의 자문을 구했다.[52] 이형상이 전문 의원은 아니었지만, 대정현에 믿을 만한 의사가 없는 데다가 약재를 구하기 어려웠던 유배객 입장에서 제주목사와의 친분은 목숨을 부지하는 중요한 방도였다.

Ⅳ. 주변성에서 오는 제주의 열악한 보건환경

1. 식자층의 더딘 성장과 유의의 부재

1712년(숙종 38) 제주목판관에 부임한 남구명(南九明)은 제주의 풍토와 생활상을 자세히 남겨 두었다.[53] 남구명은 제주판관에 임명되자 귀양살이와 다를 바 없다며 실망했다. 그는 제주의 자연환경과 인문환경에 부정적이었는데,[54] 특히 제주의 음식을 못마땅하게 생각하던 그는 쌀이 부족하고 해산물 위주인 식사로 인해 자신이 쇠약해진다고 한탄했다. 남구명이 임실군수에게 보낸 편지에는 조석 밥상에 이름 모를 생선이 올라 먹을 수

姑不宣式 壬九初吉甘山纍人煩欠."

51 제주민속자연사박물관 편(2017), 앞의 책, 78, 94쪽.

52 제주민속자연사박물관 편(2017), 앞의 책, 114쪽, "生臂患一樣 而把筆比初少勝 未知其故也 椒則此亦有之 姑觀證勢 加減依昹試."

53 南九明 저, 김영길 역, 『(國譯)寓庵先生文集』(제주교육박물관, 2010) 참조.

54 南九明 저, 김영길 역(2010), 위의 책, 235쪽, "十五日早發 入羅州城 見本倅李萬稷 萬稷曰以兄拜濟判 朝廷之薄待極矣 公然一定配矣."

조차 없고, 쇠고기는 여물을 충분히 먹이지 않아 씹을 수 없다는 볼멘소리가 담겨 있다.[55] 제주 음식은 "오직 비위를 상하게 한다는 것"이었다.[56]

그는 제주를 장수의 고장으로 여기고 불로초를 찾았던 역사에도 매우 비판적이었다. 무식한 이들은 불사초가 있지만 구할 수 없다고 말하고 유식한 이들은 불사초가 있는지 없는지 알 수 없다고 한다며 결국 불사초는 잡초에 불과하다고 말했다. 또한 제주 사람들이 불사초를 먹어 장수한다는 속설에 대해서도 어불성설이라고 비판했다. 사람들이 경험한 바에 따르면, 제주는 토질이 척박하여 쌀이 나지 않아 부자도 조밥과 콩죽을 먹을 뿐이고 가난한 자는 열매와 해조류에 의지할 뿐이라고 했다. 의식주가 모두 거칠어 저절로 수척한 선인의 모습이 되었다는 것이다. 이처럼 남구명은 제주의 장수 문화는 역설적으로 기거와 음식이 부족한 데서 연유했다고 강조했다.[57]

물론 그렇다고 그가 제주민에게 애정이 없는 것은 아니었다. 그는 제주에 공물이 지나치게 부과되어 많은 사람들이 고통받자 이를 안타깝게 생각했다. 조정에서 처음에 제주에 세금을 없애주는 대신 귀한 약재를 바치도록 했는데, 점점 그 요구가 많아지면서 고통이 심해졌다고 보았다.[58] 특히 제주의 향재가 중요했는데, 상의원에서 향낭을 만들려면 제주의 자단향이 필수적이었다.[59] 결국 청귤과 진피 등 약재를 공납하는 과정 자체가

---

55 南九明 저, 김영길 역(2010), 앞의 책, 248쪽.

56 南九明 저, 김영길 역(2010), 앞의 책, 71쪽, "南食 惟知衰胃損."

57 南九明 저, 김영길 역(2010), 앞의 책, 287쪽.

58 南九明 저, 김영길 역(2010), 앞의 책, 129쪽.

59 南九明 저, 김영길 역(2010), 앞의 책, 131쪽.
名區珍木傲風霜　선계의 진귀한 나무 모진 풍상 견디니
納錫年年犯大洋　공납 명령으로 해마다 거친 바다 건너네
半夜別關星火急　한밤에 특별한 관문 성화처럼 급하니
尙方催促紫檀香　상방에서 자단향 진상하라 독촉하네

제주 사람들에게 고역이 되고 말았다는 것이다.

그런데 사실 남구명이 생각한 제주의 가장 큰 문제는 지식인의 부재였다. 제주에 한자를 읽을 줄 아는 이가 없다는 주장은 16세기 김정의 「제주풍토록(濟州風土錄)」으로 거슬러 올라간다. 김정은 생원 김양필(金良弼) 이외에 글을 아는 자가 전연 없다고 말했다. 문리에 밝은 사람이 없었다는 사실은 제주 사람들이 대부분 문보다는 무와 관련된 일에 만족했다는 의미였다. 제주의 세도가는 감영의 진무나 군교가 되기를 희망했다. 그 결과, 문리가 필요했던 서원(書員) 등은 품관사족이나 호강이 아닌 평민과 향리로 충원하게 되었다.[60]

지식인의 부재는 17세기에도 지속되었다. 김상헌(金尙憲)은 제주목사가 교생들에게 성곽 순찰을 시키는 등 학생을 노예처럼 부리고 군관들도 교생들을 때리거나 토색질의 대상 정도로 생각한다고 지적했다. 교생들이 학문을 도중에 포기하고 대부분 무과로 진출하게 된 연유라고 했다.[61] 학문하는 이들에 대한 멸시는 대정현과 정의현에서도 크게 다르지 않았다. 지방관들은 교생을 하대했고, 향교의 훈도나 교수도 학문을 가르치는것보다 토산물과 가축을 요구하는 데 열중했다. 교생들은 공부할 새 없이 제주에 유람 온 이들의 심부름꾼으로 차정되기 일쑤였고 열심히 하지 않으면 지방관들의 매질을 피하기 어려웠다.[62]

문리를 경시하는 경향은 이후에도 여전했다. 남구명은 제주 사람들이 기생을 으뜸, 관노를 둘째, 아전을 셋째, 가졸(假卒)을 넷째, 향임을 다섯

60 金淨,『冲庵集』卷4,「濟州風土錄」, "士人生員金良弼外 識文者絶少 人心鹵莽 自品官下至微者 皆交結朝貴[無人無願佛者] 其豪右求爲鎭撫[士人自星主以來 流風已然 不足怪也] 次者旅帥 次者書員[此以下非品官] 持印貢生[皆平民等鄕吏]."

61 김상헌 저, 홍기표 역,『남사록』(제주문화원, 2008), 170쪽 참조.

62 윤시동 저, 김영길 역(2016), 앞의 책, 758쪽의「學校」참조.

째, 선비를 여섯째로 친다고 개탄했다.[63] 관기를 희망했던 이유는 부유하게 살 수 있기 때문이었다. 제주 기생들 중 비단옷을 입지 않은 이가 없어 평양 기생을 방불했다.[64] 19세기 초 제주목사 이원조(李源祚)의 『탐라지초본(耽羅誌草本)』 「토속(土俗)」조에도 공부를 통해 중앙 관료로 진출하려 하지 않는 제주 사람들에 대한 비난이 실려 있다. 제주 사람 가운데 재주와 명망이 있는 자들은 제주 관아에서 일하려 할 뿐 경직을 귀하게 여기지 않는다는 것이었다.[65]

따라서 제주 사족의 성장은 더딜 수밖에 없었다. 18세기 중반 『증보탐라지』에 따르면, 제주의 사족은 제주 최초로 문과에 합격하여 한성판윤에 올랐던 고득종(高得宗)을 비롯하여 그의 아들 고태필과 후손 고홍진, 오섬 정도였다. 이외에는 김정이 제주에서 글을 아는 유일한 사람으로 칭송했던 생원 김양필과 장수당을 건립했던 생원 김진용(金晉鎔), 제주목사를 도와 부역을 고르게 처리한 문영후, 과거 급제 후 제주교수로 활동한 정희관 정도에 불과했다.[66] 김진용과 문영후는 제주목사를 도와 서당을 설립하고 세금과 부역을 고르게 했고, 정희관은 교수직을 통해 제주에 학문을 진흥한 공로를 인정받았다.

향촌 사족들이야말로 지역의 학문 발전을 위해 학교를 운영하고 지방관의 잘못을 비판할 수 있었다. 이들은 동시에 지방 의국에 참여할 수 있는 주요 사회 자본이었다. 결국 제주 사족의 부재는 의국에서 활동할 유의의 부재로 이어졌다. 제주 관노 김상식은 이러한 현상의 배경을 잘 보여주고 있다. 남구명의 「상식전(尙植傳)」에 의하면, 김상식은 몸가짐이 항상

63 南九明 저, 김영길 역(2010), 앞의 책, 132쪽.

64 윤시동 저, 김영길 역(2016), 앞의 책, 147쪽.

65 이원조 저, 김찬흡 역, 『탐라지초본』(제주교육박물관, 2008), 51쪽.

66 윤시동 저, 김영길 역(2016), 앞의 책, 562-569쪽 참조.

고요하고 깨끗할 뿐 아니라 하인배들처럼 거칠고 호기를 부리지 않아 식자들이 특히 좋아했다. 그는 문장에 뛰어날 뿐 아니라 의방(醫方), 상법(相法), 복서, 풍수 등에 두루 밝았다. 남구명은 그의 재주를 아껴 공부를 계속하도록 격려했다.

그런데 김상식의 반응이 뜻밖이었다. 자신의 기예로 사람들을 현혹하여 분에 넘치는 재물을 탐할 수 없다고 반문했던 것이다. 남구명은 김상식이야말로 제주의 군자라고 칭송했다. 그는 덕을 베풀면서도 보답을 바라지 않고 스스로 노력하여 먹을거리를 얻을 뿐 타인에게 이득을 취하지 않으므로 분수에 맞추어 살면서 칭송을 구걸하지 않는 진정한 군자라는 것이다.[67] 그런데 안타깝게도 김상식은 관노에 머물 뿐 공공을 위한 의국에서 유의로 활동하지 않았다. 그는 지역민의 요청이 있을 때 간헐적으로 약물을 처방하고 의술을 펼칠 뿐이었다.[68]

제주에서 유의의 흔적을 발견하기는 어려웠다.진좌수 전설로 전해지는 명의 진국태 정도가 유일하다. 좌수라 불렸던 만큼 향소의 주요 인사였음이 분명하며 의술에 뛰어나 의국의 운영에도 참여했을 것으로 추측되지만, 확실한 역사적 증거를 찾을 수는 없고 단지 몇 편의 전설이 전해질 뿐이다. 진국태의 생몰이 17세기 후반 18세기 초였으므로 제주 의국이 유지되고 있을 때 활동했을 것이다. 그는 현재까지도 제주의 사절(四絶)로 칭송받으며 제주에서 가장 의술이 뛰어났던 명의로 추앙받고 있다.

진국태는 어려서 서당에 다녔는데, 길에서 우연히 만난 묘령의 여인이 주는 구슬을 입에 물었다가 중병을 앓게 되었다. 이를 걱정한 서당의 훈장

---

67 南九明 저, 김영길 역(2010), 앞의 책, 「상식전」, "植種德而不求報於人 食力而不求利於人 安分而不求慕於外 […] 得見君子者斯可矣."

68 南九明 저, 김영길 역(2010), 앞의 책, 「상식전」, "余有風漸 以植頗解醫方 招而灸治風諸穴."

이 묘책을 알려주었는데, 여인이 다시 구슬을 주면 삼키도록 한 것이다. 구슬을 잃은 여인은 여우로 변했고, 구슬을 삼킨 진국태는 사람의 질병을 모두 알아보는 신통력을 갖추었다는 일화가 전해진다.

그 외에도 진국태와 관련한 여러 전설이 있다. 진국태는 병든 남편 때문에 찾아온 여인을 한번 보고는 그녀를 강간한 두부장수에게 액운이 옮겨가서 남편이 곧 쾌차할 것이라고 예언했다. 또한 대정현의 한 소년이 병든 어머니를 업고 찾아오자 '인두골(人頭骨)의 쌍룡수(雙龍水)'를 처방했는데, 소년이 갈증을 호소한 어머니에게 해골에 고인 물을 드리자 어머니는 이내 회복되어 걸어갔다는 전설도 있다.[69] 진국태의 명성은 중국에까지 알려져 큰 의성(醫星)이 떨어진 것을 본 중국인이 제주의 진국태를 방문했다는 이야기도 전한다.[70]

2. 무(巫)와 의(醫)의 갈등

제주에서 유의로 불릴 만한 이들은 관노 김상식과 좌수 진국태 정도에 불과했다. 김상식은 자신의 학식을 내세우지 않은 채 관노로 평생을 조용하게 살아갔으며, 향소와 의국에서 활약했을 법한 진국태 역시 자세한 활동을 고찰하기 어렵다.

물론 사족의 부재는 제주인의 타고난 기질에서 기인했을 가능성도 배제할 수 없다. 좌수, 별감 등 향소의 향임과 의국의 유의는 지방관을 돕는 동시에 향촌 공동체의 입장도 대변해야 했다. 따라서 남구만이 언급했

---

69 진성기, 『南國의 傳說』(일지사, 1968), 272-273쪽. 진국태의 후손들이 1956~1961년 사이에 제주도에 전하는 진국태의 전설을 수집해 진성기의 책에 채록되었다.

70 김석익 저, 오문복 외 역, 「탐라인물고」, 『濟州속의 耽羅』(보고사, 2011) 참조.

던 것처럼 야생마 같이 자유로움을 추구했던 제주 백성들에게 향임은 어울리지 않았을 수 있다.[71] 하지만 사족의 부재가 결국 의국의 실패로 이어졌음은 부인할 수 없다. 관의 명령에 따르면서도 향촌의 자율을 도모하고 중앙에 약재를 공납하면서도 지방민의 의료 혜택에 앞장서는 사족들의 자발주의는 제주에서 기대할 수 없었다. 그 결과 17세기 후반 이래 의국을 운영하려 했던 제주목사의 시도는 번번이 실패로 돌아갈 수밖에 없었다.

의국 운영의 실패에는 무당들의 존재 또한 무시할 수 없었다. 제주에서 무속은 그 전통이 뿌리깊었다. 이미 15세기에 최부는 제주 사람들은 대개 약물을 복용하지 않는다고 증언했다.[72] 약재를 구할 수 없을 때는 대부분 속수무책으로 있거나 무당에게 의지하는 수밖에 없었다. 이러한 경향은 김정의「풍토기」에도 기록되어 있다. 1521년(중종 16) 김정은 수정사의 중수를 축하하는 기문에서 제주 사람들 중 도학을 아는 이가 없다고 하면서 질병이나 재액이 있을 때마다 귀신에 기도하고 푸닥거리를 일삼는다고 비판했다. 귀신에게 제물을 바치려고 쉽게 살생하는데 그나마 불교에 귀의한다면 풍속의 변화를 기대할 수 있다고 했다.[73]

제주의 음사(蔭仕) 숭상과 이에 대한 지방관과 유배객의 비판은 17세기에도 이어졌다. 1628년(인조 6) 제주에 유배되었던 이건(李健)은 뱀을 신령스럽게 여기는 제주 풍속을 비판하고, 자신이 수백 마리의 뱀을 죽였지만 아무 탈이 없었다며 제주 음사를 고발했다.[74] 또한 그는 제주에서 질병에

71 南九明 저, 김영길 역(2010), 앞의 책, 132쪽. 남구명은 말에 빗대어 제주인의 야성적 기질을 칭송했다.

72 윤시동 저, 김영길 역(2016), 앞의 책, 139쪽, "村民則曾未有以藥試之者矣 城中之人疾病得藥則服之."

73 金淨,『冲庵集』卷4,「都近川水精寺重修勸文」.

74 李健,『葵窓遺稿』卷11,「濟州風土記」.

걸리면 속수무책으로 죽을 뿐, 침과 약물을 구할 도리가 없다고 서술했다. 유배지 중 제주를 극형의 땅으로 부르는 이유가 여기 있다는 것이다. 이건은 당시 제주목사는 물론 대정현과 정의현의 수령들에게 도움을 받을 수 있었는데도 의료 혜택만은 받기 어려웠다고 토로했다.[75]

제주의 음사와 관련하여 이형상을 언급하지 않을 수 없다. 잘 알려져 있듯 그는 신당 100여 개를 불태우고 400여 명의 무당에게 귀농하도록 명령했다.[76] 당시 제주 무당들은 계를 조직하여 협동했는데 그 수가 무려 천 명이 넘었다. 이들은 귀신의 재앙이라며 백성들을 공갈하고, 재물을 내놓지 않으면 귀신이 보낸 차사라며 민가의 재산을 약탈했다. 이형상은 이들을 도적의 무리와 다름없다고 질타했다.[77]

이형상은 제주 사람들이 중병에 걸려도 약을 복용하지 않으며 귀신에게만 의탁한다고 했다. 심지어 부모의 숙환이 오래되어 치유가 어려우면 자녀들은 귀신에게 속히 죽게 해달라고 빈다고 했다. 그는 이를 효성으로 칭송는 제주 풍속이 야만적이라고 신랄하게 비판했다.[78]

당시 제주에 유배 중이던 오시복이 이형상에게 보낸 편지도 동일한 맥락을 공유한다. 그는 제주의 품관사족들마저 무당의 위세에 눌려 음사를 비판하지 못하고 심지어 일부는 무당들과 이익을 나눌 정도라고 보았다. 오시복은 이형상의 신당 소각이야말로 가장 훌륭한 치적으로, 제주의 문인들이 무당의 행패를 막아준 일을 감사하게 여기고 있다고 전했다.

75 李健, 『葵窓遺稿』 卷11, 「濟州風土記」.

76 이형상 저, 이상규·오창명 역주(2009), 앞의 책, 115쪽.

77 이형상 저, 이상규·오창명 역주(2009), 앞의 책, 117쪽.

78 이형상 저, 이상규·오창명 역주(2009), 앞의 책, 116-117쪽.

이곳에 스스로 유식하다는 자들이 와서 "지금 이후[신당 소각]로는 섬에서 빌어먹고 도랑에 넘어지는 자들이 없을 것입니다."라고 하자 저는 "음사를 불태웠는데 빌어먹는 자가 없게 된다니 무슨 말이냐"고 물었습니다. 이에 "지극히 가난하고 흉악한 백성인 무당들이 제멋대로 공갈하여 홑옷을 빼앗고 조석거리를 노략질해 가져가기에 살기가 매우 어려웠습니다."라고 답하니 말이 역시 이치에 가깝습니다.[79]

이형상의 음사 소각은 제주민에게 새로운 기회로 다가왔다. 일부 사람들이 이형상을 찾아와 "음사는 이미 없앴으니 이제 의약에 힘쓰지 않을 수 없습니다. 제주의 심약은 매번 약재 이름을 잘 알지 못합니다. 진실로 충실한 자를 보내주셔야 합니다. 원하건대 이러한 뜻을 조정에 알려 의리(醫理)를 아는 자를 연속하여 보내주시면 민심이 고정될 수 있고 오래 쌓인 폐단이 제거될 것입니다."라고 했다.[80] 제주 사족들 가운데 유의를 배출할 만한 기회가 열린 것으로, 뛰어난 심약을 제주에 파견하여 의생을 훈육한다면 이들을 통해 의료의 질이 높아질 수 있었다. 그 결과인지 이형상은 자신이 있는 동안 두창이 제주 전역을 휩쓸었으나 신상(神床)을 설치하거나 기도하는 대신 사람들이 약을 복용했다고 강조했다. 그러나 이형상이 갑자기 체직되고 이희태가 부임하자 제주에는 곧바로 굿판이 재개되고 신당이 재건되었으며 의생도 혁파되었다. 이형상은 당시 민간에서 낙담이 매우 컸다고 증언했다.[81]

18세기에 제주판관으로 부임했던 남구명 역시 음사를 지적했다. 그에

---

79 제주민속자연사박물관 편(2017), 앞의 책, 72쪽.

80 이형상 저, 이상규·오창명 역주(2009), 앞의 책, 119-120쪽.

81 이형상 저, 이상규·오창명 역주(2009), 앞의 책, 120-121쪽.

따르면 제주에 음사가 성행하게 된 배경에는 그들의 마음속에 깃든 강한 믿음이 있었다. 제주 사람들은 액운을 산방산의 노인과 연관지었다. 미륵불, 한라산 선인, 삼방산신 등으로 불리는 이 노인은 흰 두건과 흰 도포를 입고 부채를 흔들었는데, 대정현감이 매년 백성들을 위로하는 차원에서 그를 위해 제사를 지내야 한다는 것이다.[82]

18세기 초 제주에 여역이 돌아 5,000여 명이 사망하는 재난이 벌어졌다. 의국에 약물이 부족하자 제주목사는 중앙에 약재를 요청하는 장계를 올렸다.[83] 하지만 이보다 심각한 문제는 당시 대부분의 사람들이 약물보다 무당에 기도하는 것을 상책으로 여기고 있었다는 사실이었다. 예컨대 수백 명이 제주판관으로 있던 남구명에게 몰려와 하소연했다. 그들은 광양당을 우두머리로 세 고을마다 신당을 설치하여 절기마다 음악과 제물을 바쳐 귀신을 즐겁게 하는 풍속이 있는데, 이렇게 해야 태풍이나 고기밥을 면할 수 있다고 했다. 그런데 1702년 제주목사 이형상이 음사를 모두 소각하자 10년 동안 재앙이 이어졌다. 그들은 올해에도 제사를 지내지 않으면 광양신이 더욱 큰 재앙을 내릴 것이라고 두장의 위협을 전했다.

확실히 이형상의 신당 소각은 제주 무당들의 생계를 위협했던 것으로 보인다. 무당은 민간에 선동하여 제주 관아에 몰려가 읍소하도록 만들 정도였다. 당시 남구명은 광양신의 이야기를 한 무당을 효시하여 거리에 내걸고 현혹되지 말 것을 강조했다. 무당이야말로 제주 풍속 가운데 가장 해로운 문제로 파악한 남구명은 많은 제주 사람들이 무당에 속아 재산을 탕진하면서도 깨닫지 못한다고 비판했다.[84]

---

82 南九明 저, 김영길 역(2010), 앞의 책, 303-305쪽.

83 『肅宗實錄』, 40年 8月 16日.

84 南九明 저, 김영길 역(2010), 앞의 책, 316쪽.

제주의 음사는 몇몇 목사들이 신당을 불태우고 무당을 죽이는 정도로 해결될 문제가 아니었다. 재난이 닥치면 어김없이 음사는 되살아나고 무당은 성행했다. 1734년(영조 10) 제주목사 정도원(鄭道源) 역시 신당을 불태우고 무구(巫具)를 몰수하여 군기를 만들었다. 그럼에도 제주에서 신당은 사라지지 않았다.[85] 19세기 초 이원조가 제주목사에 부임했을 때도 무당은 건재했다. 『탐라록』에는 한 제주 백성이 모친상을 치른 후 염습을 마치는 대로 무당을 불러 귀신을 쫓아내도록 허락해 달라는 소장이 수록되어 있다. 이원조는 부모의 귀신을 내쫓는 굿판을 벌이려 했던 풍속에 큰 충격을 받았지만, 무식한 백성을 타이를 뿐 차마 죽일 수 없었다고 고백했다.[86]

V. 맺음말

지금까지 조선시대 제주 의료환경의 주변적 특성을 살펴보았다. 제주는 고려 이래 일종의 번국으로 인식되면서 본토에서는 구할 수 없는 다양한 약재나 토산물의 진공을 기대받았다.

조선 정부는 주요 약재 산지에 약국과 의국을 설치하여 약재를 중앙으로 수집하고 지방으로 재분배하는 시스템을 구축했다. 이곳에는 혜민서에서 파견된 심약이 상주하면서 진상 약재의 품질을 감독하고 지방관을 도와 중앙으로 원활하게 공급되도록 관리했다.

---

85 윤시동 저, 김영길 역(2016), 앞의 책, 140쪽.

86 이원조, 『탐라록』, 101쪽.

제주도에는 조선 초부터 심약이 파견되었고 의학교수를 두어 의생들을 양성하고자 했다. 이들은 제주 의료를 담당했을 뿐 아니라 주요 진상 약재를 채취하고 관리할 자원이었다.

물론 중앙에서 파견된 관리들만으로 지방 약국과 의국의 운영이 유지되기 어려웠다. 의국에서는 계절에 따라 약재를 채취할 뿐 아니라 말리거나 찌고 볶는 등 약재를 진상하기 위해 일정한 제조과정을 거쳐야 했다. 이는 심약이 모두 관리할 수 없었기에 주로 향소의 품관사족들에게 의국 운영에 참여하도록 독려했다.

지방 약국과 의국은 직역으로 동원된 약한(藥漢)뿐 아니라 약재를 제조하고 무역하는 다양한 인원이 필요했고, 이를 관리·감독하기 위한 사족들의 자발적인 참여가 필수적이었다. 의국에는 관리자 이외에 유의라고 불리는, 의술에 밝은 사족들이 참여하여 진상 약재를 관리하고 지역민을 위한 약재 무역이나 약물 제조를 담당했다. 이때 사족들은 약계나 의국계를 결성하여 의국을 운영했다. 그들은 원금을 유지한 채 약재 무역과 약물 제조를 통해 이윤을 남겼고, 그 이익을 지역 내 향교·서원·향소의 운영비로 환원하기도 했다. 이른바 사족들의 자발주의는 지방관이 명령하는 직역과는 무관하면서도 관과의 협응 속에서 원활하게 작동할 수 있었다. 이것이 가능하려면 위기지학의 확산과 더불어 공공선을 표방하는 사족들의 실천이 뒤따라야만 했다.

그러나 제주는 성리학의 더딘 확산으로 사족 형성이 지체되어 있었다. 따라서 사족들의 자발주의를 기초로 하는 의국의 지속적인 운영도 필연적으로 어려움에 봉착했다. 즉 제주의 주변화는 사회적 자본 축적의 어려움을 의미했고, 이는 의국에서 관리자나 유의로 활동할 사족들의 부재로 나타났다. 결국 의국은 제주에 부임했던 지방관의 의지에 기대어 잠시 운영되었다가 곧 폐지되는 상황이 잇따랐다.

17세기 말에서 19세기까지 제주목사들은 의국을 재개하기 위해 다양한 방식을 동원했다. 하지만 지방관의 잦은 체직과 함께 의국 운영이 중단되었던 것이 역사적 현실이었다. 제주 의국의 지속이 어려웠던 또 다른 배경으로 무당의 강력한 위세도 중요한 몫을 담당했다. 제주 사람들 대부분은 인간의 힘으로 어찌할 수 없는 재앙을 해결하고자 귀신에게 빌거나 무당을 섬겨 왔다. 제주에서 음사와 무당의 위력은 품관사족의 힘을 능가할 정도였다. 목사가 아무리 신당을 불태우고 억압해도 이들은 들불처럼 되살아났다. 제주 사람들은 약 대신 귀신을 통해 질병을 치료하고자 했다.

두창 치료제로 알려진 거북껍질[玳瑁]은 유의의 저술에 등장하는 대신 제주 해녀의 신비한 이야기로 둔갑되어 전할 뿐이다. 의술이나 본초 정보가 공개적인 지식의 장으로 나오지 못하고 은유의 형식으로 묻힌 데는 무와 의의 투쟁 과정에서 무의 우위를 상징하는 것처럼 보인다.[87] 필자는 이러한 현상을 제주의 주변화와 그로 인한 제주 의료 환경의 특성으로 정리하고자 한다.

87 이원조 저, 김찬흡 역(2008), 앞의 책, 51쪽.

제4부
생활문화의 다채성

제주 신화에 담긴 생활문화와 그 의미

강문종

I. 머리말

이 글은 현용준·현승환 역주의 〈일반신본풀이〉와 〈당신본풀이〉에 담긴 일상의 모습을 정리하여 제주 신화의 일상성 연구의 지평을 넓히는 것을 목적으로 한다. 삶의 일상이란 사람들이 생활하는 과정에서 생활 환경과 관계를 맺으면서 하루하루 희로애락을 만들어가는 것을 말한다. 따라서 대부분의 경우 생활하는 시간과 공간 내에서 생존의 주된 요소인 의식주의 문제가 중요하게 등장하며 사랑과 증오와 같은 감정이 강조되기도 한다. 이러한 보통의 삶을 연구하는 경향을 일반적으로 일상사적 연구라고 한다.[1]

문헌설화의 형태로 전해진 건국 신화들에 비하면 제주 신화에서는 일

1 알프 뤼트케 외 저, 이동기 외 역, 『일상사란 무엇인가?』(청년사, 2002), 15–19쪽. 특히 15–65쪽에 이르는 부분에서 알프 뤼트케(Alf Lüdtke)는 일상사란 무엇인지, 어떤 분야에서, 어떤 학자들에 의해 일상사 연구가 이루어졌는지 자세하게 정리하고 있다.

상의 모습들이 비교적 풍부하고 다양한 편이다. 특히 전통시대 제주의 일상생활 문화에 대한 기록이 많지 않은 현실에서 본풀이는 이러한 일상의 모습을 검토하는 데 많은 정보를 제공한다. 인간의 문화적 관점에서 본풀이를 본다면 이는 제주인의 생활 양식에 힘을 미치는 실질적인 행위력으로 볼 수 있다.[2] 따라서 제주도 본풀이에서 제주민의 일상생활 문화에 대한 생각과 양식을 고찰하는 것은 유의미하다.

현용준은『제주도 신화의 수수께끼』에서 제주 신화의 일상성을 소략하게 검토했다. 특히 '쌀과 음식을 먹는 신과 돼지고기를 먹는 신', '돼지고기를 먹고 일곱 아기를 낳는 것은', '신화가 먼저인가 사회관습이 먼저인가' 등은 제주의 일상생활과 신화 간의 연결고리를 보여준다.[3] 문순덕 역시 제주 전통음식의 역사와 의미를 다루는 과정에서 몇 편의 제주 신화에 등장하는 음식을 간략하게 정리했다.[4] 또한 허남춘은 '꽃과 사랑', '오곡종자와 메밀', '자청비의 사랑은 어떤 것인가', '장례의 법도, 인간의 법도', '먹고 살아갈 도리' 등을 중심으로 제주 신화에 나타난 일상성을 검토했다.[5]

이러한 선행 연구에서 제주 신화와 일상성에 관한 문제의식과 부분적인 정리는 나름대로 이루어졌으며, 이러한 연구 결과가 필자의 연구에 많은 도움을 주었다. 필자 역시 유사한 문제의식을 갖고 제주 신화를 고찰할 것이다. 우선 신들의 복장과 주거의 양상을 검토한다. 그리고 가장 풍부하고 다양한 내용이 담겨 있는 신들의 음식을 살펴볼 것이다. 나아가 가정

2 전주희,「인간 문화와 스토리텔링의 관점에서 본 제주도 본풀이의 총체성」,『한국무속학회 학술대회 자료집 - 제주도 굿과 신화』(제주대학교 탐라문화연구원·한국무속학회, 2018년 10월 26-27일), 69쪽.

3 현용준,『제주도 신화의 수수께끼』(집문당, 2005).

4 문순덕,『섬사람들의 음식 연구』(학고방, 2010), 117-123쪽.

5 허남춘,『설문대할망과 제주신화』(민속원, 2010).

의 불화와 나이에 대한 일상적인 인식과 더불어 일상생활에 가장 큰 영향을 주는 사랑과 불륜을 검토하게 될 것이다. 이러한 일상의 모습들이 제주 신화의 곳곳에 언급되어 있고, 남녀의 사랑과 가정생활의 모습 등은 서사의 흐름에서 주도적인 역할을 한다. 특히 신화 속에서 이러한 모습들을 통해 제주민들의 문화적 원형과 그 자장을 추정할 수 있으므로 이에 대한 검토는 적잖은 의미를 가진다. 이 연구가 제대로 진행될 경우 제주 신화의 일상성 연구의 지평을 넓혀 그 기반을 조성하는 데 도움을 줄 것으로 기대된다.

Ⅱ. 신들의 옷과 집

제주 신화에서 구현된 의식주 생활 중에서 생활 공간으로서의 집의 양상은 거의 드러나지 않는다. 난방 도구는 주로 청동화로가 사용되지만 집의 모양과 구조 그리고 규모 등은 거의 등장하지 않는다. 유아기 때 바다로 버려지면서 의지했던 석함(石函)이 유일한 안식처로 사용되기도 하고 용궁을 방문하기도 하지만, 고전소설 〈용궁부연록〉처럼 그 모습이 구체적으로 등장하지도 않는다. 신으로서 영원한 안식처인 좌정지(坐定地) 역시 주로 오름과 그 주변으로 묘사되면서 신들의 주거 공간은 형태, 구조, 규모 등 어떤 것도 구체적으로 등장하지 않는다.

이에 비해 신들의 의상인 경우는 다소 미약하게나마 나타난다.

만산족도리에 남방ᄉ주 저구리 북방ᄉ주 붕에바지 대홍대단 홋단치

메 물멩지 단속곳에 (〈삼승할망본풀이〉, 30쪽)[6]

위의 인용문은 옥황상제의 명으로 생불왕이 된 맹진국 따님아기가 공식적으로 차려입은 복장으로 머리에 쓴 족두리부터 속옷까지 순서대로 나열하고 있다. 정리하면 명주로 만든 속옷을 입고 그 위에 상의는 저고리, 하의는 솜을 넣어 만든 바지를 입은 후 그 위에 치마를 겹쳐 입은 모습이다.

의외로 조선시대 제주 여성의 복장에 대한 기록은 많지 않다. 다만 석주명(石宙明)의 『제주도수필(濟州島隨筆)』에 따르면 가장 일반적인 제주도 여성의 복장을 "저고리가 길고, 치마가 짧으며, 치마 아래에 바지가 나온다."[7]라고 설명하고 있다. 머리에는 일반적으로 수건을 쓰는데, 족두리로 대치된 것을 제외하면 매우 유사하게 나타나고 있음을 알 수 있다. 따라서 신들의 복장은 신성스럽기보다는 평범한 일상복의 모습이 느껴진다.

남성의 경우도 크게 다르지 않다. 〈마누라본풀이〉에 등장하는 대별상은 부인을 맞이하러 갈 때 하얀색 망건을 쓰고 흰색 도포를 입은 후 마부를 거느리고 부인을 맞이하러 가는 모습이 등장한다.[8] 제주 신화 속 남성의 복장도 평범한 일상복의 모습이다.

---

6 현용준·현승환, 『제주도 무가』(고려대학교 민족문화연구소, 1996). 이후 인용되는 자료들은 모두 이 책에 채록된 자료다. 오랫동안 학계에 검증된 자료이면서 현대어역이 함께 붙어 있어 독자들의 접근성이 높다. 이후 이 책에서 인용한 부분은 각주 없이 내주로 서사무가의 명칭과 쪽수만 표기하기로 하고, 부득이한 경우 각주를 통해 이 자료를 인용할 때도 동일한 원칙으로 표기한다. 그리고 논문 전체에 등장하는 인용문에 대한 주석 역시 현용준·현승환의 주를 그대로 활용했다.

7 석주명, 『濟州島隨筆』(서귀포문화원, 2008), 161쪽. 의식주를 다루면서 간단하게 서술한 부분이다.

8 〈마누라본풀이〉. 현용준·현승환(1996), 앞의 책, 38쪽, "백망근에 백도폭에 마부를 거느리고 물을 탄 맹진국을 들어가"

다소 특이한 복장은 저승사자의 복장이다.

> 강님이 저승행착 ᄎᆞᆯ리난 저승행착이 완연ᄒᆞ옵데다. 남방ᄉᆞ주 븡에 바지 북방ᄉᆞ주 저구리 ᄌᆞ지멩지 통행경[9] 벡녹 보선 섭송메미토리[10] 낙곡지[11]로 ᄃᆞᆯ[12]을 메고 한산모시 두루막에 남수와지 적쾌자[13] 운문대단 안 받치고 산안 쉐털 흑두 전립[14] 굴망굴짓 ᄂᆞᆯ망ᄂᆞᆯ짓 허우래비 허튼짓[15] 늘롸 ᄇᆞ뜬 조심친[16]에 홍삼싱 더거리예 관장페는 등에 지고 앞읜 ᄂᆞᆯ 용 용제 뒤엔 잉금 왕제 홍ᄉᆞ줄은 욮이 차고 적배지[17]는 곰[18]에 차 용두머리 행착배[19] 등에 지고 문전 앞의 내세우니 저승 행착이 완연ᄒᆞ옵데다. (〈차사본풀이〉, 132·134쪽)

위의 인용문은 시왕맞이굿에서 구연되는 〈차사본풀이〉의 내용 중에 염라대왕을 잡으러 가는 강님에게 큰 부인이 옷을 입혀주는 부분이다. 특히 이 부분은 본풀이에 앞서 구연되는 〈회심곡〉에서도 거의 동일하게 등

---

9 통행전. 아래에 귀가 없고 통이 넓은 행전.

10 미투리.

11 백지(白紙).

12 들메끈. 신이 벗겨지지 않도록 신을 발과 연결해 동여매는 끈.

13 붉은색 쾌자. 소매가 없고 등솔기가 허리까지 트인 옛 전투복.

14 조선시대에 무관이 쓰던 모자의 하나. 붉은 털로 둘레에 끈을 꼬아 두르고 상모(象毛), 옥로(玉鷺) 따위를 달아 장식했으며, 안쪽은 남색의 운문대단(雲紋大緞)으로 꾸몄다.

15 허울허울 흩어진 깃. 전립에 달린 상모로 추정된다.

16 밀화(蜜花)로 만든 갓끈.

17 붉은색 패지(牌旨)

18 옷고름.

19 죄인을 잡아 묶어 옮길 때 쓰는 밧줄.

장한다.[20] 따라서 위의 내용은 차사의 복장으로 정형화된 것임을 알 수 있다. 위의 예문에서 알 수 있듯이 발끝(버선)에서 머리(전립)까지 매우 자세하게 복장의 재료와 색깔 그리고 모양을 비롯하여 움직이는 모양까지 묘사하고 있다. 특히 차사의 신분을 증명할 수 있는 관장패(官長牌)와 재량권을 위임받은 패지(牌旨) 등을 소지하고 있으며, 앞부분에 '勇'을 새겨 차사의 위용을 보여주고 있다. 그뿐만 아니라 등에는 '王'을 새겨 누구도 거역할 수 없는 존재임을 나타냄과 동시에 죄인을 묶을 줄을 찬 모습까지 디테일이 주목된다.

Ⅲ. 신들의 음식

이형상(李衡祥)의 『남환박물(南宦博物)』에는 1601~1602년에 길운절 소덕유 역모사건으로 인한 불안한 민심을 달래기 위해 제주안무어사로 파견된 김상헌(金尙憲)에 의해 기록된 『남사록(南槎錄)』의 내용을 인용하면서 제주는 땅이 척박하고 삼과 목화가 재배되지 않아 입을 것과 먹을 것이 모두 부족하다는 내용과 해산물을 채취하여 생업을 삼는다고 기록되어 있다. 특히 〈지전(誌田)〉에는 제주 지역의 농사를 가늠할 수 있는 내용들이 등장한다.

제주의 밭들은 등급이 하중(下中)이다. 그 땅의 흙은 검으면서 부풀어

20 〈회심곡〉에서는 '용두머리 행찻배' 앞에 '석자오치 폴둑거리[삼척오촌 되는 팔찌: 활을 쏠 때 소매를 걷어 매는 띠]'가 추가로 나타난다.

오른다. 그래서 씨는 마땅히 기장[黍]·피[稷]·산도[秈]·차조[秫]·콩[菽]·메밀[蕎]·보리[麥]·사탕수수[蔗草]들을 뿌려야 한다. 대정에는 단지 약간의 논이 있고, 정의현에는 매우 적다. 제주목에는 더욱 적다.[21]

위의 인용문에 따르면 제주도의 농산물은 주로 밭에서 재배되는 작물들이다. 이원조(李源祚)의 『탐라지(耽羅志)』 권1 「물산(物産)」에는 몇 가지 곡물이 추가로 기록되어 있다.[22] 석주명의 『제주도수필』에서는 도민의 식료품을 조사하면서 보리와 조를 주식으로 기록했다. 이러한 여러 기록들을 종합해 보면 제주 지역의 주식은 보리·조·콩·메밀 등으로 파악된다.

그런데 제주 신화에서 신들은 쌀과 육류를 주식으로 삼는다. 제주는 지질 특성상 논이 발달할 수 없어 주로 밭벼를 재배했고,[23] 쌀은 주로 호남 지방에서 들여온 것으로 보인다.

총멩부인은 가난ᄒᆞ고 서난헤여서 저냑 짓일 ᄀᆞ음이 엇어진다. 수명장제가 ᄒᆞᆫ 동네에 부제로 사난 수명장제 칩의 간 대미 ᄒᆞᆫ 뒈 꿔웁센 가시니 (〈천지왕 본풀이〉, 14쪽)

그날부떠 상 고팡에 들어가 나주영산 은엉미ᄊᆞᆯ 내여놓고 얼음ᄀᆞ치 구름ᄀᆞ치 도고방애예 노안 능거놓고 물 버므려 ᄊᆞᆯ은 봉무니 ᄀᆞ를을 뽓는 것이 ᄀᆞ를도 봉모라지고 봉몬 ᄀᆞ를은 체로 치난 체 알엣 ᄀᆞ를은 ᄌᆞᆷ

21 이형상 저, 이상규·오창명 역주, 『남환박물』(푸른역사, 2009), 127쪽.

22 산도, 옥수수, 피, 기장, 대두, 소두, 조개풀, 보리, 밀, 메밀[秈, 黍, 稷, 粱, 大小豆, 菉, 大小麥, 蕎麥].

23 〈내왓당 천자또마누라본풀이〉, 299쪽, "소천국은 오봉이굴왓 간 보니 논씨 아옵 섬 피씨 아옵섬 지기 이십데다."

질긴 좀 질아 강남서 들어온 중시리 앗다놓고 쳇 장은 문전시리 둘쳇 징은 조왕시리 싯쳇 장은 강님이 저승 가멍 먹을 시리 다 치어 놓고 (〈차사본풀이〉, 130-132쪽)

첫 번째 인용문은 비록 가난을 말하고 있지만 쌀이 신들의 주식임을 준다. 물론 참쌀로 밥을 짓기도 하고[24] 반찬 혹은 간식거리로 추정되는 볶은 콩[25]이 등장하기도 한다. 두 번째 인용문은 쌀로 시루떡을 만드는 과정을 보여준다. 여기서 '나주영산 은옥미'라는 어휘를 주목할 필요가 있다. '나주영산'은 영산강 유역(중류)에 발달한 나주평야를 말한다. 따라서 이 지역에서 생산된 쌀이 제주로 유입되었음을 보여주고 있다. 이렇게 유입된 쌀로 밥을 짓기도 하고 떡을 만들어 먹었음을 알 수 있다.

특히 강림이 저승을 다녀올 때 먹을 시루떡을 만드는 모습을 통해 유람 시 간단한 요깃거리로 떡이 활용되었을 것이라는 추정도 가능하다. 이러한 추정은 "강님이도 정심을 내여놓고 하르바님도 정심을 내여놔 강님이가 떡정심 훈 귀야질 그차 먹으멍 말을 ᄒᆞ뒈"[26]라는 서술에서도 잘 드러난다. 이 부분에서는 아예 '떡점심'이라는 용어가 사용되고 있으며 이는 '떡으로 해결하는 점심' 혹은 '점심에 먹는 떡'의 의미로 이해된다. 그뿐만 아니라 식재료로는 메밀이 자주 등장한다.

천년둥이 나가네 주끄젠[27] 허여가난 모믈 펌벅[28] 훈 뎅이를 잡아데겨

24 〈삼공본풀이〉, 102쪽, "가믄장아긴 ᄎᆞ나록쏠잘 일어두고 솟을 빌언 밥을 ᄒᆞ고."

25 〈이공본풀이〉, 87쪽, "어머님아 어머님아 콩이나 훈 뒈 보까줍서."

26 〈차사본풀이〉, 141쪽.

27 짖자고.

28 메밀 범벅.

모믈펌벅 흔 뎅이 먹는 틈에 (〈이공본풀이〉, 141쪽)

위의 인용문은 개가 짖으려 하자 입막음을 위해 메밀범벅을 주는 장면이다. 메밀이 제주 지역에 유입된 시기는 알려지지 않았다. 그러나 메밀[蕎麥]은 여러 지역에서 제주 지역의 주된 곡물로 등장하는 것으로 보아 매우 활발하게 재배되었음을 알 수 있다. 또한 잘 알려져 있지 않지만 제주도는 전국 최대의 메밀 생산지다. 따라서 제주 지역에서는 일찍부터 메밀요리가 다양하게 발달했다. 가장 쉽고 편리하게 만들어 먹을 수 있는 요리가 바로 메밀범벅이다. 메밀과 메밀범벅에 대해서는 〈세경본풀이〉에서 자주 언급된다. 메밀의 유입 과정을 추정할 수 있는 내용[29]을 비롯하여 상전님이 먹을 음식을 준비하는 장면[30]과 자청비가 메밀범벅을 즐겨먹는 장면[31] 등이 그것이다.

신들의 식사에서는 곡물 이외에 육류도 자주 등장한다.

밧갈던 농웨[32]를 뜨려 죽여 잡아가지고 새비남[33] 적고지[34]에 괴기를

29 〈세경본풀이〉, 256쪽, "오곡씨를 마련ᄒᆞ단 보난 씨 ᄒᆞ나가 잊어지여 옥황의 간 씨를 타오는 것이 한부중ᄀᆞ실 늦어져도 뜬 ᄀᆞ실농ᄉᆞ영 ᄀᆞ찌 허여 먹기 마련ᄒᆞᆫ 모믈씨가 되옵네다." 이 내용에서 한창 좁씨를 파종하는 시기에 메밀 파종이 다소 늦어져도 다른 가을 작물과 비슷하게 수확할 수 있음을 말하고 있다. 실제로 메밀은 다른 가을 작물보다 재배 기간이 짧아 2~3개월 만에 파종부터 수확까지 이루어진다.

30 〈세경본풀이〉, 222쪽, "상전님 먹을 정심이랑 모믈ᄏᆞ를 닷 뒈만 낭 소곰이랑 다섯 좀만 줘여놓고 나 먹을 정심이랑 는젱이 닷 말만 놓곡 소곰이랑 노는 듯 마는 듯 ᄒᆞ오소서."

31 〈세경본풀이〉, 226쪽, "ᄌᆞ청빈 모믈펌벅 ᄒᆞᆫ 죽을 그차 먹으난 목이 ᄀᆞ웃ᄀᆞ웃 차고."

32 농우(農牛).

33 찔레나무.

34 적꼬치.

궤멍 구워 먹뒈 초요길[35] 못 멀려 묵은 각단밧데레[36] 바레보니 가망훈[37] 암쉐가 가염시니 그 놈을 심어다가 잡아먹으니 요기를 멀렸더라. (〈궤눼깃당본풀이〉, 320쪽)

위의 인용문은 소천국이 밭을 갈던 중 허기를 채우기 위해 소를 잡아 먹어 버리는 장면이다. 주목할 부분은 바로 소고기를 찔레나무 꼬치에 꿰어 구워 먹는다는 언급이다. 같은 본풀이에서 "마상총에 귀약통 남날개 둘러메고 산천의 올라가서 대각록 소각록 공작 노리 사심 대돗 애돗 많이 맞혀 헤낭곳 굴왓디 정동칼첼 딸을 소첩을 삼아서 괴기를 숢아 먹고 삽데다"[38]와 같이 노루와 사슴, 공작, 돼지 등은 삶아 먹는다는 내용도 등장한다.

특히 제주의 신들은 식용으로 흑우을 좋아했던 것으로 보인다.[39] 그런데 제주 신화에서 흑우는 식용 이외에도 짐을 싣는 등 실생활에 많이 활용되었다.[40] 따라서 농경생활에 필요한 황소와 흑우 등은 귀한 존재였다. 그러나 "뭣을 잡숩네까? 쉐도 전마리를 먹고 돗도 전머리를 먹나 훈니 만민 백성이 말씀훈뒈 가난훈 백성이 어찌 쉐를 잡아서 위훌 수가 있겄습네

---

35 허기를 면하기 위해 끼니를 먹기 전에 우선 음식을 조금 먹는 일.

36 띠밭으로.

37 까만.

38 〈궤눼깃당본풀이〉, 320쪽.

39 〈내왓당 천자또마누라본풀이〉, 300쪽, "묵은 각단밧데레 보니 검은 암쉐 훈 머리 놈의 게 기염시니 '에, 이놈이라도 먹아사주' 심어단 뜨려 먹읍데다."

40 〈삼공본풀이〉, 97쪽, "어머니 눈에 거슬리고 아버지 눈에 밉게 보여 입던 의복을 거두어 검은 암소에 실어 놓고 […] 가문장아기는 검은 암소에 먹을 식량을 싣고 […] 검은 암소에 먹을 식량을 실은 것은 노둣돌에 매어두고"; 〈삼공본풀이〉, 101쪽, "우리 집에 난 데 없이 검은 암소랑 사람이랑 모두 들어와 있으니 어느 하늘에서 돕는 일이나 아닌가."; 〈삼공본풀이〉, 105쪽, "검은 암소에 실어 와 파니 우마가 생기고."

까? 가가호호의 돗을 잡아 위로 ᄒᆞ겼습네다. 그리ᄒᆞ라."[41]라고 언급한 데서 알 수 있듯이 가난한 백성들은 신들이 좋아하는 흑우를 제물로 마련하기가 힘들었다. 그 대안이 바로 돼지였다.[42] 따라서 신들은 백성들이 제사를 지낼 때 "돼지도 전 마리를 먹고 소도 전 마리를 먹는다."와 같이 주된 제물과 제물의 양식까지 정해주었다.

현용준에 따르면 쌀 혹은 쌀로 만든 음식은 정갈하고 고급스러워 주로 상위 신이 먹고, 돼지고기는 비리고 부정한 음식이기 때문에 주로 하위 신이 먹는다. 그런데 다산·치병·육아 관련 신화인 〈토산일뤳당본풀이〉에는 돼지고기를 먹고 7명의 아기를 낳는다는 내용이 등장한다.[43] 그 외에도 간소한 제를 지낼 때 마련하는 음식 역시 일부 언급되었다.

> 쪽지펭풍 둘러치고 비ᄌᆞ낭 ᄌᆞᆸ상[44] 싱거 서천강노기메[45] 미나리 정근체 ᄆᆞᆯ콥[46] ᄀᆞᆺ뜬 벡시리[47] 얼음 ᄀᆞ뜬 벡돌레[48] 계랄안주 청감주 ᄃᆞᆫ정궤[49] ᄎᆞᆯ려놓고 ᄉᆞ만이 일름 삼 제를 써 놓아. (〈사만이본풀이〉, 177쪽)

---

41 〈궤눼깃당본풀이〉, 332쪽.

42 "아닐커라. 산톳 일곱이 ᄂᆞ렴시난 에미는 씨전종 노아두고 새끼 ᄋᆞᄉᆞᆺ 애를 내여 오장삼에 톨톨 싸아전 ᄉᆞ도전거릴 당ᄒᆞ고(〈문전본풀이〉, 274쪽) / 내왓당 좌정허여 쉐 잡아 전물제 ᄃᆞᆨ 잡아 전물제 받으라 허연 ᄂᆞ려온 한집입네다(〈내왓당 천자또마누라본풀이〉, 304쪽)"라는 언급에서 알 수 있듯이 신들의 음식으로 산돼지와 닭이 간혹 등장한다. 제주에서는 '산저(山猪)'가 '산톳'으로 불렸다. 현용준은 '山猪'를 멧돼지로 번역했는데, 제주도에 멧돼지가 있었을지는 재고의 여지가 있다.

43 현용준, 『제주도 신화의 수수께끼』(집문당, 2005), 162-171쪽.

44 겹상.

45 놋그릇에 쌀을 넣고 솥 속에 놓아 김을 올려 찐 멧밥.

46 말발굽.

47 하얀 시루떡.

48 하얀 도래떡.

49 맛이 단 정과(正果).

위의 인용문은 심방을 청하여 시왕맞이를 치를 때 차린 제사상을 설명하는 부분이다. 시왕맞이 의례에 비해 매우 간소한 상차림이다. 우선 제사상은 비자나무로 제작된 겹상이고, 밥은 놋그릇[50]에 쌀을 넣고 김을 올려 찐 멧밥을 사용하고 있다. 채소는 미나리무침과 무나물을 사용하고, 떡 종류는 시루떡과 도래떡이 보인다. 계란 요리와 단맛이 나는 과일을 비롯하여 감주(甘酒)가 제주(祭酒)로 올라간다.[51] 〈토산ᄋᆢ드렛당본풀이〉에서는 신을 위한 제사상에서 과일 중 감귤류와 유자류가 추가로 등장하고, 채소류에서는 버섯, 고사리, 콩나물이 제시된다. 해산물 중에서는 전복, 우뭇가사리, 청각 등이 나온다.[52]

Ⅳ. 신들의 가정 불화

제주 신화에는 신들이 가정에서 갈등을 겪는 모습이 종종 보인다. 대표적인 작품이 〈궤내깃당본풀이〉다. 백주또는 강남천자국 백모래밭에서 태어나 소천국에게 시집왔다. 소천국은 제주도에서 사냥을 하면서 살아가는 토착 세력이다. 자식이 늘어나자 생계 문제가 발생하고, 이를 해결하기 위하여 백주또는 농사를 짓기로 결심한다. 백주또의 이러한 결심은

---

50 서사무가에 등장하는 제기는 주로 은과 동으로 만든 식기들이다. 이에 비해 밭일을 나갈 때 밥을 담는 용기로는 대나무를 쪼개 엮어 만든 채롱을 사용했다.

51 〈삼공본풀이〉, 106쪽, "가믄장아기가 청감주 ᄃᆞᆫ감주를 지리넘넘 비와 들고."

52 〈토산ᄋᆢ드렛당본풀이〉, 380쪽, "중산촌으로 ᄂᆞ려사면 댕유지여 소유지여 미이깡에 거언감에 ᄉᆡ손 벌린 고와리여 두 손 납작 콩ᄂᆞ물에 코송코송 미나리체 지어진봉 허여간다. 계각으로 ᄂᆞ려사민 동이와당 대전복 서이와당 소전복 우미여 전각이여 천초여 진상 추어실러 배를 부쩌가니 맹지와당 실ᄇᆞ름이 사르르 불어가 아기씨 신벵 좋은 법입네다."

결국 부부 갈등의 원인이 된다.

당신 쉐 잡아먹은 건 떳떳훈 일이나 놈의 쉐 잡아 먹어시니 쉐도둑놈이 아니냐? 오늘부떠 살렴을 분산후자 (〈궤내깃당본풀이〉, 320쪽)

농사에 대한 기본적인 개념이 없었던 소천국은 허기를 채우기 위해 농경 사회에서 가장 중요한 소를 잡아먹어 버린다. 이 사실을 알게 된 백주또는 더 이상 소천국과 부부 관계를 유지하는 것이 무의미하다고 판단하고 합의 이혼을 요구하고 이 요구는 수용된다. 농업 문화를 기반으로 농경 생활을 추구하던 백주또와 수렵 문화를 대표하던 소천국은 문화 차이를 극복하지 못한 채 극단적인 갈등을 겪고 결국 이혼을 하게 된다.

아내가 남편을 지극정성으로 개과시켜 가정으로 들어오게 하는 것이 아니라 남편의 잘못에 대하여 훈계하고 더 이상 변할 여지가 없어 보이자 과감하게 내쳐버린 것이다. 즉, 내조 개념이 드러나지 않을 뿐만 아니라 여성이 남성보다 위에 위치하는 모습을 볼 수 있다. 결국 여성 우위의 결과는 신격에도 영향을 미쳐 백주또의 경우 바람 위로 올라서고 소천국은 바람 아래로 내려서게 된다.

또한 〈궤내깃당본풀이〉에는 부자간 갈등도 포착된다. 소천국은 여섯째 아들 궤네깃한집과 극단적인 갈등을 겪는다. 제주 신화에서 부모와 자식 간의 갈등은 자식이 큰 잘못을 하고 이에 대한 부모의 징벌이 내려지면서 표면화된다. 그런데 자식들의 잘못은 주로 어릴 때 아버지의 수염을 뽑은 죄목, 아버지의 담뱃대를 꺾은 죄목, 어머니의 젖가슴을 받아 뜯은 죄목[53] 등으로 등장한다.

---

53 〈삼승할망본풀이〉, 20쪽, "훈두설에 아바님 삼각쉬 메온 줴목, 아바님 통대 거끈 줴목, 어

백주님이 아기를 부려노니 아바지 삼각쉬를 심어 ᄃᆞᆼ기멍 아바지 가심을 짓두드리는구나. 이 ᄌᆞ식 벤 때에도 석신이 바웨여[54] 살렴을 분산허연게 나도 이런 낫분 행동을 ᄒᆞ니 죽이려 ᄒᆞ뒈 ᄎᆞ마 죽일 수는 엇고 동이와당[55]데레 띠와 불라 (〈궤내깃당본풀이〉, 321쪽)

백주또는 이혼 후 여섯째 아들 궤네깃한집의 양육을 소천국에게 맡긴다. 따라서 소천국이 거주지로 아들을 업고 데려가 등에서 내리자 아들은 재롱을 부린다. 그런데 소천국은 이러한 아들의 재롱을 버릇없다고 생각하며 부부 갈등의 원인을 궤네깃한집에게 돌린다. 즉 소천국에게 아들인 궤네깃한집은 불행의 원인이었고 아들의 재롱 역시 처벌해야 하는 행동으로 받아들여졌던 것이다.

따라서 궤네깃한집은 아직 경쟁 상대가 되는 신으로서 성장하지 못했음에도 불구하고 제거 대상이 된다. 소천국의 선택은 아들이 죽기를 기대하며 바다로 버리는 것이었다. 그러나 끝날 것 같았던 갈등은 결국 궤네깃한집이 시련을 극복하고 아버지를 치기 위하여 제주도로 들어오면서 다시 시작된다. 결국 소천국과 백주또는 아들을 피해 도망가 죽게 되고 궤네깃한집은 알궤눼기에 주신으로 좌정하게 된다. 부모에게 버림받은 궤네깃한집은 용궁과 세상을 떠돌아다니며 자신을 단련시키고 영웅으로 거듭났으며, 자신을 버렸던 부모를 찾아가 힘으로 내몰고 자신이 세상의 중심으로 자리를 잡으면서 부자 갈등은 아들의 승리로 마무리된다.

머님 ᄌᆞᆺ가심 허위틑은 죄목을 마련하여."

54 무슨 일이 기회가 맞지 않아 그르치다.

55 동해바다.

V. 신들에게 중요한 나이 15세

전통시대에 결혼하기 가장 좋은 나이는 이팔, 즉 16세를 전후 한 나이다. 따라서 많은 고전 작품에서 인생의 터닝포인트에 해당하는 나이를 주로 16세로 잡는다. 예컨대 유장원(柳長源)에 의해 1783년에 22권으로 초고가 완성된 『상변통고(常變通攷)』 권6 「혼례(婚禮)」 〈의혼(議婚)〉에서는 "남자는 16세에서 30세, 여자는 14세에서 20세[男子年十六至三十 女子年十四至二十]"에 의혼한다는 사실을 역사적으로 고찰하고 있다. 이러한 역사적 사실에 비해 제주 신화에서는 관련된 나이를 일관되게 15세로 강조한다.

> 동이요왕할마님이 ᄆᆞᆫ저 솟아나고 동이요왕 할아버님이 솟아납기는 신구월 초아흐렛날 아방국 동이용궁 어멍국 서이용궁으로 솟아나 열다섯 십오세 나니 ᄒᆞᆫ누 설에 아바님 삼각쉬 메온 줴목, 아바님 통대[56] 거끈 줴목, 어머님 즛가심 허위튿은 줴목을 마련허연 죽이기로 ᄒᆞᆯ 때
>
> (〈삼승할망본풀이〉, 24쪽)

위는 〈삼승할망본풀이〉가 시작되는 부분이다. 동해 용왕 따님애기가 부모와의 갈등으로 쫓겨나는데, 그 나이를 15세로 제시하고 있다. 'ᄒᆞᆫ두 설에'라는 용어를 통해 처벌의 근거가 과거에 지은 죄임을 알 수 있다. 즉 용왕은 자신의 딸에게 여러 가지 죄가 있음에도 불구하고 15세가 될 때까지 길렀으며, 15세가 되자 결국 자신의 품에서 떠나보낸 것이다.

56 담뱃대.

① 예, 그런 것이 아니오라 우리 법당에 완 원불수룩 드련 탄생ᄒᆞᆫ 아기씨가 열다섯 십오세 원멩[57]이 부족ᄒᆞᆫ 듯ᄒᆞ니 권제삼문 받아당 수룩 드령 원멩을 잇저 권제를 받으레 왔수다 (〈초공본풀이〉, 50쪽)

② 또 ᄉᆡ성제 키우는디 상다락에 중다락 하다락을 무어 놓고 노념놀이 시겨가멍 키우는디 무정세월 여류헤야 열다섯 십오세 넘어진다 (〈삼공본풀이〉, 94쪽)

③ 아로 ᄉᆡ정젠 원천강 ᄉᆞ주팔ᄌᆞ가 ᄀᆞᆽ언 열다섯 십오세 ᄉᆞ구 전멩이 매기니 이 아이 ᄉᆡ성젤 우리 법당에 ᄃᆞ라당 법당공양 시경 열다섯 시봉세 멩과 복을 잇어주곡 (〈차사본풀이〉, 108쪽)

④ 엿날 엿적 주년국땅 소ᄉᆞ만이 사옵데다. ᄉᆡ설 적 어머님 죽고 다ᄉᆞᆺ살 적 아바님 죽어 문전걸식 ᄒᆞ시와 방랑생활ᄒᆞ다네 열다ᄉᆞᆺ 십오세 되난 얌전ᄒᆞ고 착실헤야 동네에 쥬지존장덜이 흡흡이 모아 티끌 모아 태산 뒈여 금전 모아 입장 결혼시겨줍데다 (〈ᄉᆞ만이본풀이〉, 172쪽)

⑤ 아기씨 아바님 몸에 연조새앗안 ᄒᆞᆫ두 설 지나가난 다ᄉᆞ ᄋᆢᄉᆞᆺ설이 뒈여간다. 열다섯 십오세 나는 헤에 아바님이 상다락 중다락 하다락 베출당을 무어 놓고 [⋯] 노는구나 (〈세경본풀이〉, 200쪽)

①은 불공을 드려 탄생한 아기의 최소 수명의 단위를 15세로 상정하고

57 원명(元命).

있고, ②는 동경국 버무왕의 세 아들에 주어진 생명이 15세임을 밝히고 있다. 이들이 생명을 연장하기 위해서는 법당에 공양해야 하기 때문에 결국 머리를 깎고 출가하게 된다. ③에서 15세는 강이영성과 홍운소천 사이에 태어난 막내딸 가문장아기가 독립하는 나이다. 가문장 아기는 부모와의 대화에서 자신이 살아가는 원동력은 부모와 신의 도움도 있지만 결국은 자신의 배꼽 밑에서 성기까지 그어진 선 덕분이라고 주장한다. 그리고 자신을 태어나게 한 신적 존재와 부모로부터 독립을 선언하는데, 그때 나이가 15세였다. 〈세화 본향당본풀이〉 중 '백주또본풀이'에서 역시 가정에서 독립하는 나이를 15세로 규정하고 있다.[58]

④는 〈사만이본풀이〉가 시작되는 부분이다. 유아기 때 부모와 사별한 후 방랑하던 사만이는 15세에 결혼하게 된다. 이 과정에서 사만이를 둘러싼 공동체는 그의 성장 과정을 관찰하면서 사만이가 성실하고 훌륭하게 성장하는 모습을 확인하고 그가 15세가 되자 십시일반으로 재물을 모아 결혼시킨 것이다. 즉, 〈사만이본풀이〉에서는 〈차사본풀이〉와 〈세화 본향당본풀이〉의 '백주또본풀이'에 나타나는 독립과는 결을 달리하여 15세는 가정을 가질 수 있는 나이로 보고 있다.

⑤에서는 자청비가 부모의 관찰과 보호 없이 혼자 놀 수 있는 나이를 15세로 제시하고 있다. 자청비의 부모는 그녀가 15세가 되자 혼자 놀 수 있는 놀이시설을 만들어 1년 내내 혼자 놀 수 있게 해 준다. 이 밖에 〈세경본풀이〉에서는 15세 전후를 남성과 여성이 잠자리를 같이 할 수 있는 나이로 인식하고 있으며,[59] "여ᄌ식은 열다섯 십오세가 넘으민 ᄃᆞᆯ ᄃᆞᆯ마다 몸

58 〈세화 본향당 본풀이〉, '백주또본풀이, 344쪽, "네간 가정 나고 가라. 십오세가 뒈여 백주가 눈물로 세주ᄒᆞ멍 하직ᄒᆞ니 입단 입성을 싸고 느진덕정하님을 앞을 세와가지고 천기를 집떠보니."

59 〈세경본풀이〉 212쪽, "남ᄌᆞ건 열다섯 십오세 우흐로랑 나 방으로 들여놓곡 열다섯 십오세

엣 구실 오기 법도를 마련흡데다."[60]와 같이 여성이 생리를 시작하는 나이 역시 15세로 제시하고 있다. 이는 자청비가 인간으로서의 증거를 마련해 달라는 부탁에 부모가 응한 것이다. '몸엣 구실'이라는 말처럼 자청비는 15세에 비로소 진정한 의미의 여성으로 거듭난 것이다.

VI. 신들의 사랑과 불륜

〈세경본풀이〉에서 신들의 아름다운 사랑은 서사를 이끌어가는 중요한 역할을 담당한다. 그 주인공은 천황제석의 손녀이자 짐진국대감의 딸인 자청비와 옥황 문곡성의 아들 문도령이다. 이 둘의 만남은 처음부터 낭만적으로 그려진다.

> 주천강 연내못을 근당ᄒᆞ니 어여쁘고 고온 아기씨가 연방축 연서답을 허염시난 문도령이 보건디 어찌 저런 아가씨를 노아두고 지나가리. 말이나 한 번 일러보고 지나가저. […] 아기씨 상전님아 질카는 사름 목이 ᄆᆞᆯ라 지나갈 수 엇이니 물이나 한 박 뜨어주기 어쩝네까? […] 태주박에 물을 ᄒᆞᆫ박 떠아전 수양버들 섶을 삼싀번 훑어놓고 문도령안티 들고 가니 문도령이 말ᄒᆞ뒈, 어찌ᄒᆞᆫ 일로 아기씨상전님아 얼굴광 속이 ᄀᆞ

이알로랑 너의 방으로 들여노라. 열다섯 십오세 미만이 뒈옵네다. 어서 너 방으로 들여노라."; 결국 문도령과 자청비는 이날 한 이불을 덮고 잠을 자게 된다. 성관계를 보여주는 어휘나 문장은 등장하지 않지만 정황상 15세 정도면 성관계를 가질 수 있는 나이로 이해하고 있음을 보여준다.

60 〈세경본풀이〉, 250쪽.

뜨질 못허연 고온 물에 굿은 티를 노아줍네까? 도련님아, ᄒᆞᆫ 일은 알곡 두 일은 모른 도련이로고나. 급한 질을 행ᄒᆞ는 것 ᄀᆞ타 목이 ᄆᆞᆯ르고 애가 쓴 듯 ᄒᆞᆫ곳테, 물이라 ᄒᆞᆫ 건 목을 노아 먹다는 물에 체ᄒᆞ민 약도 엇는 법입네다. 물에 티를 노앙 드리민 팃 궁기로 물을 빨아먹을 거난 물에 티를 노아 드렸수다 (〈세경본풀이〉, 202·204쪽)

선남선녀의 만남이고 한 편의 야담을 요약해 놓은 느낌이다. 우선 문도령은 자청비의 아름다운 외모에 매력을 느꼈다. 주천강에서 빨래를 하던 자청비는 성인의 길목에 막 들어선 사랑하기 좋은 15세의 아름다운 여인이었다. 두 번째로 문도령은 자청비의 지혜로움에 매력을 느꼈다. 자청비는 급하게 내려오던 문도령을 발견하고 물을 떠 주는데, 행여 급하게 마시면 체할까 세 개의 버드나무 잎을 띄워준다. 구체적 언급은 등장하지 않지만 위 예문의 정황상 자청비 역시 문도령에게 첫눈에 반한 것으로 판단된다. 첫눈이란 자신과 상대방에 사이에 발생하는 의사소통적 몸짓이며 상대방의 특성에 대한 직관적 포착이다. 따라서 문도령과 자청비가 서로 첫눈에 반했다는 것은 각자의 삶을 완성시켜 줄 수 있는 타자에 대한 매혹의 과정이다.[61]

결국 부모를 설득하여 글 공부를 하러 가기로 결심한 자청비는 남장(男裝)을 하여 자신의 남동생이라 속이고 문도령을 따라가 거무선생 밑에서 동문수학한다. 둘은 마치 형제처럼 한솥밥을 먹고 한 이불을 덮고 자면서 생활한다. 그러던 중 문도령은 남장을 한 자청비가 여자라는 느낌을

61 앤소니 기든스 저, 배은경·황정미 역, 『현대 사회의 성·사랑·에로티시즘』(새물결, 2003), 79-80쪽.

받고,[62] 남장을 한 자청비 역시 문도령이 눈치를 챘음을 파악한다. 이후[63] 문도령은 자청비가 여성임을 확신하고, 둘은 서로 직접적인 표현은 하지 않지만 사랑의 감정을 키워갔다. 그 무렵 둘에게 이별이 찾아온다. 문도령의 부친 옥황에게서 3년 동안 공부하였으니 이제 그만하고 돌아와 서수왕의 딸에게 장가가라는 편지가 도착했다.

> 눈치 모른 문도령아, 멍청ᄒᆞᆫ 문도령아, 연삼년 ᄒᆞᆫ 이불 속 ᄌᆞᆷ을 자도 눈치 모른 문도령아 (〈세경본풀이〉, 210쪽)

위는 남장한 자청비가 문도령에게 자신이 여자임을 알리기 위해 애써보지만 끝내 외면하는 문도령[64]에게 버드나무 잎에 써 준 글귀다. 자청비는 이 글을 남긴 후 집으로 급하게 돌아가 버린다. 뒤늦게 이 글을 확인한 문도령은 드디어 자청비가 자신을 무척이나 사랑하고 있음을 깨닫고 급하게 좇아간다. 문도령을 그냥 보낼 수 없었던 자청비는 부모님께 문도령을 소개해 둘의 관계를 인정받고 그날 밤 아름다운 사랑을 나눈다.

그러나 자청비와 문도령은 이별을 피할 수는 없었다.

> 연삼년 눈속이던 ᄉᆞ랑을 풀어 누었더니 천앙ᄃᆞᆨ이 목을 들러 날이 새게 뒈여가니, ᄌᆞ청비가 말을 ᄒᆞ뒈 설운 도련님아 날이 새게 뒈여시니 설운 도련님아 어서 행ᄎᆞ 때가 뒈여시니 노각성ᄌᆞ부줄로 옥황으로 올

---

62 〈세경본풀이〉, 206쪽, "하를 이틀 지나는 게 해가 두 헤 지나보니 문도령 눈치예 ᄌᆞ청비가 여ᄌᆞ의 몸으로 눈치가 알 듯 허여가난"

63 문도령이 남장한 자청비에게 글 공부에서 뒤지자 자신의 능력을 드러내기 위해 서서 오줌 내갈기기를 제안한다. 물론 자청비는 기지를 발휘해서 이 위기를 넘긴다.

64 남장한 자청비가 문도령에게 함께 목욕하자고 제안하자 문도령 역시 이를 수락한다. 그러나 문도령은 목욕을 하면서 시종일관 자청비의 시선을 피한다.

라갑서 (〈세경본풀이〉, 214쪽)

위에서 3년 동안 속앓이를 했던 자청비의 마음과 이별의 아쉬움이 잘 드러난다. 둘은 상동나무로 만든 머리빗을 한 쪽씩 나눠 가진 후 문도령은 줄을 타고 하늘로 올라간다.

정수남이 나타나 온갖 교묘하고 천박한 방법으로 자청비를 유혹한다. 이에 자청비와 정수남은 극단적인 갈등 관계를 형성하지만 자청비에게 정수남의 유혹은 큰 문제가 되지 않는다. 그런데 자청비는 우연히 들른 주막에서 주모가 문도령의 혼사를 위해 비단을 짜고 있다는 사실을 알고 크게 슬퍼하고 눈물까지 흘리며 그 비단에 자신의 이름을 새겨 올려 보낸다. 자청비의 존재를 확인한 문도령은 곧바로 지상으로 내려와 자청비를 만나려 하지만, 자청비는 실수로 문도령의 심기를 건드려 둘은 결국 얼굴을 보지 못한 채 다시 이별을 맞는다. 그러나 간절한 마음이 서로 통한 둘은 결국 재회하게 된다.

> 노래를 불러가난 놀래 들은 문도령은 먼 문 뱃기 나완 보난 ᄌ청비가 뜰림 읏다. 상동낭 홍얼레기 본메 둔 거 마주 맞추와 보난 똑 들어맞았구나 (〈세경본풀이〉, 246쪽)

지상과 천상의 구분으로 인하여 부득이한 이별과 수많은 고난을 극복한 문도령과 자청비는 결국 다시 만나게 된다. 문도령은 자신의 부모에게 자청비의 존재를 들키지 않기 위해 낮에는 병풍 뒤에 숨기고 밤에는 함께 사랑을 즐긴다. 하지만 결국 문도령은 부모에게 서수왕의 딸과 혼인하지 않겠다고 선언하고 자청비의 존재를 드러낸다. 둘은 문도령의 부모 앞에서 칼날 위를 걷는 고통을 극복하고 관계를 인정받아 혼인을 하게 된다.

이처럼 〈세경본풀이〉에서는 남녀의 사랑이 서사를 이끌어가는 중요한 역할을 담당한다. 옥황상제의 아들 문도령과 농경기원신인 자청비의 첫 만남에서 자청비가 사랑에 빠지고, 이후 자청비의 남장과 동문수학의 내용이 이어지면 아름다운 사랑이 전개되며, 슬픈 이별과 우여곡절 끝에 반가운 재회가 이루어지는 완벽한 사랑 이야기다. 신으로 좌정하는 과정에서 사랑과 갈등 전쟁 등의 대서사시로 이루어진 〈세경본풀이〉는 흥미로운 사랑의 신화 중 하나이기도 하다.

한편 〈세경본풀이〉처럼 아름다운 사랑 이야기도 있는 반면, 〈서귀·동홍본향당본풀이〉처럼 불륜 이야기도 있다.

> ᄒᆞᆫ 집의 천하미색 고온 뚤아기가 잇어지니, 그 집의 주인을 멎히고 장개를 간 보난 장개가젠 ᄒᆞᆫ 아기씬 처아지망이 뒈고 부인은 고산국이 뒙데다. 가전체 아니ᄒᆞᆫ 장갤 가 놓고 ᄒᆞ를 이틀 살다네 처아지망을 통관허여 거느리고 ᄃᆞᆯ아나 제주 한라산을 넘어오는디 구산국은 아시광 남편이 ᄃᆞᆯ아난 걸 알고 뒤뚤라 온다.[65]

비씨영감인 바람웃도에게는 고산국이라는 부인이 있었는데, 홍토나라와 비오나라를 돌아다니던 중 한 아름다운 여성을 보고 반한다. 바람웃도는 그 집에 들어가 유숙하면서 주인을 설득하여 그 여성과 혼인하게 된다. 그런데 그 여성은 공교롭게도 처제였다. 바람웃도는 부인을 속였으며 잘못된 만남을 행한 것을 알면서도 그 상황을 극복하려는 노력을 하지 않는다. 결국 그는 처갓집에서 얼마간 살다가 처제와 함께 한라산으로 도망

65 〈서귀·동홍본향당본풀이〉. 현용준, 『제주도 무속자료사전』(도서출판 각, 2007), 630~631쪽.

가 사냥을 하며 살아간다. 고산국은 남편과 동생 모두와 화해를 할 수 없었고 이혼을 하게 된다. 결국 고산국은 동생의 성을 지산국으로 바꾸게 한 후 자신의 전 남편인 바람웃도와 함께 동홍리 일대를 다스리며 지내게 하고 자신은 서홍리에 자리를 잡는다.

이처럼 〈서귀·동홍본향당본풀이〉에는 한 남자와 자매 사이의 불륜이 매우 잘 드러나고 있으며 윤리적이고 도덕적인 문제가 직접 거론되지는 않지만 질투의 감정을 느낄 수 있다. 이러한 애정의 균열과 가족의 분리는 결국 신들의 거주 공간을 분리시켜 버렸다. 본풀이 내용에 나오듯이 이 두 마을은 땅과 물을 분리시킨 후 서귀포와 동홍동은 본향당이 같고 서홍동에는 고산국이 좌정한 별도의 당이 만들어진다. 이후 두 마을 사이에는 인적·물적 교류가 이루어지지 않았다는 이야기가 전한다. 신들이 사랑과 불륜이 서로 다른 문화적 정체성을 만들었다는 흥미로운 이야기다.

Ⅶ. 맺음말

지금까지 의식주와 더불어 사냥, 불륜 등 신들의 생활 전반을 종합적으로 검토했다. 고찰한 내용을 정리하는 것으로 맺음말을 대신하고자 한다.

첫째, 신들의 주거 공간으로는 석함이 유년기의 안식처로 등장하고 안식처로서는 오름과 그 주변으로 나타난다. 즉 특정한 형태의 신전이나 사당과 같은 양식의 건물이 드러나지 않는다.

둘째, 신들의 옷 역시 간략하게 다루어진다. 여성의 일반적 복장과 저승을 오가는 차사의 복장을 제외하면 의복은 대부분 소략하게 언급되어 있음을 알 수 있다.

셋째, 신들의 음식은 매우 다양하게 등장한다. 주거 공간 및 의상과는 달리 신들의 주식으로 쌀과 육류(소고기와 돼지고기)를 제시하고 있고, 메밀과 메밀범벅이 매우 중요한 음식으로 제공되고 있다. 그리고 제사상에 올라가는 음식으로는 메밥, 나물무침, 떡, 계란 요리, 과일, 해산물 등이 매우 자세하게 등장한다.

넷째, 가정불화로는 부부 갈등과 부자 갈등이 주로 나타난다. 부부 갈등과 부자 갈등은 고전 서사에서 매우 흔하게 등장한다. 그러나 대부분 충·불충, 효·불효, 수절·훼절 등의 충돌과 가문의 정통성 계승과 맞물려 서사의 흐름을 주도한다. 그러나 〈궤눼깃당본풀이〉에서 등장하는 부부 갈등은 문화적 이질성에 기인한 것이고, 부자 갈등은 오이디푸스콤플렉스를 보여주고 있다.

다섯째, 15세라는 나이가 매우 강조되었다. 수명의 최소 단위 및 생명 연장의 단위, 부모로부터 독립할 수 있는 나이, 혼인할 수 있는 나이, 부모 도움 없이 혼자 놀 수 있는 나이, 남성과 성관계를 가질 수 있는 나이, 여성의 생리가 시작되는 나이 등으로 등장한다. 대개 15세 이후 성인의 자격을 획득함을 알 수 있다.

여섯째, 농경신으로 좌정하는 과정에서 사랑이 주된 역할을 하고 있으며, 농경과 목축에서는 풍요와 다산이 중요하므로 이는 자연스러운 연결로 볼 수 있다.

일곱째, 공동체가 분리되어 서로 다른 문화 정체성을 형성하게 되는 원인으로 불륜에 의한 가족과 거주 지역의 분리를 다루고 있는 점 역시 매우 흥미롭다.

이 글은 제주 신화의 일상성을 총체적으로 검토하고 정리했다. 추후 일상성을 구성하는 다양하고 풍부한 지표를 개발하고 이를 바탕으로 제주 신화의 전수 조사가 이루어지기를 기대한다.

갓 문화를 통해 본
제주 복식의 다름과 습합

이민주

I. 머리말

제주의 복식은 육지의 복식과는 다르다고 한다. 이는 누구의 말인가? 제주 사람들의 말은 아닐 것이다. 그것은 육지인이 자신들의 복식과 다르다고 생각해서 한 말이다. 육지인으로서 제주도의 복식을 본 사람들은 누구일까? 그들은 제주도로 파견된 관인 또는 유배를 간 사대부들이다.

조선시대 제주 풍속에 대한 최초의 기록은 김정(金淨)의 『제주풍토록(濟州風土錄)』에서 확인된다. 기묘사화(己卯士禍)로 제주에 유배 갔을 때 쓴 이 책에서 김정은 "제주의 풍토는 놀라울 정도로 색다르지만 추구할 가치가 없고, 날씨는 변화무쌍하여 의복과 음식을 조절하기가 어려워 병이 생기기 쉬우며, 구름·안개·비·바람이 많아 음습하고 벌레도 많아 견디기 어렵다."라며 사람이 살기에 적합하지 않다고 기술했다. 1841년 제주목사로 파견된 이원조(李源祚)도 『탐라지초본(耽羅誌草本)』에 제주 복식을 자세하게 기록해 놓았다. 그는 "모립라관(毛笠蘿冠)을 쓰고 구의피말(狗衣皮襪)

을 입는다."라고 하면서 "모립라관은 풍우에 잘 견디며, 구의피말은 노숙을 하거나 산행을 하는데 편리하다."고 주석을 달아 놓았다.

김정과 이원조의 기록에서 나타나듯 제주는 육지와 자연지리적 환경이 달랐고, 제주 사람들은 제주 고유의 환경에 맞추어 독특한 복식을 개발했다. 이에 이 글에서는 제주 복식이 육지의 복식과 어떤 차이가 있는지 살펴보고, 특히 모자에 집중하여 제주의 다양한 모자가 조선 전역의 갓 문화에 어떻게 습합될 수 있었는지 그 배경을 찾아보고자 한다. 이를 위해 첫째 제주 풍토를 기록하고 있는 『제주풍토록』, 『제주풍토기(濟州風土記)』, 『탐라지초본』 등의 문헌을 통해 제주의 자연지리적 환경이 만들어낸 제주 고유의 복식을 정리할 것이다. 둘째, 제주의 고유 복식 중 가죽감티, 털벌립, 정당벌립, 대패랭이 등 유목 문화와 관계가 깊은 제주 모자의 특징을 살펴보고, 셋째 제주에서 생산된 다양한 모자가 조선의 갓 문화에 영향을 줄 수 있었던 원인이 무엇인지 살펴볼 것이다. 이러한 일련의 과정을 통해 갓 문화에 끼친 제주의 영향이 무엇이었으며, 제주의 특수한 자연지리적 환경과 생활 환경이 조선시대는 물론 현대까지도 공예품의 생산지로서 어떤 가치를 갖고 있는지 확인해 보고자 한다. 더욱이 2019년부터 인기를 끌고 있는 드라마 〈킹덤〉에서 세계인의 관심을 끈 것은 단연 갓이었기 때문이다.

조선시대 갓은 현대에서도 각광을 받을 수 있는 좋은 품목임에도 불구하고 제주 복식에 대한 연구는 1986년 『한국민속종합조사보고서』의 제주 복식 전반에 관한 연구 이후 큰 진전이 없는 것이 사실이다. 이는 제주 복식 자료가 부족할 뿐만 아니라 이에 대한 관심도 결여되어 있기 때문으로 보인다. 그러나 이 글을 시작으로 추후에는 갓에 대한 새로운 인식과 관심이 이어지기를 기대한다.

Ⅱ. 제주 풍속과 복식

제주 풍속에 대한 기록은 김정의 『제주풍토록』에서 시작된다. 이후 이건(李健)의 『제주풍토기』와 이원조의 『탐라지초본』 등에서 제주 풍속을 확인할 수 있으며, 제주의 고유 복식은 1986년에 작성된 『한국민속종합보고서』를 통해 총괄적으로 살펴볼 수 있다.[1] 여기에서는 제주의 자연지리적 환경과 생활환경에서 만들어진 제주의 고유 복식을 살펴보고자 한다.

1. 갈옷

김정은 조광조(趙光祖)와 함께 정치 개혁에 앞장서다가 기묘사화로 목숨을 잃은 기묘명현(己卯名賢)의 한 사람이다.[2] 『제주풍토록』은 김정이 제주 유배 시기에 작성한 것으로, 제주의 자연환경과 생활풍습 전반을 상세하게 기록하고 있다. 그중 기후와 관련된 복식 기록을 보면 다음과 같다.

> 기후는 겨울이 혹 따뜻하고 여름이 혹 차가우며, 날씨의 변화가 일정하지 않아 바람과 공기가 온난하다. 하지만 사람에게는 심하게 뾰족하고 날카로우며 사람의 입을 것과 먹을 것을 조절하기 어렵기 때문에 병이 발생하기 쉽다. 운무가 음침하게 가리고 하늘이 맑게 갠 날이 적고,

---

1 조선시대 제주 풍속에 대한 기록에서는 복식이 소략하게 언급되기 때문에 1986년 최초로 제주 복식을 조사하고 기록한 『한국민속종합보고서』에 기대어 제주의 고유 복식을 분류했다.

2 양순필, 「충암의 제주풍토록 소고」, 『어문논집』 22(1981), 129쪽.

질풍과 괴이한 비가 수시로 내려 찌는 듯 더워 답답함이 끓어오른다.[3]

이처럼 척박한 제주의 생활환경은 옷에서 가장 극명하게 드러난다. 제주의 대표적인 옷감은 무명이다.[4] 그러나 무명은 넉넉하지 않았을 뿐 아니라 올도 성글어 쉽게 해어졌다. 따라서 제주 사람들은 무명에 감물을 들여 내구력을 높였고, 이러한 과정을 통해 제주를 대표하는 갈옷이 만들어졌다.

갈옷은 7~8월 풋감을 따서 으깨어 즙을 내고 그 물에 옷을 담가 염색해 만들었다. 감물이 잘 들면 황토색으로 염색되기 때문에 흙일을 하는 농부들이 입고 작업을 해도 더러운 것이 잘 드러나지 않는다. 또한 감물을 들이면 옷감이 빳빳해지기 때문에 굳이 풀을 먹이거나 잔손질을 할 필요가 없다. 이 외에도 감즙이 방부제 역할을 하기 때문에 땀에 강하고 냄새가 나지 않을 뿐 아니라 몸에 달라붙지 않아 시원하다. 게다가 감물을 들이면 오물이 쉽게 떨어지며 통기성이 좋아 쉽게 마르기 때문에 저녁에 빨아 널면 아침에 입고 나갈 수 있다.[5] 이처럼 갈옷은 척박한 환경의 제주에서 가장 효과적으로 입어 제주의 고유 복식으로 자리했다.

2. 해녀복

『제주풍토기』를 쓴 이건은 제주에서 8년간이나 유배 생활을 한 인물이

---

3 金淨, 『濟州風土錄』.

4 李昌基, 「농촌의 유래와 발전된 종류」, 『전라남도 제주군세일반』(전라남도제주군청, 1915), 17쪽.

5 『한국민속종합조사보고서』 17책, 의생활편(문화재관리국문화재연구소, 1986).

다. 아버지 인성군(仁城君)이 광해군 복위 모의에 가담했다가 발각되어 제주로 유배당한 그는 이 풍토기에 자연환경, 생활풍습 등 유배 생활 중 겪은 제주 풍속을 기록했다. 김정의 기록과 큰 차이는 없지만 그중 제주의 풍토에서 비롯된 특별한 생활환경에 대한 기록이 눈에 띈다.

> 섬 중 여인들이 물을 길 때 머리 위에 이지 않고 등에 지어 가는데, 벌통 같은 긴 통에 물을 길어서 지고 가는 것은 매우 괴상하다. 비단 물 긷는 것뿐만 아니라 무엇이든지 지고 다닐 수 있는 물건은 모두 지고 가는데 마치 남정들이 자목을 지고 가는 것 같다. 또 여인들이 방아를 찧을 때는 군취(群聚)하고 힘을 합하여 절구공이 노래를 제창하면서 찧으므로 경각에 두여 휘[斛]의 곡식을 능히 장만할 수 있으나 그 노랫소리가 슬프고 처량하여 차마 들을 수가 없다.[6]

여기서 독특한 것은 짐을 머리에 이지 않고 등에 지고 다닌다는 사실이며, 더욱 놀라운 것은 물을 긷고 나무를 하는 것이 모두 여자들의 몫이라는 점이다. 제주는 길이 험해 넘어지기 쉽기 때문에 물건을 운반할 때 모두 등에 진다고 하지만, 여자들이 부르는 노랫소리가 슬프고 처량해서 듣기 힘들다는 점에서 그들의 노동 강도가 어느 정도였는지 알 수 있다. 이원조의 『탐라지초본』에 따르면 제주에는 남자가 여자보다 적었다. 남자들은 육지로 물건을 옮기다가 바다에서 표류하거나 물에 빠져 죽는 일이 많았기 때문이다.[7]

물질도 여자들의 몫으로, 2월 이후 물속에 들어갈 때도 옷조차 입지

6 李健, 『濟州風土記』.

7 이원조 저, 김찬흡 외 역, 『탐라지초본』 상(제주교육박물관, 2008), 54쪽.

않았다.

> 해산에는 단지 생복(生鰒), 오적어(烏賊魚), 분곽(粉藿), 옥두어(玉頭魚) 등 수종이 있고 이 밖에도 이름 모를 수종의 물고기가 있을 뿐으로 다른 어물은 없다. 그중에서도 천한 것은 미역을 캐는 여자로, 잠녀(潛女)라고 한다. 그들은 2월부터 5월까지 바다에 들어가 미역을 채취한다. 미역을 캐낼 때에는 소위 잠녀가 알몸으로 해정을 편만하여 바닷가에 가득차서 낫을 갖고 바다에 떠다니며 미역을 캐 끌어올리는데, 남녀가 서로 섞여 있는 데도 부끄러이 생각하지 않은 것을 볼 때 놀라지 않을 수 없다.[8]

해녀복은 왜구의 빈번한 출몰에서 시작되었다. 왜구들은 약탈을 위해 해변 마을을 습격했다가 작업 중인 해녀들을 겁탈했다. 이에 해녀들이 정조를 지키기 위해 고안해 낸 옷이 해녀복이다.[9]

해녀복은 상의로는 물적삼, 하의로는 물소중의를 입고, 머리에는 물수건을 쓴다. 물적삼은 잠수 시 편의를 위한 것으로, 겨드랑이에 바대를 대고 부리와 도련에 고무줄을 넣어서 만들었다. 그러나 이것은 이후에 고무옷이 나오면서 자취를 감추게 되었다.[10]

물소중의는 소중기, 소중이, 소중의, 물소중의, 수견, 물옷, 잠수복, 해녀복 등으로 부르는데, 이는 방언의 차이일 뿐 모두 여자의 속옷을 일컫는 동의어이다.[11] 그중에서도 해녀들이 입는 물소중의는 일반 소중의보

---

8 李健, 『濟州風土記』.

9 장애란·안명숙, 「제주 해녀복을 응용한 의상디자인」, 『탐라문화』 18(1997), 333쪽.

10 장애란·안명숙(1997), 위의 논문, 338쪽.

11 고부자, 「제주도복식의 민속학적 연구」, 이화여자대학교 석사학위논문(1971), 56쪽.

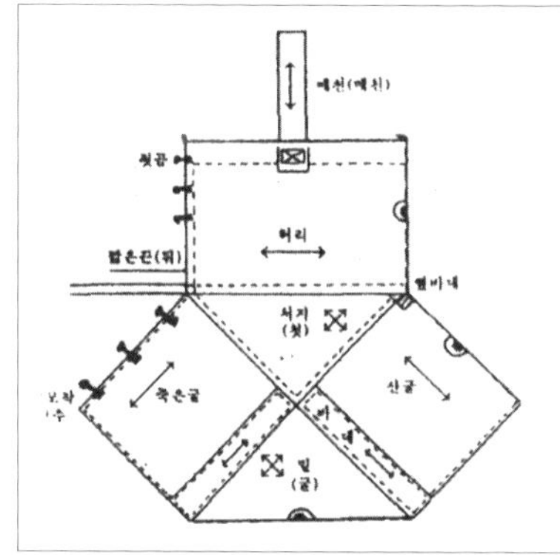

그림1 | 물소중의 형태

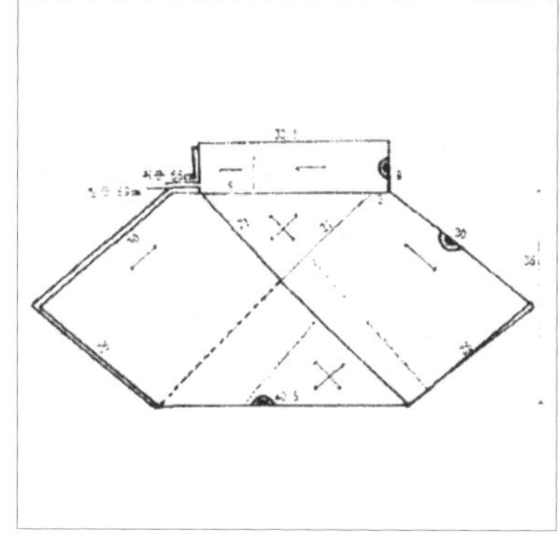

그림2 | 소중의 형태

다 단단하게 바느질되어 있고, 한쪽 어깨에는 끈이 있으며 단추도 달려 있다. 물소중의는 처음에는 흰색을 입었으나 차츰 검정색으로 물들였으며, 여전히 흰색을 입는 사람은 자신의 근면성을 드러내고자 한 사람들이었다. 물소중의는 1702년(숙종 28) 제주목사 이형상(李衡祥)이 해녀들에게 작업 시 반드시 옷을 걸치도록 명령을 내리면서 만들어졌다는 견해도 있다.[12]

〈그림1〉과 〈그림2〉는 각각 물소중의와 소중의의 형태를 보여준다. 〈그림1〉을 보면 물소중의는 특별한 바느질법이나 정교한 기술 없이 체형에 따라 변화할 수 있도록 단순하게 만드는 것이 특징이다. 특히 물소중의는 소중의와 형태는 같지만 견고성과 편리함이 우선시되고, 가슴을 감싸야 하므로 허리 위를 길게 하고 작업 시 벗겨지지 않도록 어깨끈을 달았다.[13]

12 장애란·안명숙(1997), 앞의 논문, 333-336쪽.

13 고부자, 「제주도 여인의 속옷에 관한 민속학적 연구」, 『한국복식』(단국대학교 석주선기념박물관, 1986), 88쪽; 고부자, 「제주도 여인들의 속옷에 관한 연구」, 『제주도연구』 3(1986), 143-154쪽.

3. 목자복

목자복은 고려시대부터 국가의 말을 관리하고 기르던 목축업자들을 비롯해 제주 중산간 마을을 중심으로 목축을 주업으로 하면서 농사를 짓는 목축업자와 목축업자들의 말을 관리하던 테우리 등의 복식이다.[14] 제주인에게 목축은 생활이었다. 특히 양과 말은 농업 경작을 위한 수단이었으며, 식용으로의 진상품이었을 뿐 아니라 중요한 옷감으로 사용되었다. 『한국민속종합조사보고서』에도 제주 복식을 특징짓는 것 중의 하나로 '목자옷'을 들고 있어 목축이 제주의 고유 복식으로 자리매김하는 데 중요한 역할을 했음을 알 수 있다. 『제주풍토기』에 기록된 목축과 관련된 내용을 보면 다음과 같다.

> 섬 중에 국마를 여러 곳에서 치고 있고 양현에서도 역시 그리하고 있다. 마둔은 매우 많아 천지현황(天地玄黃) 글자를 각각 배정하여 둔(屯)의 이름으로 삼았다. 1둔의 마필 수는 적어도 백여 필인데, 목자의 수는 2~3인에 불과하다. 목자는 목양하는 자를 말한다. 여름과 가을에 풀이 자라날 때는 말이 죽을 염려는 없으나 한겨울과 이른 봄에 풀이 말라 죽은 때에는 말이 기아로 죽는 수가 하도 많아서 이루 기록할 수가 없다.[15]

가죽옷은 제주도 개벽신화인 삼성신화에도 유일한 옷으로 등장한다.[16]

---

14 국립제주박물관 편, 『제주 말테우리: 고태오의 말테우리 인생 70년』(국립제주박물관, 2016), 155쪽.

15 李健, 『濟州風土記』.

16 제주도지편찬위원회, 『제주도지』 7(제주도지편찬위원회, 2006), 843-851쪽.

그림3 | 개가죽 두루마기, 국립중앙박물관

가죽옷에는 가죽두루마기와 가죽발레, 가죽버선, 가죽신 등이 있다. 두루마기는 구의(裘衣)에서 발전한 것으로 수모피(獸毛皮)로 만든다. 한라산에는 여름에도 빙설이 있으므로 얼음을 캐기 위해 산에 올라가는 자는 두꺼운 갖옷을 걸쳐 입었다. 이외에도 정의현에서는 가죽옷을 귀하게 여겨 관가에 갈 때나 부를 과시할 때 입었다. 현재 제주에 개가죽 두루마기는 더 이상 생산되지 않지만 제주도민속자연사박물관에 전시·보관되어 있어 제주의 고유 복식임을 알 수 있다.

특히 〈그림3〉의 개가죽 두루마기는 털을 제거하지 않고 만들기 때문에 털이 새로 날 때가 적기이고 손질을 거의 하지 않은 채 만드는 것이 특징이며, 한겨울에도 춥지 않을 정도로 보온성이 좋다.

그림4 | 가죽발레, 제주대학교박물관

그림5 | 가죽발레,《탐라순력도》중〈별방조점〉의 부분

가죽발레는 허벅지까지 끼게 입는 일종의 가죽 각반으로, 중산간 마을의 남자들이 주로 겨울 방한복으로 착용했다. 개가죽 두루마기와 마찬가지로 아무나 입지 못하고 경제적으로 여유 있는 사람들만이 입을 수 있었다. 가죽발레는 각각 한쪽 다리에 끼운 후 상단에 연결된 끈을 속에 입은 갈중이의 허리띠에 연결하여 옆구리에서 묶고, 그 끈이 저고리 밖으로 보이게 해 자랑했다.[17] 〈그림4〉의 가죽발레는 특히 목자들이 목양 시 착용했던 것으로[18] 《탐라순력도》의 〈별방조점〉(그림5)과 〈산장구마〉에서 확인된다.[19]

이외에 가죽버선(그림6)과 짚신 형태의 가죽신도 신었다. 제주에서는 '가죽보선'이라고 하며, 가죽 재료로는 노루가 가장 좋고 망아지, 개, 소 등이 많이 사용되었고, 표면의 털을 제거하고 소금에 절여 부드럽게 한

---

17 고부자, 「제주도복식의 민속학적 연구」, 이화여자대학교 석사학위논문(1971), 65-66쪽.

18 고순희·장현주, 「제주 전통 털소재 복식의 유형과 특성」, 『복식』 58-9, 2008, 125쪽.

19 《탐라순력도》, 국립제주박물관 소장.

그림6 | 가죽버선, 제주대학교박물관

그림7 | 도롱이, 제주대학교박물관

후 말총이나 실을 꿰어 바느질해 만들었다.[20] 이외에도 가죽과 면을 누벼 만든 가죽버선은 보온 효과를 증강시키는 역할을 했으며 제주도에서는 사냥하거나 말을 탈 때 가죽버선 위에 가죽신이나 짚신을 덧신었다.[21]

목자들에게 꼭 필요한 복식으로 도롱이도 있다. 길이가 짧은 것은 '도투기'라 해 비 오는 날 풀을 벨 때 착용했으며, 무릎 밑까지 오는 긴 길이의 도롱이는 비가 올 때 입었다. 도롱이는 겨울에는 방한용으로도 사용했고, 산이나 들에서는 이불로도 사용하는 등 그 용도가 다양했다. 제주의 도롱이는 육지의 것과는 달리 상하가 분리되지 않고 두루마기와 같이 목 부분에서 무릎까지 덮을 정도로 길며 주로 남자들이 우마를 돌볼 때 착용했다(그림7).

---

20 김의숙, 「제주도 목자복 연구」, 『탐라문화』 11(1991), 232쪽.

21 고순희·장현주(2008), 앞의 논문, 121쪽.

Ⅲ. 제주의 모자

제주 사람들은 생활환경에 적합한 갈옷, 해녀복 ,목자복을 고유 복식으로 착용했고 그중 유목 문화에서 발달한 목자복은 제주만의 독특한 모자 문화를 만들었다. 목자들이 착용한 모자는 가죽감티, 털벌립, 정당벌립, 대패랭이가 대표적이고, 이들은 총모자, 양태, 망건 등 조선 전역의 갓 문화에 기여했다. 여기에서는 제주 모자가 조선전역의 갓 문화에 어떤 영향을 주었는지 살펴보기에 앞서 제주에서 제작된 다양한 모자의 특징을 살펴보고자 한다.

1. 가죽감티

가죽감티는 제주 목자들의 방한용 모자로, 감태라고도 한다(그림8). 겨울철에 노루를 사냥할 때 착용했으며, 1930년대까지는 일상생활에서도 썼다. 감티는 작은 크기의 가죽으로 만들 수 있는데, 오소리가죽을 최상으로 쳤지만 주로 개가죽을 사용했다. 상인들이 육지에서 들여온 산달피가죽으로도 만들었으나, 산달피가죽은 얇고 따뜻하지 않아 애용되지는 않았다.[22]

가죽감티는 머리를 덮고 목덜미까지 내려오도록 썼고, 말을 타거나 걸을 때 뒷목에 드리워진 부분이 움직이는 것을 자랑으로 삼았다. 모자의 형태를 유지하기 위하여 귀 옆에서 정수리까지의 솔기 부분에 윤노리나무

22 김의숙(1991), 앞의 논문, 221쪽.

그림8 | 가죽감티, 국립민속박물관

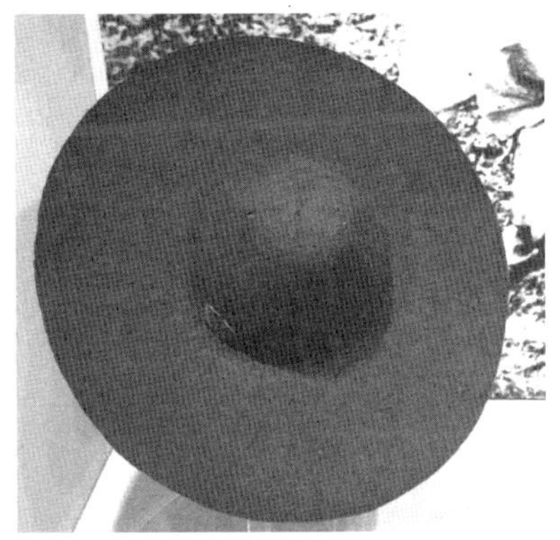

그림9 | 털벌립, 제주특별자치도 민속자연사박물관

를 끼워서 고정했다. 한여름을 제외하고는 어느 계절에나 쓰는데 고사리 2~3가리를 꺾어서 머리 위에 얹은 후 감티를 쓰면 훨씬 시원했다고 한다. 감티는 육지에서 볼 수 없는 전형적인 제주의 고유 양식이다.[23]

2. 털벌립

털벌립은 제주 방언으로 털벙거지를 말한다(그림9). 쇠털로 만들어진 농모로, 형태상으로는 정당벌립과 큰 차이가 없다. 다만 비바람을 견뎌내는 힘이 있어 농부들은 장마 때 갈옷을 입고 우장을 쓴 차림에 털벌립을 썼다. 이처럼 털벌립은 내구력이 좋아 주로 비 오는 날 착용했으나 가난한 사람들은 갓 대신 제사 때에도 썼다. 털벌립은 말털과 쇠털을 콩물과 아교로 반죽해 모자에 골고루 펴놓고 이겨서 눌러 찍는 것으로, 육지에서

23 김동욱, 『증보한국복식사연구』(아세아문화사, 1973), 118쪽.

그림10 | 정당벌립, 국립민속박물관

그림11 | 대패랭이, 제주특별자치도 민속자연사박물관

말하는 전립이다. 털벌립은 빗물은 물론 화살도 뚫지 못할 정도로 견고하며, 짐승의 털로 만들었기 때문에 제주에서는 남자들만 썼다.[24]

3. 정당벌립

정당벌립은 제주도에서만 착용하는 모자다(그림10). 정당벌립은 야산에 자생하는 정당을 뜯어다 1년 정도 말려 조금씩 동그랗게 말아서 두었다가 물대야를 옆에 두고 축이면서 만든다. 정당벌립은 애월읍 귀덕리가 주산지였고 주로 귀덕1리에서 짰다. 그런데 정당벌립은 제작이 까다롭고 관리가 어려워 자랑삼아 쓰는 경우가 많았다. 이에 실용적인 것을 좋아하는 제주 사람들은 단지 귀한 것으로 여겼을 뿐 직접 사용하지는 않았다. 다만 목자들에게는 이상적인 모자였다. 정당벌립은 형태가 안정적이며 표면이

24 김의숙(1991), 앞의 논문, 226-227쪽.

매끄럽기 때문에 가시가 모자에 걸리면 바로 미끄러져 모자가 벗겨지지 않으며, 챙이 넓어 머리나 얼굴에 가시가 닿을 염려가 없다. 원시림이 무성한 한라산을 누비며 살아야 했던 목자들에게는 적합한 모자였다.

4. 대패랭이

대패랭이는 대나무로 만들고, 형태상으로는 정당벌립이나 털벌립과 차이는 없다(그림11). 다만 대패랭이는 정당벌립에 비해 저렴하고 실용적이며 구하기 쉬울 뿐 아니라 가볍고 통풍이 잘되기 때문에 무더운 여름에 나갈 때 남녀가 공용으로 사용했다. 대패랭이는 신의대 또는 족대라고 하는 대나무로 만드는데, 이는 죽순이 피기 전인 음력 2~3월에 채취하고, 참나무·후박나무·신나무 아래에서 자란 것일수록 마디가 길고 유순해 상품으로 친다. 성산면 수산리와 난산리에서 제작되며 성산면, 구좌면 등에서 많이 사용했다. 대나무로 만든 패랭이라 할지라도 피죽으로 만들었을 때 단단하고 탄력이 있으며, 외형이 아름다워 상품으로 쳤다. 대패랭이를 만드는 기술은 갓을 만드는 기술과도 상응한다. 대패랭이의 제작 과정은 대오리를 실처럼 만드는 과정과 모자 모양으로 만드는 과정으로 나눌 수 있는데, 대패랭이 역시 정당벌립이나 털벌립과 같이 모정과 양태가 구분되는 립(笠)의 형태를 유지한다. 이들 립은 육지에서 쓰는 것과 형태는 비슷하지만 제주의 더운 날씨에 맞게 챙이 더 넓다.[25]

---

25 김의숙(1991), 앞의 논문, 228-230쪽.

5. 총모자

총모자는 갓의 모정(帽頂) 부분에 해당한다. 갓은 총모자와 양태를 각각 제작한 후 입자장에 의해 합쳐질 때 비로소 완성된다. 총모자를 짤 때 쓰는 말총은 관, 망건, 탕건을 짜고 남은 것을 쓰기 때문에 상급을 사용하지는 않으며, 갓의 총모자는 쇠총으로 짜기도 한다. 제주에서 총모자를 만드는 지역은 주로 한라산 북쪽에 위치하고 있는 제주·도두·이호·외도·애월까지이다. 총모자는 일청에 모여서 작업을 하는데, 단일 품목이 아니기 때문에 양태와 한 틀을 이루어야 하고 품질도 동일해야 하기 때문이다.[26] 분업과 협업이 잘 이루어져야 양질의 총모자와 양태를 완성할 수 있다.

6. 양태

일명 양대(凉臺)라고도 하는 양태는 모자의 차양 부분에 해당하고 대나무로 만들었다. 양태는 제주의 특산물로 감곽과 함께 법전에 정해져 있었으나 1761년(영조 37) "제주에서 내보낸 양대와 감곽이 대양에서 치패(致敗)되었으니 법전에 의하여 탕감하소서."[27]라고 진휼청에서 상소를 올려 탕감을 받았다. 또한 『성호사설』에는 "우리나라 사람은 반드시 테가 있는 갓을 쓰는데, 대를 엮어 테를 만든다고 하였으며, 김제의 것이 으뜸이고 제

---

26 고부자, 「제주도 모자류에 대한 민속학적 연구」, 『복식』 17(1991), 127쪽.

27 『英祖實錄』, 37年 7月 11日.

주의 것이 다음이다."[28]라고 했다. 이는 제주에도 대나무가 자생하기 때문에 죽모류가 발달했지만 담양이나 김제 등 육지의 대나무가 더 좋았기 때문에 김제의 것을 으뜸으로 친 듯하다. 특히 양태의 크기는 시대에 따라 차이가 있어 효종 때에는 총모자가 너무 높고 양태가 너무 넓어 법부로 하여금 금지시키자는 상소가 있었다.[29] 이는 모자가 단지 실용만을 위한 목적이 아니었음을 방증한다.

7. 망건

망건은 갓을 쓰기 전 머리를 단정히 빗어 정리하고 상투를 튼 다음 흘러내리는 머리카락이 없도록 이마에 두르는 머리띠이다. 전해지는 바에 따르면 망건은 원대 중원지역에서 유래되었지만 말총으로 만든 망건은 고려에서 시작되었으며, 최초 제작지는 말이 풍부했고 몽골 장인들이 살았던 탐라였다.[30] 망건은 검은 비단으로 대용할 수 있지만 비싼 수입품인 비단보다는 쉽고 값싸게 구할 수 있는 말총을 선호했고[31] 이에 말총을 엮어서 그물 모양으로 짰다.[32] 망건은 당상관으로 제수된 신하들에게 하사하고,[33] 정조사(正朝使) 일행 중에 백립과 망건을 제주에서 구해와 그 수요를 충당했다는 1643년(인조 21)의 기록으로 보아 우리나라의 백립과 망건

28 李瀷,『星湖僿說』8卷, 人事門, 生財.

29 『孝宗實錄』, 8年 1月 10日.

30 成海應,『研經齋全集』外集, 58卷, 子餘筆記類 蘭室譚叢3, 網巾.

31 『世宗實錄』, 五禮, 凶禮儀式, 襲.

32 『文宗實錄』, 2年 3月 28日.

33 『世祖實錄』, 11年 10月 6日.

이 중국까지 알려져 있었음을 알 수 있다.[34]

제주의 진상품은 말이었다. 제주는 해마다 많은 말을 공마로 바쳤으므로 말의 부산물인 말총 역시 생산량이 많았다. 제주에서는 서민들도 대개 말을 길러 온 나라를 상대로 장사했는데, 우황과 말총이 가장 값이 많이 나가는 물건이었으므로[35] 망건이나 모자류 등을 만들어 육지에 팔았다.

Ⅳ. 갓 문화로의 습합

제주에서 다양한 모자가 만들어질 수 있었던 배경에는 육지와는 다른 제주만의 생활환경이 있었다. 그중 가장 중요한 것은 원료의 공급이다. 제주는 말을 공물로 진상했기 때문에 그 부산물인 말총이 풍부했다. 또한 목자들이 사용한 다양한 모자들은 말총을 엮어 만들기 때문에 모자를 만드는 기술을 가진 장인이 많았다. 그뿐만 아니라 섬이기 때문에 제주에서 생산된 물건을 수출하기도 좋고 필요한 물건을 수입하기에도 편리한 교통수단을 갖추고 있었다. 이에 조선이 갓 문화로의 습합이 용이할 수 있었으므로 그 원인을 살펴보고자 한다.

34 『仁祖實錄』, 21年 12月 22日.

35 李瀷,『星湖僿說』8卷, 人事門, 生財.

1. 갓의 원자재, 말총

말총은 말에서 나오는 부산물로 말의 갈기와 꼬리의 털이다. 말총은 사람의 머리카락처럼 계속 자라기 때문에 공예품과 생활용품으로 만드는 데 적합하다. 제주 말총은 관모 공예에 주로 사용되는데, 그 길이는 50cm 이상이며 2년 이상 자란 말에서 추출할 수 있다. 말총을 베는 시기는 음력 3~4월이 좋으며, 말총을 얻을 때에는 말의 꼬리 부분을 잡고 어슷하게 베어내는데 긴 꼬리 부분은 제외하고 모두 잘라낸다. 말총 약 60g을 구하기 위해서는 3마리의 말이 필요하다.[36]

말총은 만졌을 때 매끈하고 시원한 느낌을 주며 다양하고 부드러운 모색과 은은하고 고급스러운 광택이 난다. 말총의 표면은 매끄럽고 서로 달라붙지 않으며 각 가닥이 잘 정돈되어 직조 시 투시성과 투과성이 매우 뛰어나다. 말총은 가공되지 않은 천연 광택으로 은은한 자연스러움을 지니고 있고, 겹겹이 쌓여 직조되었을 때에는 그 깊이를 더하게 된다. 이덕무(李德懋)가 지은 갓 연구(聯句)에서도 "탐라의 갓은 매미 날개보다 가볍다."[37]고 했는데, 말총 한 가닥의 무게는 약 0.02g으로 매우 가볍다.[38]

제주 말총은 조선시대 남성들이 썼던 망건·탕건·총모자 등 관모류와 종의(鬃衣)를 비롯한 의복을 만드는 데 쓰였다. 그러나 종의는 일찍 단종되었으며,[39] 허리띠, 빗자루, 솔, 망울, 끈 등 일상 공예품에도 자주 활용되었다. 17세기 조극선(趙克善)이 쓴 『인재일록(忍齋日錄)』에는 제주의 뱃사람이 가져온 물건 중에서 말총으로 만든 갓 한 개, 말총으로 만든 관 한

36 장경희, 『탕건장』(화산문화, 2000), 55쪽.

37 李德懋, 『靑莊館全書』 卷9, 雅亭遺稿, 笠聯句, 耽羅薄於蜩.

38 박예님, 「말총을 이용한 장신구 연구」, 국민대학교 석사학위논문(2015), 5쪽.

39 박원길, 「조선시대 유학자들이 본 제주의 유목문화」, 『제주도연구』 48(2017), 126쪽.

개, 집이 갖추어진 망건 하나를 비롯해 가죽으로 만든 겉옷·바지·배자 각 하나씩을 구했다는 기록이 있다.[40] 모두 제주 말총으로 만든 관모류와 의복이다.

제주에서 만든 갓은 조선시대 사대부들에게 특히 인기가 있었다. 이는 박지원, 이덕무, 유득공이 지은 연구에서 확인된다.

둥근 갓양태는 부처의 광배같고,
볼록한 갓모자는 의서(醫書)에서 그린 위같네. [⋯]
벼슬아치는 빰 왼쪽에 산호 매달았고,
선비는 턱 양쪽에 비단 끈 드리웠네. [⋯]
옻칠 말리는 것은 비 오고 구름 낀 날 틈타고,
아교로 붙이는 것은 불기운을 빌려야지. [⋯]
영달하면 종립에다 갖신이 합당하고,
궁색하면 전립에다 짚신이 합당하지. [⋯]
제주도 갓은 매미 날개보다 더 얇고,
고려 때 갓은 비취새처럼 파랗게 물들였지. [⋯]
습기찰세라 노끈으로 팽팽히 당겨두고,
더럽혀질세라 갓집에 싸서 두네. [⋯]
머리 뒤로 젖혀 쓰면 방탕해 보이고,
이마 쪽으로 눌러 쓰면 성난 듯하네.
머리 크기 다르지만 않다면,
친구 사이엔 빌려 줄 수도 있지.[41]

40 趙克善,『忍齋日錄』, 1615年 11月 初9日, "叔主來話而去 所得於濟州者 騘笠一 家俱騘冠一 家俱網巾一 皮短裘一 皮背子一 皮袴一."

41 朴趾源,『燕巖集』卷4, 映帶亭雜咏, 笠聯句.

이 시의 화자는 갓의 형태, 갓을 쓰는 모습, 갓을 만드는 방법, 갓의 보관 등 갓에 대해 훤히 꿰고 있다. 흥미로운 것은 머리 크기가 같다면 친구 사이에는 갓을 빌려줄 수도 있다고 하는 대목인데, 이로 보아 갓을 갖는다는 것이 그리 녹록치 않았음을 알 수 있다. 특히 제주도 갓은 매미 날개보다 더 얇다고 해 그 기술이 정교했음을 드러내고 있다. 또한 영달해야 쓸 수 있는 것이 말총으로 만든 갓이었으니 제주에서 만든 갓이 남자들 사이에서 최고였음을 알 수 있다.[42]

2. 제주의 장인, 갓일

『경국대전』에 따르면 갓을 만드는 장인으로는 초립장(草笠匠)이 공조에 8명, 상의원에 6명이 있고, 유립장(糯笠匠)은 상의원에만 2명이 소속되어 있었다(표1). 또한 사모장(紗帽匠)이 공조에 2명, 상의원에 4명이 있고, 모자장(帽子匠)이 공조에 6명, 상의원에 2명이 있으므로 모두 30명이다. 물론 양태장(涼太匠)도 상의원에 2명이 있고, 모관장(毛冠匠)도 상의원에 2명이 있었다. 경공장 안에만 모자와 관련된 장인의 수가 34명이므로 조선시대 모자의 중요성을 짐작할 수 있다.

일반적으로 갓은 흑립을 통칭한다. 그러나 흑립은 단번에 완성품으로 만들어지지 않는다. 총모자와 양태를 각각의 장인이 만들면, 이 둘을 잇는 역할을 하는 입자장(笠子匠)이 따로 있다. 따라서 조선시대 흑립은 충무나 거제도에서 온전한 형태로 완성되었다. 결국 제주 말총으로 만든 총모자와 대나무로 만든 양태를 수출하면 이를 합쳐 완성하는 것은 별도의 장

42 이민주, 「제주 복식의 다름이 조선의 '갓'문화에 끼친 영향」, 『한국학』 43(2020), 136쪽.

표1 | 『경국대전』에 기록된 모자 관련 장인의 수

장인 \ 소속	공조	상의원	비고
초립장	8	6	
유립장		2	
사모장	2	4	
모자장	6	2	
양태장		2	
모관장		2	
합계	16	18	34

인이었으며, 이는 통영갓을 최고로 친다는 『임원경제지(林園經濟志)』의 기록을 통해서도 확인된다.[43]

이처럼 갓을 완성하는 데에는 그 공정이 중요하고 또한 각자의 업무가 분장되어 있기 때문에 1962년 국가무형문화재를 지정할 때에도 '갓일'이라고 하여 여러 가지 공정을 포함해서 장인을 지정한 바 있다. 따라서 국가무형문화재 제4호로 지정된 갓일을 보면, 1964년 최초에 총모자장 고재구, 입자장 김봉주와 전덕기, 양태장 모만환 등이 있었다. 이들은 통영에 거주하는 남자 장인들로 제1세대에 해당하며 모두 1980년 이전에 사망했다. 이후 2세대에 해당하는 갓일은 모두 제주도 여성들로 지정되었다. 제주도 출신의 오송죽과 김인은 총모자장이 되었고 고정생은 양태장이 되었다. 이들은 제주에서 살면서 어려서부터 갓일을 보고 배운 세대들이다.[44] 1세대가 모두 남성들이고 통영에서 있었던 것은 이들이 제주에서 올라오는 총모자와 양태를 잇는 기술을 담당하면서 대대적인 교역에 종

43 徐有榘, 『林園經濟志』, 贍用志.

44 이민주, 「무형문화재의 전승과 전수교육에 대한 고찰-복식관련 전통기술을 중심으로」, 『무형문화유산』 6(2019), 18쪽.

표2 | 갓일 장인의 출신 지역 분포

<table>
<tr><th>기술
장인명</th><th>총모자</th><th>양태</th><th>입자</th><th>비고</th></tr>
<tr><td>고재구</td><td>통영</td><td></td><td></td><td rowspan="4">1세대</td></tr>
<tr><td>김봉주</td><td></td><td>통영</td><td></td></tr>
<tr><td>전덕기</td><td></td><td>통영</td><td></td></tr>
<tr><td>모만환</td><td></td><td></td><td>통영</td></tr>
<tr><td>오송죽</td><td>제주</td><td></td><td></td><td rowspan="5">2세대+3세대</td></tr>
<tr><td>김인</td><td>제주</td><td></td><td></td></tr>
<tr><td>강순자</td><td>제주(김인의 딸)</td><td></td><td></td></tr>
<tr><td>고정생</td><td></td><td>제주</td><td></td></tr>
<tr><td>장순자</td><td></td><td>제주(고정생의 딸)</td><td></td></tr>
<tr><td>박창영</td><td></td><td></td><td>경기(가업 계승)</td><td rowspan="2">3세대</td></tr>
<tr><td>정춘모</td><td></td><td></td><td>경기(가업 계승)</td></tr>
</table>

사했기 때문이다. 그러나 1세대가 사망하자 총모자를 만들 수 있는 사람들은 오로지 제주에만 있었고 그때 중요무형문화재가 된 사람이 바로 김인과 오송죽이다. 김인은 중요무형문화재가 된 이후 갓일하는 장인들뿐 아니라, 제주에 있는 양태장 고정생과도 교류했다. 또한 이들은 자식들에게 갓일을 전수해 양태장 고정생의 딸 장순자가 뒤를 이었으며, 총모자 장인 김인 역시 딸 강순자에게로 이어졌다. 1세대 입자장들이 사망한 이후 조선시대처럼 총모자와 양태를 따로 만들고 이를 연결하는 기술로 입자장이 될 수는 없었다. 따라서 1991년 예천 출신의 입자장 정춘모가 갓일 국가무형문화재로 지정되었고, 입자장 박창영 역시 2000년에 갓일로 지정되었다. 현재 정춘모와 박창영은 모두 경기도에 살고 있지만 이들 역시 선대에서 오랫동안 갓일을 업으로 삼아온 사람들로 갓일 전체를 다룰 수 있는 기술을 갖고 있다.

이처럼 제주의 다양한 모자가 육지의 갓으로 습합될 수 있었던 것은 옷보다는 관모를 중시했던 조선의 유교 문화가 늦게까지 자리하고 있었으며 갓을 만들 수 있는 장인들이 있었기 때문이다. 특히 1세대 장인들의 사망 이후 제주의 관모 공예는 여성들에 의해 지속되었다.

3. 무역의 통로, 바닷길

1709년(숙종 35)에 만들어진 탐라지도와 지도병서에는 제주도의 동서는 140여 리이고 남북은 70여 리라고 했다. 마을은 150곳이고 가구 수는 8,955호이며 인구는 45,129명이라고 했다.[45] 제주의 마을은 전통적으로 해안가에 먼저 들어섰고 조선시대에도 규모가 큰 마을은 동서 방향의 해안지대에 자리 잡았다. 그 이유는 제주 사람의 생업 활동이 전통적으로 반농반어였기 때문이다.[46]

그렇다고 해도 제주에는 해로가 가장 크게 발달했다. 그 배경은 제주의 대표적인 공물인 말을 육지로 이동하기 위해 조선 초 배를 호송했던 데 있다.

> 제주가 바다를 격해 있어 민호(民戶)의 공부(貢賦)를 지금까지 정하지 못하였으니, 대호(大戶)·중호(中戶)·소호(小戶)를 분간하여 그 토산인 마필로 하되, 대호는 대마(大馬) 한 필, 중호는 중마(中馬) 한 필, 소호는 5호가 아울러 중마 한 필을 내게 하여 암수를 물론하고 탈 만한 마필을

---

45 문화재청 국가문화유산포털(www.heritage.go.kr), 2020년 7월 30일 검색.

46 김일우, 「조선시대 제주 關防施設의 설치와 분포양상」, 『한국사학보』 65(2016), 311쪽.

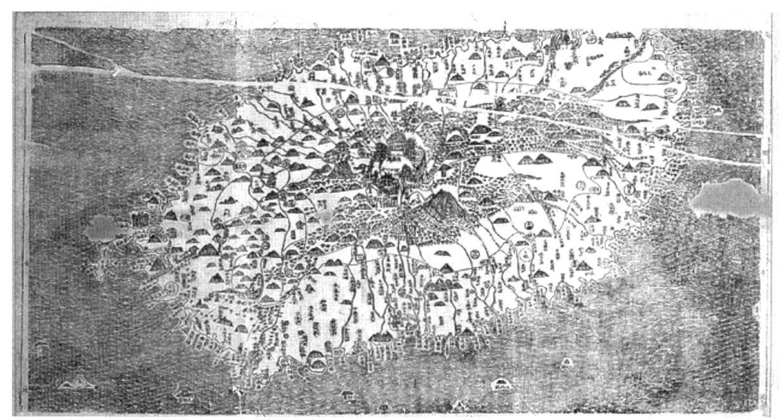

그림12 | 〈탐라지도〉, 제주특별자치도 유형문화재 제13호

> 가려서 공부하게 하고, 기축년 봄부터 모두 육지에 내보내게 하소서. 또 제주는 병선이 없기 때문에 왜적이 계속 침입하고, 대소 사신과 신구 수령의 왕환(往還)으로부터 공사 조전(漕轉)의 출입에 이르기까지 모두 전라도의 얼마 안 되는 병선으로 내왕 호송하니, 그 폐단이 또한 심합니다. 비옵건대, 전라도의 병선장을 보내어 병선 10척을 제조하고, 선상에 적당한 사람을 선택하여 태워서 정박시켜 왜적을 추포하고 왕래하는 선박을 호송하게 하여 항식(恒式)으로 삼으소서.[47]

그러나 말을 실어 오기 위해 제주에 보낸 배는 육지로 상품을 이동시키는 데도 중요한 교통수단이 되었다. 특히 관모류는 제주 전 지역에서 행해지는 가내수공업으로 해안을 중심으로 발달해 있었으며, 이는 현전하는 민요를 통해 확인할 수 있다.

---

47 『太宗實錄』, 8年 9月 12日.

조천근방 큰애기들은 망근청으로 다 나간다.
신촌근방 큰애기들은 양태틀기로 다 나간다.
벨도근방 큰애기들은 탕근틀기로 다 나간다.
도두근방 큰애기들은 모자틀기로 다 나간다.[48]

조천에서는 망건 작업이, 신촌에서는 양태 작업이, 화북에서는 탕건 작업이, 도두동에서는 총모자 틀기가 성행했다는 내용으로 지역 주민들이 모두 일청에 모여 망건, 양태, 탕건, 총모자를 분업해 만들고 있음을 알 수 있다.

〈그림13〉은 제주도의 지역별 관모 생산지를 보여준다. 한라산을 중심으로 남북 해안지역과 중산간지역에서는 모두 양태를 만들고 있었고, 말총을 이용한 탕건·망건·총모자 등은 제주시가 중심이 되어 작업이 이루어졌다. 탕건은 화북·삼양·신흥·도련·조천·함덕이 주 생산지이며, 망건은 조천·함덕·신흥에서 주로 만들고 총모자는 도두·이호·외도·하귀·함

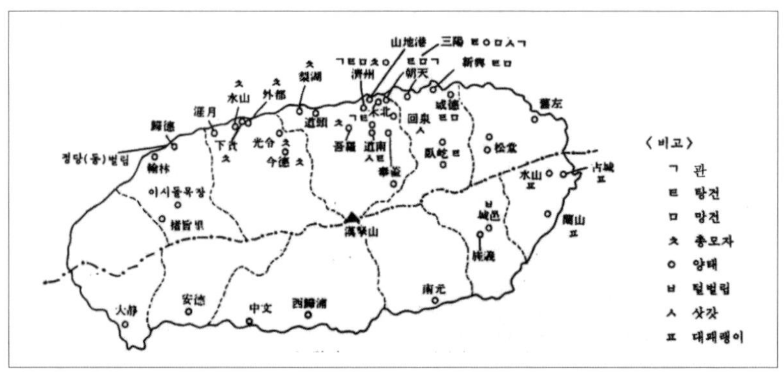

그림13 | 제주도 지역별 관모 생산지

---

48 변성구, 『제주민요의 현장론적 연구』(민속원, 2007).

덕·수산·광령 등 북제주군에서 애월면에 이르기까지 제주시 서쪽에서 생산했다. 그리고 완성품은 주 항구인 조천포와 별도포에서 수출입을 담당했다.[49] 조천은 옛날부터 상업지로서 망건의 집산지이기도 했다. 조천포에는 변북정이라는 객사까지 마련하여 망건·탕건·총모자 등의 재료와 제품의 수출입을 용이하게 했다. 조천·신촌·화북·도두는 조선시대부터 제주와 육지를 잇는 교통의 요충지로서 중앙 관리의 왕래가 빈번했던 지역적 특성상 관모의 수요가 많았다.

일청을 중심으로 한 제주의 모자 생산에서는 육지로의 수출이 제일 우선시되었다. 『만기요람』에는 1722년(경종 2) 제주에 흉년이 들면 나리포의 곡물을 섬 안에 들여보내고 그 대신 갓 양대·물고기·미역 등의 물건을 회계해 가져와서 그것을 팔아 곡식을 사들여 차차로 이전했다[50]는 기록이 있다. 이처럼 나리포에서는 종모(鬃帽), 망건, 죽모첨(갓의 양태), 다시마, 표고버섯, 전복 등 제주 특산물을 발매했다.[51] 이로써 제주 포구는 조선의 갓이 수요를 따를 수 있도록 충분한 공급을 제공하는 수출항으로서의 역할을 담당했다.

---

49 고부자(1991), 앞의 논문, 124쪽.

50 『萬機要覽』, 財用篇 6, 諸倉, 羅里舖倉.

51 丁若鏞, 『牧民心書』, 戶典 6條, 第3條 穀簿.

V. 맺음말

이 글은 '제주의 복식이 육지의 복식과 다르다'는 명제를 바탕으로 제주 복식으로 특징 지을 수 있는 고유 복식과 풍속과의 관계를 살펴보았다. 그 중 목축 생활을 통해 만들어진 목자복 중 제주에서 생산하는 다양한 모자가 조선의 갓과 유사한 형태를 갖고 있으므로 제주 모자의 특징을 살펴보았다. 그 과정에서 제주 모자가 어떻게 조선의 갓 문화로 습합될 수 있었는지 그 배경을 분석하고자 했다.

첫째, 제주 풍토에 대한 기록은 유배를 가거나 관리로 파견된 사람들에 의해 작성되었다. 김정의 『제주풍토록』과 이건의 『제주풍토기』는 유배 시 작성된 기록이며, 『탐라지초본』은 제주목사였던 이원조가 읍지를 보완해서 편찬한 풍토록이다. 이 기록들을 통해 갈옷, 목자복, 해녀옷과 같은 제주 고유 복식 형성에 결정적인 역할을 한 것은 자연지리적 환경과 생활환경이었음을 확인했다.

둘째, 목자복 중 특히 모자류가 발전할 수 있었던 것은 제주에 목축이 발달했기 때문에 목자들을 위한 다양한 모자가 필요해서였다. 제주의 공물인 말의 부산물에서 나온 말총은 육지에서 필요로 하는 망건, 탕건, 총모자 등의 다양한 모자를 만드는 재료가 되었음을 확인했다.

셋째, 제주에서 생산하는 다양한 모자가 조선의 갓 문화에 쉽게 습합될 수 있었던 요인은 망건, 탕건, 총모자 등 모자를 만들 수 있는 말총이라는 원 재료와 갓에 필요한 총모자, 양태, 망건, 탕건 등을 만드는 전문화되고 분업화된 장인이 제주 전 지역에 있었기 때문에 가능했다. 또한 제주에서 생산된 모자는 육지에서 소비되기 때문에 이들을 수출할 수 있는 조천포와 별도포 등의 포구가 주요 무역로가 되어 자연스럽게 조선의 갓 문화로 습합될 수 있었다.

이상에서 살펴본 결과 조선의 갓 문화가 원활하게 형성될 수 있었던 배경에는 제주의 특산물인 말총이 있었으며, 제주 전 지역에 관모를 제작할 수 있는 분업화되고 전문화된 장인들이 있었다. 또한 갓을 쓰기 위해 필요한 망건을 비롯해 총모자와 양태를 공급할 수 있는 항구는 제주의 원천 기술과 육지의 유통 산업이 자연스럽게 습합될 수 있는 환경을 조성할 수 있었음을 확인했다. 더욱이 갓은 현재 한국인들의 일상에서는 착용되지 않지만 최근 한국 문화가 기반이 된 영화, 드라마 등에 등장하며 새로운 패션 아이템으로 세계인의 각광을 받고 있다. 이러한 시점에서 제주의 총모자와 양태를 만들 수 있는 원천 기술을 전수하고 개발하면서 현대가 요구하는 새로운 모자 문화로의 습합이 이루어지기를 기대해 본다.

조선 향약의 현대적 실천, 가시리의 마을만들기

한도현

I. 제주도 마을의 원리로서 향약

제주도는 신혼여행지로도 사랑받는 곳이지만 현대 도시의 직장 생활에서 지친 사람들의 피난처이기도 하다. 영화나 드라마의 촬영지로 유명한 곳도 많다. 우리나라에서 관광객이 가장 많은 지역일 것이다. 관광객들은 아름다운 자연이나 제주어(방언), 카페, 바다 음식 등을 중심으로 제주의 이미지를 그리고 있다. 그런데 이러한 이미지 때문에 제주가 품어온 '오래된 미래'는 무시된다. 제주는 사회조직의 운영과 발전에서 우리나라에서는 매우 드물게 집단지성을 발전시켜 왔다. 한국 대부분의 마을에서는 사라졌거나 존재한 적이 없는 향약이 지금도 제주에는 살아 있는 사회조직이다. 역사학자들이 보기에는 시대착오적인 향약을 왜 21세기 제주는 지키고 있는가? 또 이 향약은 제주에서도 곧 사라질 것인가? 필자는 제주 향약은 조선시대 향약에서 유래해 유교의 호혜 정신에 바탕을 둔 것이지만 제주의 마을 주민들은 조선시대 어떤 유학자보다도 더 훌륭하게 향약을 다듬고 발전시켜 왔다는 사실에 주목하고자 한다. 그 향약은 제주 마을 주민들의 집단지성이자 자랑스런 사회조직이면서 동시에 한국 사회가 안고 있는 과제들에 신선한 혜안을 주고 있다.

제주하면 떠오르는 유채꽃 축제를 생각해 보자. 이 유채꽃 축제는 제주를 넘어 한국의 대표 축제인데, 이러한 축제를 가능하게 하는 기본 조직도 제주도 마을의 향약이다. 주민들은 이 축제를 통해 주민 단합을 발전시키고 주민 소득도 증대시키고 나아가 관광객에게 무료로 이 축제를 제공하고 있다. 윈윈 정책을 향약 전통 위에서 실천하고 있다.

향약이라는 말은 중고등학교 교과서에 듣던 말이기 때문에 상당히 익숙한 단어다. 교과서에서는 자치와 상호부조의 '아름다운 전통'으로 소개되고 있지만 1980년대 이후의 사회사 연구자들은 대체로 향약을 사족의 향촌 지배, 나아가 신분 통제 기구로 규정해 왔다. 조선이라는 '신분제 사회의 하부 요소이므로 당연히 신분 통제 도구다'라는 전제가 사회사 연구자들의 연구 틀로 자리 잡았다. 1980~1990년대 사회사 연구자들이 당시까지 수집된 자료들을 그런 시각에서 분석했다.[1] 이것은 중국이나 베트남의 향약 연구에도 그대로 나타났다. 특히 공산화 혁명 이후에는 봉건제 타파, 전통적 지배 질서의 혁파라는 목표 아래 전통 사회의 향촌 조직, 즉 향약에 대한 심판이 매우 단호했다. 이러한 선입견은 향약에 대한 구체적인 자료 수집이나 다양한 연구를 어렵게 만들었다. 이미 답이 내려진 주제에 젊은 새 연구자들이 뛰어들 것이라고 기대하기 어렵기 때문이다. 이러한 선입견은 역사적 사실에 대한 다양한 접근과 새로운 자료 발굴을 어렵게 하고 역사적 실제를 왜곡하는 데도 기여한다. 향약의 자치와 상호부조를

1 향촌사회사연구회 편, 『조선후기 향약 연구』(민음사, 1990); 김필동, 「향약의 보급과 그 사회적 의미」, 『차별과 연대: 조선 사회의 신분과 조직』(문학과지성사, 1999); 한상권, 「16, 17세기 향약의 기구와 성격」, 『진단학보』 58(1984).

현대 민주주의 사회의 자치와 상호부조라는 잣대로 평가하고 단정하는 것은 너무나 비역사적이며 사실 왜곡이다.

이러한 편견 내지 왜곡은 서양의 근대화 과정을 이념형으로 설정하고 그에 대한 타자로서 동아시아의 역사 경험을 재단하는 데서 발생한다. 그러나 서양의 근대화 과정에서 자치도시의 발전이나 도시 공화정의 발전은 단선 진화형으로 순조롭게 진행된 것이 결코 아니다. 마리오 아스케리(Mario Ascheri), 사라 블란셰이(Sarah R. Blanshei), 폴 그렌들러(Paul F. Grendler)의 볼로냐 시 공화정 발전 과정 연구나 크누트 슐츠(Knut Schulz)의 유럽 자치도시, 즉 코뮌 발전 과정 연구를 보면 서양의 자치도시에서도 그 자치는 현대 민주주의 자치와는 상당한 거리가 있다.[2] 요컨대 서양의 중세 자치도시라고 해서 현대적 의미의 자치와 민주주의를 누렸다고 생각하는 것은 오해다. 서양에서 자치도시라고 하는 것은 당시의 역사적 조건에서 도시의 장인들과 상공업자들이 귀족과 제후의 지배를 제한하기 위해 황제나 교황과 손을 잡는 것이다. 유럽 중세의 자치도시도 당연히 신분제의 지배 아래에 있다. 따라서 중세 자유도시의 전통도 없는 동아시아에서, 더구나 농촌에서 현대 민주주의 자치와 상호부조를 기대하는 것은 연목구어다.

향약의 자치와 상호부조에 대해 비역사적으로 이해하는 것은 다른 사회과학 개념의 사용에서 자주 발견된다. 프랑스 인류학자가 개념화한 선물(gift), 호혜성(reciprocity) 등도 국내 연구자들이 선물, 호혜 등에 담긴 상

---

2 M. Ascheri, "Politics and Justice in Late Medieval Bologna," *Review in History* (2011), reviews.history.ac.uk/; S. R. Blanshei, "Criminal Justice in Medieval Perugia and Bologna," *Law and History Review* 1, no. 2 (2003), pp. 251–275; P. F. Grendler, "The University of Bologna, the City and the Papacy," *Renaissance Studies* 13, no. 4 (1999), pp. 475–485; 크누트 슐츠 저, 박흥식 역, 『중세 유럽의 코뮌 운동과 시민의 형성』(길, 2013).

징적·주술적 함의는 제거하고 단순한 경제교환으로 타락시키기도 한다.[3] 이렇게 이해되면, 자칫 이 용어들의 학문적 유용성을 부정하고 이 용어나 이론들은 서양 사회에는 맞고 동아시아 사회를 설명하는 데는 적용될 수 없다는 주장으로 연결될 수도 있다. 사실 이 용어들은 비서구 사회에 대한 치열한 연구들을 통해서 수립된 개념들이다.[4] 선물, 호혜, 자치 등의 용어들은 당연히 한국 전통 사회를 이해하는 데 중요하게 활용될 수 있다.

이러한 관점에서 우리는 향약에 대하여 열린 마음으로 생각해 볼 필요가 있다. 새로운 관점에서 개방적 마인드로 향약을 해석하는 연구가 몇 편 있지만[5] 아직도 제대로 출발하지도 못했다고 볼 수 있다. 로버트 퍼트넘(Robert Putnam)은 이탈리아의 남북 간 정치민주주의 격차를 1,000년 마을 역사의 차이에서 추적한 바 있다.[6] 동아시아 향촌에는 지역간 차이가 없는 것일까? 베트남의 경우 프랑스 식민당국이 베트남 관습 조사의 일환으로 전국적 조사를 했기 때문에 향약의 전국 분포·차이 등을 어느 정도 알 수 있지만, 중국이나 조선의 향약에 대한 전국적 조사는 없다. 즉 우리가 역사적 연구를 통해 알고 있는 것은 전체의 극히 일부일 뿐이다. 더욱이 향약이라는 말을 조선시대의 신분 통제 조직이라고 고유명사화한 것

---

3 이성임, 「16세기 양반사회의 膳物經濟」, 『한국사연구』 130(2005); 조영준, 「조선후기 組織의 賻儀와 경제적 성격」, 『규장각』 40(2012); 최주희, 「16세기 양반관료의 선물관행과 경제적 성격」, 『역사와 현실』 71(2009).

4 정헌목, 「학사적 맥락에서 본 호혜성 개념의 계보: 서구의 이론 검토를 중심으로」, 한국학중앙연구원 연구과제 결과발표회 발표문(2018).

5 박종천, 「상생의 마을 공동체-경주 양동의 동계(洞契)와 향약(香約)」, 한도현 외, 『양동마을과 공동체의 미래』(한국학중앙연구원 출판부, 2017); 한도현, 「예치공동체의 폐쇄성과 개방성」, 한국학중앙연구원 편, 『유교의 예치이념과 조선』(청계, 2007); 정진영, 「향촌 사회사 연구 20년의 성과와 과제」, 한국사회사학회 학술대회 발표문(2001).

6 Robert Putnam, *Making Democracy Work: Civic Traditions in Modern Italy*(Princeton, N. J.: Princeton University Press, 1994). 국문 역서는 안청시 외 역, 『사회적 자본주의와 민주주의』(박영사, 2000) 참조.

은 향약의 실체를 아주 좁혀 놓았다.

필자는 이러한 관점들을 비판하기 위해 향약의 현대적 실천을 살펴보고 향약의 다양성과 다층성에 주목해 보고자 한다. 이것은 어느 학자의 이론적 서술로서의 향약이 아니라 마을에서 구체적으로 실천되고 있는 실체다. 주민들이 외부의 간섭 없이 조직하고 운영하는 것이다. 바로 제주도 마을들이 실천하고 있는 향약들이다. 조선시대 향약은 아니지만 제주도 마을 주민들이 향약이라고 쓰고 있다. 교육받은 일부 농민들이 이 단어를 쓰는 게 아니다. 제주도 사람들은 마을의 향약을 잘 알고 있다. 제주도 마을의 향약은 대단히 중요한 의미를 지니고 있다. 첫째는 향약이란 조선시대의 고유명사가 아니다. 향약은 사람들이 모여 살면서 이웃, 동네를 더 나은 곳으로 만들려고 하는 운동의 산물이다. 과거, 현재, 미래이다. 이것을 제주도 향약이 명쾌히 보여주고 있다. 둘째 조선시대 많은 주자학자들이 주자 증손 여씨 향약을 조선에 맞게 이론화하고 모델화하려고 했으며 군현의 수령이나 사족들이 주도하여 자치와 상호부조의 실체를 혼란스럽게 만들었지만, 제주도 마을 향약은 외부 이론가나 간섭 없이 마을 주민들이 만든 것이다. 또 조선시대 양반이나 수령들이 주도한 향약들은 문집 속에서만 존재하거나 제대로 실행되지 않아 유명무실한 경우가 대부분이다. 제주도 마을 향약은 마을 주민들이 마을 사무소를 거점으로 그들의 총의로 민주적으로 운영하는 실제 조직이다. 이 두 가지 면에서 제주도 마을 향약은 향약의 역사에서 매우 획기적 사건이며 마을 주민들의 자치적 운영의 구체적 사례라는 점에서 세계적으로 소개될 만한 사례들이다. 불행하게도 제주도 마을 향약의 중요성을 부각시키는 연구는 거의 없다.

제주도 마을의 향약은 유교 지식인이 만든 것이 아니고 마을 주민들이 직접 만들고 실천한다는 데서 조선시대 어떤 유교 지식인의 향약보다 값지다. 그렇다고 해서 제주도의 향약이 유교의 향약과 별개의 것은 아니다. 상왕래(尙往來)의 유교의 예학 전통에 깊이 뿌리박고 있다.

예학은 동양철학이나 역사학자들에겐 매우 익숙한 것이지만 사회과학자들에게는 다소 거리가 있는 것이다. 특히 경제학자들에게는 유교의 예학이 남의 이야기만으로 들릴 것이다. 필자는 이러한 편견을 극복해야 한다고 생각한다. 유교의 예학은 주자가례에 국한된 것이 아니다. 유교가 고민했던 인간의 인륜과 규범은 어느 한 시대에 국한된 것이 아니다. 주자가례나 가부장적 종법의 예학을 유교 예학의 전부로 보는 것은 매우 잘못이다. 그런 점에서는 필자는 미국의 저명한 경제학자 이야기를 먼저 해보고자 한다.

미국의 경제학자 새뮤얼 보울스(Samuel Bowles)는 행동경제학, 실험경제학의 대표 학자다. 그의 전공분야는 경제학이다. 그는 동료와 함께 『협력하는 종(A Cooperative Species)』이라는 책을 출판한 바 있다.[7] 이 책에서 그는 협력이라는 인간 행동에 경제학의 게임이론을 도입하여 행동경제학의 수준을 발전시켰다. 이 협력이야말로 유교 예학의 큰 주제다. 보울스는 2016년에 새로운 책을 출간했다. 『도의적 경제: 왜 좋은 인센티브는 훌륭한 시민을 대체할 수 없는가?(The Moral Economy: Why Good Incentives Are No Substitute for Good Citizens)』라는 책이다. 이 책의 부제는 경제학의 출발점인 호모 이코노미쿠스(Homo Economicus)에 정면 도전하는 테제다.

흥미로운 것은 경제학자인 그가 제2장에서 아리스토텔레스보다 1세기 앞서 공자가 말한 구절을 길게 인용하고 있다는 점이다.

> 정부의 법령으로 백성을 이끌고 형벌로 규제한다면 백성들은 법망을

---

7 Samuel Bowles and Herbert Gintis, *A Cooperative Species* (Princeton: Princeton University Press, 2016).

피하려고 하게 되어 염치가 없어질 것이다. 백성들을 덕으로 이끌고 예로써 규제한다면 백성들은 염치를 갖게 되어 바람직한 방향으로 변하게 된다.[8]

이 구절은 우리가 잘 아는 『논어』의 「위정(爲政)」편이다. 동양의 사상가나 학자가 이 구절을 인용했다면 다소 식상하지 않겠는가? 보울스는 당대 서구의 저명한 경제학자이며 그는 수리 모델을 통해 경제학 이론을 연구하는 사람이다. 그래서 그의 『논어』 해석은 더욱 흥미를 끌지 않을 수 없다. 『논어』의 「위정」편에 나온 사상을 일상에서 실천하고자 하는 것이 동양에서는 소학과 향약이다. 저 멀리가 아니라 내가 발 딛고 있는 가정, 학교, 마을에서 예를 실천하고자 했다.

주자는 이 이념을 누구나 실천할 수 있는 쉬운 매뉴얼로 만들고자 했다. 주자의 예는 번문욕례도 공리공론도 아니다. 우리가 건물 안에 들어가기 위해 문을 열고 들어가면서 뒤에 오는 사람이 있으면 내가 그 문 손잡이를 잡고 그 뒷사람이 안으로 들어오기를 배려해 주는 것이다. 주자는 이러한 작은 일상의 예절을 통해 사회를 더 나은 곳으로 바꿀 수 있다고 생각했다. 적어도 주자를 존경하는 사람이라면 주자의 이러한 실천신학을 언제 어디서나 실천하고자 했다. 그래서 베트남, 중국, 조선의 많은 주자학자들은 자신의 고향에서 이러한 실천을 행했다. 향약은 그 실천의 핵심 사항이다. 향약은 국가나 전 지구를 변혁하기 이전에 내 이웃, 내 마을을 변화시키려는 작은 혁신 운동이자 실천이기 때문에 현대 도시사회학, 도시설계, 도시행정, 농촌진흥 등에 시사하는 바가 크다.

---

8 Samuel Bowles, *The Moral Economy: Why Good Incentives Are No Substitute for Good Citizen* (New Haven; London: Yale University Press, 2016), p. 11; 『논어』, 위정 3, "道之以政 齊之以刑 民免而無恥, 道之以德 齊之以禮 有恥且格."

불행하게도 동아시아 사회과학자들은 향약이 전통 시대의 낡은 문화이기 때문에 현대에는 거의 쓸모가 없다고 생각하거나 향약이 신분제 시대의 신분 통제 기구일 뿐 그 안에 긍정적 요소는 없다고 생각한다. 필자는 이 글에서 이러한 편견을 비판적으로 살펴보고 향약의 지향이 오늘날 여전히 중요한 의미를 가지고 있으며 실제로 향약의 정신이 현대의 이웃만들기, 공동체 발전, 마을만들기 등에 활용되고 있음을 보여주고자 한다.

현대 한국에서 전개되는 커뮤니티 운동, 지역살리기, 마을만들기 운동을 향약 운동의 현대화로 볼 수 있다. 향약이라는 말은 중국이나 한국에서 현재는 거의 사용되지 않는다. 반면 현재 베트남에서는 정부 주도로 신향약(Huong Uoc moi)을 제정하여 농촌에서 적극 사용하고 있다. 주목할 것은 제주도 마을들에서는 주민들이 직접 향약을 제정하여 사용하고 있다는 점이다. 제주도 마을들에서 향약이라는 명칭을 사용하는 것도 재미있지만 더 재미있는 것은 향약을 매우 긍정적인 의미로 사용하고 있다는 것이다. 그렇다고 해서 이것들이 조선시대의 향약과 같은 내용을 지닌 것은 아니다. 현대에 맞게 변화된 향약이다. 이 글에서는 현대의 향약으로서 제주도 서귀포시 표선면 가시리 향약의 사례를 보려고 한다.

Ⅱ. 제주 가시리의 향약과 마을만들기

가시리는 제주의 중산간 지역에 있는 마을이다. 서귀포시 표선면에 있다. 탐라지에 따르면 가시악(加時岳)이라는 마을로 예부터 존재했던 마을로, 600년 전 고려의 충신 한천(韓蕆)이 유배를 와서 만들었다. 가시는 '橡'

이라고 해서 가시가 많은 지역의 마을이라는 뜻이라고도 한다. 하지만 마을만들기의 안봉수 위원장은 다르게 해석한다. 한천이 새 왕조인 조선에 반역을 해서 사형을 당하게 되었는데, 다행히 사형을 면하고 유배에 처해져 생명을 건졌으므로 새로 얻은 생명, 새로 얻은 시간이라는 뜻으로 '加時'라는 말을 지어 이 마을 이름으로 썼다는 것이다. 사실 여부를 떠나 매우 재미있는 해석이다. 마을 이름을 이렇게 해석하는 것은 가시리 빵집의 이름 '시간더하기'에서도 발견된다. 홍정표 대표는 『가시리소식』에서 '시간더하기'라는 빵집 이름은 마을 이름 加時에서 따왔다고 했다. '유채꽃향기에 시간을 더하다'라는 제34회 제주유채꽃축제의 부제도 마을이름 加時를 의역한 것이다. '시간을 더하는 마을'이라는 이름이 예쁘다고 하는 사람들도 많다고 한다.[9] 이런 해석을 좀더 적극적으로 가시리의 역사에 연결해 볼 수도 있다.

유채꽃프라자 2층 복도에는 김승기 시인의 〈유채꽃을 보면서〉가 걸려 있다.

여린 몸
나무도 아닌 것이
늘 푸른 넓은 잎으로 겨울을 견뎌내느라
얼마나 몸과 마음이 아팠을까
[…]
내가 삶의 강을 건너고 나면
어떤 웃음을 웃을까?

9 『가시리소식』 3(2015. 3), 9쪽.

가시리는 겨울을 이겨낸 유채꽃처럼 삶의 강을 건넌 자들의 새 땅이다. 600년 전 한천은 태조 이성계(李成桂)를 제거하려는 운동에 실패하여 죽음을 가까스로 면하고 이 땅에 들어왔다. 가시리(加時里), 뜻을 풀이하면 '덧보태진 시간의 마을'이다. 죽음을 면하게 되어 다시 살아가는 삶은 자신의 것이 아니다. 600년이 지나 가시리는 제주 4·3이라는 비극 속에서 마을이 거의 없어지다시피 할 정도로 주민들이 많이 희생되었다. 가시리 주민들은 제주 4·3의 비극을 이기고 힘겹게 마을을 다시 일궈 발전시켜 왔다. 죽음을 넘어 삶의 강을 건넌 자들의 마을이다.

비극에 무릎을 꿇었다면 덧보태진 시간의 마을, 즉 가시리는 존재하지 않았을 것이다. 이 마을 사람들은 절망적 상황을 이겨내고 덧보태진 시간을 아름답게 살려냈다. 1879년에 이곳을 지나던 최익현(崔益鉉)은 한천의 행적에 대해 "공은 남으로 건너와 향약을 세우고 선비를 가르쳤다."고 했다.[10] 최익현은 한천의 업적을 입약교사(立約教士)로 요약했다.

1. 향약으로 이뤄내는 마을 자치와 '좋은 정치'

600년이 지난 현재에도 주민들은 향약을 제정하여 운영하는 것을 자랑으로 여긴다. 제주도 이외의 한국 마을들에서 향약이란 조선시대의 이야기인데 제주의 마을, 이곳 가시리에서는 현재의 이야기이자 미래의 이야기이다. 2018년 1월 개정된 향약의 전문은 "오늘날 늦은 감이 없지 않으나 마을에 생존해 계신 지역 원로의 고증과 옛 문헌을 통하여 향약을 복원,

---

10 가시리신문화공간조성추진위원회 편, 『문화지도 제주 가시리』(가시리신문화공간조성추진위원회, 27쪽).

우리 조상이 걸어온 발자취와 얼을 되살려 후대에 물려줌으로써 참된 가스름인의 상 정립과 마을 수호의 밑거름이 되어 자손만대에 안위와 번영에 이바지하고자 마을총회의 의결로써 이 향약을 복원제정한다."고 말한다.[11] 복원·제정한 연도는 1992년이다. 1992년 복원·제정 이후 7번 개정했다. 이 향약은 이장 선거, 마을운영위원회, 마을개발위원회, 마을 재산 등 마을 생활을 규정한 마을의 헌법이다.

이 전문을 보면, 향약은 마을총회의 의결에 의해 제정되었다. 외부의 간섭이나 강요가 아니라 자치와 자발에 의한 것이다. 또 향약은 현재의 마을주민들만을 위한 것이 아니라 자손만대의 안위와 번영에 이바지하는 것을 목표로 하고 있다.

향약 제3조는 이 향약은 "마을 운영 전반에 관한 사항을 규정하며 마을 재산의 정립과 리 민간의 상부상조하는 미풍양속을 바탕으로 안녕과 질서를 유지하고 복지 사회를 이룩하는" 것을 목적으로 한다고 했다. 마을주민 간의 상부상조하는 미풍양속이 이 향약의 기본 토대임을 알 수 있다. 어느 일방이 타자의 희생을 강요하는 것은 상부상조가 아니다. 주민에 의해 선출되는 이장의 임무 가운데 하나는 향약 제12조 2항에 따르면 "향약을 준수하고 이민(里民) 복지 향상에 앞장" 서는 것이다.

이 향약에서는 마을의 민주적 운영을 위해 마을 임원, 마을총회, 개발위원회 등을 규정하고 있다. 마을 임원은 12명, 개발위원회는 21명이다. 제39조에서 임원에게는 보수를 지급하지 않는다고 하여 자치와 책임(community responsibility)을 명확히 했다. 마을총회는 모든 이민의 총회가 아니라 대의원 총회이고 대의원은 개발위원 전원, 감사 2명, 노인회 5명, 부녀회 5명, 동별 각 10명, 제위원회(諸委員會) 위원장 등으로 구성된다. 개발

11 「향약」은 가시리 정 ○○ 씨로부터 받았는데 표지 포함 모두 9쪽이다.

위원회는 이장, 직전 이장, 선출직개발위원회 4명, 동장 4명, 노인회 추천 3명, 부녀회 추천 3명, 청년회 추천 3명, 협업목장 영농조합법인 대표, 새마을문고회장 등 21명이다.

인구 1,500명의 작은 커뮤니티에서 총회, 개발위원회, 임원 등의 선출 규정이 명확하고 그 역할도 명확하다. 한두 개의 집단이 마을의 운영을 좌우하지 않고 여러 집단이 주민들의 다양한 의견을 대표하여 마을을 자치와 민주로 운영하고 있다. 마을 개발위원회나 임원은 자칫 서류상의 조직이고 실제로는 일부 엘리트의 과두제로 운영되기 쉬운데 제주의 가시리는 균제와 균형이 이루어지고 있으며 마을 헌법인 향약에 제 규정이 명백히 나와 있다. 정부의 간섭이나 감시 없이 마을이라는 자치 공화국이 잘 운영되고 있다는 증거다.

가시리는 이러한 외형적 공식 조직 차원에서만 주민들이 조직되고 교통하는 것이 아니다. 제주도의 다른 마을들에서처럼 비공식 조직으로서 궨당, 수눌음, 계 등이 공식 조직의 저변에서 마을의 '좋은 정치(good governance)'를 구성하고 있다. 궨당은 제주도 마을이 육지부 마을과 차이를 드러내는 큰 특징이다. 궨당은 권당(眷黨)의 제주어 표현이다. 궨당은 제주 사회의 비부계적 특성과도 연관되어 있다. 한국의 다른 지역에 비해 제주는 부계 혈연 집단의 결속이 약하고, 부녀자의 지위가 상대적으로 높고 출가한 딸, 외가 친족, 사돈댁 등이 장례나 혼례 과정에 적극적으로 참여하고 있다.[12] 또한 마을 내의 혼인이 많아 육지부 마을 내 결혼 양상과 크게 다르다. 그래서 제주 마을들의 주민들은 친가, 처가, 외가 등으로 촘촘히 짜여 있다. 같은 마을 내의 혼인 또는 이웃 마을과의 혼인을 합한 근처

---

12 이창기, 「제주도의 사회문화적 특성과 환경: 도전, 적응, 초월의 메커니즘」, 『제주도연구』 9(1992), 27쪽.

혼은 제주도에서 그 비율이 70% 내외에 이른다.[13]

이창기는 제주의 비부계적 가족 형태, 구체적으로는 처가, 친가, 외가를 구분하지 않는 문화는 제주의 자연환경에 합리적으로 적응하기 위한 노력의 산물이라고 말했다.[14] 이러한 문화가 마을의 궨당문화를 낳았다. 한국일은 궨당 문화는 제주 밖의 지역에서는 찾아보기 힘든 현상이며, 제주 사회의 기반을 형성하고 주민들을 결속시키며 강한 공동체성을 형성한다고 했다.[15] 이러한 궨당 문화는 '마을 내 혼인을 통해 지역 주민들이 친인척으로 연결되어 만들어진 독특한 문화'다. 이러한 궨당 문화 덕분에 육지에서 볼 수 없는 안거래-박거래의 주거 균형이 만들어졌다. 전경수는 안거래-박거래의 주거 형태는 고부 간의 권력 균형, 더 나아가 제주 민속 내 평등사상을 표현한다고 했다.[16] 또 그는 "부계(父系)와 부변(父邊) 중심의 방상이라는 조직보다는 공계(共系) 혈통 또는 양변(兩邊)적 친족 관계를 강조하는 궨당의 보편화는 일반적인 인간 관계 속에서 보여주는 평등사상의 기초"[17]라고 했다. 궨당은 그 구성원들을 평등하고도 강한 연대로 묶어준다. 이 궨당은 마을 정치와 지방 정치에서 매우 큰 영향력을 행사한다.[18]

제주 마을 주민들을 통합시키는 또 하나의 기제는 수눌음이다. 제주어로 수눌음은 손(手)을 쌓아(눌음) 서로 협동하고 도와주는 것, 즉 일종의 품

---

13 유철인, 「촌락과 도시」, 제주도지편안위원회 편, 『제주도지』 5(제주도, 2006), 103쪽.

14 이창기(1992), 앞의 논문, 29쪽.

15 한국일, 「제주 궨당문화와 제주선교: 에큐메니칼 선교 관점에서」, 『장신논단』 30(2007.12), 386쪽.

16 전경수, 『탐라: 제주의 문화인류학』(민속원, 2010), 179쪽.

17 전경수(2010), 위의 책, 179-180쪽.

18 문상빈, 「제주의 개발주의와 환경정치, 그리고 궨당」, 『진보평론』 60(2014); 한석자·염미경, 「궨당문화와 지방선거」, 『지역사회학』 8-1(2006).

앗이를 의미한다. 다만 품앗이는 일회적 동일 노동의 교환인 데 반해 제주의 수눌음은 계라는 조직을 통해 촘촘한 네트워크로 형성되어 있다.[19] 송창윤은 "제주는 오래 전부터 척박한 자연환경 속에서도 서로 간의 신뢰와 품앗이, 그리고 상호부조를 통해 어려운 시절을 극복했던 공동체 문화, 수눌음의의 전통을 이어온 지역"이라고 규정하면서 현대 제주의 발전을 위해 수눌음 정신이 필요하다고 강조하고 있다.[20] 송창윤의 지적을 보면, 수눌음은 육지에서 사용되는 품앗이의 일회적 등가교환보다 더 지속적이고 공동체적인 성격을 지닌 것임을 알 수 있다.

김자경이 계와 수눌음을 연관 지어 설명하는 데서 알 수 있듯이 제주 마을에는 많은 계가 존재한다. 김인성, 황경수, 오윤정의 조사에 의하면, 제주에 있는 계로는 몰방애, 목축계, 화단계, 원담계, 그릇재, 케왓계, 그물재, 쇠번, 어촌계, 친목계 등이 있다.[21] 가시리에서 7년간 살면서 마을신문화공간조성사업의 프로젝트 매니저를 맡았던 지금종씨도 가시리에 많은 계가 존재하며 주민들은 여러 개의 계에 가입되어 있다고 증언했다.[22] 마을 주민들이 여러 개의 계에 가입함으로써 그 소속감을 통해 자신의 정체성을 정립하는 듯하다고 했다.

김자경은 마을의 사례 연구에서 A, B, C, D, E 5명 사이의 계와 수눌음의 연관을 밝혔다.[23] 계에 대한 조사는 아니고 마을에서 계를 중심으로 운

---

19 김자경, 「제주의 전통적 커머닝 수눌음: 제주 목축문화의 재해석」, 최현·김자경·윤여일 편저, 『제주사회의 변동과 공동자원』(진인진, 2019a), 51쪽.

20 송창윤, 「수눌음의 정신으로 함께하는 제주사회적 경제네트워크」, 『협동조합네트워크』 71(2014), 44쪽.

21 김인성·황경수·오윤정, 「제주지역 협력(수눌음)형 사회적자본 증진방안 연구」, 『탐라문화』 45(2014).

22 지금종 인터뷰(2019. 10. 31).

23 김자경(2019a), 앞의 논문, 49쪽.

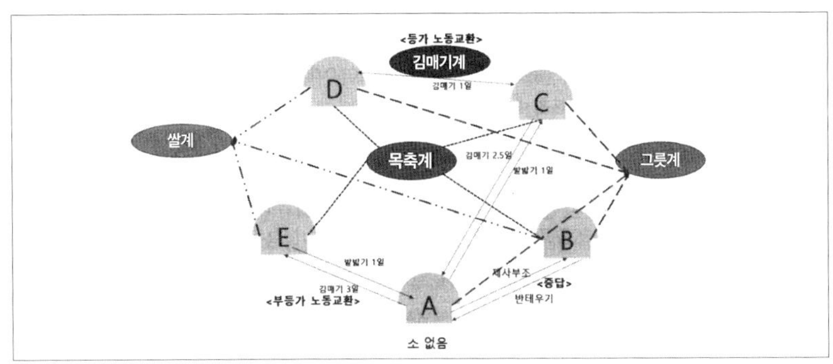

그림2 | 계를 중심으로 한 수눌음 네트워크

영되는 수눌음 네트워크를 밝힌 것이라 계의 전체 존재 모습을 보여주지는 않는다. 그렇지만 이 표를 보면 주민들의 마을 생활에서 계가 매우 중요한 역할을 하고 있음을 알 수 있다. 계1(김매기계)에는 C, D가 계원이며 이들은 등가 노동의 교환을 하고 있다. 계2(목축계)에는 B, C, D가 가입되어 있고 이들은 순번제로 돌아가면서 소를 돌본다. 계3(쌀계)는 B, D, E가 계원이며 이번 달에 B가 필요한 쌀을 모아 받으면, 다음 번에는 D, E가 순서대로 받는다. 계4(그릇계)에는 A, B, C, D가 계원이며 행사 때 사용할 그릇들을 사서 마을회관에 모아두고 필요 시 사용하며 비계원들에게는 이용 대금을 받고 빌려준다.

김자경에 의하면, A와 C 사이에는 부등가 교환이 이뤄지고 있으며, A와 E 사이에도 부등가 교환이 이뤄진다. 또 A와 B는 물물교환이 아니라 필요한 물건을 부조하면 다음에 다른 물건으로 돌려받는다. C와 D는 김매기계와 목축계에 가입되어 있어서 서로 동일 노동을 교환한다. 김자경은 이 사례를 통해서 제주 마을에서의 수눌음과 계의 구조적 관계를 보여주고 있다. 즉 여러 개의 계가 중층적으로 존재하며 계라는 조직을 통해 수눌음이라는 관습과 문화가 만들어진다는 것이다. 그에 의하면 "사람과 사람, 사람과 자연 모두가 계를 통하여 서로 사회적 관계"를 맺고, 이로써

호혜적 네트워크가 형성된다.[24]

2. 향약을 통한 21세기의 모범적 마을만들기

향약이라는 공식 조직에서부터 그것을 뒷받침하는 비공식적 사회조직인 수눌음 문화를 살펴보았다. 여기서 제주 마을들이 잘 짜인 공동체 조직임을 알 수 있다. 제주 마을들의 공동체 문화는 공동 어장과 공동 목장의 영향을 크게 받는데, 가시리는 바다에 접하지 않기 때문에 마을 공동 목장의 영향이 크다. 가시리는 마을 면적이 매우 넓으며 공동 목장의 규모도 매우 크다. 약 2km^2가 넘는 목장 터를 가지고 있다.

1970~1980년대의 지역개발 붐에서 제주의 많은 마을들이 마을 공동 목장을 외지인에게 팔아넘겼다. 그러나 가시리는 일부 주민의 매각 움직임을 다수 주민들이 오랜 법정 투쟁을 통해서 막아 마침내 마을 공동 목장을 지켜냈다. 매각과 개발의 열풍 속에서 마을 공동 목장을 지켜낸 것은 잘 단결된 주민들의 힘 덕택이다. 향약과 여러 비공식 조직들에서 포착된 마을 주민들의 능력이 입증되었다. 이 마을은 1970년대 새마을운동에서도 자립 마을로 선정되어 대통령이 직접 방문한 성공 사례 마을이다. 새마을운동 지도자 김한석은 1977년에 대통령으로부터 새마을훈장을 받았다. 리사무소 마당에는 그의 공적비가 세워져 있다.

마을 내부의 이러한 역량 덕분에 가시리는 21세기의 모범적 마을만들기 사례로 전국에 이름을 알리게 되었다. 인구 1,000명의 마을이 이뤄낸 성과라고는 믿기지 않을 정도로 지난 10년 사이에 가시리는 많은 사업들

---

24 김자경(2019a), 앞의 논문, 53쪽.

을 성공적으로 추진했다. 사업이 완료되고 시간이 경과했는데도 현재 여전히 잘 운영되고 있다는 점에서 가시리의 마을만들기는 성공적 모범 사례라고 할 수 있다. 정부의 지원을 받아 마을만들기사업을 추진했던 많은 마을들이 막상 완공 후에는 제대로 운영하지 못해 쩔쩔매거나 제 시설들을 방치해 뒀지만 가시리는 이후에도 지속적으로 여러 가지 프로그램들을 창의적으로 만들어 운영하고 있다. 마을만들기사업의 지속가능성을 보여주는 좋은 사례다.

가시리에 획기적 변화가 일어난 계기는 「농촌마을종합개발사업」과 「신문화공간조성사업」을 주민이 주체적으로 참여하는 상향식 개발로 시작하면서였다. 가시리는 경쟁을 통해 이 두 사업의 정부 지원을 획득하는 데 성공했다. 농어촌마을종합개발사업은 정부의 지원 금액이 64억, 신문화공간조성사업은 정부의 지원 금액이 20억이다. 주민들의 내부 역량을 바탕으로 하면서도 마을만들기와 관련된 외부 전문가들과의 협업을 중시했다. 그래서 가시리의 마을만들기 전략을 다음과 같이 정했다.

· 주민들의 욕구 조사와 마을 자원 조사, 자원 활용 방안 마련
· 마을 내외의 전문가들과의 연대를 통한 사업의 전문성 제고
· 가시리 마을의 특성을 살리고 주민 역량 강화를 중점적으로 추진
· 지속 유지 가능한 구조 확립

마을의 전통, 마을의 자원, 마을의 지식, 주민의 역량 강화 등을 중시한다는 점에서 매우 전형적인 내재적 발전이고 모범적인 주민 주도 지역 개발(community-driven development)이다. 이러한 항목들은 교과서에는 많이 나오지만 실제 적용은 쉽지 않다. 더욱 어려운 것은 지속 유지 가능한 구조 확립이다. 한국 정부가 지원한 많은 농촌개발사업들이 지속 유지 가능한 구

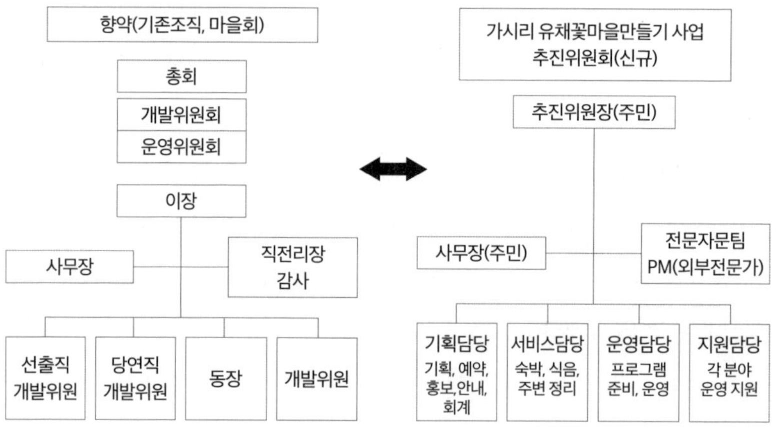

그림3 | 가시리 마을만들기의 거버넌스(안봉수 발표자료 2019.7.18)

조의 결여로 사업 종료 후 사업 시설들이 흉물로 되어 농촌 마을의 자생적·지속적 발전에 아무런 기여를 못하는 사례가 많다. 가시리는 처음부터 이 점을 인식하고 지속 유지 가능한 구조 확립을 주요 전략으로 세웠다.

가시리가 택한 내외 전문가들과의 연대도 주목해야 한다. 정부의 여러 가지 사업을 수주하기 위해 농촌 마을들이 전문가 그룹을 초청하여 사업 계획서 수립을 주문하는 예는 대단히 많다. 이들 전문가는 사업이 수주되면 떠나고, 또 새로운 전문가 집단이 사업의 실행을 맡게 된다. 이 경우엔 계획서 수립 단계의 전문가와 실행 단계의 전문가는 다른 집단들이다. 마을 주민이 아니라 사업의 일환으로서 일을 맡았기 때문에 마을에 대한 애착도 부족하고 마을의 전통, 마을의 지식, 마을의 자원 등을 충분히 파악할 동기나 시간도 부족한 경우가 많다.

그런데 가시리의 경우는 매우 다르다. 외부 전문가가 「신문화공간조성사업」 참여를 마을에 제안했다. 즉 마을이 「농촌마을종합개발사업」의 실행 계획서를 만들면서 전문가를 찾던 중에 그 전문가는 「농촌마을종합개

그림4 | 가시리 마을만들기의 주요 사업(안봉수 발표자료 2019.7.18)

발사업」과 「신문화공간조성사업」의 연계 필요성을 제안하고 연계 방안을 제시했다. 두 개의 대형 사업을 마을이 외부 전문가와 함께 기획하고 실행한 것이 독특하다. 이 전문가는 기획과 실행을 위해 마을로 이사를 와서 살았다. 마을에 7년간 상주하면서 이 사업의 추진에 매우 큰 역할을 했다.[25]

가시리 향약은 주민들의 조직이지만 사업을 기획하고 추진하는 데 외부 전문가의 역량을 받아들이고 협력할 줄 아는 개방적 조직이었다. 공동체 문화 기획의 탁월한 전문가인 지금종 씨는 마을에 이주해 살면서 주민들과 같이 호흡했다. 주민들의 주도로 추진되고 있던 하드웨어 사업인 「농촌마을종합개발사업」, 「풍력발전단지조성사업」 등을 자신이 프로젝트 매니저를 맡은 「신문화공간조성사업」과 조화시키기 위해 많은 노력을

25 지금종 인터뷰(2019. 10. 31).

기울였다.[26] 문화 영역에서 가시리문화센터, 조랑말박물관, 창작지원센터, 목공방 등 하드웨어 구축과 함께 마을 자원 조사, 디지털 아카이브 구축, 마을문화지도 제작, 예술가를 위한 레지던시 운영, 주민들을 위한 문화학교 운영, 공공미술프로젝트, 마을 축제 개최 등 다양한 사업을 주민들과 함께 추진했다.[27] 주민 1,500명의 마을에서 추진한 사업들이 내용도 풍부하고 예산 규모도 매우 크다. 마을이라는 이미지를 가지고 가시리 마을만들기사업의 결과물들을 실제로 탐방하면 건물의 예술적 디자인, 마을 전체 경관 활용의 기획력, 축제의 규모, 축제 참여자들의 다양성, 왕성한 주민 동아리 활동, 장학사업, 노인복지사업 등을 보면서 놀라지 않을 수 없다. 이러한 문화사업들은 주민들의 힘만으로 추진하기 어려운 사업들이다. 이 사업들은 지금종 씨뿐 아니라 그의 네트워킹을 통해 많은 예술가들이 가시리에 와서 주민들과 함께 커뮤니티 예술활동을 하며 진행되었다.

가시리 마을만들기에서 문화사업은 외부 전문가에만 의존한 활동이 아니라는 점에서 매우 큰 의의가 있다. 주민들은 문화 역량 수업도 받았지만 스스로 주체가 되어 다양한 문화 동아리를 만들어 활동하고 축제를 개최한다(표1).

가시리는 마을만들기의 비전을 '유채꽃과 그린 에너지가 어우러지는 생명의 마을'로 정했다. 가시리를 방문하는 사람이면 이 비전이 공허한 슬로건이 아니라 실제로 구현되었으며 또 미래와 지속성을 담보한 훌륭한 비전임을 알 수 있다. 농촌마을종합개발사업, 신문화공간조성사업을 성공적으로 추진하면서 경쟁력을 향상시킨 가시리는 풍력, 태양광 발전 등

---

26 지금종, 「농촌커뮤니티 활성화와 문화활동: 제주도 가시리 마을신문화공간조성사업 추진 사례를 중심으로」, 『로컬리티인문학』 6(2011), 328-329쪽.

27 지금종, 「제주 문화이민자의 관찰기」, 『플랫폼』(인천문화재단, 2012), 47쪽.

표1 | 가시리의 주민 동아리 (안봉수 발표자료 2019.7.18)

대상	프로그램	회원	비고
어린이	어린이영상교실 스포츠댄스 동아리	10 25	영화 3편 제작 각종 대회 우승
부녀	타악 동아리 스포츠댄스동아리 천연염색교실	20 30 50	행사 초청 공연 감물, 야생차
중장년	국궁교실 신나는노래교실	15 25	큰사슴이오름앞국 궁장조성
노인회	기공동아리 신나는 노래교실	45 25	제주도 전도(全道) 대회 우승
전체대상	약초기행 전통등공예교실 승마아카데미교실 생활목공교실	30 20 20 20	외부인에 인기

신재생에너지사업, 농어촌체험휴양마을사업, 색깔있는마을사업, 친환경생활공간소성사업 등 여러 가지 정부의 농촌개발사업들을 추가로 유치하는 데도 성공했다.

이 가운데 가시리 마을만들기의 출발점이자 상징인 유채꽃프라자는 농촌의 한 마을에 있는 건축물이라고는 믿기지 않을 만큼 아름다워 2014년 농림부와 대한민국건축학회가 주최하는 제4회 대한민국 농촌건축대전에서 대상을 수상할 정도였다. 유채꽃프라자는 큰사슴오름의 품 안에 있으면서 광대한 초지와 유채꽃밭을 배경으로 만들어졌다. 유채꽃프라자에는 세미나실, 홍보실, 방문자센터, 식당, 카페, 옥상 카페, 숙박시설 등이 있고 인근의 조랑말체험공원과 연계하여 농촌 활성화 및 6차 산업의 거점이다.

이러한 외부 지원 사업들은 주민들의 내부적 단결, 사업 비전, 추진력 등이 없으면 안 된다. 가시리는 향약에 의해 잘 단결된 마을이고 향약 회의를 통해 주민들 사이에 민주적 토론이 진행되어 온 마을이다. 특기할 것은 가시리에는 향약이라는 강력한 조직이 있지만 향약에서 마을만들기사업을 직접 관장하지 않고 별도의 추진위원회를 두었다는 점이다. 향약 임원들은 2년마다 교체되고 업무도 마을만들기라는 특정 영역만이 아니라 마을 주민들의 생활 전반에 관련되어 있기 때문에 마을만들기를 전담하는 전문 조직을 두게 된 것이다. 8년간 추진위원장을 맡아 가시리의 마을만들기를 전국적 성공 사례로 만든 안봉수 씨는 마을의 향약 조직에서 마을만들기추진위원회를 독립시킨 것은 매우 훌륭한 선택이었다고 했다.[28]

제주 가시리는 한국 농촌의 부러움의 대상이 되었다. 이 마을의 공동 목장에는 풍력, 태양열을 이용한 신재생에너지사업이 전개되고 있다. 가시리가 마을 공동 목장의 일부 토지를 에너지 사업체에 임대해 준 것인데, 여기서 연간 10억의 수익금이 가시리로 입금된다. 이 수익금으로 유채꽃프라자 및 유채꽃축제 운영, 마을 노인 복지 추진, 주민들의 전기세·동아리 활동·등록금 지원 등 많은 사업을 운영하고 있다. 정말 마을공화국이라 불러도 좋을 만큼 주민들을 위해 많은 복지사업과 문화사업을 전개하고 있다.

가시리는 2km^{2}가 넘는 마을 공동 목장을 가지고 있다. 이 공동 목장은 조선시대 최고의 목장이었다. 제주도의 많은 마을들이 공동 목장을 1970~1980년대 개발붐 시대에 외지인에게 팔아 넘겼으나 가시리 마을은 법률 투쟁을 해 가면서 이 마을 공동 목장을 지켜냈다. 마을 공동 목장은 마을 주민들의 공유가 아니라 총유라는 새로운 개념 위에 서 있다. 주민들은 마을 공동 목장을 함께 이용하는 주체이지만 마을을 떠나면 자신의 지분을 요구할 수 없이 그냥 조합원 자격을 상실하게 된다. 가시리협

28 안봉수 위원장 인터뷰(2019. 10. 23).

업목장조합규약 제6조에 "조합원 자격을 득했다 할지라도 경자유전의 원칙에 따라 본리를 떠나게 되면 조합원의 자격은 자동 상실된다."고 하여 '회원 자격의 자동상실' 규정에서 총유의 에센스를 볼 수 있다. 또 조합원 자격은 현재의 주민뿐 아니라 그들의 후손, 나아가 출향자 가운데 돌아온 후손 등 미래 세대에게도 주어진다. 제6조에 "1978년 3월 25일 이전 가시리에 거주했던 주민의 후예가 외지에서 본리로 이주했을 때는 본 조합이 정하는 소정의 절차에 의해서 조합원의 자격을 취득할 수 있다."고 정하고 있다.

가리시협업목장조합 규칙의 제3조에는 "조합원 스스로 참여하고 협동하여 상부상조의 정신을 바탕으로 조합원의 소득 기반 시설로서 활용하여 영원히 후세에 물려줄 유산으로 조합의 복지증진"을 조합의 목적으로 규정하고 있다. '영원히 후세에 물려 줄 유산'으로 목장의 재산을 규정한 점이 특히 눈에 띈다. 이것은 마을 주민들끼리 재산을 나눠가질 수 있다는 공유와는 다른 개념이다. 미래 세대까지 아우를 수 있는 이 총유 개념은 가시리의 성공이 현재에서 끝나지 않고 미래로 지속될 것임을 말해준다. 이 규약의 전문은 "우리 조합원 일동은 근면, 자조, 협동의 정신을 바탕으로 1900년대에 선조들의 피와 땀으로 일구어낸 광활한 목장을 잘 보존하고 관리하여 우리 후손들에게 물려줘야 할 의무를 가지고 있다."고 적고 있다. 또한 동 규약 제24조에는 "기본 재산은 여하한 경우라도 처분할 수가 없고"라고 못박고 있다. 당대의 권리뿐 아니라 미래 세대의 권리를 이렇게 명백하게 조합 규칙에 적시한 것은 놀라운 일이다.

가시리에 가보면 넓은 초지, 13개의 아름다운 오름들(峰), 녹산로 양쪽의 아름다운 유채꽃, 오름들을 연결하는 아름다운 트레킹 길, 초지와 오름들을 배경으로 밤낮없이 돌아가고 있는 풍력발전소 등 광활한 커먼즈(commons)를 보게 된다. 이러한 자산들은 사유가 아니라 총유이므로 마을 주민뿐 아니라 모든 방문객에게 개방되어 있다. 가시리가 주민소득뿐 아니라 공동 재산의 관리에서도 한국 마을들의 모범이 된 것은 마을 헌법, 즉 향약에 힘입은 바가 결코 작지 않다.

Ⅲ. 커머닝의 실천과 현실 유토피아의 건설

제주 마을들에서 21세기에도 향약이라는 말을 사용하고 있다는 사실을 처음 알았을 때 필자는 충격을 받았다. 제주도 마을 사람들은 향약이라는 말을 아주 자연스럽게 사용하고 있다. 가시리 향약을 구해서 보았을 때 마을만들기의 주요 내용이 향약에 기술되어 있다는 데서도 다시 놀랐다. 향약은 공허한 슬로건이나 서류로만 존재하는 것이 아니라 실제 주민들의 생활과 마을 운영에 이용되고 있는 마을 헌법이었다. 이 향약은 가(家)의 논리의 연장선이 아니다. 가의 네포티즘 논리는 이 향약에서 극복되고 있다.

뚜웨이밍은 가 → 향 → 국으로의 변혁적 상승 논리를 다음과 같이 설명했다.

> 진정으로 인간다운 자아가 되기 위해서는 이기주의가 극복되어야 한다. 마찬가지로 가족은 네포티즘을 극복해야 하고 지역사회는 지연주의를 극복해야 한다. 국가는 자민족중심주의를 극복해야 한다.[29]

---

29 Tu Wei-Ming, *Centrality and Commonality: An Essay on Confucian Religiousness* (Albany, N.Y.: State University of New York Press, 1989).

뚜웨이밍의 관점을 받아들인다면 지역사회는 가족 공동체 원리의 연장선으로만 이해해서는 안 된다. 오히려 지역사회나 국가는 가족이기주의가 초래할 수 있는 위험을 제어하는 장치이다.

끝으로 향약운동은 지역사회 유학자들의 사회 참여 운동이었다는 점을 지적하고 싶다. 유교는 분권 정치, 지방 엘리트들의 지역사회 참여를 중시한다. 예치 공동체는 사대부의 적극적 참여를 바탕으로 한다. 이러한 참여 전통이 지금 시대에도 요구된다고 생각한다. 현대 사회는 향약이라는 이름을 쓰지 않을 뿐 생활 공간의 문제를 해결하기 위해 여러 가지 조직을 만든다. 주민들이 참여하지 않으면 사회는 결국 '부드러운 전제주의(soft despotism)'로 가게 될 것이다. 무관심한 사회에서 싹트는 부드러운 전제주의를 막으려면 시민들의 사회 참여가 중요하다. 시민들의 생활 공간인 지역사회에서 주민들의 사회 참여는 더욱 중요하다. 향약에 나타난 자기 규율, 호혜, 봉사의 정신이 현대의 지역사회에 살아나야 한다. 지역사회를 구성하는 기업, 학교, 시민, 종교기관들이 사회 성원으로서 의무를 다할 때 그 지역사회에는 예치가 이루어지고 법치가 이루어질 것이다.

제주도 마을들이 향약을 마을 헌법으로 활용하고 있지 않다면 향약은 과거의 이야기로 끝날 수도 있다. 제주도 마을 주민들은 향약의 중요성을 충분히 인정하고 있으며 향약을 제정하여 향약에 따라 마을을 민주적이고 자치적으로 운영하고 있다. 그뿐만 아니라 향약의 거버넌스를 활용하여 여러 가지 마을만들기사업을 성공적으로 추진하여 마을에 일자리·소득 창출, 문화·공유자원 발전 등을 이루어 냈다. 조선시대 최고의 엘리트들이 만들었던 그 어떤 향약보다도 훌륭한 일을 성취했다. 조선시대의 많은 향약 조문들은 실제 실천되기보다는 '도덕 교과서'나 '도덕 지침'에 머물렀는데, 가시리의 향약은 주민들이 자치와 민주를 통해 만들고 견제와 균형을 통해 구체적으로 운영하고 있는 것이다. 조선시대의 어떤 향약도 이렇게 구체적 실천을 담보하지는 못했을 것이다.

가시리의 향약의 장점은 여기서 그치지 않는다. 가시리의 향약은 마을이라는 좁은 세계, 주민들의 이익만을 수호하는 집단이기주의를 극복했다. 가시리의 향약은 외지인에게도 마을의 아름다운 자연 자원(오름, 억새, 쫄븐갑마장길 등)을 무료로 개방하고 있으며 유채꽃축제, 트레일 러닝, 전시 등을 무료로 제공하여 커머닝의 참모습을 보여주고 있다. 제주의 축제, 나아가 대한민국의 대표 축제가 된 제주 유채꽃축제는 서귀포시 주관으로 가시리에서 개최된다.[30] 가시리의 조랑말체험공원, 유채꽃광장, 조랑말박물관, 녹산로 등 가시리 주민들이 가꿔온 땅, 즉 총유의 땅에서 전개된다. 자신의 것을 공동의 재산으로 만들어 여러 가지 사업을 개발하여 수익을 창출하면서도 마을 바깥의 모든 사람들에게 마을의 공유재산, 자연을 마음껏 누리도록 한다는 점에서 작은 한 마을의 주민들이 대한민국의 스승이 된 것이다. 더욱이 가시리는 마을 주민들의 후손들도 영원히 이 마을의 자산을 향유할 수 있도록 한 데서 미래 세대에 대한 현 세대의 책임과 미래 세대의 권리를 구체적으로 실현했다는 점에서 세계적 의미도 갖고 있다.

---

30 『제주의 소리』(2019. 3. 26).

참고문헌

원전

『各司謄錄』.

『經國大典』.

『景慕宮儀軌』.

『高麗史』.

『高麗史節要』.

『國朝五禮序例』.

『論語』.

『大典通編』.

『大典會通』.

『大靜郡古誌』.

『萬機要覽』.

『每事問』.

『孟子』.

『備邊司謄錄』.

『三國史記』.

『三國志』.

『書院謄錄』.

『世宗實錄地理志』.

『續大典』.

『承政院日記』.

『新增東國輿地勝覽』.

『心經附註』.

『沃川邑誌』.

『六典條例』.

『日省錄』.
『典錄通考』.
『旌義邑古誌』.
『祭謄錄』.
『祭禮謄錄』.
『濟州大靜旌義邑誌』.
『濟州三邑上錢穀會計成冊』.
『濟州邑誌』.
『濟州出來後運歲貢馬』.
『朝鮮王朝實錄』.
『尊敬錄』.
『宗廟儀軌』.
『周禮注疏』.
『中庸』.
『通牒編案 第1號』.
『咸豐三年七月日 癸丑夏三朔 濟州三邑上錢穀會計成冊』.
『戶口總數』.
『湖西邑誌』.
『弘齋全書』.
『訓令存案』.

姜希孟,『私淑齋集』.
權尙夏,『寒水齋集』.
金樂行,『九思堂文集』.
金樂行,『九思堂先生文集』.
金尙憲,『南槎錄』.
金尙憲,『淸陰集』.
金錫翼,『耽羅紀年』.
金聲久,『南遷錄』.

金壽興,『退憂堂集』.

金政,『蘆峯集』.

金淨,『冲庵先生集』.

金淨,『冲庵集』.

金淨,『濟州風土錄』.

金正浩,『大東地志』.

金齊閔,『鰲峯集』.

金昌協,『農巖集』.

金春澤,『北軒居士集』.

金春澤,『北軒集』.

大慧宗杲,『大慧普覺禪師書』.

睦萬中,『餘窩集』.

朴光一,『遜齋集』.

朴世采,『南溪集』.

朴趾源,『燕巖集』.

朴趾源,『熱河日記』.

司馬遷,『史記』.

徐居正,『四佳集』.

徐有榘,『林園經濟志』.

成運,『大谷集』.

成海應,『硏經齋全集』.

宋時烈,『宋子大全』.

宋麟壽,『圭菴集』.

宋煥箕,『性潭集』.

申光洙,『石北集』.

申碩蕃,『百源集』.

揚雄,『揚子法言』.

吳始壽,『水村集』.

尹善道,『孤山遺稿』.

尹蓍東,『增補耽羅志』.

尹拯,『明齋遺稿』.

尹鑴,『白湖全書』.

李健,『葵窓遺稿』.

李健,『濟州風土記』.

李圭景,『五洲衍文長箋散稿』.

李德懋,『青莊館全書』.

李沃,『博川集』.

李源祚,『耽羅誌草本』.

李源祚,『凝窩集』.

李源祚,『耽羅錄』.

李元鎭,『耽羅志』.

李宜顯,『陶谷集』.

李珥,『栗谷先生全書』.

李瀷,『星湖僿說』.

李益泰,『知瀛錄』.

李廷龜,『月沙集』.

李楨,『龜巖集』.

李種徽,『修山集』.

李增,『南槎日錄』.

李太湖 編,『耽羅志』.

李海朝,『鳴巖集』.

李玄煥,『蟾窩雜著』.

李衡祥,『南宦博物』.

李衡祥,『甁窩集』.

李衡祥,『耽羅巡歷圖』.

李衡祥,『耽羅狀啓抄』.

林悌,『南溟小乘』.

林悌,『林白湖集』.

任徵夏,『西齋集』.

張載,『張子全書』.

鄭經世,『愚伏集』.

鄭逑,『寒岡集』.

鄭斗卿,『東溟集』.

丁範祖,『海左集』.

鄭士龍,『湖陰集』.

丁若鏞,『牧民心書』.

丁若鏞,『與猶堂全書』.

鄭蘊,『桐溪集』.

鄭運經,『耽羅聞見錄』.

趙克善,『忍齋日錄』.

曺植,『南冥集』.

趙貞喆,『靜軒瀛海處坎錄』.

朱熹,『朱子大全』.

朱熹·黎靖德,『朱子語類』.

蔡濟恭,『樊巖集』.

崔岦,『簡易集』.

崔錫鼎,『明谷集』.

崔益鉉,『勉菴集』.

許穆,『記言』.

許薰,『舫山集』.

洪暹,『忍齋集』.

洪直弼,『梅山集』.

黃胤錫,『頤齋亂藁』.

※ 문집 및 실록 중 별도 출처 표시가 없는 것은 한국고전종합 DB 참고

연구서

가시리, 『가시리지 가스름』, 가시리, 1988.

강만익, 『일제시기 목장조합 연구』, 경인문화사, 2013.

강창룡·고창석 외, 『19세기 濟州社會 硏究』, 一志社, 1997.

경북대학교 퇴계연구소, 『응와 이원조의 삶과 학문』, 역락, 2006.

고광민, 『제주생활사』, 한그루, 2016.

고병오·박용후 편, 『元 大靜郡誌』, 박문출판사, 1968.

高昌錫, 『濟州島古文書硏究』, 世林, 2002.

국가무형문화재 전승자 구술자서전, 『이수어 천천히 구멍구멍 혁엉 와수다』, 문화재청, 2018.

국립제주박물관 편, 『제주의 역사와 문화』, 통천문화사, 2001.

국립제주박물관 편, 『이익태 牧使가 남긴 기록』, 국립제주박물관, 2005.

국립제주박물관 편, 『제주 말테우리: 고태오의 말테우리 인생 70년』, 국립제주박물관, 2016.

국사편찬위원회, 『各司謄錄. 19, 全羅道篇 2』, 국사편찬위원회, 1986.

권혁재, 『한국지리-지방편』, 법문사, 1995.

권혁재, 『한국지리-총론편』, 법문사, 2004.

G. W. 길모어 저, 신복룡 역주, 『서울풍물지』, 집문당, 1999.

김동욱, 『증보한국복식사연구』, 아세아문화사, 1973.

김봉오 역, 『續耽羅錄』, 제주문화방송주식회사, 1994.

김상헌 저, 김희동 역, 『남사록』, 영가출판사, 1992.

김상헌 저, 홍기표 역, 『남사록』, 제주문화원, 2008.

김석익 저, 오문복 외 역, 『제주 속의 耽羅』, 보고사, 2011.

김석익 저, 홍기표 외 역, 『(역주) 탐라기년』, 제주문화원, 2015.

김오진, 『조선시대 제주도의 이상기후와 문화』, 푸른길, 2018.

김익수, 『제주 역사문화의 길잡이』, 제주특별자치도문화원연합회, 2019.

김익수 역, 『(譯註) 濟州 古記文集』, 제주문화원, 2007.

김치우, 『고사촬요 책판목록과 그 수록 간본 연구』, 아세아문화사, 2008.

김태곤, 『한국민간신앙연구』, 집문당, 1987.

김현영, 『조선시대 양반과 향촌지배』, 집문당, 1999.

南九明 저, 김영길 역, 『(國譯)寓庵先生文集』, 제주교육박물관, 2010.

남도영, 『濟州島 牧場史』, 한국마사회 마사박물관, 2001.

來裕恂 著, 高維國·張格 注釋, 『漢文典(注釋)』, 南開大學出版社, 1993.

단국대학교부설동양학연구소, 『여씨향약언해』, 단국대학교 출판부, 1984.

문순덕, 『섬사람들의 음식 연구』, 학고방, 2010.

朴秉濠, 『韓國法制史攷』, 法文社, 1974.

박용후, 『제주도 옛 땅이름 연구』, 제주문화, 1992.

변경붕 저, 허남춘·김병국·김새미오 역, 『通政大夫 司憲府 掌令 邊景鵬 文集』, 제주대학교 탐라문화연구소, 2010.

변성구, 『제주민요의 현장론적 연구』, 민속원, 2007.

석주명, 『濟州島隨筆』, 서귀포문화원, 2008.

송성대, 『제주인의 해민정신』, 제주문화, 1996.

송성대 외, 『제주지리론』, 한국학술정보, 2010.

守本順一郎 저, 김수길 역, 『동양정치사상사 연구』, 동녘, 1985.

신병주, 『南冥學派와 花潭學派 연구』, 일지사, 2000.

신행철 외, 『제주사회론 2』, 도서출판 한울, 1998.

심경호, 『한문 산문의 미학』, 고려대학교 출판부, 1998.

안경아·강만익·한삼인·정근오, 『제주지역 마을공동목장 관리실태 및 개선방안』, 제주연구원, 2018.

알프 뤼트케 외 저, 이동기 외 역, 『일상사란 무엇인가?』, 청년사, 2002.

앤소니 기든스 저, 배은경·황정미 역, 『현대 사회의 성·사랑·에로티시즘』, 새물결, 2003.

오세창·권대웅·정진영·조강희 편저, 『영남향약자료집성』, 영남대학교 출판부, 1986.

윤시동 저, 김영길 역, 『(국역) 증보탐라지』, 제주문화원, 2016.

李秉烋, 『朝鮮前期 畿湖士林派 研究』, 一潮閣, 1984.

李樹健, 『嶺南士林派의 形成』, 嶺南大學校出版部, 1979.

李樹健 編著, 『慶北地方古文書集成』, 영남대학교 출판부, 1981.

이수건 편, 『16세기 한국 고문서 연구』, 아카넷, 2004.

이욱, 『조선시대 재난과 국가의례』, 창비, 2009.

이욱, 『조선 왕실의 제향 공간-정제와 속제의 변용』, 한국학중앙연구원 출판부, 2015.

이원조 저, 김찬흡 외 역, 『탐라지초본』 상·하, 제주교육박물관, 2008.

李源祚 著, 백규상 역, 『(역주) 탐라록』 상·중·하, 제주문화원, 2016.
이원진 저, 김찬흡 외 역, 『역주 탐라지』, 푸른역사, 2002.
이이 저, 한국정신문화연구원 역, 『국역 율곡전서 IV』, 한국정신문화연구원, 1988.
이익태, 『지영록』, 제주문화원, 2010.
李在洙, 『朝鮮中期 田畓賣買研究』, 集文堂, 2003.
이정수·김희호, 『조선후기 토지소유계층과 지가변동』, 혜안, 2011.
이찬 편, 『한국의 고지도』, 범우사, 1997.
이형상, 『耽羅巡歷圖·南宦博物』, 韓國精神文化院, 1979.
李衡祥 著, 鄭太鉉·車柱環·柳正東 譯, 『國譯 瓶窩集(III)』, 韓國精神文化研究院, 1990.
이형상, 『耽羅巡歷圖』, 제주시, 1994.
이형상 저, 이상규·오창명 역주, 『남환박물』, 푸른역사, 2009.
이형상 저, 김익수 역주, 『탐라장계초』, 제주특별자치도민속자연사박물관, 2021.
장경희, 『탕건장』, 화산문화, 2000.
전경수, 『탐라: 제주의 문화인류학』, 민속원, 2010.
정구복, 『고문서와 양반사회』, 일조각, 2002.
정수환, 『조선후기 화폐유통과 경제생활』, 경인문화사, 2013.
정약용 저, 이익성 역, 『다산논총』, 을유문화사, 1972.
정약용 저, 다산연구회 역주, 『譯註 목민심서』 4, 창작과비평사, 1995.
정운경 저, 정민 역, 『탐라문견록, 바다 밖의 넓은 세상』, 휴머니스트, 2008.
정진영, 『조선시대 향촌사회사』, 한길사, 1998.
정치영, 『지리지를 이용한 조선시대 지역지리의 복원』, 푸른길, 2021.
鄭亨愚·尹炳泰 共編著, 『韓國의 冊板目錄(上)·(下)』, 保景文化社, 1995.
제주대학교박물관, 『寧坪마을』, 제주대학교박물관, 1991.
제주도지편찬위원회, 『제주도지』 7, 제주도지편찬위원회, 2006.
제주민속자연사박물관 편, 『제주의 옛지도』, 제주민속자연사박물관, 1996.
제주민속자연사박물관 편, 『이형상제주목사관련편지모음집』, 제주민속자연사박물관, 2017.
제주시, 『耽羅巡歷圖』 영인본, 제주시, 1994.
조성산, 『조선후기 洛論系 學風의 형성과 전개』, 지식산업사, 2007.
조성윤 외, 『제주지역 민간신앙의 구조와 변용』, 백산서당, 2003.

진성기, 『南國의 傳說』, 일지사, 1968.
진태준, 『제주의 민간요법』, 醫苑社, 1977.
진태준, 『건강과 민간요법: 제주도 민간의학』, 한국고시연구원, 1980.
최현·김자경·윤여일 편저, 『제주사회의 변동과 공동자원』, 진인진, 2019.
크누트 슐츠 저, 박흥식 역, 『중세 유럽의 코뮌 운동과 시민의 형성』, 길, 2013.
탐라순력도연구회 편, 『탐라순력도 연구논총』, 제주시·탐라순력도연구회, 2000.
프랑수아 줄리안 저, 이근세 역, 『문화적 정체성은 없다』, 교유서가, 2020.
피터 볼 저, 김영민 역, 『역사 속의 성리학』, 예문서원, 2010.
H. 하멜 저, 신복룡 역, 『하멜표류기』, 집문당, 2017.
한국문화원연합회제주특별자치도지회, 『표선면 역사문화지』, 제주도특별자치도지사; 일신옵셋인쇄사, 2009.
韓國學中央硏究院, 『고문서집성 108-제주 涯月 水山里·中嚴里·下加里 고문서』, 한국학중앙연구원 출판부, 2014.
韓國學中央硏究院, 『고문서집성 110-제주 於島 晉州姜氏·朝天 金海金氏·舊佐 東萊鄭氏 고문서』, 한국학중앙연구원 출판부, 2014.
韓國學中央硏究院, 『고문서집성 114-제주 晉州姜氏·谷山康氏·金海金氏·慶州金氏·濟州高氏·東萊鄭氏 고문서』, 한국학중앙연구원 출판부, 2015.
한상권, 『조선후기 사회와 소원제도』, 일조각, 1996.
향촌사회사연구회 편, 『조선후기 향약 연구』, 민음사, 1990.
허남춘, 『설문대할망과 제주신화』, 민속원, 2010.
현용준, 『濟州島神話』, 瑞文堂, 1972.
현용준, 『제주도 巫俗과 그 주변』, 민속원, 2002.
현용준, 『제주도 신화의 수수께끼』, 집문당, 2005.
현용준, 『제주도 무속자료사전』, 도서출판 각, 2007.
현용준·현승환, 『제주도 무가』, 고려대학교민족문화연구소, 1996.

三木榮, 『朝鮮醫學史及疾病史』, 大阪: 自家出版, 1966.

吳承學, 『晩明小品硏究』, 南京: 江蘇古籍出版社, 1999.
張伯偉 編, 『朝鮮時代書目叢刊. 1-9』, 北京: 中華書局, 2004.

Bowles, Samuel, *The Moral Economy: Why Good Incentives Are No Substitute for Good Citizen*, New Haven and London: Yale University Press, 2016.

Bowles, Samuel, and Herbert Gintis, *A Cooperative Species*, Princeton: Princeton University Press, 2011.

Putnam, Robert D., *Making Democracy Work*, Princeton: Princeton University Press, 1993.

Putnam, Robert D., *Bowling Alone*, New York: Simon & Schuster, 2000.

Sampson, Robert J., and John H. Laub, *Crime in the Making: Pathways and Turning Points through Life*, Cambridge, MA: Harvard University Press, 1993.

Tu, Wei-Ming, *Centrality and Commonality: An Essay on Confucian Religiousness*, Albany: State University of New York Press, 1989.

논문

강만익, 「고려말 탐라목장의 운영과 영향」, 『탐라문화』 52, 2016.

고부자, 「제주도복식의 민속학적 연구」, 이화여자대학교 석사학위논문, 1971.

고부자, 「제주도 여인들의 속옷에 관한 연구」, 『제주도연구』 3, 1986.

고부자, 「제주도 여인의 속옷에 관한 민속학적 연구」, 『한국복식』, 단국대학교 석주선기념박물관, 1986.

고부자, 「제주도 모자류에 대한 민속학적 연구」, 『복식』 17, 1991.

고순희·장현주, 「제주 전통 털소재 복식의 유형과 특성」, 『복식』 58-9, 2008.

고창훈, 「제주문화의 사회과학적 이해에 관한 연구: 공동체의식을 중심으로」, 『제주도연구』 1, 1984.

권경록, 「李海朝의 濟州 관련 시에 나타난 '濟州'의 문화지형과 그 의미-'登漢拏山'과 '賦六十韻 記島中山川風俗'을 중심으로」, 『열상고전연구』 50, 2016.

권상철, 「대안 공동체 경제 논의와 제주지역 사례: 마을 공동어장과 이시돌 목장」, 『한국경제지리학회지』 18-4, 2015.

김경옥, 「제주목장의 설치와 운영-耽羅誌를 중심으로』, 『지방사와 지방문화』 4-1, 2001.

김기혁, 「17~18세기 제주도 고지도의 하천 묘사에 나타난 지도 계열 연구」, 『문화역사지리』 30-2, 2018.

김동석, 「葉作에 관한 一考察」, 『藏書閣』 14, 2005.

김동전, 『18·19世紀 濟州道의 身分構造 研究』, 단국대학교 박사학위논문, 1995.

金東銓, 「朝鮮後期 濟州島 住民의 身分構造와 그 推移」, 『國史館論叢』 65, 1995.

김민현, 「1411년 제주도 간본 『논어(論語)』의 서지학적 연구」, 『한국학』 42, 2019.

김상옥, 「조선후기 제주지방의 군사제도-아병을 중심으로」, 『탐라문화』 16, 1996.

김새미오, 「일재 변경붕 문집에 나타난 18~19세기의 제주사회 성격에 관한 일고-유교사회로의 변화 양상을 중심으로」, 『영주어문』 20, 2010.

김새미오, 「고독한 공간, 제주에 대한 제 인식」, 『한문학논집』 37, 2013.

김석준, 「제주도 농촌주민의 계결사체 참영화 사회적 유대」, 『한국사회학』 22, 1988.

金性甲, 『朝鮮時代 明文에 관한 文書學的 研究』, 한국학중앙연구원 한국학대학원 박사학위논문, 2013.

김성수, 「조선시대 儒醫의 형성과 변화」, 『한국의사학회지』 28-2, 2015.

김소희, 「조선전기 전라도의 출판문화연구- 지방관서의 간행양상을 중심으로」, 『서지학연구』 62, 2015.

김영란, 「조선후기 제주지역 土地賣買 연구」, 『藏書閣』 37, 2017.

김영란, 「조선시대 제주목사 연구」, 한국학중앙연구원 한국학대학원 박사학위논문 1차 발표, 2019. 11. 07.

김영옥, 「제주목장의 설치와 운영」, 『조선후기 도서연구』, 혜안, 2004.

김오순, 「18-19세기 제주 고지도의 연구」, 『교육과학연구』 8-2, 2006.

김우리, 「조선후기 제주지역 서적간행 연구」, 제주대학교 석사학위논문, 2018.

김우리, 「조선후기 제주지역 서적간행의 실태」, 『지방사와 지방문화』 23-1, 2020.

김의숙, 「제주도 목자복 연구」, 『탐라문화』 11, 1991.

김인기, 「조선후기 면암 최익현이 제주교육에 끼친 영향에 관한 연구」, 제주대학교 교육대학원 석사학위논문, 2011.

김일우, 「조선후기 이후 제주 김희정 가계의 정치·사회적 위상과 그 변화」, 『한국인물사연구』 17, 2012.

김일우, 「조선시대 제주 關防施設의 설치와 분포양상」, 『한국사학보』 65, 2016.

김일우, 「제주한의약, 그 역사 속으로」, 『제주일보』, 2017. 5. 31. ~2019. 1. 6.

김자경, 「제주의 전통적 커머닝 수눌음: 제주 목축문화의 재해석」, 최현·김자경·윤여일 편저, 『제주사회의 변동과 공동자원』, 진인진, 2019a.

김자경, 「공동자원을 둘러싼 마을의 의사결정구조와 공동관리: 제주 행원리 사례를 중심으로」, 『환경사회학연구 ECO』 23-1, 2019b.

김재호, 「조선왕조 장기지속의 경제적 기원」, 『경제학연구』 59-4, 2011.

김지은, 「서양 고지도에 나타난 제주의 지명과 형태」, 『문화역사지리』 22-2, 2010.

김치완, 「梅溪 李漢雨의 '낯선 공간'으로서 瀛洲」, 『역사민속학』 39, 2012.

김치완, 「제주의 조선유학자 변경붕의 이중문화정체성」, 『문화와 융합』 39-3, 2017.

김태호, 「옛 그림 속 제주의 지형경관 그리고 지형인식」, 『대한지리학회지』 52-2, 2017.

김필동, 「향약의 보급과 그 사회적 의미」, 『차별과 연대: 조선 사회의 신분과 조직』, 문학과 지성사, 1999.

김학수, 『17세기 嶺南學派 연구』, 한국학중앙연구원 한국학대학원 박사학위논문, 2008.

김학수, 「『인재일록(忍齋日錄)』을 통해 본 호혜와 협동의 공동체문화」, 한국학중앙연구원 연구과제 결과발표회 발표문, 2018.

김학수, 「호혜와 협동 인프라의 설계와 운영의 실제: 합천현 서호마을을 중심으로」, 한국학중앙연구원 연구과제 결과발표회 발표문, 2019.

김학수, 「제주지역 유교 지식(知識)·문화(文化)의 수용 양상과 '제주학풍(濟州學風)': 주자학적 예교론(禮敎論)과 사림파 학풍의 유입을 중심으로」, 『한국학』 43-3, 2020.

김현지, 「17세기 조선의 실경산수화 연구」, 『미술사연구』 18, 2004.

김호, 「權道의 성리학자 金正國, 『警民編』의 역사적 의의」, 『동국사학』 63, 2017.

김호, 「16~17세기 조선의 지방 醫局 운영: 경북 영주의 濟民樓를 중심으로」, 『국학연구』 37, 2018.

김호, 「16세기 지방의 의서 편찬과 患難相恤의 實踐知」, 『朝鮮時代史學報』 89, 2019.

남권희, 「濟州道 刊行의 書籍과 記錄類」, 『고인쇄문화』 8, 2001.

남권희, 「『三略』의 刊行과 版本 硏究」, 『한국도서관·정보학회지』 33, 2002.

남도영, 「조선시대 제주도 목장-한국목축업 연구의 일단」, 『한국사연구』 4, 1969.

노인환, 「조선시대 濟州牧使의 문서 행정 연구」, 『藏書閣』 34, 2015.

노인환·조광현, 「제주도 고문서의 현황과 특징-진주강씨·곡산강씨·김해김씨·경주김씨·제주고씨·동래정씨를 중심으로」, 韓國學中央研究院, 『고문서집성 114』, 한국학중앙연구원 출판부, 2015.

노재현 외, 「탐라십경과 탐라순력도를 통해 본 제주 승경의 전통」, 『한국조경학회지』 37-3, 2009.

노혜경, 「18세기 전생서의 인적 구성과 기능-황윤석의 『이재난고』를 중심으로」, 『고문서연구』 33, 2008.

마치다 다카시, 『〈민속〉과 〈폐습〉 사이-제주도의 폐습론에 대한 통시적 접근』, 한국학중앙연구원 한국학대학원 박사학위논문, 2017.

문상빈, 「제주의 개발주의와 환경정치, 그리고 권당」, 『진보평론』 60, 2014.

文叔子, 「조선후기 濟州지역의 재산상속과 奉祀관행」, 『史學研究』 81, 2006.

문화공보부 문화재관리국 편 「第六章 제주도(濟州道) 지방(地方)」, 『한국민속종합조사보고서 제17편(의생활)』, 1986.

박경하, 『조선후기 향약 연구-향약의 성격변화를 중심으로』, 중앙대학교 박사학위논문, 1993.

박동욱, 「조정철의 「耽羅雜詠」 연구」, 『동양한문학연구』 32, 2011.

박성규, 『주자철학에서의 귀신론』, 서울대학교 박사학위논문, 2004.

박예님, 「말총을 이용한 장신구 연구」, 국민대학교 석사학위논문, 2015.

박용만, 「李玄煥의 「瀛洲唱和錄序」 改作의 양상」, 『한국한문학연구』 40, 2007.

박원길, 「조선시대 유학자들이 본 제주의 유목문화-조선시대 문헌기록을 중심으로」, 『제주도문화』 48, 2017.

박종천, 「상생의 마을 공동체-경주 양동의 동계(洞契)와 향약(香約)」, 한도현 외, 『양동마을과 공동체의 미래』, 한국학중앙연구원 출판부, 2017.

박종천, 「조선 후기 재난에 대한 향촌공동체의 대응과 호혜성의 증진」, 2019(미출간).

박찬식, 「17·8세기 제주도 牧子의 실태」, 『제주문화연구』, 1993.

박철상, 「조선 최고의 병서 제주도판 황석공소서의 출현과 의미」, 『문헌과 해석』 45, 2008.

부영근, 「石北 申光洙의 「耽羅錄」 考察」, 『영주어문』 8, 2004.

손계영, 「지방관과 선조문집간행」, 『영남학』 15, 2009.

손기범, 「제주를 바라보는 19세기 유학자의 관점-이한우, 김정희, 이원조를 중심으로」, 『영주어문』 17, 2009.

송민경, 「조선후기 문인들의 제주명승 인식과 변화」, 제주대학교 석사학위논문, 2015.

송성대·강만익, 「조선시대 제주도 관영목장의 범위와 경관」, 『문화역사지리』 13-2, 2001.

송원섭, 「경관의 재현성과 비재현성의 의미론적 조우: 제주도 안거리-밖거리 전통주거 문화경관 사례를 중심으로」, 『대한지리학회지』 54-2, 2019.

송창윤, 「수눌음의 정신으로 함께하는 제주사회적 경제네트워크」, 『협동조합네트워크』 71, 2014.

신효승, 「조선후기 제주도의 관방체계」, 『역사와 실학』 59, 2016.

심경호, 「한국 類書의 종류와 발달」, 『民族文化研究』 47, 2007.

심승구, 「조선시대 둑제의 변천과 의례」, 『공연문화연구』 28, 2014.

양보경, 「제주 고지도의 유형과 특징」, 『문화역사지리』 13-2, 2001.

양순필, 「충암의 제주풍토록 소고」, 『어문논집』 22-1, 1981.
양진건, 「세종조 도서보급 정책이 제주교육에 미친 영향」, 『교육사상연구』 16, 2005.
오상학, 「조선시대 제주도 지도의 시계열적 고찰」, 『탐라문화』 24, 2004.
오상학, 「목판본「탐라지도」의 내용과 지도학적 특성」, 『한국지도학회지』 16-2, 2016.
오상학, 「조선시대 제주도 고지도의 현황과 유형별 특성」, 『제주도연구』 53, 2020.
오수정, 「조선 초기 제주 통치 체제 고찰」, 『濟州島史硏究』 50, 2018.
오창명, 「『탐라십경도』의 제주 지명」, 『지명학』 26, 2017.
오창명, 「康熙 13年(1674) 都許與明文과 제주 지명」, 『지명학』 28, 2018.
옥영정. 「조선시대 完營의 인쇄문화에 대한 고찰」, 『서지학연구』 50, 2011.
유철인, 「촌락과 도시」, 제주도지편안위원회 편, 『제주도지』 5, 제주도, 2006.
윤민용, 「18세기 《탐라순력도》의 제작경위와 화풍」, 『한국고지도연구』 3-1, 2011.
윤봉택, 「13세기 濟州妙蓮社板『金光明經文句』의 事實照明」, 『탐라문화』 29, 2006.
윤봉택, 「제주지방의 조선시대 출판문화에 관한 연구」, 전남대학교 석사학위논문, 2007.
윤봉택·노기춘, 「濟州牧에서 開刊된 17세기 책판 연구」, 『서지학연구』 34, 2006.
윤선·현원학·정차연, 「제주도 한라산의 지질」, 『지질학회지』 41-4, 2005.
윤양수, 「제주도 마을 공동재산의 시·군에의 귀속과 그에 따른 주민권익문제」, 『제주대학교 논문집』 24, 1987.
원창애, 「조선시대 제주도 馬政에 대한 소고」, 『제주도사연구』 4, 1995.
이규대, 「朝鮮後期 藥局稧의 一考察」, 『史學論叢』, 1988.
이기봉, 「조선시대 전국지리지의 생산물 항목에 대한 검토」, 『문화역사지리』 15-3, 2003.
이기현, 『石北文學硏究』, 한양대학교 박사학위논문, 1993.
이민주, 「무형문화재의 전승과 전수교육에 대한 고찰-복식관련 전통기술을 중심으로」, 『무형문화유산』 6, 2019.
이보라, 「17세기 말 〈탐라십경도〉의 성립과 《탐라순력도첩》에 미친 영향」, 『온지논총』 17, 2007.
이상태, 「제주도 고지도 연구」, 『아시아문화연구』 1, 1996.
이석명, 「회남자 연구의 사상사적인 의미」, 『泰東古典硏究』 19, 2003.
이석희, 「최근 30년 북미 중국학계의 향촌사회사 연구동향」, 『역사와 현실』 97, 2015.
이선희, 「『捷解新語』 原刊本 5種의 先後關係」, 『규장각』 42, 2013.
이성임, 「16세기 양반사회의 '膳物經濟'」, 『한국사연구』 130, 2005.

이옥부, 「조선후기 제주도 한동리 김해김씨 김덕경 가계와 이들의 경제기반-김덕경 사계의 '상속 및 거래' 문서를 중심으로」, 『지방사와 지방문화』 18-1, 2015.

이옥부, 「조선후기 제주도 지역 여성의 재산 소유와 상속」, 『古文書研究』 54, 2019.

이욱, 「18세기 제주의 진상제(進上制)와 상품유통」, 『한국사연구』 186, 2019.

이자원, 「제주 가시리 마을만들기 사례를 통한 한국형 마을만들기 연구」, 『국토지리학회지』 49-4, 2015.

李正守, 「18세기~19세기 土地價格의 變動」, 『釜大史學』 23, 1999.

이창기, 「제주도의 사회문화적 특성과 환경: 도전, 적응, 초월의 메커니즘」, 『제주도연구』 9, 1992.

이창일, 「귀신론과 제사론의 자연주의적 해석」, 『정신문화연구』 29-4, 2006.

이택용, 『중국 선진시대의 명론 연구』, 성균관대학교 박사학위논문, 2012.

이희환, 「肅宗과 己巳換局」, 『全北史學』 8, 1984.

장애란·안명숙, 「제주 해녀복을 응용한 의상디자인」, 『탐라문화』 18, 2013.

전영준, 「13-14세기 元 목축문화의 유입에 따른 제주사회 변화」, 『제주도연구』 40, 2013.

전주희, 「인간 문화와 스토리텔링의 관점에서 본 제주도 본풀이의 총체성」, 『한국무속학회 학술대회 자료집-제주도 굿과 신화』, 제주대학교 탐라문화연구원·한국무속학회, 2018. 10. 26.~2018. 10. 27.

전지선, 「조선전기 沖庵 金淨의 제주사회 인식과 교화활동」, 제주대학교 석사학위논문, 2013.

전호근, 『16세기 조선성리학의 특성에 관한 연구』, 성균관대학교 박사학위논문, 1996.

정민, 「燕巖 朴趾源의 「伯姊贈貞夫人朴氏墓誌銘」 개작과정」, 『문헌과해석』 13, 2000.

정민, 「「黃金臺記」를 통해 본 연암 산문의 글쓰기 방식」, 『고전문학연구』 20, 2001.

정수환, 「19世紀 假率의 성격과 濟州社會-"濟州大靜縣沙溪里戶籍中草"를 중심으로」, 『濟州島研究』 23, 2003.

정수환, 「17세기 화폐유통과 전답매매양상의 변화」, 『藏書閣』 23, 2010.

정수환·이헌창, 「조선후기 求禮 文化柳氏家의 土地賣買明文에 관한 연구」, 『고문서연구』 23, 2008.

정은주, 「17세기 《牧場地圖》의 제작경위와 화풍」, 『한국고지도연구』 1-2, 2009.

정은주, 「조선후기 繪畫式 郡縣地圖 연구」, 『문화역사지리』 23-3, 2011.

정은주, 「고지도에 반영된 조선후기 연안 및 도서지역에 대한 인식」, 『한국고지도연구』 3-2, 2011.

정은주, 「조선후기 지도와 기록화를 통해 본 제주」, 『한국학』 160, 2020.

정은진, 「蟾窩 李玄煥의 詩論」, 『대동한문학』 23, 2005.

정진영, 「향촌 사회사 연구 20년의 성과와 과제」, 한국사회사학회 학술대회 발표문, 2001.

정헌목, 「학사적 맥락에서 본 호혜성 개념의 계보: 서구의 이론 검토를 중심으로」, 한국학중앙연구원 연구과제 결과발표회 발표문, 2018.

조미은, 「제주지역 조사·수집 문중고문서의 현황과 특성-어도 진주강씨, 조천 김해김씨, 구좌 동래정씨를 중심으로」, 『藏書閣』 34, 2015.

조영준, 「조선후기 組織의 賻儀와 경제적 성격」, 『규장각』 40, 2012.

조정곤, 「제주지역의 묘지 점유와 분쟁」, 『藏書閣』 34, 2015.

조정곤, 「조선후기 제주지역 노비 거래의 양상-濟州 於道 晉州姜氏 姜受璜 後孫家 古文書를 중심으로」, 『古文書硏究』 53, 2018.

지금종, 「농촌커뮤니티 활성화와 문화활동: 제주도 가시리 마을신문화공간조성사업 추진사례를 중심으로」, 『로컬리티인문학』 6, 2011.

지금종, 「제주 문화이민자의 관찰기」, 『플랫폼』, 인천문화재단, 2012.

陳祝三, 「蒙元과 濟州馬」, 『탐라문화』 8, 1989.

최주희, 「16세기 양반관료의 선물관행과 경제적 성격」, 『역사와 현실』 71, 2009.

최현·김선필, 「공동자원의 지속가능성과 마을만들기 전략: 제주 가시리의 사례」, 『공간과사회』 26-4, 2016.

한금순, 「'제주한라산신제단법당'과 제주 불교」, 『대각사상』 29, 2018.

한도현, 「전통시대 한국과 베트남의 농촌사회조직에 대한 비교연구」, 『농촌사회』 13-2, 2003.

한도현, 「향약의 조직원리와 지역자치: 베트남 모짝싸(xa Mo Trach, 慕澤社)의 사례」, 『동남아시아연구』 13-2, 2003.

한도현, 「예치공동체의 폐쇄성과 개방성」, 한국학중앙연구원 편, 『유교의 예치이념과 조선』, 청계, 2007.

한상권, 「16, 17세기 향약의 기구와 성격」, 『진단학보』 58, 1984.

한석자·염미경, 「괸당문화와 지방선거」, 『지역사회학』 8-1, 2006.

한형주, 「조선시대 국가 제사에서의 '희생' 사용과 그 운영」, 『역사민속학』 52, 2017.

허원영, 『19세기 제주도의 호구와 부세운영』, 한국학중앙연구원 한국학대학원 박사학위논문, 2005.

허원영, 「제주 애월읍 수산·중엄·하가리 고문서와 조선후기 제주의 부세운영」, 韓國學中央硏究院, 『고문서집성 108』, 한국학중앙연구원 출판부, 2014.

玄吉彦, 「역사적 사실과 문학적 인식-李衡祥 목사의 神堂 철폐에 대한 설화적 인식」, 『탐라문화』 2, 1983.

홍선표, 「《탐라순력도》의 기록적 의의」, 『조선시대회화사론』, 문예출판사, 1999.

洪淳晩, 「濟州牧使에 관한 序說」, 『濟州島史硏究』 창간호, 1991.

Ascheri, M., "Politics and Justice in Late Medieval Bologna," *Review in History*, 2011, reviews.history.ac.uk/.

Blanshei, S. R., "Criminal Justice in Medieval Perugia and Bologna," *Law and History Review* 1, no. 2, 2003.

Grendler, P. F., "The University of Bologna, the City and the Papacy," *Renaissance Studies* 13, no. 4, 1999.

기타

국립무형유산원 무형유산 디지털 아카이브(iha.go.kr).

국립중앙도서관(nl.go.kr).

디지털제주시문화대전(grandculture.net/jeju)

서울대학교 규장각한국학연구원(e-kyujanggak.snu.ac.kr).

한국고문헌종합목록(nl.go.kr/korcis).

한국고전종합DB(db.itkc.or.kr).

한국민족문화대백과사전(encykorea.aks.ac.kr).

한국역대인물종합정보시스템(people.aks.ac.kr).

찾아보기

ㅇ

ㅈ

ㅊ

AKS 인문총서 **36**

조선시대 제주와 제주문화

지은이 김학수·이남옥·이창일·김소희·정치영·정은주
박용만·정수환·이욱·김호·강문종·이민주·한도현

제1판 1쇄 발행일 2023년 12월 30일

발행인 임치균

발행처 한국학중앙연구원 출판부

출판등록 제1979-000002호(1979년 3월 31일)

주소 경기도 성남시 분당구 하오개로 323

전화 031-730-8773 **팩스** 031-730-8775

전자우편 akspress@aks.ac.kr **홈페이지** www.aks.ac.kr

ISBN 979-11-5866-756-6-94910
978-89-7105-772-8 (세트)

◆ 이 책은 2019년도 한국학중앙연구원 공동연구과제로 수행된 연구임(AKSR2019-C08)